Informatik – Fachberichte

Band 1: Programmiersprachen. GI-Fachtagung 1976. Herausgegeben von H.-J. Schneider und M. Nagl. (vergriffen)

Band 2: Betrieb von Rechenzentren. Workshop der Gesellschaft für Informatik 1975. Herausgegeben von A. Schreiner. (vergriffen)

Band 3: Rechnernetze und Datenfernverarbeitung. Fachtagung der GI und NTG 1976. Herausgegeben von D. Haupt und H. Petersen. VI, 309 Seiten. 1976.

Band 4: Computer Architecture. Workshop of the Gesellschaft für Informatik 1975. Edited by W. Händler. VIII, 382 pages. 1976.

Band 5: GI – 6. Jahrestagung. Proceedings 1976. Herausgegeben von E. J. Neuhold. (vergriffen)

Band 6: B. Schmidt, GPSS-FORTRAN, Version II. Einführung in die Simulation diskreter Systeme mit Hilfe eines FORTRAN-Programmpaketes, 2. Auflage. XIII, 535 Seiten. 1978.

Band 7: GMR – GI – GfK. Fachtagung Prozessrechner 1977. Herausgegeben von G. Schmidt. (vergriffen)

Band 8: Digitale Bildverarbeitung/Digital Image Processing. GI/NTG Fachtagung, München, März 1977. Herausgegeben von H.-H. Nagel. (vergriffen)

Band 9: Modelle für Rechensysteme. Workshop 1977. Herausgegeben von P. P. Spies. VI, 297 Seiten. 1977.

Band 10: GI – 7. Jahrestagung. Proceedings 1977. Herausgegeben von H. J. Schneider. IX, 214 Seiten. 1977.

Band 11: Methoden der Informatik für Rechnerunterstütztes Entwerfen und Konstruieren, GI-Fachtagung, München, 1977. Herausgegeben von R. Gnatz und K. Samelson. VIII, 327 Seiten. 1977.

Band 12: Programmiersprachen. 5. Fachtagung der GI, Braunschweig, 1978. Herausgegeben von K. Alber. VI, 179 Seiten. 1978.

Band 13: W. Steinmüller, L. Ermer, W. Schimmel: Datenschutz bei riskanten Systemen. Eine Konzeption entwickelt am Beispiel eines medizinischen Informationssystems. X, 244 Seiten. 1978.

Band 14: Datenbanken in Rechnernetzen mit Kleinrechnern. Fachtagung der GI, Karlsruhe, 1978. Herausgegeben von W. Stucky und E. Holler. (vergriffen)

Band 15: Organisation von Rechenzentren. Workshop der Gesellschaft für Informatik, Göttingen, 1977. Herausgegeben von D. Wall. X, 310 Seiten. 1978.

Band 16: GI – 8. Jahrestagung, Proceedings 1978. Herausgegeben von S. Schindler und W. K. Giloi. VI, 394 Seiten. 1978.

Band 17: Bildverarbeitung und Mustererkennung. DAGM Symposium, Oberpfaffenhofen, 1978. Herausgegeben von E. Triendl. XIII, 385 Seiten. 1978.

Band 18: Virtuelle Maschinen. Nachbildung und Vervielfachung maschinenorientierter Schnittstellen. GI-Arbeitsseminar. München 1979. Herausgegeben von H. J. Siegert. X, 230 Seiten. 1979.

Band 19: GI – 9. Jahrestagung. Herausgegeben von K. H. Böhling und P. P. Spies. (vergriffen)

Band 20: Angewandte Szenenanalyse. DAGM Symposium, Karlsruhe 1979. Herausgegeben von J. P. Foith. XIII, 362 Seiten. 1979.

Band 21: Formale Modelle für Informationssysteme. Fachtagung der GI, Tutzing 1979. Herausgegeben von H. C. Mayr und B. E. Meyer. VI, 265 Seiten. 1979.

Band 22: Kommunikation in verteilten Systemen. Workshop der Gesellschaft für Informatik e.V.. Herausgegeben von S. Schindler und J. C. W. Schröder. VIII, 338 Seiten. 1979.

Band 23: K.-H. Hauer, Portable Methodenmonitoren. Dialogsysteme zur Steuerung von Methodenbanken: Softwaretechnischer Aufbau und Effizienzanalyse. XI, 209 Seiten. 1980.

Band 24: N. Ryska, S. Herda, Kryptographische Verfahren in der Datenverarbeitung. V, 401 Seiten. 1980.

Band 25: Programmiersprachen und Programmentwicklung. 6. Fachtagung, Darmstadt, 1980. Herausgegeben von H.-J. Hoffmann. VI. 236 Seiten. 1980

Band 26: F. Gaffal, Datenverarbeitung im Hochschulbereich der USA. Stand und Entwicklungstendenzen. IX, 199 Seiten. 1980.

Band 27: GI-NTG Fachtagung, Struktur und Betrieb von Rechensystemen. Kiel, März 1980. Herausgegeben von G. Zimmermann. IX, 286 Seiten. 1980.

Band 28: Online-Systeme im Finanz- und Rechnungswesen. Anwendergespräch, Berlin, April 1980. Herausgegeben von P. Stahlknecht. X, 547 Seiten, 1980.

Band 29: Erzeugung und Analyse von Bildern und Strukturen. DGaO – DAGM Tagung, Essen, Mai 1980. Herausgegeben von S. J. Pöppl und H. Platzer. VII, 215 Seiten. 1980.

Band 30: Textverarbeitung und Informatik. Fachtagung der GI, Bayreuth, Mai 1980. Herausgegeben von P. R. Wossidlo. VIII, 362 Seiten. 1980.

Band 31: Firmware Engineering. Seminar veranstaltet von der gemeinsamen Fachgruppe „Mikroprogrammierung" des GI Fachausschusses 3/4 und des NTG-Fachausschusses 6 vom 12. – 14. März 1980 in Berlin. Herausgegeben von W. K. Giloi. VII, 289 Seiten. 1980.

Band 32: M. Kühn, CAD Arbeitssituation. Untersuchungen zu den Auswirkungen von CAD sowie zur menschengerechten Gestaltung von CAD-Systemen. VII, 215 Seiten. 1980.

Band 33: GI – 10. Jahrestagung. Herausgegeben von R. Wilhelm. XV, 563 Seiten. 1980.

Band 34: CAD-Fachgespräch. GI - 10. Jahrestagung. Herausgegeben von R. Wilhelm. VI, 184 Seiten. 1980.

Band 35: B. Buchberger, F. Lichtenberger: Mathematik für Informatiker I. Die Methode der Mathematik. XI, 315 Seiten. 1980.

Band 36: The Use of Formal Specification of Software. Berlin, Juni 1979. Edited by H. K. Berg and W. K. Giloi. V, 388 pages. 1980.

Band 37: Entwicklungstendenzen wissenschaftlicher Rechenzentren. Kolloquium, Göttingen, Juni 1980. Herausgegeben von D. Wall. VII, 163 Seiten. 1980.

Band 38: Datenverarbeitung im Marketing. Herausgegeben von R. Thome. VIII, 377 pages. 1981.

Band 39: Fachtagung Prozeßrechner 1981. München, März 1981. Herausgegeben von R. Baumann. XVI, 476 Seiten. 1981.

Band 40: Kommunikation in verteilten Systemen. Herausgegeben von S. Schindler und J.C.W. Schröder. IX, 459 Seiten. 1981.

Band 41: Messung, Modellierung und Bewertung von Rechensystemen. GI-NTG Fachtagung. Jülich, Februar 1981. Herausgegeben von B. Mertens. VIII, 368 Seiten. 1981.

Band 42: W. Kilian, Personalinformationssysteme in deutschen Großunternehmen. XV, 352 Seiten. 1981.

Band 43: G. Goos, Werkzeuge der Programmiertechnik. GI-Arbeitstagung. Proceedings, Karlsruhe, März 1981. VI, 262 Seiten. 1981.

Informatik-Fachberichte

Herausgegeben von W. Brauer
im Auftrag der Gesellschaft für Informatik (GI)

65

Geometrisches Modellieren

Fachtagung der GI und der
Technischen Universität Berlin

Berlin, 24. – 26. November 1982

Herausgegeben
von H. Nowacki und R. Gnatz

Springer-Verlag

Herausgeber

Prof. Dr.-Ing. Horst Nowacki
TU Berlin, Institut für Schiffs- und Meerestechnik
Salzufer 17-19, 1000 Berlin 10

Dr. Rupert Gnatz
TU München, Institut für Informatik
Arcisstraße 21, 8000 München 2

CR Subject Classifications (1982): D.2, G.1, H.2, I.3, J.2, J.6

ISBN-13: 978-3-540-12308-8 e-ISBN-13: 978-3-642-69027-3
DOI: 10.1007/978-3-642-69027-3

CIP-Kurztitelaufnahme der Deutschen Bibliothek. Geometrisches Modellieren: Fachtagung d. GI u. d. Techn. Univ. Berlin, Berlin, 24.–26. November 1982 / hrsg. von H. Nowacki u. R. Gnatz. - Berlin; Heidelberg; New York; Tokyo; Springer, 1983.
(Informatik-Fachberichte; 65)
ISBN-13: 978-3-540-12308-8

NE: Nowacki, Horst [Hrsg.]; Gesellschaft für Informatik; GT

2145/3140 – 5 4 3 2 1 0

VORWORT

Auf Initiative der GI-Fachgruppe für "Rechnerunterstütztes Entwerfen und Konstruieren (CAD)" fand im November 1982 an der Technischen Universität Berlin eine Fachtagung zum Thema des "Geometrischen Modellierens" statt, deren Referate und Diskussionen den Inhalt dieses Bandes bilden. Übergeordnetes Ziel der Fachtagung war es, auf diesem wichtigen Schwerpunktgebiet des CAD-Bereichs eine Bestandsaufnahme über den in Wissenschaft und Praxis erreichten Stand, insbesondere aus der Sicht des deutschsprachigen Raumes, durchzuführen und die Bedeutung aktueller Entwicklungsziele zu diskutieren.

Methoden der Geometriebeschreibung und Geometrieverarbeitung haben in den Anwendungen der Datenverarbeitung in den letzten Jahren eine Schlüsselstellung gewonnen. Im technischen Bereich bildet das Geometrische Modellieren, d.h. die rechnerunterstützte Beschreibung geometrischer Objekte, eine der wichtigsten methodischen Grundlagen des Computer Aided Design. Trotz der im letzten Jahrzehnt schon erzielten beträchtlichen Fortschritte auf diesem Gebiet befindet sich die Methodik des Modellierens noch in intensiver Weiterentwicklung.

Der Wert der Fachtagung lag daher nicht allein in einer Übersicht über ein breites Spektrum des bisher Erreichten, sondern auch in der Gelegenheit zum Erfahrungs- und Meinungsaustausch zu aufgetretenen Schwierigkeiten, offenen Fragen und zukünftigen Zielen. Aus diesem Grunde sind auch die umfangreichen Diskussionen zu den Referaten in den vorliegenden Tagungsband voll aufgenommen worden.

Eine große Bereicherung des Tagungsprogramms ergab sich aus der interdisziplinären Zusammensetzung des Kreises der Referenten und Teilnehmer, unter denen grundlagenorientierte Wissenschaftler und praktische Anwender aus vielen technischen Disziplinen vertreten waren. Für die Zusammenstellung des Programms ist in erster Linie dem Programmausschuß zu danken, der aus folgenden Herren bestand:

W. Böhm, Braunschweig

J.L. Encarnação, Darmstadt

G. Enderle, Karlsruhe

W. Eversheim, Aachen

H. Fleßner, Hamburg

R. Gnatz, München
H. Grabowski, Karlsruhe
F.L. Krause, Berlin
D. Krönig, Friedrichshafen
G. Lang-Lendorff, Karlsruhe
W. Lincke, Wolfsburg
H. Nowacki, Berlin
G. Pahl, Darmstadt
R. Schuster, München
H. Seybold, München
H. Walter, München

Zu danken ist im Namen der Veranstalter und der Herausgeber auch allen anderen, die am Zustandekommen und an der Durchführung der Tagung beteiligt waren, insbesondere den Referenten und Diskussionsteilnehmern. Unser Dank gilt nicht zuletzt unseren Mitarbeitern, die sich für das Gelingen der Tagung eingesetzt haben, speziell Frau E. Kujanek für ihr Engagement bei der Tagungsorganisation und Manuskriptredaktion und Frau D. Schiepan für ihre Mühe und Geduld bei der Erstellung des Manuskriptes für den Diskussionsteil.

Berlin und München, im März 1983

Horst Nowacki
Rupert Gnatz

INHALTSVERZEICHNIS

GRUNDLAGEN DES GEOMETRISCHEN MODELLIERENS, MENSCH-MASCHINE-KOMMUNIKATION

SYSTEMARCHITEKTUR, RECHNERINTERNE DARSTELLUNGEN, KONSTRUKTIONSMETHODISCHE KONZEPTE

ÜBERBLICK ÜBER FLÄCHENORIENTIERTE MODELLIER-VERFAHREN

GEOMETRISCHE MODELLIERSYSTEME, ANWENDUNGEN, ERFAHRUNGEN

ANWENDUNGEN DER FLÄCHENMODELLIERUNG, GEOMETRIEVERARBEITUNG

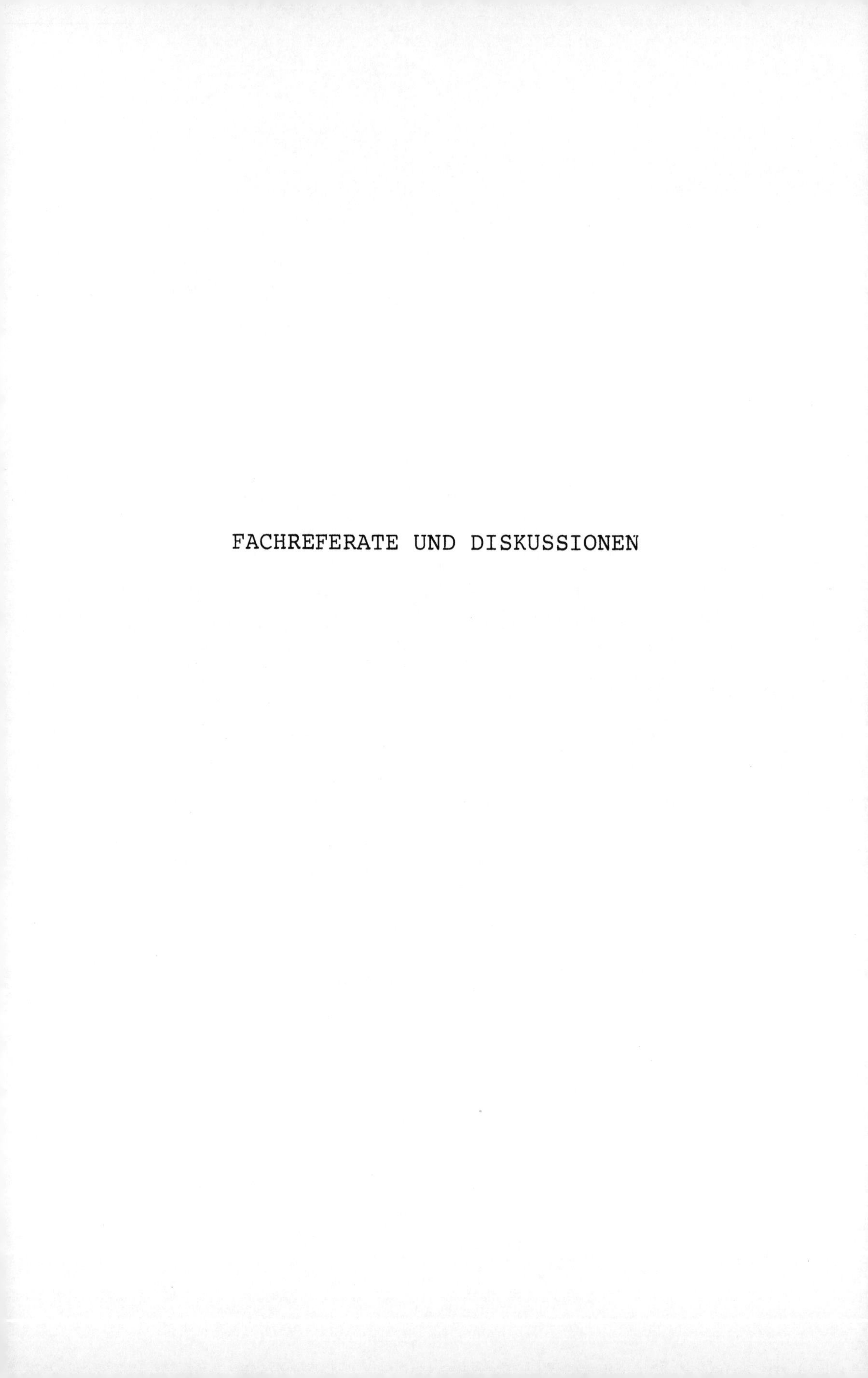

FACHREFERATE UND DISKUSSIONEN

GEOMETRISCHE MODELLIERUNGSSYSTEME, STAND UND TRENDS

J. Encarnação, C. Hornung und H. Kuhlmann
TH Darmstadt; FG Graphisch-Interaktive Syteme

Grundlage für die Konstruktion von Objekten in vielen Anwendungsgebieten bilden sehr oft Zeichnungen irgendwelcher Art. Der für die bildliche Darstellung verwendete mathematische Zweig ist die Geometrie. Für die rechnerinterne Darstellung bedient man sich verschiedener Verfahren der körperbeschreibenden Geometrie. Die Konstruktion selbst ist ein interaktiver Vorgang, bei dem von einem Rohentwurf ausgehend ein Körpermodell aufgebaut und durch Modellieren in seine entgültige Form gebracht wird. Unter geometrischen Modellierungssystemen werden hier alle computerunterstützten Systeme zur Darstellung und Modellierung von Objekten auf geometrischer Basis verstanden /5, 6, 7, 14/.

1 KLASSIFIZIERUNG VON GEOMETRISCHEN MODELLIERUNGSSYSTEMEN

Man unterscheidet drei Arten von geometrischen Modellierungssystemen /1, 3, 10, 12, 15, 16, 20/:

1.1 Linienorientierte geometrische Modellierungssysteme

Systeme dieser Art stellen Objekte lediglich durch Linien und Punkte dar. Es existieren zwei- und dreidimensionale Ausführungen. Diese Systeme weisen zwar eine sehr einfache Struktur auf, haben aber auch sehr viele Nachteile: die Darstellung ist im allgemeinen nicht eindeutig, Prüfung auf Konsistenz ist nicht möglich und die explizite Angabe aller Punkte und Linien ist sehr aufwendig und schwierig.

1.2 Flächenorientierte geometrische Modellierungssysteme

Diese Systeme legen über die Linienstruktur noch eine Flächenstruktur. Hiermit sind nun sowohl Flächen im Raum als auch Körper durch ihre Oberflächen darstellbar. Eine eindeutige Darstellung kann in jedem Fall erreicht werden. Konsistenzprüfung, beispielsweise auf geschlossene Körper, ist möglich, erfordert aber einigen algorithmischen Aufwand. Die Eingabe komplexer Strukturen ist aber auch hier relativ langwierig.

1.3 Körperorientierte geometrische Modellierungssysteme

Bei diesen Systemen liegt über der Flächenebene noch eine Schicht von 3-D Körpern, die für den Benutzer ansprechbare Primitive bilden. Diese Körper sind per Definition konsistent. Die Menge der für die Modellierung zur Verfügung stehenden Operatoren überführt sie auch immer wieder in konsistente Körper, so daß dieses wichtige Problem bei dieser Art von Systemen nicht auftreten kann. Eine eindeutige Darstellung kann ebenfalls leicht abgeleitet werden. Die Eingabe von Körpern ist durch die zur Verfügung stehenden Primitives wesentlich erleichtert, jedoch erfordern komplexere Strukturen auch hier noch einen hohen Eingabeaufwand.

Linienorientierte Systeme erfüllen wegen ihres geringen Leistungsspektrums nicht die Anforderungen an künftige Modellierungssysteme. Deshalb werden im folgenden nur die Eigenschaften flächen- und körperorientierter Systeme näher untersucht werden.

Zunächst sollen die mathematischen Grundlagen geometrischer Modellierungssysteme besprochen werden.

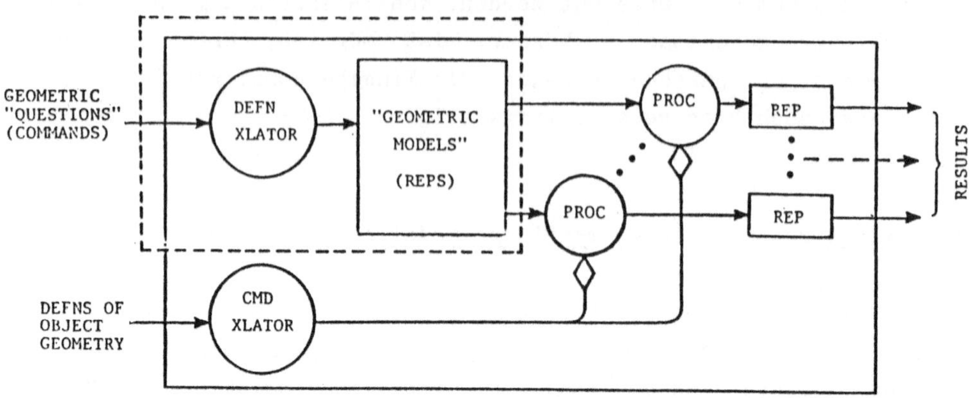

Bild 1: Geometrie-Modellierungssystem nach Requicha und Voelcker

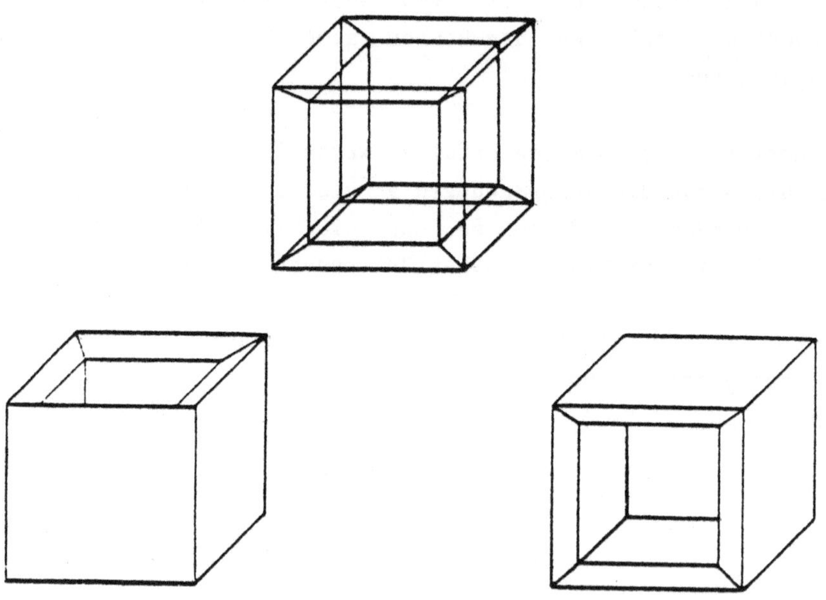

Bild 2: Zweideutigkeiten bei linienorientierten geometrischen Modellierungssystemen

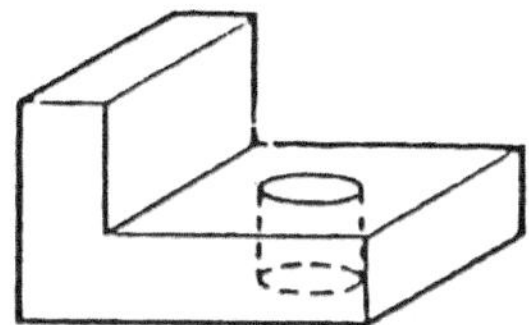

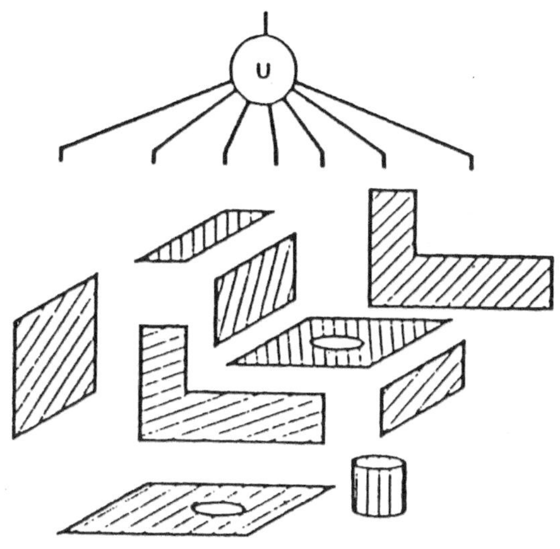

Bild 3: Flächenorientierte Darstellung

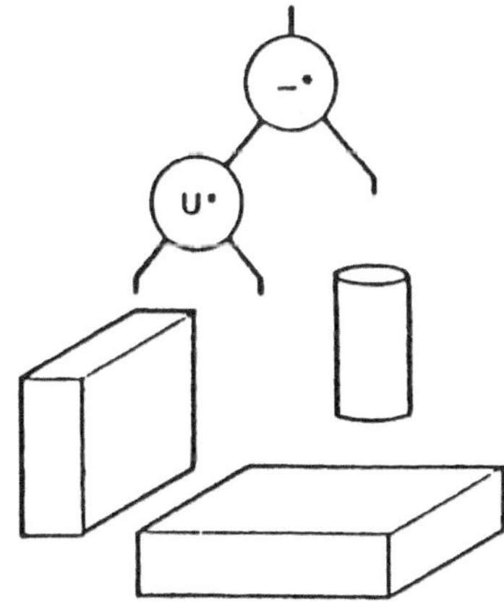

Bild 4: Körperorientierte Darstellung

2 MATHEMATISCHE GRUNDLAGEN VON GEOMETRISCHEN MODELLIERUNGSSYSTEMEN

2.1 Flächenorientierte Darstellung

Bei dieser Darstellung wird die Oberfläche von Objekten dargestellt. Hauptvorteile dieser Darstellung, ihre Allgemeingültigkeit und die algorithmische Ableitbarkeit aus anderen Darstellungen. Die flächenorientierte Darstellung kann auf zweierlei Weise erfolgen.

2.1.1 Darstellung durch ebene Flächen

Die polygonale Darstellung hat den Vorteil einer einfachen und bekannten Mathematik. Nachteilig ist, daß bei der Darstellung gekrümmter Oberflächen ein sehr hoher Aufwand getrieben werden muß. Dies bläht die Datenstruktur sehr auf und verlangsamt damit die Systeme erheblich.

2.1.2 Darstellung durch gekrümmte Flächen

Diese Darstellung approximiert gekrümmte Oberflächen durch Flächen höherer Ordnung. Dies erlaubt eine wesentlich kompaktere Darstellung und verbesserte Modellierung der Oberflächen. Andererseits ist die verwendete Mathematik um vieles komplexer. Sie ist außerdem noch nicht vollständig erforscht und bildet ein breites Feld aktueller Untersuchungen.

2.2 Körperorientierte Darstellung

Grundlage dieser Darstellung sind Basiskörper und eine Menge von regulären Operatoren, die Körper in Körper überführen. Hierdurch wird das Problem der Konsistenz von Körpern vollständig vermieden. Die Darstellung erfolgt durch eine Baumstruktur.

2.2.1 Darstellung durch konstruktive Geometrie

Hier bestehen die Knoten des Baums aus Operatoren und die Blätter aus Körpern. Manche Systeme erlauben zusätzlich auch Halbräume oder Oberflächen als Blätter. Die Operatoren sind regularisierte Formen von Vereinigung, Durchschnitt und Differenz.

2.2.2 Darstellung durch plane-sweep-Algorithmen

Hier bestehen die Blätter des Baums aus jeweils einer Grundfläche und einer zugeordneten Bewegungsrichtung. Diese kann gerade oder auch gekrümmt sein. Die übrigen Knoten bestehen aus dem Sweep-Operator oder dem Glueing-Operator, einem eingeschränkten Vereinigungsoperator, der nur das Zusammensetzen von Körpern erlaubt.

Nach der Nennung der zugrundeliegenden Prinzipien soll nun auf die Struktur existierender Systeme eingegangen werden.

3 STRUKTUR EXISTIERENDER GEOMETRISCHER MODELLIERUNGSSYSTEME

Existierende geometrische Modellierungssysteme werden im folgenden nach ihrer inneren Struktur und der Mensch-Maschine-Schnittstelle untersucht /4, 10, 13, 14, 17, 18, 19/. Die allgemeine funktionale Architektur eines solchen Systems ist aus Bild 6 /9/ ersichtlich.

3.1 Architektur

Alle Systeme verwenden zur Darstellung der Objekte ein internes Schema. Dies ist entweder oberflächenorientiert oder auf der Basis konstruktiver Geometrie. Plane-sweep Algorithmen scheiden als interne Darstellung aus, da sie nicht allgemeingültig sind.

Je nachdem, ob das innere Schema auch an der Mensch-Maschine-Schnittstelle Anwendung findet, unterscheidet man Systeme mit einfachem oder mehrfachem Darstellungschema.

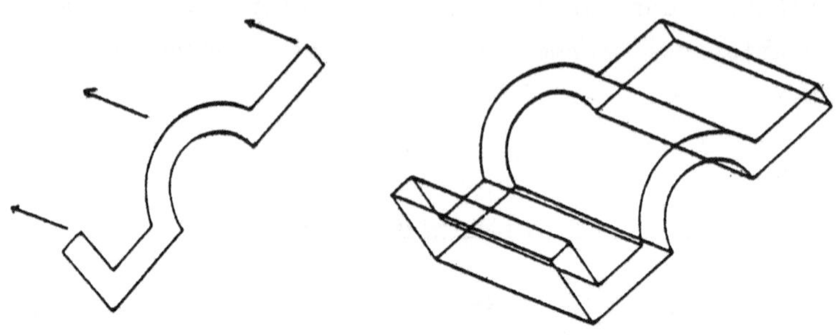

Bild 5: Sweep-Operator

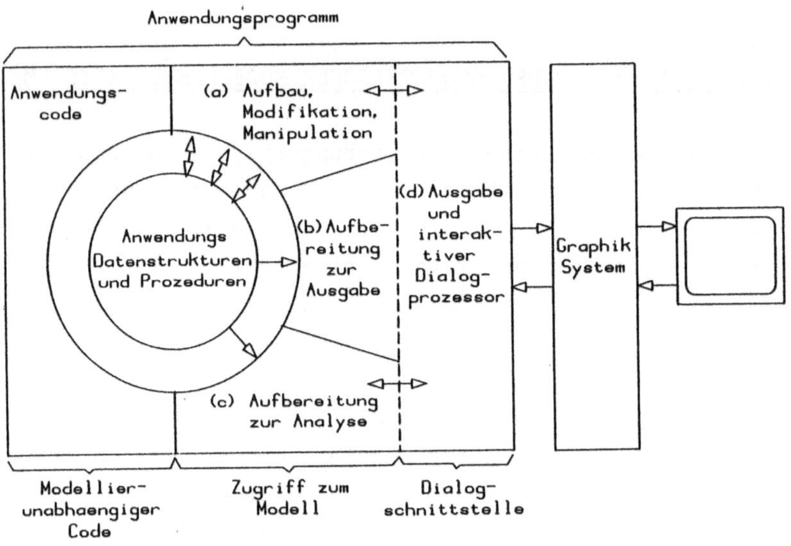

Bild 6: Die allgemeine Architektur eines Modellierungssystems nach J. Foley/A. van Dam

3.2 Unterstützte Anwendungen

Geometrische Modellierungssysteme unterstützen mehrere Arten von Anwendungen.

3.2.1 Graphik

Fast alle Systeme erlauben die Ausgabe einfacher Zeichnungen. Hidden-Line-Eliminierung und Schattierung werden dagegen von wenigen Systemen unterstützt.

3.2.2 Analysis

Die hier angebotenen Algorithmen sind im allgemeinen weit weniger entwickelt als die graphischen Routinen. Am weitesten verbreitet ist die Berechnung von Volumen und Masse, seltener findet man Durchdringungsanalyse, Bewegungssimulation oder Dimensions- und Toleranzprüfungen.

3.2.3 Maschinensteuerung

Dieser Zweig ist ebenfalls noch relativ jung, gewinnt aber rasch zunehmend an Bedeutung. Die Entwicklung von Algorithmen zur NC-Verifikation, der automatischen Generierung von NC-Programmen und der Prozeßplanung befindet sich zur Zeit größtenteils noch im Forschungsstadium. Mit ersten praxisgerechten Ergebnissen ist innerhalb der nächsten 5 Jahre zu rechnen.

3.2.4 Modellsimulation

Hierunter versteht man die Untersuchung des Verhaltens von Modellen, die aus einer Vielzahl von entworfenen Objekten bestehen. Problemkreise sind die Modellplanung, die visuelle Darstellung und Simulation von Modellen mit ihren charakteristischen Eigenschaften sowie die Erzeugung von Programmen zur Steuerung von Robotern für die Fertigung dieser Modelle. Über diesen Problemkreis liegen heute noch wenig gesicherte Kenntnisse vor, so daß bis zur Fertigstellung von Systemen dieser Art sicherlich noch 10 Jahre vergehen werden.

3.3 Die Mensch-Maschine-Schnittstelle

Das wichtigste Kriterium für die Akzeptanz von geometrischen Modellierungssystemen ist das Bereitstellen einer benutzerfreundlichen Mensch-Maschine-Schnittstelle. Zu unterscheiden sind die verschiedenen Eingabemöglichkeiten sowie die vom System gelieferten Unterstützungen der Eingabe.

3.3.1 Eingabemöglichkeiten

Um die Konsistenz der Eingabe zu gewährleisten, bieten fast alle volumenorientierten, geometrischen Modellierungssysteme an der Eingabeschnittstelle baumartig strukturierte Körperprimitive an. Alternativen sind: konstruktive Geometrie, planesweep-Algorithmen, Euleroperationen oder auch mehrere dieser Möglichkeiten. Die Umsetzung auf die interne Datenstruktur erfolgt dann durch einen Algorithmus.

3.3.2 Eingabearten

Grundsätzlich kann zwischen zwei Arten der Eingabe unterschieden werden: der graphisch orientierten und der algorithmisch orientierten Eingabe.

3.3.2.1 Graphisch orientierte Eingabe

Die graphisch orientierte Eingabe erfolgt durch Positionieren auf dem Bildschirm oder Tablet. Vorteil dieser Eingabeart ist ihre Nähe zum Zeichnen von Hand. Damit ist sie auch für ungeübte Anwender leicht zu erlernen. Nachteilig ist der Mangel an Struktur in dieser Eingabeform, die für komplexere Objekte sehr umfangreiche Eingaben erfordert.

3.3.2.2 Algorithmisch orientierte Eingabe

Dieser Art der Eingabe liegt eine Eingabesprache zugrunde. Damit steht natürlich ein sehr mächtiges Mittel zur Verfügung, das z.B. Namensgebung, Referenzieren, Schleifen erlaubt. Auch komplexe Objekte können damit sehr kompakt beschrieben werden. Nachteilig ist, daß diese Art der Eingabe wenig benutzerfreundlich ist und eher einen Programmierer als einen Designer erwartet.

Bild 7(a): Ein Beispiel eines Geometrie-Modellierungsarbeitsplatzes

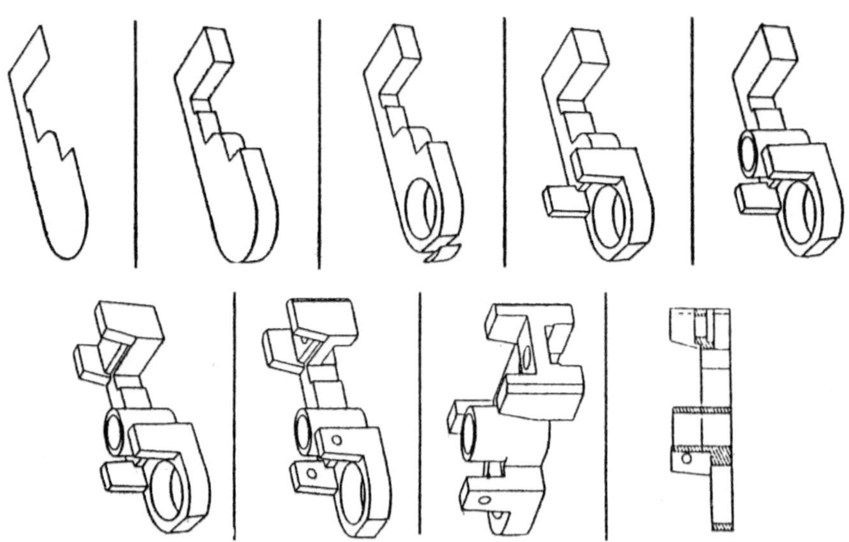

Bild 7(b): Ein Beispiel einer geometrischen Modellierung (ROMULUS; Shape Data Ltd.)

4 PROBLEME UND TENDENZEN

Aus dem heutigen Stand der Technik ergeben sich die Problemkreise:

4.1 Mathematische Grundlagen

Die Darstellung von Oberflächen durch planare Objekte kann als mathematisch erforscht angesehen werden. Sie deckt jedoch nur einen kleinen Teil der in der Praxis auftretenden Fälle ab. Die Approximation durch gekrümmte Objekte höherer Ordnung wird in Zukunft dringend benötigt werden, ist aber heute noch nicht hinreichend erforscht. Zur Zeit betriebene Forschungen laufen in Richtung auf Unterteilungsalgorithmen, die Flächen höherer Ordnung durch planare Kurven oder Flächen approximieren und somit intern wieder eine Reduktion auf ebene Geometrie vornehmen. Von diesen Verfahren ist vor allem eine wirkungsvolle Hardwareunterstüzung zu erwarten.

4.2 Darstellungsschemata

Die Oberflächendarstellung hat sich wegen ihrer Allgemeingültigkeit und der leichten Konvertierbarkeit aus anderen Schemata als interne Darstellung in vielen Systemen bewährt. Nachteilig ist die umfangreiche Darstellung komplexer Strukturen. Allerdings ist die Darstellung durch gekrümmte Flächen oberflächenorientiert und steht damit dem Oberflächenmodell näher als dem Volumenmodell. Die Volumendarstellung bietet den Vorteil, nur physikalisch mögliche Körper repräsentieren zu können. Körperorientierte Berechnungen sind einfacher möglich. Die heutige Tendenz, mit mehreren parallelen Repräsentationen zu arbeiten, erscheint nicht unproblematisch, denn verschiedene Darstellungsschemata erfordern ein aufwendiges und durchaus nichttriviales Aufrechterhalten der Konsistenz zwischen diesen Darstellungen. Dies ist insbesondere während der Interaktionsphase nicht immer problemlos möglich.

Eine Entscheidung über diese Problematik kann zur Zeit noch nicht gegeben werden. Jedenfalls werden künftige Systeme mehrere Darstellungen haben. Damit aber ist ihre möglichst effektive Umsetzung ein zentrales Problem künftiger Entwicklungen.

4.3 Darstellungsalgorithmen

Dieser Teilbereich von geometrischen Modellierungssystemen ist weitgehend erforscht. Darstellungsalgorithmen sind für Oberflächen- und Volumenmodell grundsätzlich verschieden. Für Hidden-Line-Eliminierung und Schattierung verwenden Oberflächenmodelle linienorientierte Verfahren, Volumenmodelle Ray-Casting-Algorithmen. Die ersteren sind softwareeffizienter, während letztere sich für Hardwareunterstützung besser eignen.

Die Zuordnung graphischer Attribute ist beim Oberflächenmodell leichter möglich als im Volumenmodell, da die Flächen im direkten Zugriff sind.

4.4 Nichtgraphische Algorithmen

Dieser Bereich ist noch weitgehend Gegenstand von Forschungen. Algorithmen wie Volumen- und Massenberechnungen existieren für beide Darstellungsmodelle, sind im Volumenmodell aber einfacher zu handhaben. Für die Zukunft ist mit Algorithmen zur NC-Steuerung, zur NC-Verifizierung sowie zur Simulation komplexer Modelle zu rechnen.

4.5 Benutzerschnittstelle

Hier stehen sich das graphische und das algorithmische Konzept gegenüber. Aufgabe für die Zukunft wird es sein, hieraus eine Synthese zu entwickeln, die die Benutzerfreundlichkeit des graphischen Konzepts mit der Mächtigkeit des algorithmischen Konzepts verbindet.

4.6 Verteilbarkeit

Geometrische Modellierungssysteme werden bis heute fast ausschließlich als Turn-key-Systeme angeboten. Ein zukünftiger Trend wird sicherlich die Aufteilung des Systems in unabhängige Module sein: Eingabemodul, geometrischer Modellierungskern und graphischer Modul. Diese Verteilung erlaubt sowohl eine gezielte Optimierung der einzelnen Module als auch eine leichte Anpassung des Gesamtsystems an veränderte Anforderungen durch Austausch der entsprechenden Module. Weiterhin können die Module durch gezielten Hardwareeinsatz unterstützt werden.

4.7 Hardwareunterstützung

Hardwareunterstützung ist in geometrischen Modellierungssystemen in weitem Rahmen möglich. Für komplexe Algorithmen wie NC-Berechnungen sind "general purpose" Computer notwendig. Für einfache, aber oft rechenintensive Algorithmen wie Massenberechnungen oder Ray-Casting-Algorithmen sind Realisierungen im VLSI geeignet. Für die Behandlung von Volumen-Bäumen sowie Darstellungsalgorithmen werden Mischformen optimal sein.

5 ZUSAMMENFASSUNG

Geometrische Modellierungssysteme sind ein sehr wichtiges Designwerkzeug in vielen technischen Bereichen. Die heute verfügbaren Systeme bauen bereits auf umfangreichen Forschungsergebnissen auf, andererseits existieren auf diesem Gebiet auch noch umfangreiche, ungelöste Probleme. Die Modularisierung und Hardwareunterstützung wird einen wichtigen Bereich zukünftiger Arbeiten einnehmen (siehe Bild 8).

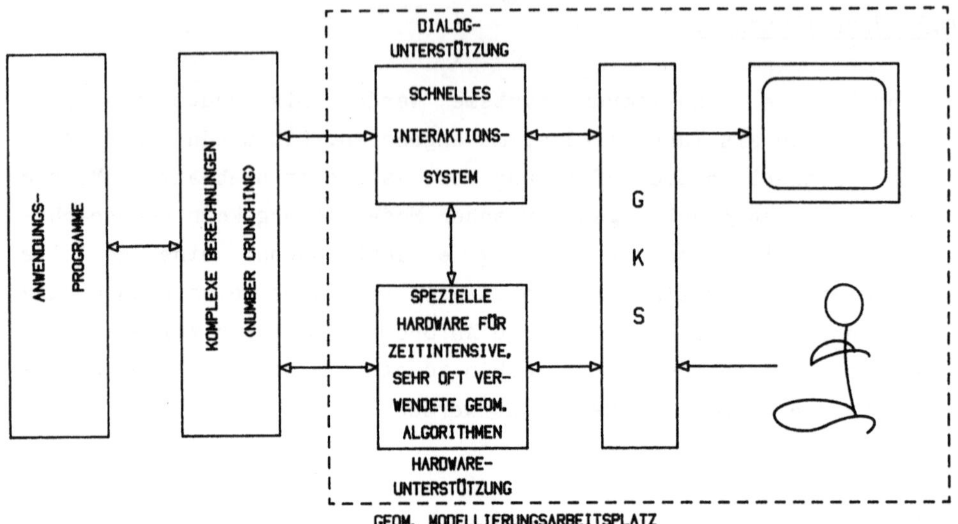

Bild 8: Struktur eines zukünftigen Geometrie-Modellierungs-arbeitsplatzes

6 LITERATUR

/1/ G. Allan, Solids Modelling Systems, Tutorial Notes; NCGA'82, Anaheim, CA (June 1982)

/2/ P.Bono, J.Encarnação, F.R.A.Hopgood, and P.J.W.ten Hagen, GKS - The First Graphics Standard, IEEE Computer Graphics and Applications, Vol. 2, No. 5 (July 1982), pp. 9-24

/3/ I.C.Braid, R.C.Hillyard, and I.A.Stroud, Stepwise Construction of Polyhedra in Geometric Modelling, in Mathematical Methods in Computer Graphics and Design, K.W.Brodlie (ed.), Academic Press, London (1980), pp. 123-141

/4/ C.M.Brown, PADL-2: A Technical Summary, IEEE Computer Graphics and Applications, Vol. 2, No. 2 (March 1982), pp. 69-85

/5/ J.Encarnação (Ed.), Computer Aided Design: Modelling, Systems Engineering, CAD-Systems, Lecture Notes in Computer Science, Vol. 89 (1980), Springer Verlag, Heidelberg

/6/ J.Encarnação, CAD/CAM Systems: An Overview, Proceedings of AICOGRAPHICS'82, Milan (October 1982)

/7/ J.Encarnação and E.G.Schlechtendahl, Computer Aided Design: Fundamentals and System Architectures, Springer Verlag, Heidelberg (to be published 1982/1983), (ISBN 3-450-11526-9)

/8/ J.Encarnação und W.Straßer (Editors), Geräteunabhängige Systeme, Oldenbourg Verlag, München (1981)

/9/ J.D.Foley and A.van Dam, Fundamentals of Interactive Computer Graphics, Addison Wesley Publ. Co. (1982)

/10/ A.R.Grayer, Alternative Approaches in Geometric Modelling, Computer Aided Design, Vol. 12, No. 4 (July 1980), pp. 189-192

/11/ M.Hosaka and F.Kimura, Interactive Input Methods for Free Form

Shape Design, in T.Sata and E.Warman (Editors), Man-Machine Communications in CAD/CAM, North Holland Publ. Co. Amsterdam (1981), pp. 103-118

/12/ F.L. Krause, G.Müller, W.Schliep, CAD-System zur Geometrieverarbeitung und Zeichnungserstellung, ZwF 75 (1980) 5

/13/ M.Mäntylä and R.Sulonen, GWB: A Solid Modeller, IEEE Computer Graphics and Applications, Vol. 2, No. 7 (September 1982), pp. 17-32

/14/ W.Myers, An Industrial Perspective on Solid Modelling, IEEE Computer Graphics and Applications, Vol. 2, No. 2 (March 1982), pp. 80-97

/15/ A.A.G.Requicha and H.B.Voelcker, Solid Modelling: A Historical Summary and Contemporary Assessment, IEEE Computer Graphics and Applications, Vol. 2, No. 2 (March 1982), pp. 9-26

/16/ A.A.G.Requicha, Representation of Rigid Solid Objects, in /6/, pp. 2-78

/17/ R.Schuster, System und Sprache zur Behandlung graphischer Information im rechnergestützten Entwurf, Report KfK-2305, Kernforschungszentrum Karlsruhe (1976)

/18/ H.Seifert, N.Bargele, and B.Fritsche, Different Ways to Design 3D Representations of Engineering Parts with PROREN 2, Proceedings, International Conference Interactive Techniques for Computer Aided Design, Bologna (September 1978), pp. 335-343

/19/ G.Spur, Status and Further Development of the Geometric Modelling System COMPAC, Proceedings Geometric Modelling Project Meeting, P-78-GM-01, CAM-I, Inc., St. Louis, Mo., (March 1978), pp. 1-35

/20/ M.A.Wesley, Construction and Use of Geometric Models, in /6/, pp. 79-136

D I S K U S S I O N

Gnatz, TU München, Sitzungsleiter:

Das Thema dieses Vortrags war: Stand und Trends in diesem Bereich des geometrischen Modellierens. Mich würde interessieren, welche Bereiche sind so weit erschlossen, daß sie einer Normung zugänglich sind bzw. in naher Zukunft zugänglich gemacht werden könnten. Ich meine, das ist doch ein zentrales Anliegen der Industrie, zur Standardisierung, zur Normung von Software-Bausteinen zu kommen, um Austauschbarkeit oder ähnliches sicherzustellen.

Encarnação, TH Darmstadt:

Ich habe gewisse Schwierigkeiten, die Frage zu beantworten, weil ich die Normung in dem von Ihnen angesprochenen Bereich nur sehr beschränkt übersehe. Ich sehe sicherlich die Möglichkeit, daß man so etwas wie die IGES-Schnittstelle verwenden kann, um geometrische Modellierungssysteme miteinander kommunizieren zu lassen. Das Problem ist, daß man sich dabei auch auf ein einheitliches Darstellungsschema einigen muß. Sonst wird man zwar Interpreter für IGES schreiben können, diese Interpreter können dann aber Schwierigkeiten haben, die IGES-Daten, die z. B. von einem linienorientierten Modellierungssystem erzeugt wurden, auf ein flächenhaftes geometrisches Modellierungssystem zu übertragen oder umgekehrt; entweder speichert man auch diese Modellinformationen, dann werden die IGES-Files sehr komplex, oder man einigt sich auf ein Grunddarstellungsschema, von dem man an der IGES-Schnittstelle ausgeht. Deswegen habe ich in meinem Vortrag gesagt, daß im Grunde genommen auf der Grundlage des erläuterten Modellierungskerns auch dann, wenn mit dem Volumenmodell gearbeitet wird, man mit dem flächenorientierten Darstellungsschema auskommt.

Das ist die eine Schnittstelle, die für die Normung aussteht; die andere ist sicherlich die Dialogschnittstelle. Bei den Funktionen, die für den Modellierungsdialog verwendet werden, wird man sich auf einige wenige Grundfunktionen einigen müssen, die als Grundmodellierungssoftware im Grunde genommen einen einheitlichen Dialogkern darstellen. Aber wenn man sich vorstellt, daß es Geometriemodellierungssysteme für den Maschinenbau, für die Elektrotechnik, für das Bauingenieurwesen usw. gibt, dann wird man sich sicherlich auf einige Klassen von Funktionen einigen können, aber kaum auf eine einheitliche Schnittstelle, die für alle Anwendungsbereiche einsetzbar ist.

Krause, Fraunhofer-IPK, Berlin:

Sie haben davon berichtet, daß in naher Zukunft - Sie haben von zwei bis drei Jahren vielleicht gesprochen - eine Hidden-Line-Maschine zur Verfügung stehen würde. Man könnte ja auf die Idee kommen, nun dies weiterzuspinnen, um zu sagen, wir brauchen eine Geometrie-Maschine und wir brauchen vielleicht mal eine klassenorientierte CAD-Maschine. Wie sehen Sie da die zeitliche Entwicklung?

Encarnação, TH Darmstadt:

Es gibt zwei Entwicklungen in Richtung auf eine CAD-Maschine. Die eine geht davon aus, daß CAD Prozesse beinhaltet, die für eine bestimmte Anwendung in einer gegebenen Umgebung eine spezielle Ausprägung (d.h. zum Beispiel eine spezielle Abarbeitungsfolge) bekommen. Die CAD-Maschine ist dann eine DV-Umgebung (Hardware und Software), die für diese Ausprägung möglichst geeignet ist. Es wird dabei versucht, Algorithmen und Funktionen, die sehr häufig in CAD-Prozessen vorkommen, in einer solchen Maschine möglichst effizient zu realisieren. Solche CAD-Maschinen können durch die heutigen Systemmöglichkeiten (Micros, Multimicros,etc.) entscheidend geprägt werden.

Die zweite Richtung geht vom Arbeitsplatz aus und versucht dort immer mehr Prozessormächtigkeit (sog. Intelligenz) und Dialogfähigkeiten (auf der Grundlage von fortschrittlichen Graphik-Betriebssystemen) zu integrieren.

Beide Entwicklungen laufen aufeinander zu. Sollten sie sich "irgendwann, irgendwo" treffen, dann wäre dies "die ideale" CAD-Maschine. So wird mit Sicherheit die nächste Generation von CAD-Systemen entstehen.

Wiscott, CERN, Genf:

Damit verweisen Sie also die Hoffnungen auf transportable Programme in den Bereich der Utopie?

Encarnação, TH Darmstadt:

Nein, man muß unterscheiden zwischen den verschiedenen Typen von Programmen, die in einer CAD-Umgebung vorkommen:

1. Datenbank, 2. Methodenbank, 3. Anwendungsmethoden, 4. CAD-Programme, 5. Graphik-Programme.

Die Schnittstellen zur Portabilität sind dabei:

z.B. IGES: zwischen Methoden und CAD-Programmen, z.B. GKS und GKSM: zwischen CAD-Programmen und Graphik, DDL- und DML-Sprachen als Schnittstellen zur Datenbank, MDL- und MML-Sprachen als Schnittstellen zur Methodenbank (DDL=Datenbeschreibungssprache; DML=Datenmanipulationssprache; MDL=Methodenbeschreibungssprache; MML=Methodenmanipulationssprache).

Welche Portabilität im Vordergrund steht, wird sehr stark von der Anwendung und von der CAD-Umgebung abhängen. Geometrische Modellierungssysteme wäre in diesem Kontext ein CAD-Programm (Modellierungskern).

Eine besonders interessante Problematik ist dabei, wie eine solche Struktur sich funktionell ein einer Netzarchitektur verteilen läßt. Hier gibt es noch viel zu erforschen.

Nowacki, TU Berlin:

Ich möchte doch nochmal bei dem Begriff 'Modellierungskern' einhaken, Herr Encarnação. Es ist ja doch ein Begriff, der das Normen von Schnittstellen nahelegt, mit beinhaltet, und zwar unter dem Aspekt der Verteilbarkeit, den Sie eben erwähnten, und unter dem Aspekt der Portabilisierung des Ganzen. Da Ihr Referat ein Übersichtsvortrag ist, möchte ich Sie gern zu der Realisierbarkeit eines solchen Kerns in zwei Richtungen noch fragen. Zur Vergangenheit: Wir haben ja etwa 1976 an dem Punkt gestanden, wo entschieden wurde, ob man die Graphik und das Modellieren gleichzeitig normen sollte oder nicht, und damals wurde gesagt, das Modellieren ist uns zu schwierig, da können wir eigentlich noch nichts normen. Erste Frage: Sind diese Schwierigkeiten eigentlich heute überwunden, so daß man an die Frage neu herangehen sollte?
Zweite Frage: Erkennen Sie unter den Systemen, die es heute gibt, Sie haben es indirekt gesagt, Prototypen für das, was Sie einen Modellierungskern nennen würden, oder wenigstens Ansätze, die diese Tendenzen bereits aufweisen?
Und die dritte Frage in die Zukunft gerichtet: Was müßte geschehen, damit man einen Kern so schön sauber abgrenzen könnte, wie er in Ihren Architekturskizzen eingemalt war?

Encarnação, TH Darmstadt:

Zur ersten Frage: Ich glaube, daß man wieder dabei ist, einen Kern herauszuarbeiten. Logisch sieht das System dann wie folgt aus: Modellierungsanwendung - Modellierungskern - Darstellungs- und Interaktionskern (GKS). Der Modellierungskern ist der Teil der Software, der sich unabhängig von der Objektstruktur (Modell) implementieren läßt.

Zur zweiten Frage: Es gibt noch keine kommerziellen Produkte dafür, aber F&E-Arbeiten auf dem Gebiet (z.B. in Rochester bei der PADL-Gruppe oder bei mir in Darmstadt - siehe Vortrag H. Kuhlmann).

Zur dritten Frage: Es wird notwendig sein, sich auf die für CAD-Umgebungen charakteristischen Funktionen zu einigen, die für eine Trennung zwischen Modellierungsanwendung und Modellierungskern in Frage kommen.

GEOMETRISCHES MODELLIEREN TECHNISCHER OBJEKTE DURCH REKONSTRUKTION DER DREIDIMENSIONALEN WERKSTÜCKGEOMETRIE AUS ZWEIDIMENSIONALEN ZEICHNUNGSRISSEN

B. Farny
Technische Universität, Braunschweig

Die Eingabe von dreidimensionaler Werkstückgeometrie ist bei den meisten CAD-Systemen durch die Methode des Zusammensetzens aus Volumenelementen realisiert. Mit dem Ansatz, die dreidimensionale Werkstückgeometrie aus den Ansichten einer technischen Zeichnung algorithmisch zu rekonstruieren, wird eine neue Methode des geometrischen Modellierens aufgezeigt, die durch den Verzicht auf den Arbeitsgang des Zerlegens in Volumenelemente den Vorteil bietet, der gewohnten manuellen Arbeitsweise des Konstrukteurs sehr nahe zu kommen.

1. Einleitung

Eine rechnerintern vorliegende dreidimensionale Werkstückbeschreibung bietet neben der einfachen, maschinellen Erstellung von Werkstatt- und perspektivischen Zeichnungen eine Vielzahl von Möglichkeiten, die sich insbesondere auf eine rechnerische Analyse bzw. Weiterverarbeitung des beschriebenen Werkstückes beziehen. Einige Beispiele für solche rechnerischen Analysen, bei denen das geometrische Modell Teil eines oder Grundlage für ein allgemeines, produktdarstellendes Modell [1], [2] ist, sind

- Montage- und Anordnungsstudien innerhalb vorgesehener Bauräume
- Kollisionskontrollen bei Baugruppen im statischen oder dynamischen Fall
- Festigkeitsberechnungen durch Finite-Element-Analyse.

Den Vorteilen, die ein rechnerinternes dreidimensionales Werkstückmodell bietet, stehen die Nachteile seiner Generierung gegenüber. Aus der Sicht der Konstrukteure ist das ungewohnte Zerlegen in Volumenelemente sowie der Eingabeaufwand, insbesondere bei Neukonstruktionen, bei den zur Verfügung stehenden Beschreibungsverfahren unbefriedigend.

Dipl.-Inform. Bernd Farny ist wissenschaftlicher Mitarbeiter am Institut für Konstruktionslehre, Maschinen- und Feinwerkelemente der Technischen Universität Braunschweig (Direktor: Prof. Dr.-Ing. K. Roth).

Aus diesen Gründen entwickelte sich am Institut für Konstruktionslehre, Maschinen- und Feinwerkelemente der Technischen Universität Braunschweig der Gedanke, die in vielen Fällen ohnehin schon mit Hilfe der graphischen Datenverarbeitung erstellten technischen Zeichnungen als Grundlage für eine vollautomatische Berechnung der dreidimensionalen Werkstückgeometrie zu benützen. Entstanden ist in einer ersten Studie das System ZEIGEN [3], [4], welches im folgenden vorgestellt werden soll.

2. Das ZEIGEN-System (Zeichnungs-Generator)

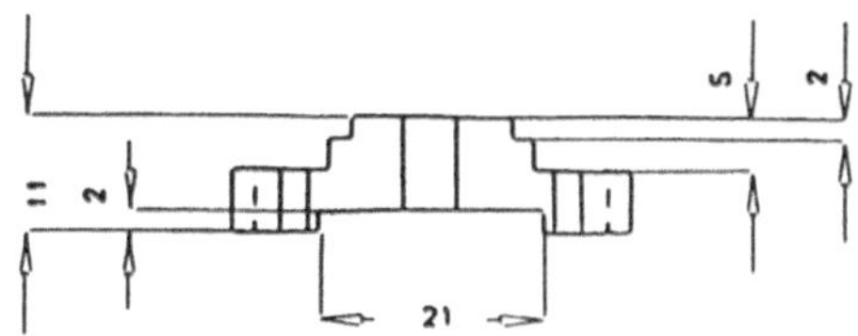

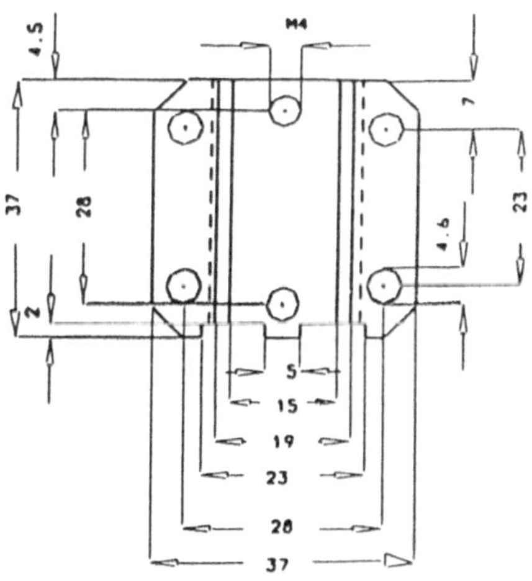

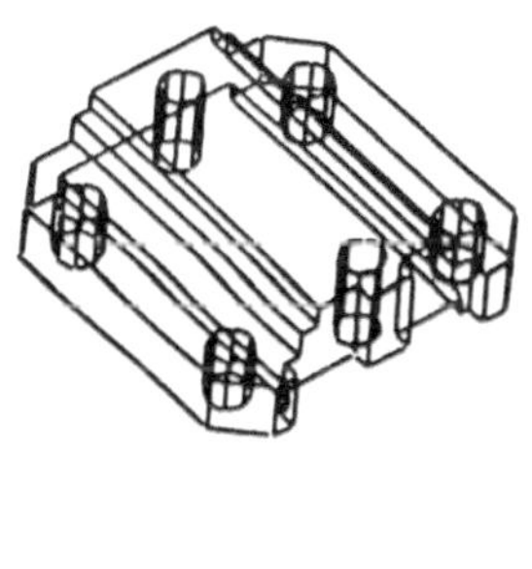

Bild 1: Flansch in zwei Ansichten mit daraus rekonstruiertem, dreidimensionalem Modell

Das ZEIGEN-System ermöglicht die interaktive Eingabe einer aus zwei oder drei Ansichten bestehenden technischen Zeichnung und gestattet es dem Benutzer, zu beliebigen Zeitpunkten die durch die technische Zeichnung beschriebene dreidimensionale Geometrie berechnen (rekonstruieren) und auf dem Bildschirm darstellen zu lassen (Bild 1).

Neben der Möglichkeit der direkten Zeichnungskontrolle ergibt sich mit diesem neuen Modellierungsverfahren eine sehr effiziente und in dieser Weise noch nicht bekannte Möglichkeit zur Eingabe von 3D-Geometrie in den Rechner. In [5] ist die Zeit für die 3D-Beschreibung des in Bild 2 gezeigten Lagerbockes mit standardisierten Volumenelementen und der dazugehörigen Eingabesprache mit 25 Minuten angegeben, wobei bereits eine Skizze des zu beschreibenden Einzelteils vorausgesetzt wird. Mit dem System ZEIGEN konnte die dargestellte dreidimensionale Werkstückgeometrie in nur 5 Minuten beschrieben werden; vorbereitende Arbeiten waren dabei nicht erforderlich.

Intern besteht das ZEIGEN-System aus drei Programmoduln, einem Zeichnungsmodul, dem Rekonstruktionsmodul und einem Dateimodul. Der zentrale Zeichnungsmodul dient dem Erstellen von zweidimensionalen Bildlisten, welche er auf dem Bildschirm darstellt und an den Rekonstruktionsmodul übergibt. Dieser errechnet hieraus eine 3D-Bildliste und gibt sie zur Darstellung auf dem Bildschirm an den Zeichnungsmodul zurück. Ein ergänzender Dateimodul dient der Abspeicherung und Verwaltung der technischen Zeichnungen auf einem Hintergrundspeicher.

2.1 Der Zeichnungsmodul

Grundidee des Zeichnungsmoduls war es, neue Formen der Mensch-Maschine-Kommunikation auszutesten, um den Konstrukteur in seiner herkömmlichen Arbeitsweise weitgehend zu unterstützen:

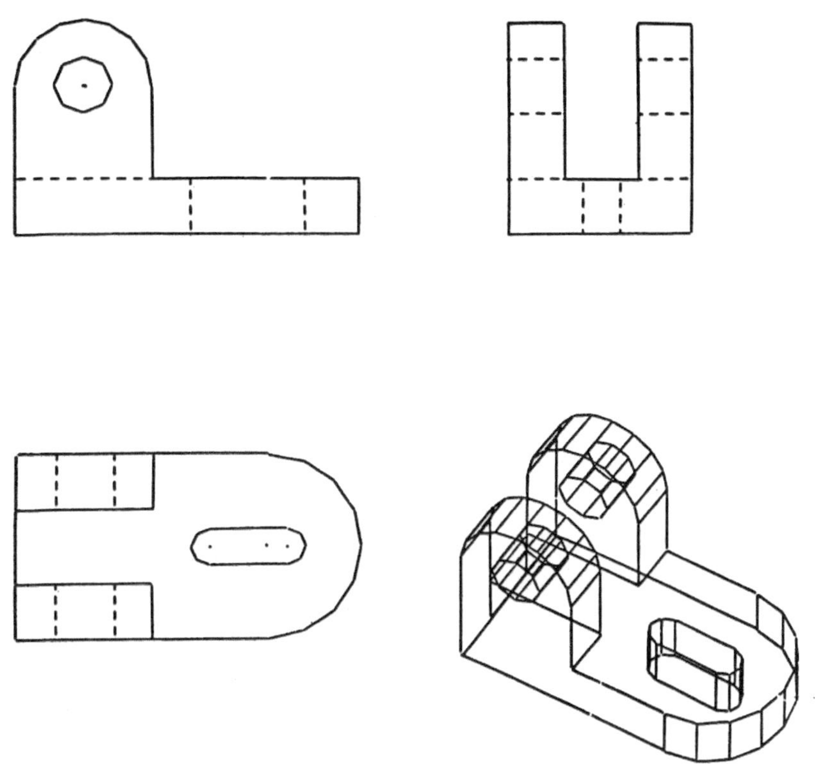

Bild 2: Lagerbock in drei Ansichten mit daraus rekonstruiertem, dreidimensionalem Modell

Beim ZEIGEN-System tritt anstelle des Papiers der Bildschirm einer graphischen Rechenanlage; anstelle des Bleistiftes und Radiergummis tritt der Griffel eines Data-Tabletts, mit dem sich ein Cursor frei über das bisher gezeichnete Bild bewegen läßt. Ähnlich dem Millimeterpapier erleichtert ein zuschaltbares Linienraster die Orientierung auf dem Bildschirm; durch ein weiteres, beliebig einstellbares Raster läßt sich die Schrittweite des Cursors auf dem Bildschirm steuern, so daß z.B. nur auf ganze Millimeter auf- oder abgerundete Koordinatenwerte verarbeitet werden können.

Mit Hilfe des so gesteuerten Cursors und der Funktionstastatur lassen sich in beliebiger Reihenfolge neue Linien verschiedenen Typs in die verschiedenen Ansichten zeichnen oder schon gezeichnete Linien und Liniengruppen manipulieren (löschen, doppeln, verschieben (Rubberband), ausrichten). Neben Menüfunktionen gibt es zur Unterstützung und Ergänzung dieser graphischen Funktionen die Möglichkeit der Ausschnittsvergrößerung, Beschriftung sowie der rechnergestützten Bemaßung.

Für die Darstellung der Ansichten und des daraus rekonstruierten 3D-Bildes ist der Bildschirm in vier Quadranten unterteilt. Damit können zur Eingabe der Ansichten - unter Berücksichtigung der Klappregel - zwei oder drei beliebige Quadranten benutzt werden; das rekonstruierte Bild wird automatisch in den verbleibenden freien bzw. einen der freien Quadranten plaziert.

2.2 Der Rekonstruktionsmodul

Grundidee des Verfahrens ist es, zu jedem dreidimensionalen Eckpunkt des Werkstückes die Nachbareckpunkte zu suchen und dann ein Konturelement als Körperkante zu ziehen: Jeder Eckpunkt des dreidimensionalen Werkstückes erscheint auch als Eckpunkt in jeder Ansicht der zweidimensionalen technischen Zeichnung und ist dort durch Konturelemente (Körperkanten) mit den Nachbareckpunkten verbunden. Bei der Bearbeitung eines 3D-Punktes sucht man in jeder Ansicht sein entsprechendes zweidimensionales Bild auf und erhält dort Hinweise auf mögliche Nachbarpunkte.

Gegeben sind also mehrere nach Ansichten geordnete Mengen von 2D-Punkten, zwischen denen durch die 2D-Nachbarschaftsbeziehung eine Relation r_i besteht; gesucht ist eine Menge von 3D-Punkten mit der entsprechenden 3D-Nachbarschaftsrelation R. Weiterhin existiert für jede verwendete Ansicht der technischen Zeichnung eine surjektive Abbildung f_i der 3D-Punkte auf die 2D-Punkte (siehe Bild 3).

In einem ersten Schritt wird die Menge der 3D-Punkte berechnet: Z.B. wird aus den Koordinaten $(x_{1,1}, y_{1,1})$ in Ansicht 1, $(x_{1,2}, z_{1,2})$ in Ansicht 2 und $(y_{1,3}, z_{1,3})$ in Ansicht 3 der 3D-Punkt (X_1, Y_1, Z_1) so gebildet, daß die Bedingungen durch die Abbildungen f_i erfüllt sind.

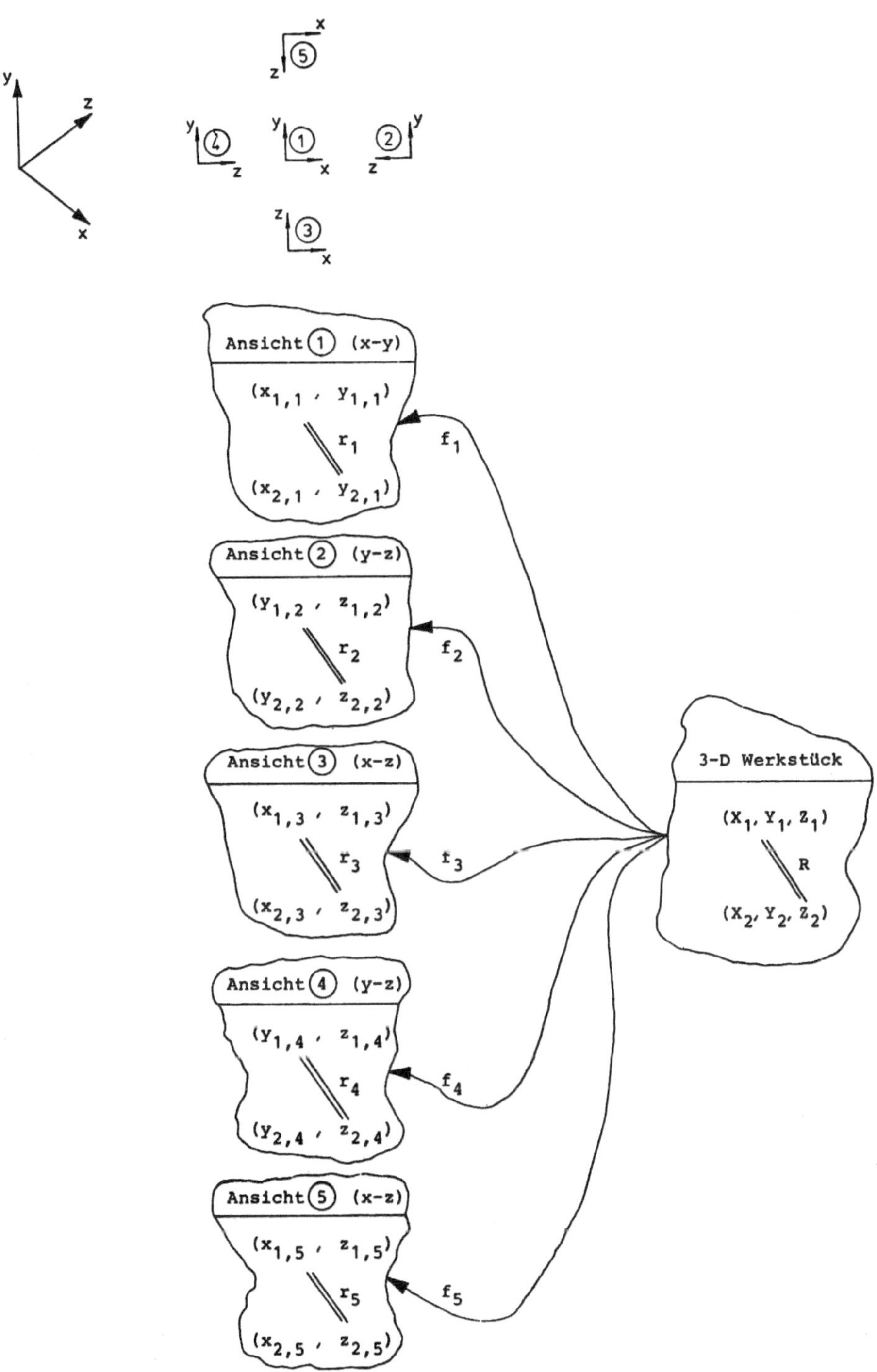

Bild 3: Abbildungen und Relationen zweier Punkte

Im zweiten Schritt werden die Abbildungen f_i auf jeden 3D-Punkt angewandt. Zwischen den Bildern des untersuchten Punktes und weiteren Punkten der Ansicht i besteht die Relation r_i; man erhält so u.a. die 2D-Nachbarn $(x_{2,1}, y_{2,1})$ aus Ansicht 1, $(y_{2,2}, z_{2,2})$ aus Ansicht 2 und $(x_{2,3}, z_{2,3})$ aus Ansicht 3. Aus diesen 2D-Nachbarn kann durch die Bedingungen der Abbildungen f_i wiederum ein reeller Punkt gebildet werden, der dann auch die Relation R erfüllt.

3. Vorteile des geometrischen Modellierens durch Rekonstruktion mit dem System ZEIGEN

Das vorgestellte System ZEIGEN bietet also insbesondere die Möglichkeit,

a) schon während der Eingabe der 2D-Information auch einen unvollständig beschriebenen 3D-Körper berechnen und darstellen zu lassen, um Eingabe- oder logische Fehler der technischen Zeichnung unmittelbar zu korrigieren (Konstruktionskontrolle von Einzelteilen)

b) nach abgeschlossener Eingabe der 2D-Information den endgültigen 3D-Körper berechnen zu lassen, abzuspeichern, und damit für eine Folgeverarbeitung zur Verfügung zu stellen.

Allgemein läßt sich sagen, daß das geometrische Modellieren durch Rekonstruktion der 3D-Geometrie aus Ansichten einer technischen Zeichnung den Vorteil bietet, <u>ohne</u> eine Eingabesprache und <u>ohne</u> Zerlegung eines Körpers in Volumenelemente auszukommen. Es ergibt sich die Möglichkeit, die in vielen Fällen schon bestehenden 2D-Zeichnungssysteme zur Erstellung von Werkstattzeichnungen nun auch für das geometrische Modellieren eines 3D-Körpers zu nutzen; womit der Vorgang des geometrischen Modellierens nun keinen neuen Arbeitsgang mehr darstellt, sondern automatisch in den bisherigen Arbeitsablauf eingebunden wird. Darüber hinaus kann dann aus einem bereits bestehenden Datenbestand technischer Zeichnungen in kurzer Zeit ein Datenbestand von 3D-Körpern errechnet werden.

4. Ausblick

Das hier vorgestellte System ZEIGEN entstand in den Jahren 1979/80; ähnliche Ansätze sind unter [6] bis [10] bekannt geworden.

Am Institut für Konstruktionslehre, Maschinen- und Feinwerkelemente der Technischen Universität Braunschweig wurde - nach den positiven Erfahrungen, die mit dem System ZEIGEN gewonnen wurden - mit dem Aufbau eines zweiten Rekonstruktionsmoduls begonnen, der in seinen Fähigkeiten weit über den des Systems ZEIGEN hinausgeht. Prinzipielle Nachteile des geometrischen Modellierens durch Rekonstruktion gegenüber dem Modellieren durch Volumenelemente sind nicht aufgetreten.

Insbesondere in der genannten englisch-sprachigen Literatur wird häufig betont, daß es unmöglich sei, einen dreidimensionalen Körper nur aus seinen zweidimensionalen Projektionen zu berechnen. Nach DIN sind daher für eine technische Zeichnung neben orthogonalen Projektionen auch Schnitte sowie - anhand von Beispielen erklärte - Zeichnungskonventionen vorgesehen. Die Einbeziehung dieser Zeichnungskonventionen sowie die Erweiterung der Eingabemöglichkeiten durch Schnitte werden voraussichtlich die Schwerpunkte bei der Entwicklung zukünftiger Rekonstruktions-Systeme bilden.

Schrifttum

[1] Roth, K.: Neue Modelle zur rechnerunterstützten Synthese mechanischer Konstruktionen. Z. Konstruktion 30 (1978), S. 27-32.

[2] Roth, K.: Konstruieren mit Konstruktionskatalogen. Berlin, Heidelberg, New York: Springer Verlag, 1982.

[3] Jakobs, G.: Rechnerunterstützung bei der Geometrisch-Stofflichen Produktgestaltung. Dissertation TU Braunschweig, 1981.

[4] Roth, K.; Jakobs, G.: Dreidimensionale Werkstückbeschreibung. VDI-Z 124 (1982) Nr. 1/2, S. 33-37.

[5] Daßler, R.; Gausemeier, J.: Dreidimensionale Beschreibung von Bauteilen. Informationsblatt Institut für Werkzeugmaschinen und Fertigungstechnik, TU Berlin, 1979.

[6] Lafue, G.: Recognition of Three-Dimensional Objects from Orthographic Views. Proceedings 3rd Annual Conference on Computer Graphics, Interactive Techniques, and Image Processing, ACM/SIGGRAPH, July 1976, pp. 103-108.

[7] Preiss, K.: Constructing the 3-D Representation of a Plane-Faced Object from a Digitized Engineering Drawing. Proceedings of International Artificial Intelligence Conference, Brighton, England, April 1980.

[8] Woo, T.C.; Hammer, J.M.: Reconstruction of Three-Dimensional Designs from Orthographic Projections. Proceedings of 9th CIRP Conference, Cranfield Institute of Technology, Cranfield, England, 1977.

[9] Wesley, M.A.; Markowsky, G.: Fleshing out Projections. IBM J. Res. Develop., Vol. 25, No. 6, November 1981.

[10] Koller, R.: Programmsystem RUKON zur Konstruktion und Zeichnungserstellung von Maschinen- und Gerätebaugruppen. Z. Konstruktion 34 (1982), S. 239-244.

D I S K U S S I O N

Metzler, TU Wien:

Ich hätte eine Frage zur Bemaßung. Ist es auch möglich, mit Toleranzen zu bemaßen, und zweitens, wie ist das bei der Bemaßung der Darstellung mit den eingetragenen Werten? Kann ich mit Variablen bemaßen und so nachher die Zeichnung sofort ändern?

Farny, TU Braunschweig:

Der Bemaßungsmodul, den wir an das Zeichnungssystem angehängt haben, war eigentlich für uns Nebensache. Wir wollten Geometrieeingabe haben, um die Rekonstruktion zu verwirklichen. Die Bemaßung erfolgt bei uns in der Weise, daß Sie zwei Kanten anpicken und automatisch die Bemaßung dazwischen gesetzt wird. Die Tolerierung kann dann entweder per Hand eingefügt werden oder es muß halt eine allgemeine Tolerierung vorhanden sein. Der Bemaßungsmodul war also nicht Schwerpunkt dieses Programmsystems.

Schlechtendahl, Kernforschungszentrum Karlsruhe:

Das Ergebnis Ihrer Operationen am Bildschirm ist ein internes Drahtmodell, das Sie aufbauen. Meine Frage geht dahin, planen Sie in dieser Richtung weiterzuarbeiten und daraus auch Volumenmodelle oder Oberflächenmodelle zu machen?

Farny, TU Braunschweig:

Wir sind dabei, das gleiche System auf einen anderen Rechner zu bringen, um auch Volumenmodelle zu errechnen. Die Ergebnisse liegen noch nicht vollständig vor, aber prinzipiell können Sie das Drahtmodell auch als Graphen auffassen: Zur Erkennung von Flächen brauchen Sie dann bloß noch minimale Kreise zu finden und dazu gibt es Algorithmen genug. Das reicht aber noch nicht ganz: Die Orientierung der Flächen müssen Sie auch festlegen, da sind wir im Augenblick dabei.

Nehab, Waldrich, Coburg:
In welchem Bereich sehen Sie denn überhaupt den Anwendungszweck solch eines Systems?

Farny, TU Braunschweig:
Den Anwendungszweck sehe ich in erster Linie im konstruktiven Bereich des Maschinenbaus, wo die Planungsgrundlage immer noch die Zeichnung ist. Wenn man einmal dahin kommt, daß grundsätzlich alle Zeichnungen am Rechner erstellt werden, erhält man erstens eine Zeichnungsunterstützung - die hier vorgestellten Beispiele waren nun alles recht einfache Teile, wenn die Beispiele komplexer werden, kommt es auch zu Fehlern in der Zeichnung, auf die solch ein System hinweisen kann -, zweitens können Sie für volle Verarbeitung auf ganz einfache Weise die 3D-Geometrie zur Verfügung stellen.

Nehab, Waldrich, Coburg:
Vielleicht noch eine Ergänzungsfrage dazu. Einmal, falls man das System einsetzen sollte, um Alt-Zeichungen aufzuarbeiten, halte ich es eigentlich aus Kapazitätsgründen überhaupt nicht für sinnvoll, wenn man es nur für neue Zeichnungen ansetzt, dann halte ich es aber nicht für sinnvoll, daß man denselben alten Entwurfsschuh verwendet, denn da könnte man wie bei normalgängigen vernünftigen CAD-Systemen meiner Ansicht nach schnellere Eingabemethoden verwenden, die nicht wieder die konventionelle Zeichnung oder konventionelle eindeutige 2D-Ansicht erzeugen, sondern halt nur die notwendigen Informationen benötigen, die man braucht, um eine Zeichnung zu definieren.

Farny, TU Braunschweig:
Warum wollen Sie nicht an ein normales konventionelles Zeichnungssystem so einen Rekonstruktionsmodul anhängen? Sie haben damit die Möglichkeit, Ihre 3D-Körper automatisch zu generieren! Natürlich, wenn man 3D-Verarbeitung im CAD-System überhaupt nicht plant, dann sollte man dies auch nicht machen. Aber in vielen Fällen ist es halt so, daß die 3D-Geometrie

für Folgeverarbeitung benötigt wird, und da ist diese Methode hier eine sehr einfache und elegante.

Nehab, Waldrich, Coburg:
Dann sehen Sie Ihr System quasi als Ergänzungsmodul zu einem beliebigen CAD-System, was nur 2D kann?

Farny, TU Braunschweig:
Ja, zum Beispiel, wenn Sie den reinen Rekonstruktionsteil des vorgestellten Systems meinen, ja.

Eckert, Messerschmitt-Bölkow-Blohm, München:
Haben Sie schon mal untersucht, ob Sie mit den CADAM-Strich-Wolken fertig werden, also mit dem Zeichnungsoutput des Lockheed-Systems CADAM?

Farny, TU Braunschweig:
Ich weiß nicht genau, wie die CADAM-Strich-Wolken aufgebaut sind, aber im Prinzip kann ich mir eigentlich nicht vorstellen, warum nicht, weil das ADAGE-System auch sehr einfache Strichlisten hat.

Otto, Westfälische Metall Industrie, Lippstadt:
Ich habe zwei Fragen, wobei ich vorausschicken will, daß ich diese Rekonstruktion für eine unter mehreren anderen sinnvollen Eingabearten halte. Wie ist es mit der Modularität, vielleicht in dem von Professor Encarnação beschriebenen Sinne, so daß Ihr System mit anderen Systemen kombinierbar ist? Und die zweite Frage: Wo sehen Sie die Grenzen des Systems? Bei komplizierten Körpern: Müssen Sie alle unsichtbaren Kanten eingeben, und wie sieht es aus bei, sagen wir, gekrümmten Flächen?

Farny, TU Braunschweig:
Vielleicht etwas Grundsätzliches: Das ZEIGEN-System ist von uns als Forschungssystem gedacht. Wir wollen damit eine neue Möglichkeit des Geometrischen Modellierens aufzeigen und beweisen, daß sie praktikabel ist. Von da aus muß man auch sehen, daß in das System natürlich noch lange nicht so viel Entwicklungsarbeit hineingesteckt wurde, wie z. B. in die anderen Modellierungssysteme. Modularität war von uns daher in dem hier vorgestellten Programmblock noch nicht geplant. Wir sind jetzt dabei, das neue System natürlich modular aufzubauen. Bei gekrümmten Flächen sehe ich im Augenblick schon Grenzen. Andererseits möchte ich es hier nicht auf Anhieb ablehnen; wir haben es einfach noch nicht untersucht.

REKONSTRUKTION VON VOLUMENORIENTIERTEN 3D-MODELLEN AUS HANDSKIZZIERTEN 2D-ANSICHTEN

Helmut Jansen, Bernd Meyer
Fraunhofer-Institut für
Produktionsanlagen und Konstruktionstechnik, Berlin

Zusammenfassung

Das im folgenden vorgestellte System soll einen Beitrag zur Erhöhung des Eingabekomforts für volumenorientierte CAD-Systeme liefern. Dazu werden mittels Handskizzentechnik Ansichten von Körpern über ein graphisches Tablett eingegeben, aus denen ein zweidimensionales rechnerinternes Ansichtsmodell erzeugt wird. Aus diesem Modell werden mit Hilfe der Rekonstruktionstechnik volumenorientierte 3D-Modelle generiert.

Dieser Beitrag basiert auf Arbeiten, die innerhalb eines BMFT-geförderten Forschungsprojektes durchgeführt wurden /1,2/.

1. Problematik der Geometrie-Eingabe

Innerhalb von CAD-Prozessen ist beim Stand der Technik noch immer eine Diskrepanz zwischen der Leistungsfähigkeit von Geometrie-Eingabemethoden und der rechnerinternen Geometrieverarbeitung festzustellen. Die Lösung dieser Problematik erfordert eine einfache und leicht zu handhabende, der konventionellen Zeichentechnik des Konstrukteurs nachempfundene Methode zur Eingabe von geometrischen Informationen. Ein Verfahren, das einen Skizzierungsprozeß direkt als Eingabemöglichkeit für ein CAD-System erlaubt, kommt dieser Forderung entgegen. Um eine derartige Eingabetechnik auch für den Entwurf von 3D-Objekten nutzbar zu machen, muß eine weitgehend automatisierte 3D-Modellbildung aus den handskizziert eingegebenen 2D-Ansichten möglich sein.

Voraussetzung für die Handskizzen-Eingabe und deren Verarbeitung ist ein Hardware-Software-System, das als Eingabemedium ein graphisches Tablett mit drei den Grundebenen des kartesischen Koordinatensystems entsprechenden Eingabeebenen vorsieht.

2. Systemkonzeption

Die aufgezeigte Problematik beinhaltet zwei Aspekte, die Handskizzeneingabe und die Rekonstruktionstechnik. Die Lösung der daraus resultierenden unterschiedlich gelagerten Aufgaben führt zu der in Bild 1 dargestellten Systemstruktur. Der Aufbau des Gesamtsystems sieht für die einzelnen Problembearbeitungen spezielle Prozessoren vor, die wiederum in modulare Funktionseinheiten gegliedert sind:

- der Handskizzen-Prozessor ermöglicht die Eingabe der Handskizze sowie ihre Weiterverarbeitung zu einer exakten Kontur,
- der Rekonstruktions-Prozessor bildet aus den Daten der exakten Kontur eine Ansichtsstruktur und generiert daraus ein volumenorientiertes 3D-Modell,
- der Darstellungs-Prozessor dient der graphischen Ausgabe der exakten Kontur sowie der Ansichten und des Drahtmodells.

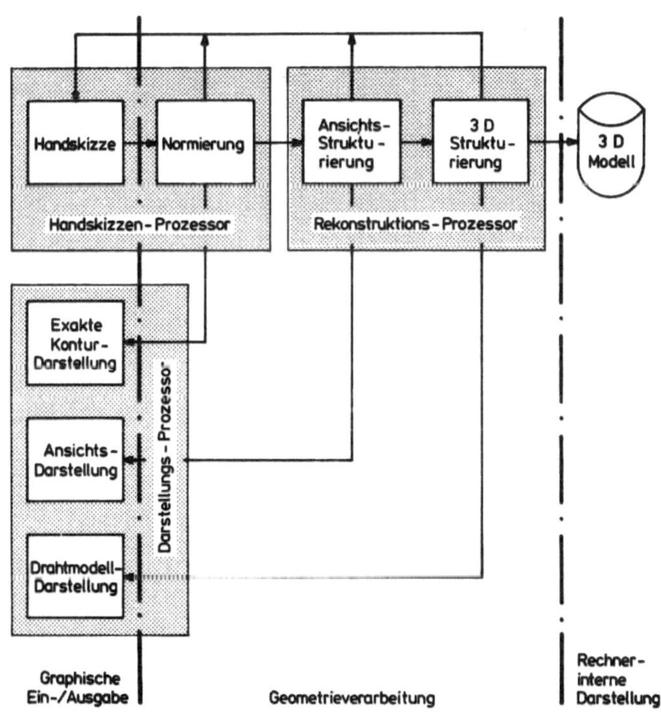

Bild 1: Modularer Systemaufbau

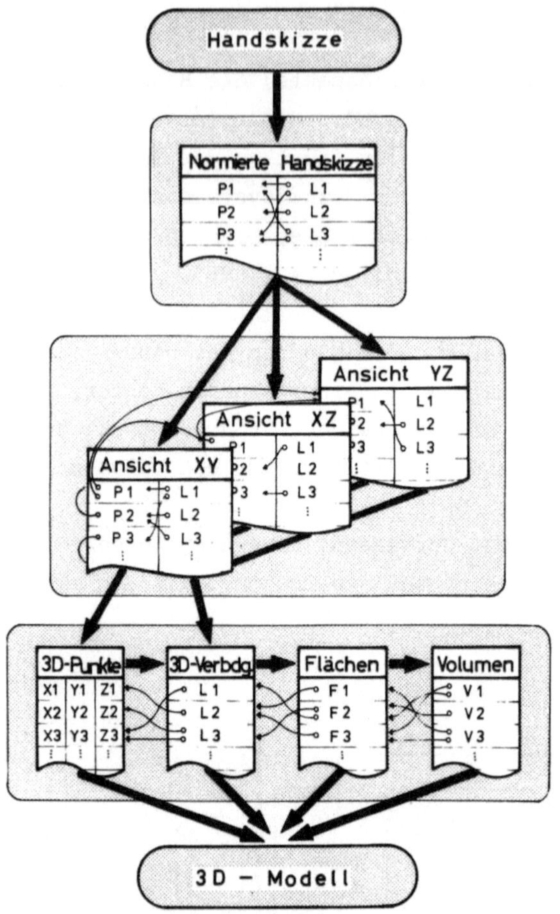

Bild 2: Schematische Darstellung des Informationsflusses zur Entwicklung einer 3D-Datenstruktur

Für die Übermittlung der Daten zwischen den einzelnen System-Moduln sind unter Berücksichtigung der für die jeweilige Weiterverarbeitung erforderlichen Informationsinhalte, wie z.B. Koordinatenwerte, Kennungen von Geometrieobjekten und Relationen zwischen Geometrieobjekten, Schnittstellen definiert worden. Der hierdurch festgelegte Informationsfluß und die daraus ableitbare Entwicklung der Datenstruktur bis zum 3D-Modell veranschaulicht Bild 2. Neben diesen systeminternen Schnittstellen existieren externe Schnittstellen, die beispielsweise die Ankopplung eines alternativen Eingabe-Moduls oder aber ausgangsseitig die Kopplung mit einem weiterverarbeitenden CAD-System, wie z.B. COMPAC oder Baustein GEOMETRIE erlauben.

3. Handskizzen-Eingabe

Für die Interpretation einer handskizziert eingegebenen Kontur ist ein Erkennungssystem erforderlich, das die vorgegebene Handskizze in bestimmte Teilkonturen zerlegen und als eindeutig beschreibbare geometrische Konturelemente klassifizieren kann. Die ursprüngliche Handskizze kann dann als eine Folge von geometrisch beschreibbaren Teilkonturen aufgefaßt und weiterverarbeitet werden.

Das für diese Aufgabe verwendete Mustererkennungssystem analysiert eine Handskizze in Teilkonturen, denen die geometrischen Begriffe "Strecke" bzw. "Kreisbogen" zugeordnet werden können. Der Algorithmus der Musterverarbeitung ist so ausgelegt, daß eine Skizze nicht in einem Zug gezeichnet werden muß, sondern daß ein Absetzen des Schreibstiftes für eine begrenzte Zeit und ein Neuansetzen der Skizzierung möglich ist. Wird diese Zeit überschritten, so wird die bis dahin gezeichnete Kontur vom System als eine abgeschlossene Handskizze betrachtet und entsprechend weiterverarbeitet. Die bei der Skizzierung zum Rechner übermittelte Koordinatenfolge wird vom Mustererkennungssystem quasi parallel verarbeitet. D.h., aus der Punktfolge wird unter Ausfilterung redundanter Koordinaten eine Vektorfolge erzeugt, die als Abbildung der Handskizze auf dem Sichtgerät parallel dargestellt wird (Bild 3,1.-3.). Mit der Erzeugung der Vektorfolge wird die Richtung jedes einzelnen Vektors bezogen auf ein ebenes Richtungsklassensystem mit acht Richtungsklassen bestimmt. Durch Anwendung von Klassifizierungskriterien, die sich auf die Richtungsänderung eines Vektors hinsichtlich der vorausgegangenen Vektorrichtungen stützen, kann eine Aufgliederung der Vektorfolge in bestimmte Gruppen erfolgen. Die Gruppenaufteilung ist so ausgelegt, daß eine Zuordnung der geometrischen Begriffe "Strecke" und "Kreisbogen" zu den einzelnen Gruppen möglich ist (Bild 3,4.). Nach Abschluß der Handskizzeneingabe liegt die analysierte Kontur als eine Folge von geometrischen Grundelementen vor.

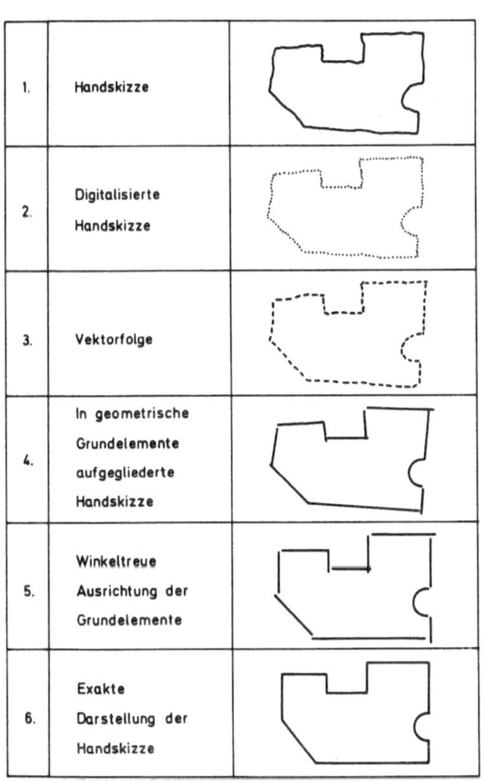

Bild 3: Ablauf der Handskizzen-Verarbeitung

Aufgabe der Normierung ist es nun, aus der losen Folge von Teilkonturen einen lückenlosen Konturzug zu generieren, der der ursprünglichen Handskizze "geometrisch ähnlich" ist. Dabei darf nicht von Bedeutung sein, ob es sich bei der Handskizze um einen offenen oder geschlossenen Konturzug handelt. Die Normierung der Teilkonturfolge kann auf die Lösung von drei elementaren Teilproblemen zurückgeführt werden:

- die Richtungskorrektur der Teilkonturen,
- die Beseitigung von Konturlücken und -überschneidungen,
- das Einpassen von Konturelementen in eine vorhandene Teilansicht unter Berücksichtigung der Einflüsse möglicher weiterer Ansichten bzw. Teilansichten der übrigen Eingabeebenen.

Die Richtungskorrektur der einzelnen Konturelemente erfolgt zyklisch in der durch die Handskizzeneingabe festgelegten Reihenfolge. Hierbei werden jedoch zunächst nur Strecken korrigiert, die dann auf die Bereichsmitte der jeweiligen Richtungsklasse ausgerichtet werden (Bild 3,5.)

Bedingt durch die Richtungskorrektur der einzelnen Teilkonturen entstehen an den Verknüpfungspunkten zweier Teilkonturen in den meisten Fällen Verbindungslücken oder Konturüberschneidungen. Diese werden im letzten Normierungsschritt beseitigt, so daß eine exakte Darstellung der Eingabekontur möglich wird (Bild 3,6.).

Die Bearbeitung der Eingabekontur zum Zweck der Beseitigung von Konturlücken und -überschneidungen erfolgt elementweise nach folgenden Prioritätsstufen:

1. horizontale und vertikale Strecken,
2. diagonale Strecken,
3. Kreisbogen und Kreis.

Sobald horizontale und vertikale Strecken, soweit wie zu diesem Zeitpunkt möglich, miteinander ohne Lücken und Überschneidungen verknüpft sind, werden die diagonalen Strecken mittels Richtungs- und Längenkorrektur in die vorhandene Konstellation eingepaßt. Im letzten Schritt werden dann Kreisbögen anhand der festgelegten Endpunkte durch Neuberechnung von Radien und Mittelpunkten in die normierte Kontur eingefügt. In Bild 4 ist dieser Prozeß beispielhaft angedeutet, wobei durchgezogene Linien die geometrischen Grundelemente einer Eingabekontur, gestrichelte Linien die normierte Kontur und die Ziffern 1 bis 6 die Reihenfolge der Bearbeitung wiedergeben. Der strichpunktierte Kreisbogen ist als Zwischenergebnis der Normierung anzusehen.

Die Beziehung aller drei Eingabeebenen untereinander ist darin begründet, daß durch die Elemente einer Eingabeebene ihre entsprechende Repräsentation in den anderen Ebenen hinsichtlich einer Dimension festgelegt ist. Diese, aus seiner Eingabe resultierende Festlegung muß dem Benutzer durch geeignete Hilfsmittel angezeigt und in die Normierung

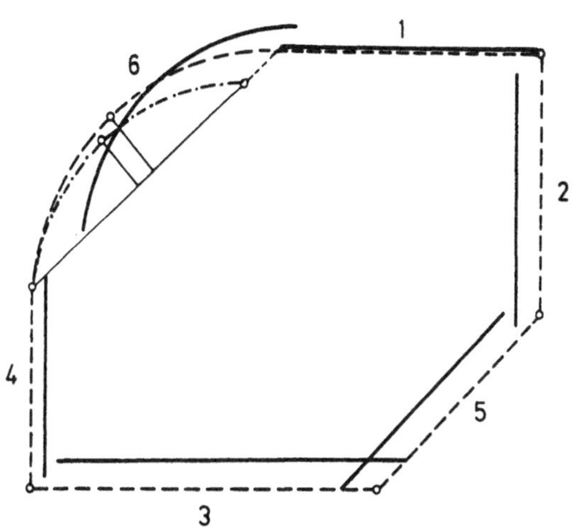

Bild 4: Verknüpfungsprozeß von Teilelementen

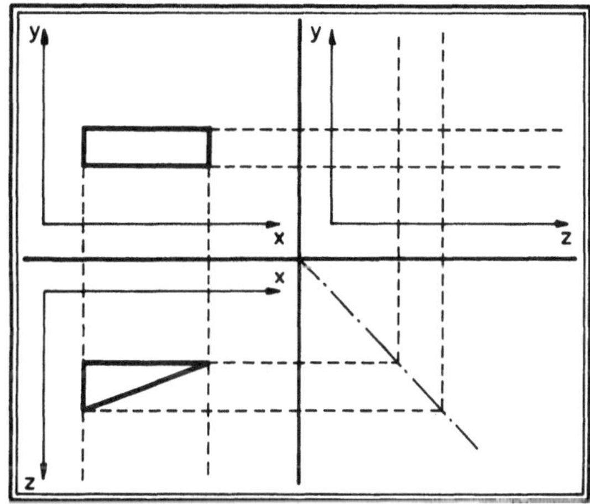

Bild 5: Hilfslinien-Generierung

der folgenden Konturen einbezogen werden. Zu diesem Zweck werden, sobald ein Konturelement normiert worden ist, alle aus den Teilansichtspunkten resultierenden Koordinatenwerte (vorbestimmte Koordinaten) in eine Liste eingetragen. Diese Liste enthält somit für jede der drei Raumkoordinaten (X,Y und Z) diejenigen Werte, die bereits durch irgendeine Eingabe festgelegt wurden. Hieraus lassen sich Eingabehilfen für den Benutzer in Form von Hilfslinien in das aktuelle Eingabebild einblenden. Beispielhaft sind im Bild 5 eine in der XY-Ebene gezeichnete Rechteckkontur und eine zweite in der XZ-Ebene eingegebene Dreieckkontur zu erkennen. Die nach der Normierung der Eingabekonturen eingeblendeten gestrichelten Hilfslinien stehen senkrecht auf den entsprechenden Achsen, wobei der Abstand zum Ursprung dem jeweiligen vorbestimmten Koordinatenwert entspricht. Durch die Erzeugung der Hilfslinien wird der Spielraum für eine dritte Ansicht in der YZ-Ebene eingeschränkt. Der Anwender muß seine Eingaben an diesen Hilfslinien orientieren, um gültige Ansichten im Sinne von orthogonalen Parallelprojektionen eines Körpers auf die drei Projektionsebenen (Eingabeebenen) zu erhalten.

Da es durch die Eingabeungenauigkeit in der Regel kaum möglich ist, die Elemente genau auf den Hilfslinien zu plazieren, werden mit Hilfe eines unsichtbar unterlegten Toleranzrasters Koordinatenwerte innerhalb einer festgelegten Umgebung der Hilfslinien auf die entsprechende Hilfs-

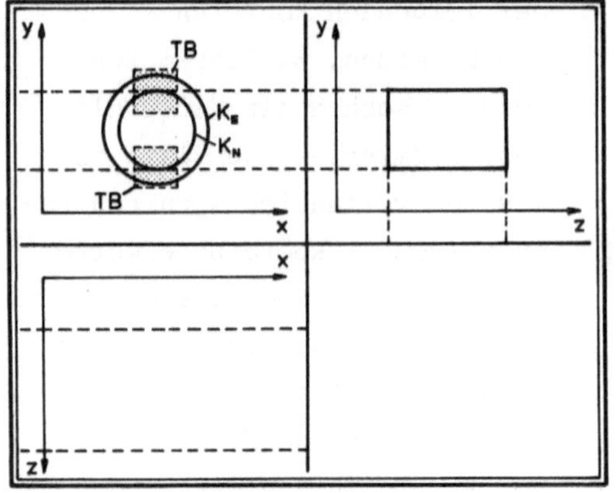

K_E : Eingegebener Kreis

K_N : Normierter Kreis

TB : Toleranzbereich

Bild 6: Kreis-Normierung über Toleranzraster

linie abgebildet. Die optimale Abmessung des die Hilfslinien (Bild 6) umgebenden Toleranzbereiches ist dabei abhängig vom Eingabeproblem und kann vom Anwender vorher festgelegt werden.

Die Bearbeitung eines Konturelementes erfolgt punktweise mit der Absicht, die markanten Punkte, wie z.B. Endpunkte, mit Punkten der bereits vorhandenen Teilansicht zu verknüpfen bzw. sie mit den vorbestimmten Koordinatenwerten in Übereinstimmung zu bringen. Dies geschieht durch die Auswertung der vorbestimmten Koordinaten. Finden sich entsprechende vorbestimmte Koordinaten, werden diese endgültig als Normierungskoordinaten eingetragen. Normierungskoordinaten sind die Koordinatenwerte, auf die die Konturpunkte korrigiert werden müssen, damit sie in eine vorgegebene Ansicht bzw. in die Gesamtbeschreibung eines Körpers (Ansichten) integriert werden können. Sind Normierungskoordinatenwerte für ein Element nicht bestimmbar, wird dieses solange zurückgestellt, bis dies aufgrund der Teilansichtserweiterung möglich ist oder es als ein neuer Teilansichtsansatz unverändert aufgenommen wird. Auf diese Weise wird in der Normierungsphase eine Kontur in Verbindung mit einer eventuell bereits vorhandenen Teilansicht in einen lückenlosen Konturzug, der am Ende die Ansicht darstellt, überführt.

4. Rekonstruktionstechnik

Grundgedanke des für die Rekonstruktionstechnik zur Anwendung kommenden Verfahrens ist die Modellvorstellung, daß sich ein Körper durch die sein Volumen begrenzenden Körperelemente, Flächen, Kanten sowie Punkte beschreiben läßt und daß diese Elemente im $\mathbb{R}^3$ aus ihren Projektionen im $\mathbb{R}^2$ bestimmbar sind. Da zwischen den unterschiedlichen Elementarten Informationsabhängigkeiten bestehen, können entsprechend der daraus resultierenden hierarchischen Modellstruktur (Volumen, Fläche, Kante, Punkte) die Elementarten nur nacheinander generiert werden. Daraus ergibt sich für den Rekonstruktionsprozeß folgende Bearbeitungsfolge:

1. Generierung der 3D-Punkte aus den 2D-Ansichten,
2. Generierung der 3D-Kanten aus den 2D-Ansichten und 3D-Punkten,
3. Generierung der 3D-Flächen aus den 3D-Kanten sowie deren Punkten,
4. Generierung des volumenorientierten 3D-Modells aus den 3D-Flächen sowie deren Kanten und Punkten.

Das Verfahren zur Generierung der 3D-Punkte basiert auf der in /3/ beschriebenen Vorgehensweise. Durch Koordinatenvergleich zwischen den Punkten der Ansichten werden die 3D-Punkte ermittelt, deren Projektionen widerspruchsfrei in allen drei Ansichten vorhanden sind.

Die 3D-Kanten oder Verbindungen lassen sich in zwei Klassen aufteilen, in die Klasse der linearen und in die Klasse der nichtlinearen Verbindungen. Dieser Gliederung entsprechend wird der Prozeß zur Generierung der 3D-Verbindungen so strukturiert, daß zuerst die linearen und dann die nichtlinearen 3D-Verbindungen generiert werden (Bild 7). Das Bild zeigt, daß aus unterschiedlichen Ansichten nach der Generierung

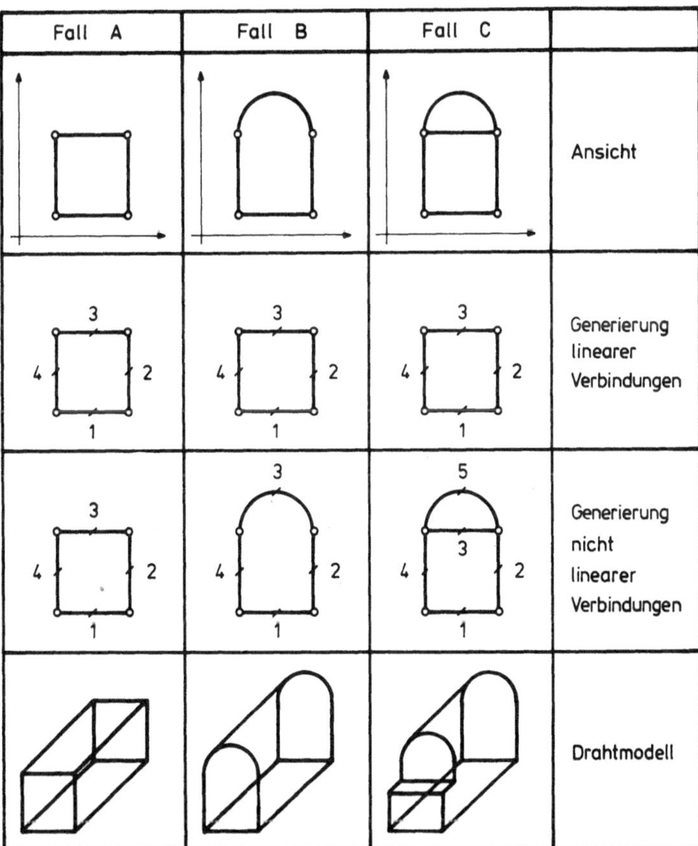

Bild 7: Bearbeitungsschritte bei der Generierung von Drahtmodellen

der linearen Verbindungen zunächst gleiche Strukturen erzeugt werden. Im nächsten Bearbeitungsschritt wird dann geprüft, ob die noch zu generierenden nichtlinearen Verbindungen die entsprechenden linearen Verbindungen nur ersetzen (Fall B) oder ob sie als zusätzliche 3D-Verbindungen in die Struktur eingetragen werden müssen (Fall C).

Die Gliederung der 3D-Verbindungen in unterschiedliche Verbindungstypen bedingt typenspezifische Generierungsalgorithmen, wobei die grundsätzliche Vorgehensweise, die am Beispiel der linearen Verbindungen erläutert wird, allen Algorithmen gemeinsam ist.

Zur Generierung der linearen 3D-Verbindungen werden die Koordinaten des Anfangs- und Endpunktes (AP,EP) einer 2D-Verbindung einer Ansicht mit den entsprechenden Koordinaten der 3D-Punkte verglichen. Bei Koordinatenidentität werden diese 3D-Punkte markiert und, wenn der Vergleich für alle Verbindungen dieser Ansicht durchgeführt worden ist, werden zwischen den markierten 3D-Punkten alle möglichen 2er-Verbindungen gebildet. Entsprechend werden die möglichen 2er-Verbindungen der übrigen Ansichten bestimmt. Aus der Menge der 2er-Kombinationen aller Ansichten können dann mittels eines Vergleichsverfahrens die tatsächlichen 3D-Verbindungen definiert werden.

Zur Generierung der nichtlinearen 3D-Verbindungen werden in ähnlicher Weise die möglichen Kombinationen gebildet und die tatsächlichen Verbindungen unter Berücksichtigung zusätzlicher Kriterien, wie z.B. Funktionsgleichung, Verzerrungen bei Konturen, die nicht parallel zu den Ansichtsebenen liegen, sowie Extremwerte bei geschlossenen Konturen, bestimmt.

An dem Drahtmodell, das nach der Generierung der 3D-Verbindungen definiert ist, werden Plausibilitätsuntersuchungen durchgeführt, um Generierungsfehler zu erkennen und darzustellen, die der Benutzer durch interaktiven Eingriff korrigieren kann.

Die Generierung der 3D-Flächen erfolgt wie die Generierung der 3D-Verbindungen in zwei Arbeitsschritten:

- Ermittlung der ebenen Flächen und
- Ermittlung der gekrümmten Flächen.

Um die ebenen Flächen generieren zu können, müssen zuerst die Geometrieobjekte, die diese Flächen beinhalten, hier Ebenen, bestimmt werden.

Der Algorithmus zur Ermittlung der Ebenen ist so aufgebaut, daß für jede lineare Verbindung des Drahtmodells zwei verschiedene Ebenen bestimmt werden, die die jeweilige Verbindung als Element enthalten. Zusätzlich werden Relationen gebildet, die aussagen, zu welchen Ebenen eine Verbindung gehört und welche Verbindungen in einer Ebene liegen Bild 8.

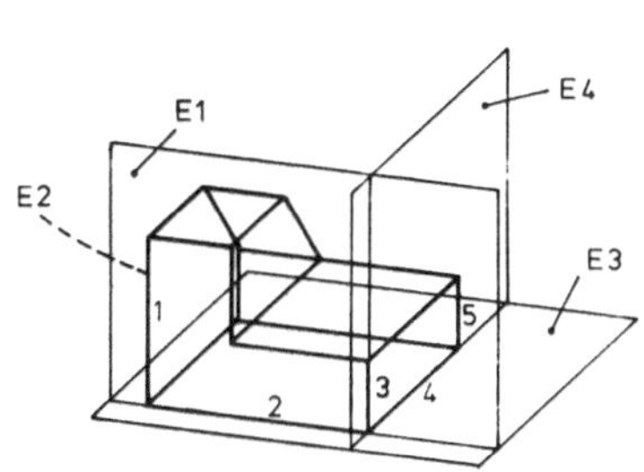

	EBENE					
Verbindung	1	2	3	4	5	6
1	A	A				
2	B		A			
3	E			A		
4			B	B		

A = Angelegte Ebene
B = Bestimmte Ebene
E = Erfüllt Ebenengleichung der bestimmte Ebene

Bild 8: Ebenen-Definition

Nach der Bestimmung der Ebenen werden zur Generierung der ebenen Flächen die in einer Ebene liegenden Verbindungen zu einem geschlossenen Konturzug (Ring) gemäß der Möbius-Regel ausgerichtet und die Flächenparameter berechnet. Zusätzlich werden die Relationen zwischen den Flächen und ihren Verbindungen aufgebaut.

Ähnlich wie bei der Generierung der ebenen Flächen werden bei der Generierung der gekrümmten Flächen zuerst die zugehörigen Geometrieobjekte ermittelt und dann die gekrümmten Flächen entsprechend ihrer Berandung auf den Geometrieobjekten definiert. Die Generierungsverfahren unterscheiden sich insofern, daß gekrümmte Verbindungen unterschiedlichen Flächentypen und damit unterschiedlichen Geometrieobjekten zugeordnet werden müssen. Z.B. gehört ein Kreisbogen zu einer ebenen Fläche mit dem Geometrieobjekt Ebene und zu einer Teilzylindermantelfläche mit dem Geometrieobjekt Zylindermantel.

Die abschließende Phase des Rekonstuktionsprozesses, die Definition des volumenorientierten Modells aus dem generierten Flächenmodell, veranschaulicht Bild 9. Ausgehend von der ersten generierten Fläche (1) wird mittels der Relation Fläche-Verbindung die Existenz von benachbarten Flächen untersucht, um zwischen den ermittelten Randflächen und der Ausgangsfläche Relationen zur Erzeugung eines Flächenbaumes zu knüpfen. Diese Untersuchung wird für alle benachbarten Flächen fortgesetzt und solange durchgeführt, bis keine neuen Randflächen

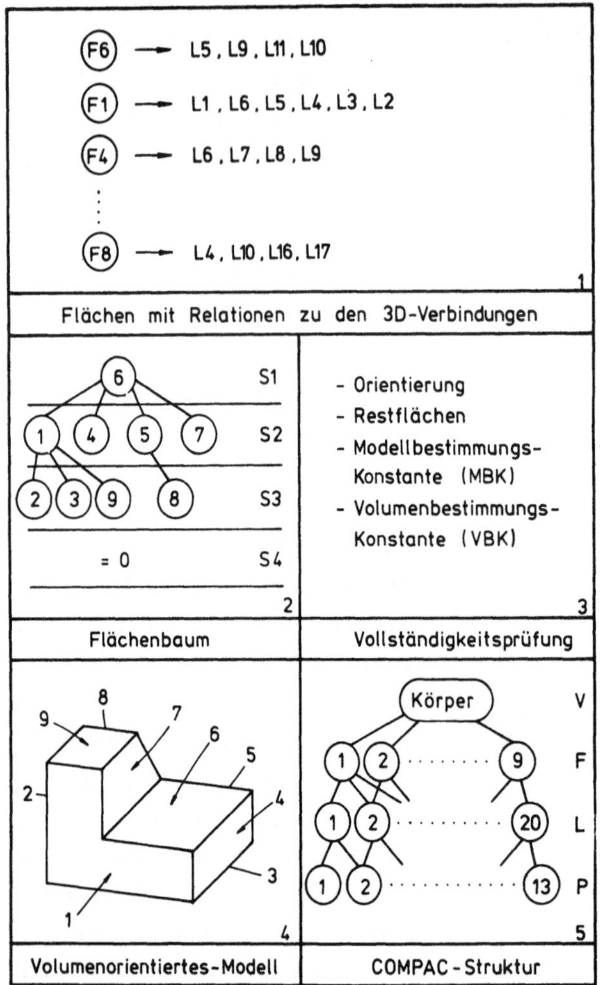

Bild 9: Generierung des 3D-Modells

mehr gefunden werden (2). Zum Nachweis, ob der Körper aus den im Flächenbaum enthaltenen Flächen eindeutig bestimmt werden kann, erfolgt eine Vollständigkeitsprüfung (3). Dann wird das volumenorientierte Modell durch seine Elemente und die Relationen zwischen diesen Elementen definiert (4) und mittels Traversierungsalgorithmen in die COMPAC-Datenstruktur übertragen (5).

Sind in dem beschriebenen Prozeß nicht alle generierten Flächen einbezogen worden, so wird der Algorithmus mit dem Ziel wiederholt, einen weiteren Körper aus den Restflächen zu definieren. Dies hat zur Folge, daß der generierte Körper zunächst aus mehreren Teilkörpern besteht, die mittels entsprechender Algorithmen kontaktflächenmäßig verknüpft und/oder durchdrungen werden, so daß ein Körper generiert wird, der nur aus einem Volumen besteht.

5. Entwicklungsstand und Ausblick

Die Realisierung des vorgestellten Verfahrens zur Generierung von volumenorientierten 3D-Modellen aus handskizziert eingegebenen 2D-Ansichten ist zur Zeit noch nicht abgeschlossen. Mit der bisher entwickelten Ausbaustufe konnte der Nachweis erbracht werden, daß durch die Anwendung von Handskizzen- und Rekonstruktionstechnik ein sehr effektives und benutzerfreundliches System zur Geometrie-Eingabe in CAD-Prozessen realisierbar ist. Mit der derzeitig zum Teil noch simulierten Handskizzen-Eingabe sind 3D-Modelle rekonstruierbar, die aus prismatischen und zylindrischen Volumenelementen bestehen können. Diese Modelle sind mit dem System COMPAC weiterverarbeitbar, so daß z.B. ein automatisches Ausblenden verdeckter Kanten oder eine Schnittbildung möglich ist (Bild 10).

Die weiteren Entwicklungsschwerpunkte sind in der Bereitstellung einer graphischen Editiermöglichkeit, der automatischen Vervollständigung von Ansichten sowie der Erweiterung des verarbeitbaren Flächen- und Volumenelementespektrums, wie z.B. Torusfläche und Kegelstumpf, zu sehen.

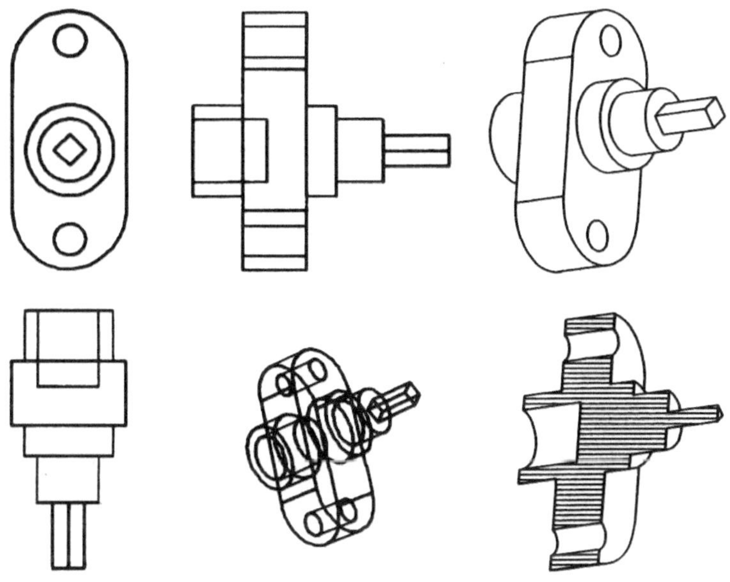

Bild 10: Exemplarische Modellgenerierung eines technischen Objektes

6. Literatur

/1/ Spur,G.; Jansen,H.; Meyer, B.: Handskizzierte Eingabe von Geometrieinformationen mittels Mustererkennung. 1. Zwischenbericht, BMFT DV 5.808, Berlin, 1980.

/2/ Spur,G.; Jansen,H.; Meyer,B.: Handskizzierte Eingabe von Geometrieinformationen mittels Mustererkennung. 2. Zwischenbericht, BMFT DV 5.808, Berlin, 1981.

/3/ Encarnação, J.L.: Untersuchungen zum Problem der rechnergesteuerten räumlichen Darstellung auf ebenen Bildschirmen, Dissertation, TU Berlin, 1971.

D I S K U S S I O N

Roth, TU Braunschweig:
Eine Frage zur Generierung der Handskizzen: Sie haben es zwar zum Teil schon erklärt, aber doch noch nicht ganz. Wie unterscheidet der Rechner, ob es sich um zwei Linien handelt, die senkrecht aufeinander stehen, oder um zwei Linien, die vielleicht um 5 oder 6 Grad von der Senkrechten abweichen?

Meyer, Fraunhofer-IPK, Berlin:
Ja, normalerweise läuft der Prozeß der Handskizze so ab, daß ich hier eine Kontur eingebe, z. B. eine Strecke unter einem Winkel von etwa 30°. Entsprechend dem Richtungsklassensystem, das zur Zeit nur 8 Richtungsklassen aufweist, wird diese Kontur unter 45° abgelegt. Gehe ich jetzt aber anders vor, und gebe beispielsweise eine Kontur in Form eines Polygonzuges so ein, daß die Stelle, an der die Schräge unter 5° oder 6° eingefügt werden soll, zunächst offen bleibt, so kann nach der Normierung des Polygonzuges die Strecke unter dem gewünschten Winkel eingegeben werden, da die Endpunkte für die Normierung der Schräge bereits festliegen. Entsprechend kann ich also hier durch diesen kleinen Trick jeden beliebigen Winkel zur Zeit eingeben. Prinzipiell wäre das derzeitige Richtungsklassensystem auf 16 oder 32 Klassen erweiterbar. Dies ist aber für den rein qualitativen Vorgang der Handskizzierung nicht notwendig und auch nicht unbedingt erwünscht, da bei ëiner feineren Winkelaufteilung die Eingabe auch entsprechend genauer erfolgen müßte.

Nehab, Waldrich, Coburg:
Auch an Sie die Frage, wo sehen Sie die sinnvolle Anwendungsmöglichkeit für dieses System?

Meyer, Fraunhofer-IPK, Berlin:
Ja, ich sehe überall da Anwendungsmöglichkeiten, wo volumenorientierte CAD-Systeme noch keinen Eingabekomfort aufweisen, wie er für die Akzeptanz von CAD-Systemen benötigt wird. Also zum Beispiel bei Systemen, die auf Beschreibungssprachen basieren, glaube ich, daß die Handskizze eine sehr effektive Geometrieeingabe ermöglicht und daß sie der gewohnten Arbeitsweise des Konstrukteurs entgegenkommt.

Schlechtendahl, Kernforschungszentrum Karlsruhe:
Wenn ich Sie recht verstanden habe, geben Sie mit der Handskizze nicht nur Geometrieinformationen ein, sondern Sie geben auch Zusatzinformatio-

nen ein, wie: "Dies ist der Mittelpunkt eines Kreises", oder: "Dies ist eine Hilfslinie". So habe ich Sie jedenfalls verstanden. D. h. in der Verarbeitung haben Sie diese Informationen zur Verfügung. Wenn Sie eine andere Eingabeschnittstelle vorsehen würden - Sie sprachen an das Abtasten einer Zeichnung beispielsweise - dann hätten Sie diese Informationen nicht zur Verfügung. Haben Sie Vorstellungen, wie Sie da vorgehen würden?

Meyer, Fraunhofer-IPK, Berlin:
Bei der Handskizzeneingabe werden die Informationen Mittelpunkt oder Hilfslinie nicht direkt eingegeben, sondern sie werden vom System selbst generiert. Aufgrund der Information, daß hier ein Kreis vorhanden ist, wird der entsprechende Mittelpunkt vom System berechnet. Analog verhält es sich auch mit der Generierung von Hilfslinien. D. h. bei einem späteren automatisierten Digitalisierungsprozeß werden diese Informationen genauso gewonnen, sie müssen nicht explizit eingegeben werden.

Gnatz, TU München:
Meine Frage zielt in eine etwas andere Richtung. Speziell bei der Rekonstruktion des 3D-Modells aus der zweidimensionalen Information haben Sie ja Algorithmen zu schreiben, die sich in verschiedene Teilaufgaben zerlegen lassen, Suchprozesse, Sortierprozesse, vielleicht Inzidenzprüfung und ähnliche Dinge. Welche typischen Teilaufgaben treten auf, und welches sind diejenigen Teilaufgaben, die am meisten Rechenzeit verlangen?

Meyer, Fraunhofer-IPK, Berlin:
Das ist so, da wir hier über kombinatorische Verfahren arbeiten, um alle möglichen Verbindungen zu finden, bedarf es schon sehr rechnerintensiver Prozesse. Es lassen sich wahrscheinlich noch Verfahren finden, die auf Grund von stochastischen Vorgängen eine Vorsortierung ermöglichen. Wir haben derartige Verfahren momentan noch nicht einbezogen, weil wir erst mal den Nachweis führen wollten, daß überhaupt eine volumenorientierte Rekonstruktion möglich ist. Daß man noch optimierte Vorsortierungsverfahren einführen kann, ist auf jeden Fall möglich. Ein sehr großer Zeitaufwand ist bei der Generierung der Flächen zu verzeichnen. Den entsprechenden Algorithmus haben wir im Moment so implementiert, daß man, das ist mehr eine Spielerei, um diesen Rekonstruktionsschritt verfolgen zu können, die Flächen, die gerade bearbeitet werden, auf dem Bildschirm blinkend darstellt. Bei dieser Darstellungsweise wird deutlich, daß der Prozeß zur Auffindung von Korrespondenzen, um entsprechend der Möbius-Regel die aktuelle Fläche einsortieren zu können, bei Flächen, die nicht

aneinandergrenzen, manchmal sehr rechenintensiv sein kann. Dies ist dadurch bedingt, daß immer erst eine der benachbarten Flächen generiert und dann gefunden werden muß, und das kann schon sehr zeitaufwendig sein.

Encarnação, TH Darmstadt, Sitzungsleiter:
Sie haben zu der Fehleranfälligkeit des Systems nichts gesagt. Ich könnte mir vorstellen, daß der Übergang Digitalisierung-Vektorfolge über verschiedene Sortierverfahren laufen muß, und diese nicht ganz unabhängig von der Auflösung der Digitalisierung sind. Welche Anforderungen kommen von der Auflösungsseite an das System heran, und haben Sie irgendwelche Möglichkeiten, ggf. Fehler interaktiv zu korrigieren? Haben Sie dafür Systemhilfen?

Meyer, Fraunhofer-IPK, Berlin:
Zur Zeit haben wir eine interaktive Eingriffsmöglichkeit nach der Generierung des Drahtmodells realisiert. Eine weitere interaktive Eingriffsmöglichkeit ist bei der Eingabe der 2D-Ansichten vorgesehen. Diese ist zwar schon algorithmisiert und entwickelt worden, sie ist nur noch nicht implementiert. Dadurch haben wir dann auch die Möglichkeit, handskizziert eingegebene Konturen zu verändern, zu löschen, zu verschieben oder zu skalieren, und entsprechend können diese Algorithmen dann auch auf eine digitalisierte Vorlage angewandt werden.

INTERAKTIVES MODELLIEREN MIT GEOMETRIE-ELEMENTEN

Ingolf Grieger
Universität Stuttgart
Institut für Statik und Dynamik
der Luft- und Raumfahrtkonstruktionen
Pfaffenwaldring 27 D-7000 Stuttgart 80

Zusammenfassung

Für das rechnerunterstützte Konstruieren wird eine elementweise Geometriedefinition physikalischer Objekte in Geometriezellen vorgeschlagen. Typische Zellformen sind Kurvenstücke, Flächenstücke und Körper. Die Zelle wird durch eine Anzahl von Punkten und eine Interpolationsvorschrift definiert. Zum interaktiven Positionieren an einem graphischen Arbeitsplatz müssen die Zellen, die allgemein im Raum liegen, auf geradlinig berandete Mutterzellen abgebildet werden. Diese Eigenschaft kann ausgenutzt werden, um Referenzgraphiken aufzustellen, in denen mit den Eingabegeräten interaktiv gearbeitet werden kann. Weitere geometrische Operationen werden angedeutet und an einem Beispiel der Bezug zur Berechnung mit finiten Elementen hergestellt.

1. Einleitung

Die Beschreibung der Geometrie ist für das rechnerunterstützte Entwerfen und Konstruieren von großer Wichtigkeit. Wegen der vielen verschiedenen Anforderungen an diese Geometriebeschreibung technischer Objekte in den verschiedenen Branchen muß man eine gewisse Vielfalt von Beschreibungen zulassen, wobei jede ihre bestimmten Vor- und Nachteile hat. Das starke Interesse am geometrischen Modellieren zeigt der Kursus in Darmstadt [1] und der hier vorliegende Tagungsband.

Hier wird ein Verfahren behandelt, das als Anwendung der elementweisen Beschreibung geometrischer Objekte anzusehen ist. Grundlage des Verfahrens ist die Approximation der Geometrie durch Kurven-, Flächen- und Körperelemente. Um jedoch den Elementbegriff nicht zu strapazieren, wird als kleinste geometrische Einheit der Begriff Zelle verwendet. Die Vorteile dieser Geometriezellen sind: 1. Die Darstellung ist allgemein (es gibt keine Beschränkung auf Grundgebilde); 2. Die Darstellung ist computer-orientiert (komplizierte geometrische Gebilde können aus einfachen Bausteinen im Rechner erzeugt und interaktiv bearbeitet werden); 3. Die Darstellung ist geometrie-orientiert (die verschiedenen geometrischen Operationen lassen sich einfach durchführen). Es können die verschiedensten Zellen abgeleitet und zu einem ganzen zusammengebaut werden. Diese Art der Beschreibung einer Konstruktion oder eines Objektes bietet besondere Vorteile, wenn später eine Berechnung mit finiten Elementen durchgeführt werden soll [2]. Verfahren der automatischen Datengenerierung können besonders effektiv an diese Darstellung geknüpft werden.

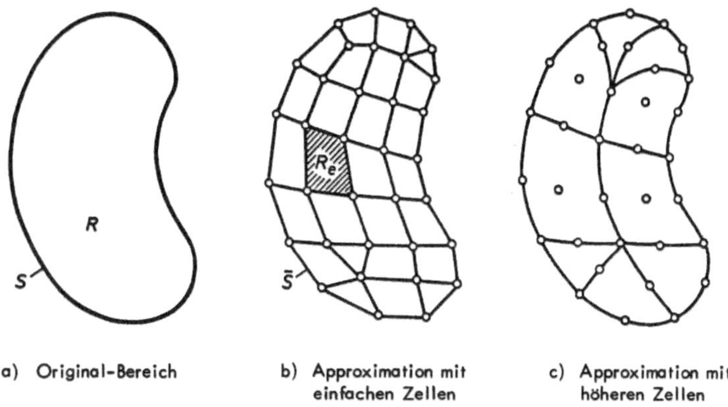

Abb. 1 Modell mit Geometriezellen

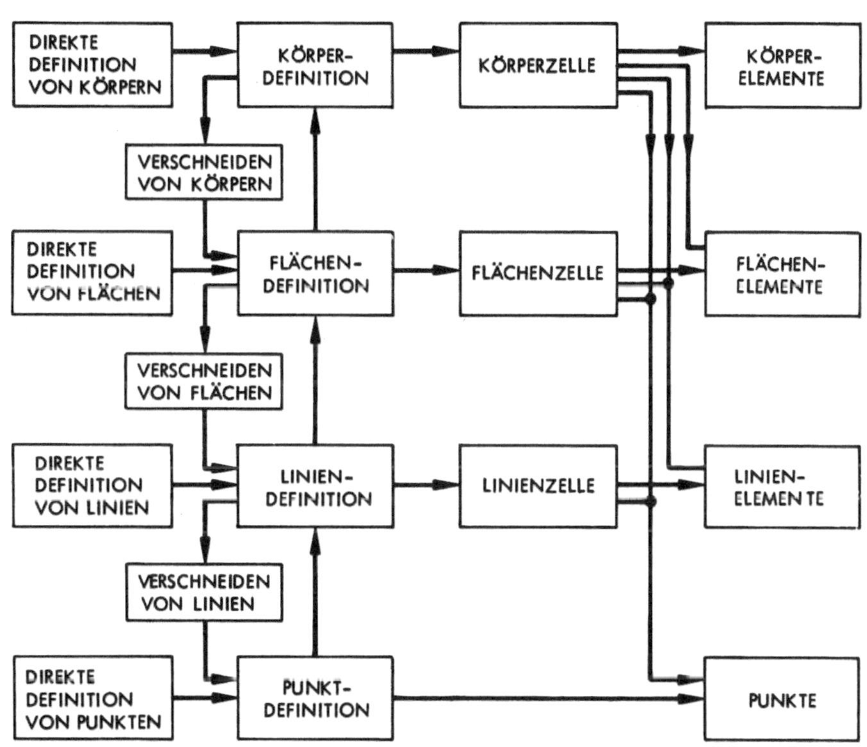

Abb. 2 Mögliche Wege bei der Modellerstellung

2. Problemstellung

Es geht um die Darstellung und Verarbeitung von ein-, zwei- und dreidimensionalen Gebilden in Rechenanlagen. Typische Gebilde sind Linien, Flächen und Körper, wobei es darum geht, komplizierte Formen anzunähern. Betrachtet man beispielsweise einen zweidimensionalen Bereich (Abb. 1) R mit der Berandung S, so kann man eine elementweise Annäherung auf zwei verschiedene Arten erreichen. Der Originalbereich R wird durch die Summe aller Zellbereiche approximiert. Es ist leicht einzusehen, daß die Annäherung besser ist, wenn man viele einfache oder wenige größere Zellen mit besseren Eigenschaften verwendet. Eine komplizierte Berandung kann beispielsweise durch gekrümmte Zellen besser dargestellt werden.

Die Einteilung der Zellen kann man nach ganz verschiedenen Kriterien vornehmen. Unterscheidet man Zellen nach ihrer Dimension, so können Kurven (curve), Flächen (surface) und Körper (body) in Zellform abgeleitet werden. Hier kann es bei geometrischen Operationen wie beispielsweise Verschneiden zu einem Übergang auf Zellen der nächst niedrigeren Dimension kommen (Abb. 2). Eine andere Möglichkeit ist das Einteilen nach der Zellform. Bei den Flächenzellen kann zwischen Dreiecks- und Viereckszellen unterschieden werden. Der Grad der Kontinuität zwischen den Zellen und damit zusammenhängend der Typ der Interpolation ist eine weitere Unterscheidungsmöglichkeit für die Klassifikation der Zellen. Hierfür ist es wichtig zu wissen, wie eine Zelle gebildet wird.

Eine typische Zelle besitzt eine gewisse Anzahl von Knotenpunkten, in denen die Koordinaten und, je nach Typ, möglicherweise auch Ableitungen bekannt sind. Nach einer bestimmten Vorschrift (Interpolation) kann ein beliebiger Punkt in der Zelle berechnet werden. Diese Interpolationsvorschrift kann auch, wie später noch gezeigt wird, für das interaktive Arbeiten verwendet werden.

Will man interaktiv konstruieren, so können zwei unabhängige Bereiche definiert werden : Topologie und Geometrie. Unter Topologie soll hier die Einteilung in die verschiedenen Zellen verstanden werden. Die Diskretisierung eines Gebildes ist unabhängig von den tatsächlichen Abmessungen. Für eine reale Konstruktion muß man zusätzlich die Geometrie (Koordinaten) festlegen. Beim interaktiven Entwerfen muß man die Möglichkeit haben, sowohl die Topologie als auch die Geometrie zu ändern.

3. Grundgleichungen

Diese allgemeinen Betrachtungen sollen zeigen, wie die Zellen in das Konzept eingebettet sind. Legt man ein kartesisches Koordinatensystem Oxyz zugrunde, so können die Koordinaten eines beliebigen Punktes

$$\boldsymbol{P} = [x \quad y \quad z] \tag{1}$$

festgelegt werden. Das hier entwickelte, diskrete Modell verwendet hauptsächlich die Koordinaten der Knotenpunkte. Eine Einbeziehung von Ableitungen macht vom theoretischen Standpunkt aus keine Schwierigkeiten.

Zwischen den Knotenpunkten sind die Zellen aufgespannt. Dieser mit Netz bezeichnete Baustein dient der Beschreibung der Diskretisierung. Die geometrische Information über alle Knotenpunkte kann in der Form

$$\boldsymbol{P}_G = \{\boldsymbol{P}_1 \; \boldsymbol{P}_2 \ldots \boldsymbol{P}_n \ldots \boldsymbol{P}_p\} \tag{2}$$

geschrieben werden. Die Gesamtzahl der Knotenpunkte ist p. Setzt man voraus, daß eine Zelle mit r Knotenpunkten gebildet wird, so kann diese Information in einem Vektor gespeichert werden:

$$\boldsymbol{P}_z = \{\boldsymbol{P}_1 \; \boldsymbol{P}_2 \cdots \boldsymbol{P}_f \cdots \boldsymbol{P}_r\} \tag{3}$$

Will man die Zellkoordinaten $\boldsymbol{P}_z$ für die i-te Zelle aus dem globalen Koordinatenvektor extrahieren, so kann dies durch die Boolesche Inzidenzmatrix $\boldsymbol{a}$ erfolgen:

$$\boldsymbol{P}_{zi} = \boldsymbol{a}_i \boldsymbol{P}_G \tag{4}$$

Die Inzidenz- bzw. Zuordnungsmatrix enthält nur die Elemente 0 und 1.

Hat man die Zelldaten extrahiert, so besteht der nächste Schritt in der Interpolation der Koordinaten eines beliebigen Punktes in der Zelle aus den diskreten Werten an den Knoten. Diese Prozedur kann in der folgenden Form geschrieben werden:

$$\boldsymbol{P} = \boldsymbol{\omega} \boldsymbol{P}_z \tag{5}$$

Das Aufstellen der Interpolationsfunktionen

$$\boldsymbol{\omega} = [\omega_1 \; \omega_2 \cdots \omega_f \cdots \omega_r] \tag{6}$$

ist für jeden Zelltyp durchzuführen. Dabei hat es sich bewährt, wenn man für die Interpolationsfunktionen besondere, dem Zelltyp angepaßte Koordinatensysteme verwendet. Dimensionslose Koordinaten (Abb. 3) führen zu einer einfachen Form der Interpolations- bzw. Formfunktionen.

4. Zellen für Linien, Flächen und Körpern

Linienzellen basieren auf einer eindimensionalen Interpolation der Stützwerte. Verwendet man als Stützwerte nur die Koordinaten, so ergibt sich die Lagrange-Interpolation. Setzt man für die Interpolationsfunktionen vollständige Polynome der Ordnung m an, so ist die Anzahl der Knotenpunkte pro Zelle $r = m + 1$. Für $m = 1$ ergibt sich eine Gerade, während $m = 2$ die quadra-

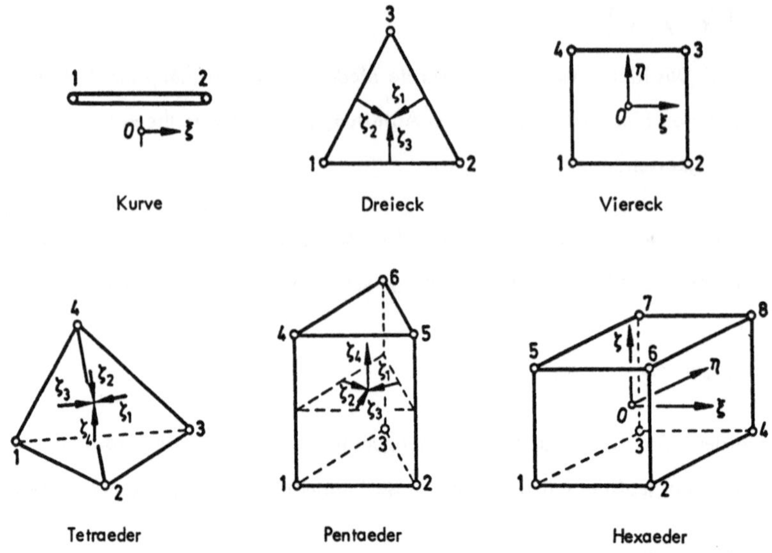

Abb. 3 Parametrische Zelldarstellung
Dimensionslose Koordinaten

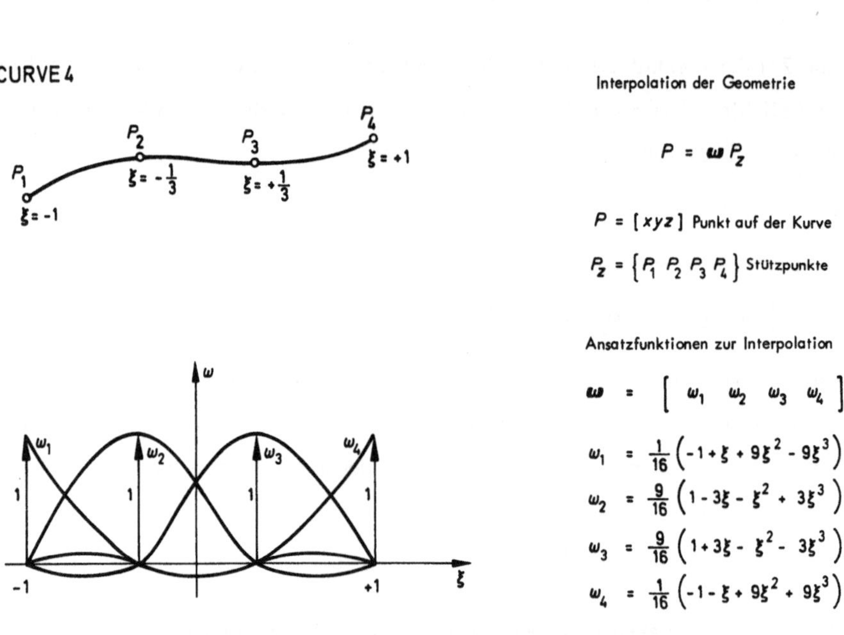

Abb. 4 Interpolation in der kubischen Kurvenzelle

tische Parabel bildet. Der Fall m = 3 (kubische Kurve) ist wegen des Wendepunktes im Kurvenstück besonders interessant (Abb. 4). Für die Ableitung der Interpolationspolynome empfiehlt sich die Einführung einer krummlinigen, dimensionslosen Koordinate ξ entlang der Kurve, wobei als Gültigkeitsbereich $-1 \leq \xi \leq +1$ angenommen wird. Eine interessante Variante ergibt auch das Plazieren der inneren Punkte bei $\xi = -0.5$ bzw. $+0.5$.

Bei den Flächenzellen kann zweckmäßig zwischen den beiden Formen Dreieck und Viereck unterschieden werden. Beide Formen benötigt man besonders dann, wenn das Raster geändert werden muß. Für Dreieckszellen lassen sich vollständige Polynome vom Grad m aufstellen, während man die Interpolation für die Viereckszellen durch Ansetzen von Lagrange-Polynomen in die beiden Koordinatenrichtungen ξ und η erhält. Für den Knoten ij im Raster ergibt sich die Interpolationsfunktion

$$\omega_{L_{ij}} = \omega^{l}_{L_i}(\xi)\,\omega^{m}_{L_j}(\eta) \tag{7}$$

Die Erweiterung des Konzepts führt im dreidimensionalen Bereich zu den Körperzellen. Entsprechend der Erweiterung der Dimension benötigt man hier die Formen Tetraeder, Pentaeder und Hexaeder. Für die Tetraederzellen lassen sich vollständige Polynome vom Grad m aufstellen, während die Hexaederzellen durch Ansetzen von Lagrange-Polynomen in die drei Koordinatenrichtungen ξ, η und ζ gebildet werden.

$$\omega_{L_{ijk}} = \omega^{l}_{L_i}(\xi)\,\omega^{m}_{L_j}(\eta)\,\omega^{n}_{L_k}(\zeta) \tag{8}$$

Bei den Pentaederzellen wird der Interpolationsansatz für Dreiecke mit einem Lagrange-Polynom für die dritte Koordinatenrichtung überlagert. Durch unterschiedliche Ansatzfunktionen in die verschiedenen Koordinatenrichtungen kann eine Vielfalt von Körperzellen gebildet werden.

5. Geometrische Operationen

In diesem Abschnitt werden einige geometrische Operationen beschrieben, die man zum anwendungsbezogenen Arbeiten mit den Zellen benötigt. Wegen der großen Fülle der möglichen Operationen und der Beschränktheit des Platzes können nur einige typische beschrieben werden.

Um eine einheitliche Basis für die nachfolgenden geometrischen Operationen zu haben, soll folgende Vereinbarung gelten:

Kurvenstück: $$\boldsymbol{P} = [\, x(\xi) \quad y(\xi) \quad z(\xi) \,] \tag{9}$$

Flächenstück: $$\boldsymbol{P} = [\, x(\xi,\eta) \quad y(\xi,\eta) \quad z(\xi,\eta) \,] \tag{10}$$

Körperstück: $$\boldsymbol{P} = [\, x(\xi,\eta,\zeta) \quad y(\xi,\eta,\zeta) \quad z(\xi,\eta,\zeta) \,] \tag{11}$$

Für die geometrischen Operationen genügt es, das Kurven-, Flächen- oder Körperstück zu betrachten, da das Gesamtergebnis durch Summation über alle Stücke erreicht werden kann. Um die entsprechenden infinitesimalen Elemente ds, df, dv abzuleiten, benötigt man den Zusammenhang zwischen Differentialen erster Ordnung im kartesischen und im krummlinigen Koordinatensystem. Die zugehörige Funktionalmatrix $\boldsymbol{J}$ (Jacobimatrix) hat folgendes Aussehen:

Kurvenstück:

$$\boldsymbol{J} = \begin{bmatrix} \frac{\partial x}{\partial \xi} & \frac{\partial y}{\partial \xi} & \frac{\partial z}{\partial \xi} \end{bmatrix} \tag{12}$$

Flächenstück:

$$\boldsymbol{J} = \begin{bmatrix} \frac{\partial x}{\partial \xi} & \frac{\partial y}{\partial \xi} & \frac{\partial z}{\partial \xi} \\ \frac{\partial x}{\partial \eta} & \frac{\partial y}{\partial \eta} & \frac{\partial z}{\partial \eta} \end{bmatrix} \tag{13}$$

Körperstück:

$$\boldsymbol{J} = \begin{bmatrix} \frac{\partial x}{\partial \xi} & \frac{\partial y}{\partial \xi} & \frac{\partial z}{\partial \xi} \\ \frac{\partial x}{\partial \eta} & \frac{\partial y}{\partial \eta} & \frac{\partial z}{\partial \eta} \\ \frac{\partial x}{\partial \zeta} & \frac{\partial y}{\partial \zeta} & \frac{\partial z}{\partial \zeta} \end{bmatrix} \tag{14}$$

Im dreidimensionalen Bereich ist die Zuordnung zwischen kartesischen und krummlinigen Koordinaten umkehrbar, da die Jacobimatrix quadratisch ist. Jetzt sind alle Voraussetzungen gegeben, um die entsprechenden Differentiale aufzustellen.

Liniendifferential:

$$ds = \left(dx^2 + dy^2 + dz^2\right)^{1/2} = \sqrt{\boldsymbol{J}\boldsymbol{J}^t}\, d\xi \tag{15}$$

Flächendifferential:

$$df = dx\,dy = \sqrt{\det|\boldsymbol{J}\boldsymbol{J}^t|}\, d\xi\, d\eta \tag{16}$$

Volumendifferential:

$$dv = dx\,dy\,dz = \det|\boldsymbol{J}|\, d\xi\, d\eta\, d\zeta \tag{17}$$

Mit den von Gauß eingeführten metrischen Fundamentalgrößen, die in $\boldsymbol{G} = \boldsymbol{J}\boldsymbol{J}^t$ enthalten sind, können Längen, Flächeninhalte, Körperinhalte usw. gemessen werden. Werden die entsprechenden Integrale numerisch nach Gauß ausgewertet, so sind sie von der verwendeten Linien-, Flächen- oder Körperdarstellung unabhängig.

Für das interaktive Arbeiten ist die Betrachtung zweier anderer Probleme sehr wichtig: 1. Interaktives Positionieren, 2. Extrahieren von Kurven aus Flächen, Flächen aus Körpern, usw.

Beide Probleme spielen beim Programmentwurf [3] eine besondere Rolle und sollen hier näher diskutiert werden. Für die Interpolation eines Kurven-, Flächen- oder Körperstückes ist die Einführung besonderer Koordinaten günstig, weil die Gleichungen einfach werden. Das krummlinige Stück kann man unter Benutzung der Interpolationsfunktionen in einfache, geradlinig berandete Mutterstücke abbilden (Abb. 5).

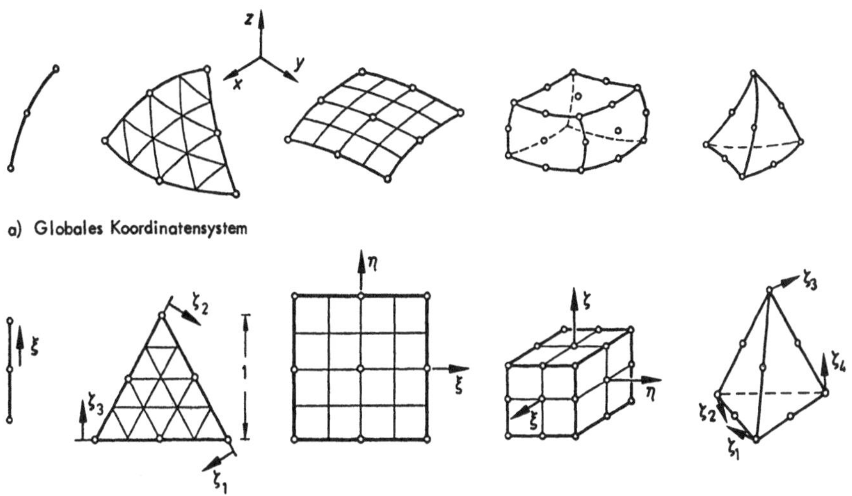

b) Lokale Koordinatensysteme

Abb. 5 Abbildung der Zellgeometrie

a) Positionieren auf einer Linie

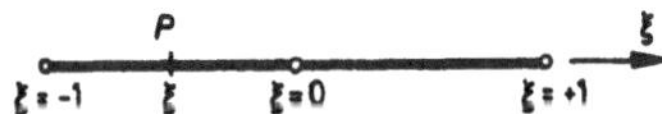

b) Positionieren im Dreieck

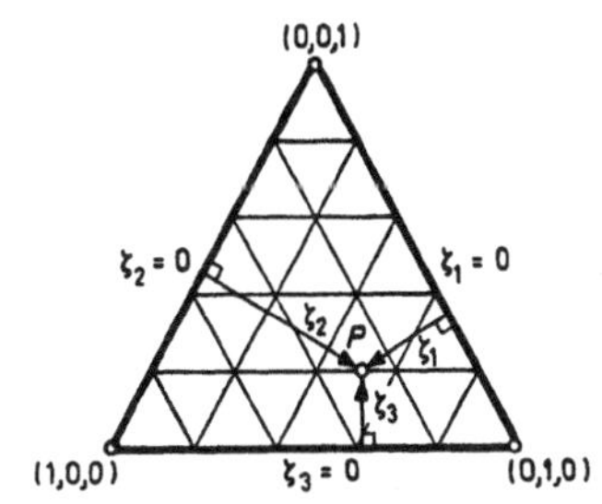

c) Positionieren im Viereck

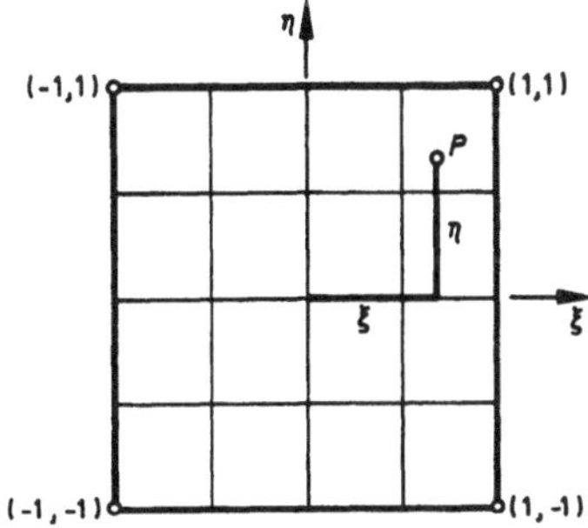

Abb. 6 Positionieren in der abgebildeten Mutterzelle

Als lokale Koordinaten der Mutterstücke kommen, abhängig vom Stücktyp, die dimensionslosen Koordinaten ξ , η und ζ und Dreiecks- bzw. Tetraederkoordinaten in Frage. Diese Eigenschaft kann man ausnutzen, um einen Punkt im Stück interaktiv zu positionieren. Dafür sind einige Referenzgraphiken zu entwerfen (Abb. 6). Will man im Kurvenstück positionieren, so kann man eine Referenzgerade definieren, die den Bereich $-1 \leq \xi \leq +1$ abdeckt. Über die Interpolation bzw. Ansatzfunktion kann man direkt auf das entsprechende Kurvenstück abbilden. Für Dreieck- und Viereckstücke kann dieses Konzept sofort angewandt werden. Im Falle der Körperstücke muß man ein neues Verfahren entwickeln, das die Positionierung auf einer Fläche mit dem auf einer Kurve kombiniert. Es ist leicht einzusehen, daß das dreidimensionale Positionieren viel aufwendiger ist. Häufig kommen Sonderfälle vor, wenn man etwa an das Positionieren auf einer Fläche oder Randkurve eines Körpers denkt. Hat man die entsprechende Fläche oder Kante extrahiert, so kann man mit der zugehörigen zwei- oder dreidimensionalen Referenzgraphik interaktiv arbeiten.

Das Problem der Extraktion geometrischer Information aus den Kurven-, Flächen- und Körperstücken läßt sich mit Extraktionsmatrizen besonders einfach lösen, wenn nur die Koordinaten Basis der Zellen sind. Jede spezielle Extraktionsmatrix läßt sich aus der Einheitsmatrix durch Verkürzung in Spalten- oder Zeilenrichtung bilden. Im vorliegenden Fall benötigt man kompakte Extraktionsmatrizen, die mehr Spalten als Zeilen haben. Jede Zeile enthält genau ein Eins-Element. Die Zeilen sind orthonormal, d.h. das Produkt aus Extraktionsmatrix und ihrer Transponierten ergibt die Einheitsmatrix. Das Extraktionsproblem kann man in einzelnen Stufen betrachten, wobei es möglich ist, den Extraktionsprozeß zu verketten. Folgende Möglichkeiten muß man vorsehen:

Extraktion einer Fläche aus einem Körper

$$\boldsymbol{S} = \boldsymbol{e}_S \boldsymbol{B} \tag{18}$$

Extraktion einer Kurve aus einer Fläche

$$\boldsymbol{L} = \boldsymbol{e}_L \boldsymbol{S} \tag{19}$$

Extraktion eines Punktes aus einer Kurve

$$\boldsymbol{P} = \boldsymbol{e}_P \boldsymbol{L} \tag{20}$$

Extraktion eines Punktes aus einer Fläche

$$\boldsymbol{P} = \boldsymbol{e}_P \boldsymbol{L} = \boldsymbol{e}_P \boldsymbol{e}_L \boldsymbol{S} \tag{21}$$

Extraktion eines Punktes aus einem Körper

$$\boldsymbol{P} = \boldsymbol{e}_P \boldsymbol{L} = \boldsymbol{e}_P \boldsymbol{e}_L \boldsymbol{S} = \boldsymbol{e}_P \boldsymbol{e}_L \boldsymbol{e}_S \boldsymbol{B} \tag{22}$$

Die einzelnen Extraktionsmatrixen können nach Abb. 7 mühelos aufgestellt werden.

Aus Platzgründen kann hier nicht auf Beispiele für Extraktionsmatrizen eingegangen werden.

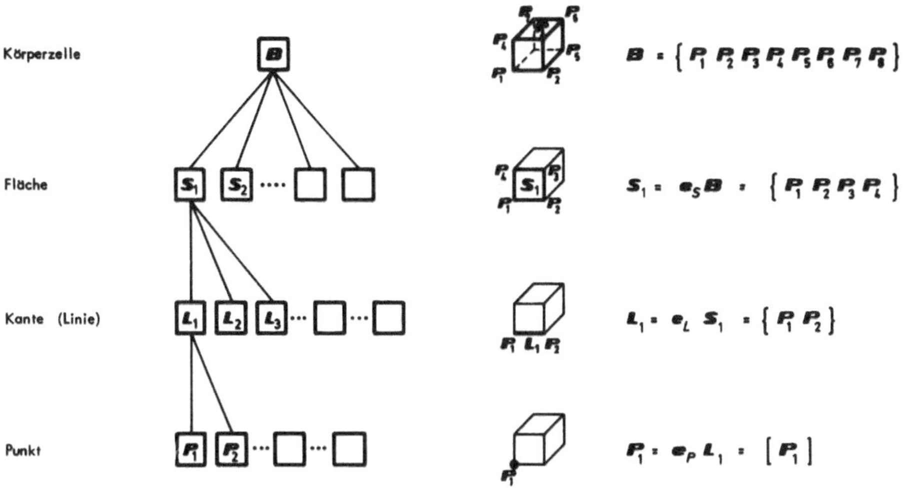

Abb. 7 Extrahieren geometrischer Formen einer Zelle

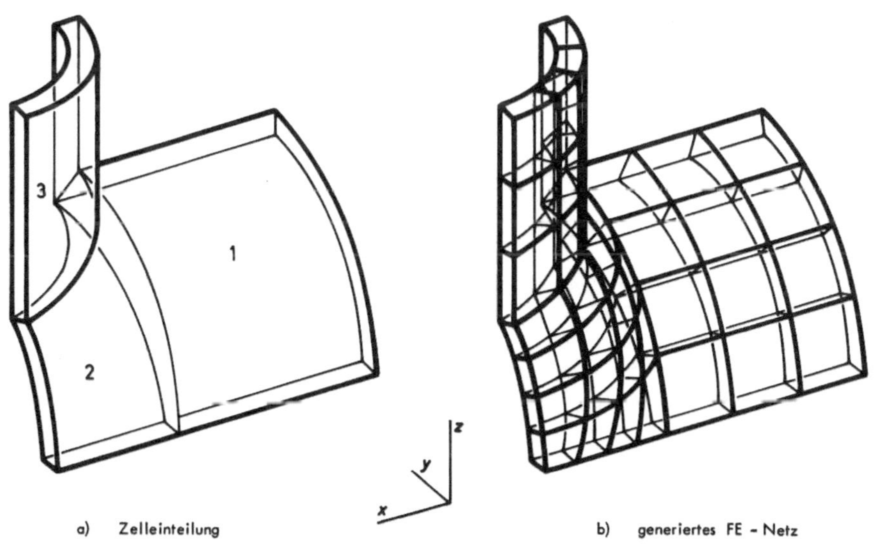

Abb. 8 Rohrverzweigung

6. Anwendungsbeispiel

Ein einfaches Beispiel soll die Anwendung von Körperzellen an einem räumlichen Objekt zeigen. Für die vorliegende Rohrverzweigung (Abb. 8) soll die Geometrie beschrieben und nachfolgend eine Berechnung mit finiten Elementen durchgeführt werden. Ausgangspunkt ist die Geometriebeschreibung mit drei Körperzellen vom Typ Hexaeder mit krummliniger Berandung [4]. Diese Zellen müssen in eine diskrete Anzahl nichtüberlappender Unterbereiche, den eigentlichen finiten Elementen, aufgeteilt werden. In diesem Beispiel werden aus drei Geometriezellen 40 Hexaederelemente für die Berechnung generiert.

Wie man an diesem einfachen Beispiel sieht, ist dieses Verfahren besonders für die Netzgenerierung geeignet. Der Anwender kann durch das Festlegen der Zelleinteilung und deren Aufteilung in finite Elemente Einfluß auf das Netz nehmen. Da das Erstellen eines Netzes für die Berechnung mit finiten Elementen Erfahrung verlangt, sind interaktive Netzgeneratoren, die eine Verdichtung oder Verdünnung des Netzes erlauben, vorzuziehen. Die Einteilung in Zellen kann bei räumlichen Objekten mühevoll sein. Sie ist jedoch für eine effektive Anwendung der Methode finiter Elemente erforderlich. Bei komplizierten Tragwerken ist heutzutage immer noch die technische Zeichnung Grundlage der Berechnung. Das liegt sicher auch daran, daß für die Berechnung das Modell abstrahiert werden muß. Da alle geometrischen Informationen in der technischen Datenbank eines Systems für das rechnerunterstützte Konstruieren enthalten sind, kann die interaktive Erstellung einer Zwischendatei mit Geometriezellen den Übergang vom Modellieren beim Konstruieren zur Berechnung mit finiten Elementen erleichtern.

Literatur

[1] Encarnação, J. (ed.): Computer Aided Design, Modelling, Systems Engineering, CAD-Systems, Lecture Notes in Computer Science No. 89, Berlin-Heidelberg, Springer-Verlag, 1980.

[2] Grieger, I.: Geometry elements in computer-aided design, Computers and Structures, Vol. 8, No. 3/4, pp. 371-381, 1978.

[3] Grieger, I.: Interactive techniques for mechanical design and system aspects, Proc. Computer Aided Design in Mechanical Engineering (ed. U. Cugini), Milano, clup, pp. 215-229, 1976.

[4] Uerkwitz, M.: Interaktive Generierung dreidimensionaler Idealisierungen, Diplomarbeit, Universität Stuttgart, 1977.

[5] Grieger, I., Kamel, H.: Application of interactive graphics and other programming aids, Chapter 11 in: State-of-the-art survey of finite element methods (ed. A.K. Noor and W.D. Pilkey), AMD special publication, American Society of Mechanical Engineers (ASME), 1982.

D I S K U S S I O N

Krause, Fraunhofer-IPK, Berlin, Sitzungsleiter:

Mich würde interessieren, ob Sie sich einen Weg vorstellen könnten, wie man diese Methode in den Konstruktionsprozeß so einbeziehen kann, daß man direkt von einem Arbeitsprinzip ausgehend, diese Gestaltungsmöglichkeit nutzt, die Sie hier beschrieben haben, d. h. daß man von einer vielleicht nur skizzenhaften Ausführung eines Bauteils sogar in symbolhafter Form einen Übergang schaffen kann zu dieser hier beschriebenen Methode.

Grieger, Univ. Stuttgart:

Ja, das ist immer ein großer Unterschied in der Schwierigkeit, ob man ein zweidimensionales oder ein dreidimensionales Problem hat. Ich kann mir das im ebenen Bereich sehr gut vorstellen, daß man mit einer solchen Handskizze anfängt und dann eine Aufteilung vornimmt. Die Schwierigkeiten sind ja, daß Sie für eine Diskretisierung hier noch Hilfslinien einziehen müssen; es reicht einfach nicht aus, daß man nur den Umriß und die Öffnungen kennt, damit man in die Zellen aufteilen kann. Ich kann mir das durchaus vorstellen, wenn man interaktiv Schritt für Schritt vorgeht, daß es auch zeitlich in einem schnellen Prozeß durchzuführen ist und der Mann, der es machen soll, es auch mit einer gewissen Lust macht. Wir hoffen es jedenfalls. Die Handskizze stellt auf alle Fälle einen wesentlichen Fortschritt gegenüber dem monotonen Digitalisieren dar.

Hoschek, TH Darmstadt:

Ich habe die Frage: Bei Ihrem letzten Modell - diese Zelleinteilung - diese Flächen, geht das nur bei Schiebeflächen oder können Sie diese beliebig wählen, gehen Sie gleichungsmäßig vor?

Grieger, Univ. Stuttgart:

Ich habe leider kein Bild dieser Zellen aufgezeichnet, aber es ist hier ein Zelltyp, der auf dieser Seite eine Parabel hat. Er kann auf jeder Seite Parabeln haben, was aber nicht sein muß, da das vom Ansatz abhängt. Wenn Sie also ein Element mit drei Punkten auf einer Achse nehmen, dann können Sie eine Parabel durchlegen; nehmen Sie vier Punkte, dann können Sie einen kubischen Bogen durchlegen. Die Darstellung ist also sehr allgemein.

Encarnação, TH Darmstadt:

Ich hätte selbst eine Frage. Wenn Sie die Anwendungen, die mehr aus dem Bereich makromolekulare Chemie, Biologie, etc. kommen, haben, dann haben Sie keine geschlossene Darstellung, Sie haben weder Gleichungen, noch können Sie diese Objekte einfach zerlegen. Dann gehen Sie z. B. den Weg, daß Sie Würfel (und Würfelschnitte) nehmen und versuchen, diese Gebilde mit Würfeln so zu füllen, daß eine Approximation mit möglichst kleinen Fehlern gegeben ist. Dies hat den Vorteil, daß Sie von da an im Grunde genommen die Mathematik los sind, d. h. man ist diese ganzen Gleichungen los, die für den interaktiven Betrieb ein Hemmnis sind, weil man im Dialog keine Zeit hat, diese Gleichungen zu durchlaufen, d. h. zu verarbeiten. Warum geht man nicht auch bei Ihrem Zellenkonzept nach dem Zellaufbau ganz und gar von den Matrizenoperationen, Approximationen weg und versucht, mit irgendwelchen Primitivzellen zu arbeiten?

Grieger, Univ. Stuttgart:

Ich kann mir nur vorstellen, daß die Genauigkeit dann darunter leidet, denn man möchte ja die Geometrie möglichst gut approximieren und nicht zu viele Zellen haben. Es gibt eine ganze Klasse von Tragwerken, etwa Schalen, die sehr anfällig sind gegenüber kleinen numerischen Abweichungen von der Idealform.

EINSATZ DES GRAPHISCHEN TABLETTS BEI DER ERZEUGUNG FINITER ELEMENT-STRUKTUREN MIT HILFE DES FE-PREPROCESSORS PREMAS-I

Prof. Dr.-Ing. G. Böge
Hochschule der Bundeswehr München

PREMAS-I ist ein interaktiver graphischer Preprocessor für die Erzeugung, graphische Überprüfung und Modifizierung drei-dimensionaler Finiter-Element-Modelle. PREMAS-I stellt insbesondere umfangreiche Hilfsmittel für die digitale Aufnahme von Elementmodellen aus Schnitt- und Ansichtszeichnungen der Struktur zur Verfügung. Diese Digitalisierfunktionen werden in dem Beitrag ausführlich beschrieben.

1. EINLEITUNG

Die Analyse der Beanspruchung komplexer Maschinenbauteile oder Bauwerke infolge statischer und dynamischer Belastung oder Temperatureinwirkung erfolgt heute vorwiegend nach der Methode finiter Elemente unter Verwendung der in großer Zahl verfügbaren FE-Programme. Die FE-Programme verlangen, daß der zu berechnende Körper aus sog. finiten Elementen zusammengesetzt wird. Bild 1 zeigt einige gebräuchliche Formen finiter Elemente und Bild 2 den Ausschnitt der Elementstruktur eines Maschinenbauteils. Die geometrische Struktur des Bauteils wird beschrieben durch Aufzählung der zum Bauteil gehörenden Elemente und Angabe der Koordinatenwerte der Elementknotenpunkte. Die Erzeugung der Finiten-Element-Struktur komplexer Körper ist i.d.R. eine sehr aufwendige und fehleranfällige Aufgabenstellung des geometrischen Modellierens, da meist mehrere tausend Elemente und Knotenpunkte zu erzeugen sind. Grundlage für die Erstellung der FE-Daten sind dabei meist Schnitt- und Ansichtzeichnungen des Körpers, die teilweise mit CAD-Systemen erzeugt worden sind. Eine automatische Generierung der finiten Elemente aus den CAD-Daten ist nur bei sehr regelmäßiger Geometrie möglich, da bei komplexen Bauteilen die Güte der FE-Berechnung sehr von der Art der FE-Einteilung abhängig ist. Die optimale FE-Einteilung erfordert ein gutes Einfühlungsvermögen des Ingenieurs in das Verformungsverhalten und in den Spannungsfluß in dem zu berechnenden Körper und wird daher i.d.R. von Hand durch Einzeichnen der Elemente in die Schnittzeichnungen vorgenommen. Anschließend müssen die Daten, d.h. Knotenpunktskoordinaten und Elementbeschreibungen aus den Schnittzeichnungen erfaßt werden. Es gibt inzwischen eine Reihe von Programmen, die EDV-Hilfsmittel für die Erzeugung von FE-Daten bereitstellen.

Im folgenden wird beschrieben, wie in dem Programmsystem PREMAS - I

"Preprocessing with Multiple Options of the Generation of Arbitrary Structures-Interactive" [1] das graphische Tablett eingesetzt wird, um die Eingabedaten für FE-Berechnungen aus technischen Zeichnungen zu erzeugen.

2. ÜBERBLICK ÜBER PREMAS-I

PREMAS-I ist ein interaktives Programmsystem, das aus den folgenden Programmblöcken besteht:

- Steuerprogramm
- Erzeugung von Punktkoordinaten
- Digitalisierung von Punktkoordinaten aus Zeichnungen
- Definition von Elementen
- Digitalisierung von Elementen
- Graphische Darstellung der Elementstruktur und graphische Fehlerlokalisierung
- Glättung der Elementstruktur
- Beschreibung der Strukturbelastung und Randbedingungen
- Beschreibung der Unterteilung von Makroelementen
- Kopplung von Teilstrukturen
- Erzeugung der Eingabedaten für FE-Programme.

Die Kommunikation mit dem System erfolgt mit Hilfe einer kennwortorientierten Kommandosprache. Zu jedem Programmteil gehört ein eigener Satz von Kommandos. Bild 3 zeigt beispielsweise die im Programmblock "Erzeugung von Punktkoordinaten" verfügbaren Kommandos. Mit einem HELP-Kommando kann sich der Anwender die im Programmblock jeweils verfügbaren Kommandos sowie deren Aufbau und wahlweise eine ausführliche Beschreibung der Parameter des Kommandos am Terminal protokollieren lassen. Wahlweise werden alle von einem Anwender während einer Sitzung eingegebenen Kommandos in einer RESTART-Datei gespeichert. Bei fehlerhaftem Abbruch kann diese Kommandofolge als ein Eingabestapel erneut abgearbeitet werden. Nach dem letzten Kommando aus der Datei wird automatisch wieder auf Dialogeingabe umgeschaltet.
PREMAS-I stellt eine große Zahl von wirkungsvollen Kommandos zur Verfügung, mit denen Punkte und Elemente definiert sowie die Belastung und die Randbedingungen der Struktur beschrieben werden können.
Einen großen Umfang nimmt die Graphik ein. Der Graphikteil ermöglicht es, die gesamte Elementstruktur oder beliebige Ausschnitte in beliebiger Drehung und Projektion auf dem Bildschirm darzustellen. Der Benutzer hat folgende Wahlmöglichkeiten:

- geschrumpfte oder natürliche Größe der Einzelelemente,
- nicht sichtbare Linien unterdrücken, gestrichelt oder ausgezogen zeichnen,
- Punktnummern und/oder Elementnummern zeichnen,
- Elementstruktur, Oberflächenstruktur oder Bruchkanten des Körpers zeichnen,
- einzelne Elemente und/oder Punkte in der Struktur herausheben.

Ferner werden graphische Möglichkeiten zur Fehlersuche zur Verfügung gestellt: Ausschnittvergrößerung und Markierung einzelner Punkte und Elemente in der abgebildeten Struktur mit Fadenkreuz und Abruf der gespeicherten Daten für diese graphisch markierten Punkte und Elemente.
Im Zusammenhang mit der Digitalisierung von Punktkoordinaten sind die Glättungsfunktionen von Bedeutung, da die digitalisierten Punktkoordinaten stets mit einer gewissen Ungenauigkeit behaftet sind. Mit Kommandos können die folgenden Glättungsfunktionen definiert werden: Gerade, Ebene, Kreisbogen, Kreiszylinder, Zylinder mit Splinekurvenberandung, räumliche Splinekurve, zweidimensionale Splineoberfläche über rechtwinkligem Grundriß. Anschließend werden mit einem weiteren Kommando die Punkte angegeben, deren Koordinaten entsprechend der Glättungsfunktion korrigiert werden sollen. In vielen Objekten kommen geometrisch gleiche oder ähnliche Teile vor. Das Programm ermöglicht es, diese Teile einmal als Teilstrukturen zu beschreiben und in Dateien zu speichern. Mit dem Programmteil "Kopplung von Teilstrukturen" kann die Gesamtstruktur dann aus den Teilstrukturen zusammengesetzt werden, wobei nur drei zusammenfallende Punkte angegeben werden und das Programm die notwendige Verdrehung und Verschiebung der Teilstrukturen selbständig durchführt.

3. DIGITALISIERUNG VON PUNKTKOORDINATEN

3.1 Allgemeines

Der Programmteil "Digitalisierung von Punktkoordinaten wird aus dem Programmteil "Erzeugung von Punktkoordinaten" aufgerufen und stellt die folgenden Kommandos zur Verfügung:

MENUE	Aktivierung des Tabletts, Festlegung der Menütafel
SCHNITT	Festlegung von Schnitten
DIGI	Digitalisierung von Punktkoordinaten
XYZ	numerische Eingabe von Einzelpunkten
PROT	Protokollierung der Punktkoordinaten
SICHERUNG	Sicherung der Punktedatei in einem Plattenfile
END	Rücksprung in den Programmteil "Punktdefinition"
STOP	Programmabbruch

Die Digitalisierung der Punktkoordinaten erfolgt aus einer oder mehreren Schnittzeichnungen des Körpers. Die Schnitte können beliebig angeordnet sein, ihre Lage relativ zum globalen Koordinatensystem des Körpers oder auch bezüglich eines lokalen Koordinatensystems wird mit dem Kommando SCHNITT angegeben. Für die Digitalisierung werden nur die Kommandos MENUE, SCHNITT und DIGI benötigt, diese Kommandos werden nachfolgend genauer beschrieben. Mit dem Kommando XYZ können Koordinatenwerte einzelner

Punkte direkt eingegeben und mit dem Kommando PROT kann ein Protokoll der gespeicherten Punkte am Terminal oder auf Schnelldrucker ausgegeben werden. Das Kommando SICHERUNG bewirkt, daß die erzeugten Punkte auf einem Plattenfile gesichert werden. Mit dem Kommando STOP kann zwischenzeitlich in den Programmteil "Erzeugung von Punktkoordinaten" zurückgesprungen werden. Das Kommando PLOT ermöglicht es hier, die gespeicherten Punkte in beliebiger Ansicht auf graphischem Terminal darzustellen. Ferner können mit Fadenkreuz am Terminal einzelne Punkte verschoben oder zusätzliche Punkte hinzugefügt werden.

3.2 Kommando MENUE

Mit dem Kommando MENUE wird das Digitalisiertablett als Eingabegerät aktiviert und es wird die Lage der Menütafel auf dem Tablett festgelegt. Das Kommando hat folgenden Aufbau

$$\text{MENUE} \begin{bmatrix} \text{MF} \\ \text{TT} \\ \text{TE} \end{bmatrix}$$

Aus den eckigen Klammern ist eines der zulässigen Kennwörter MF, TT oder TE anzugeben. Das gewählte Kennwort gibt an, wie ggf. Punktnummern eingegeben werden. Es bedeuten: MF = Digitalisierung der Punktnummer aus der Menuetafel, TT = Eingabe der Punktnummer mit der Tastatur des Tabletts und TE = Eingabe der Punktnummer am Terminal. Nach Eingabe des Kommandos wird der Anwender aufgefordert, den unteren linken und unteren rechten Eckpunkt der Menütafel zu digitalisieren. Die Menütafel besteht aus 4x4 quadratischen Feldern. Die ersten 10 Felder dienen der Digitalisierung der Ziffern 0 bis 9, mit dem elften Feld wird das Ende einer Ziffernfolge angezeigt und mit dem 12. Feld wird die fortlaufende Digitalisierung von Punkten beendet, vom Programm wird darauf ein neues Kommando am Terminal angefordert. Die weiteren Felder sind für die Punktdigitalisierung ohne Bedeutung.

3.3 Kommando SCHNITT

Mit dem Kommando SCHNITT wird die Lage und Orientierung der Schnittzeichnungen, aus denen Punkte digitalisiert werden sollen, festgelegt. Das Kommando hat folgenden Aufbau:

$$\text{SCHNITT} \ [\text{NRS} \quad \text{nr}] \ ([\text{NL} \quad \text{nl}]) \begin{bmatrix} \text{XY} \\ \text{XZ} \\ \text{YZ} \\ \text{R3} \end{bmatrix} \begin{bmatrix} \text{P1} & \text{x,y,z} \\ \text{N1} & \text{n1} \end{bmatrix} \begin{bmatrix} \text{P2} & \text{x,y,z} \\ \text{N2} & \text{n2} \end{bmatrix} \begin{bmatrix} \text{P3} & \text{x,y,z} \\ \text{N3} & \text{n2} \end{bmatrix} \left(\begin{bmatrix} \text{P4} & \text{x,y,z} \\ \text{N4} & \text{n4} \end{bmatrix} \right)$$
$$([\text{EPS} \quad \text{eps}])$$

Aus den eckigen Klammern ist jeweils eine der angegebenen Möglichkeiten auszuwählen. Die in runden Klammern angegebenen Größen können entfallen. Auf dem Tablett können in einer Sitzung bis zu 10 verschiedene Schnittzeichnungen mit dem Kommando SCHNITT festgelegt werden, jeder Schnittzeichnung wird eine externe Nummer nr zugeordnet. Aus einer Schnittzeichnung werden zwei Gerätekoordinaten digitalisiert. Wie diese Gerätekoordinaten in globale Koordinaten x,y,z bzw Koordinaten des lokalen Koordinatensystems nl umgerechnet werden, wird mit einem der Kennwörter XY, XZ, YZ, R3 angegeben. XY, XZ, YZ bedeuten, daß aus den digitalisierten Gerätekoordinaten Koordinatenwerte (x,y), (x,z) bzw. (y,z) berechnet werden. Bei Angabe von R3 werden aus den zwei Gerätekoordinaten drei Koordinaten (x,y,z) berechnet. R3 ist anzugeben, wenn die Schnittebene nicht zu einer Ebene des Körperkoordinatensystems parallel ist (beliebiger räumlicher Schnitt). Die Transformationsgleichungen zwischen digitalisierten Gerätekoordinaten und Koordinaten x,y,z des globalen oder lokalen Körperkoordinatensystems werden aufgrund von drei bzw. bei räumlichen Schnitten vier Festpunkten bestimmt. In dem Kommando werden die Koordinaten x,y,z der Festpunkte direkt (Kennwörter P1 bis P4) oder falls die Festpunkte bereits gespeichert sind durch die externe Nummer der Festpunkte (Kennwörter N1 bis N4) angegeben. Nach Eingabe des Kommandos müssen die drei bzw. 4 Festpunkte in der Zeichnung digitalisiert werden. Hieraus werden die Beziehungen zwischen Gerätekoordinaten und Körperkoordinaten ermittelt. Zunächst werden hierfür nur zwei bzw. drei Punkte verwendet, der überzählige Punkt dient zur Unterscheidung von Rechts- bzw. Linkssystem und zur Kontrolle. Ist die Abweichung zwischen digitalisierten Koordinaten und eingegebenen Koordinaten für den Kontrollpunkt größer als das eingegebene Toleranzmaß eps, so erfolgt eine Fehlermeldung, und das Kommando muß wiederholt werden. Ist die zulässige Toleranz eingehalten, so werden die Koeffizienten der Transformationsgleichungen nach Fehlerquadratmethode unter Verwendung aller Festpunkte verbessert.

3.4 Kommando DIGI

Mit dem Kommando DIGI werden ein oder zwei der zuvor mit SCHNITT festgelegten Schnittzeichnungen aktiviert, aus denen anschließend beliebig viele Punkte digitalisiert werden, bis das Menüfeld "Neues Kommando" digitalisiert wird. Das Kommando hat folgenden Aufbau:

$$\text{DIGI}\ [\text{NRS}\ \ \text{nr}]\begin{bmatrix}\text{ME}\ \ \text{m,w1,...,wm}\\ \text{DE}\ \ \text{m,ks2}\\ \text{D2}\ \ \text{ks2}\end{bmatrix}[\text{NUM}\ \ \text{n1,dn,dne}]$$

nr und ks2 sind die Nummern der zu aktivierenden Schnittzeichnungen. Sind die Schnitte parallel zu den Ebenen des Körperkoordinatensystems (Kennwörter XY,XZ,YZ in SCHNITT), so werden aus der Schnittzeichnung die zugehörigen zwei Koordinatenwerte (x,y), (x,z) bzw. (y,z) digitalisiert. Für die fehlende dritte Koordinate der erzeugten Punkte gilt folgendes: Kennwort ME: nach dem Kennwort werden die Anzahl und m Koordinatenwerte w1 bis wm für die dritte Koordinate angegeben. Jeder digitalisierte Punkt wird m-fach mit den unterschiedlichen Koordinatenwerten w1 bis wm für die fehlende dritte Richtung abgespeichert. Die Punktnummer wird dabei jeweils um das Inkrement dne verändert. Kennwort DE: nach dem Kenwort werden die Anzahl m und die Nummer ks2 der Schnittzeichnung angegeben, aus der m Koordinatenwerte für die dritte Richtung digitalisiert werden sollen. Diese m Werte müssen vor der Digitalisierung von Punkten aus der Schnittzeichnung nr, aus der Zeichnung ks2 digitalisiert werden. Jeder digitalisierte Punkt wird dann wieder wie bei ME m-fach abgespeichert. Kennwort D2: nach dem Kennwort D2 wird die Nummer der Schnittzeicnung angegeben, aus der die dritte Koordinate digitalisiert werden soll. Jeder Punkt wird in diesem Fall aus zwei Schnittzeichnungen digitalisiert. Ist der Schnitt nr nicht parallel zu einer der Koordinatenebenen (Kennwort R3 in SCHNITT), so werden aus den aus nr digitalisierten Punkten alle drei Koordinaten (x,y,z) errechnet, die Angabe von ME, DE, D2 ist in diesem Fall ohne Bedeutung. Mit dem Kennwort NUM wird die Art der Punktnumerierung angegeben. Ist nl > 0, so werden die Punkte automatisch numeriert: der erste der aus nr digitalisierten Punkte erhält die Punktnummer nl, diese Nummer wird dann fortlaufend um das Inkrement dn erhöht. Ist nl ≤ 0, so muß bei jedem digitalisierten Punkt die Punktnummer,wie beim MENUE-Kommando festgelegt, angegeben werden.

4. DIGITALISIERUNG VON ELEMENTEN

4.1 Allgemeines

Die geometrische Form der Elemente wird durch eine Typkennzahl und durch Angabe der externen Nummern der zum Element gehörenden Knotenpunkte beschrieben. Der Programmteil "Definition von Elementen" stellt eine große Zahl von Kommandos zur Verfügung, mit denen Elemente und Elementgruppen definiert werden können. Aus diesem Programmteil wird der Programmteil "Digitalisierung von Elementen" aufgerufen, der es ermöglicht, die zu einem Element gehörenden Knotenpunkte durch Digitalisierung am graphischen Tablett oder mit Fadenkreuz am graphischen Terminal anzugeben. Vorausgesetzt wird, daß die Knotenpunktskoordinaten bereits erzeugt und in der geladenen Punktedatei abgespeichert sind. Zum Programmteil "Digitalisierung von Elementen" gehören die folgenden Kommandos:

MENUE	Aktivierung des Tabletts, Festlegung der Menütafel
SCHNITT	Festlegung von Schnitten
DIGI	Digitalisierung von Elementen
E1	numerische Definition eines Einzelelements
PROT	Protokollierung der Elemente
SICHERUNG	Sicherung der Elementedatei in einem Plattenfile
END	Rücksprung in den Programmteil "Elementdefinition"
STOP	Programmabbruch

Für die Digitalisierung der Elemente werden nur die Kommandos MENUE, SCHNITT, DIGI verwendet, die nachfolgend genauer beschrieben werden.

4.2 Kommando MENUE

Das Kommando MENUE dient wie bei der Punktdigitalisierung der Aktivierung des graphischen Tabletts als Eingabegerät und der Festlegung der Menütafel. Das Kommando hat die folgenden Parameter

$$\text{MENUE} \begin{bmatrix} \text{TABLETT} \\ \text{TERMINAL} \\ \text{PLOT} \end{bmatrix}$$

Das Kennwort TABLETT ist anzugeben, wenn die Elemente aus Zeichnungen vom graphischen Tablett digitalisiert werden sollen. Die erzeugten Elemente werden numerisch am Terminal protokolliert. Bei Angabe des Kennwortes TERMINAL werden die mit SCHNITT spezifizierten Punkte am graphischen Terminal abgebildet. Die Digitalisierung der Elementknotenpunkte erfolgt anschließend mit dem Fadenkreuz des Terminals. Jedes erzeugte Element wird anschließend sofort am Bildschirm dargestellt. Bei Angabe von PLOT erfolgt die Digitalisierung am Tablett, zusätzlich werden aber wie bei TERMINAL die Punkte am Terminal abgebildet und die erzeugten Elemente sofort am Terminal gezeichnet (graphische Kontrolle). Wird bei Digitalisierung eines Elementes ein Fehler gemacht, so kann nach Digitalisierung des Menüfeldes "Fehler" die Digitalisierung des Elementes wiederholt werden.

4.3 Kommando SCHNITT

Mit dem Kommando SCHNITT werden eine oder zwei Schnittebenen in dem dreidimensionalen Körper definiert, aus denen anschließend Punkte digitalisiert werden sollen. Das Kommando hat folgenden Aufbau:

$$\text{SCHNITT} \ [\text{E1} \quad \text{n1,n2,n3,d}] ([\text{E2} \quad \text{n1,n2,n3,d}]) \begin{bmatrix} \text{XY} & \text{x1,x2,y1,y2} \\ \text{XZ} & \text{x1,x2,z1,z2} \\ \text{YZ} & \text{y1,y2,z1,z2} \end{bmatrix} [\text{EPS} \quad \text{eps}]$$

Durch drei Punkte (externe Punktnummern n1,n2,n3) wird eine beliebige Schnittebene durch den Körper festgelegt. d gibt die Dicke einer Scheibe an, welche die Schnittebene (n1,n2,n3) als Mittelfläche hat. Digitalisiert werden können alle Punkte, deren Koordinaten innerhalb dieser Scheibe und in der Projektion innerhalb der angegebenen Koordinatengrenzen x1,x2,etc. liegen. Diese Punkte müssen bei Digitalisierung vom Tablett in der angegebenen Projektion XY,XZ,YZ auf dem Tablett abgebildet sein, bei Digitalisierung vom Bildschirm werden diese Punkte auf dem Schirm in der angegebenen Projektion dargestellt. Die Angabe der Ebene E2 ist nur dann erforderlich, wenn bei Volumenelementen die Punkte der Grundfläche und die Punkte der Deckfläche der Volumenelemente aus zwei verschiedenen Schnitten digitalisiert werden sollen. Nach Eingabe des Kommandos werden aus der gesamten Punktmenge des Körpers diejenigen Punkte bereitgestellt, die in den spezifizierten Scheiben und den angegebenen Grenzen enthalten sind. Mit dem Kennwort EPS wird noch ein Toleranzmaß angegeben, für die zulässige Abweichung zwischen digitalisierten Punktkoordinaten und gespeicherten Punktkoordinaten. Bei Digitalisierung vom Tablett wird die Lage der Schnittebenen auf dem Tablett noch durch Digitalisierung der drei Punkte n1,n2,n2 festgelegt. Hieraus werden die Transformationsgleichungen zwischen digitalisierten Gerätekoordinaten und Körperkoordinaten ermittelt.

4.4 Kommando DIGI

Mit dem Kommando DIGI werden weitere Parameter für die Erzeugung der Elemente angegeben. Anschließend können Elemente digitalisiert werden. Das Kommando hat folgenden Aufbau:

$$\text{DIGI}\ \left[\text{ETYP}\ \ kt,ink\right]\begin{bmatrix}\text{MENUE} & \\ \text{NUM} & n1,dn\end{bmatrix}\left[\text{EE}\ \ m,dne,dkn\right]$$

Für kt ist die Typkennzahl der zu digitalisierenden Elemente anzugeben. Entsprechend dem Typ werden 3, 4, oder 8 Knotenpunkte aus einer Schnittebene digitalisiert. Bei den Elementen mit Kantenzwischenpunkten kann anstelle des Kantenzwischenpunktes auch die Ziffer 0 der Menütafel digitalisiert werden, wenn kein Zwischenpunkt auf der Elementkante vorhanden, d.h. die Elementkante gerade ist. Bei Volumenelementen brauchen nur die Punkte der Grundfläche digitalisiert zu werden, wenn die Punktnummern der Deckfläche sich um ein konstantes Inkrement von den Nummern der Grundfläche unterscheiden. Angegeben wird dieses im Kommando durch das Inkrement ink nach der Elementtypkennzahl. Wird kein Inkrement angegeben, (ink = 0), so müssen für Volumenelemente zwei Schnittebenen definiert sein, und die Punkte der Grundfläche und der Dachfläche werden nacheinander aus den beiden verschiedenen Schnitten digitalisiert. Der zweite Block des Kommandos gibt die Art der Numerierung der digitalisierten Elemente an. Das Kennwort MENUE ist anzugeben, wenn für jedes Element die externe Elementnummer von der Menütafel digitalisiert werden soll. Bei Angabe von NUM werden die Elementnummern automatisch gebildet: Das erste digitalisierte Element erhält die Nummer n1, diese Nummer wird dann fortlaufend um das Inkrement dn erhöht. Mit dem Kennwort EE kann angegeben werden, daß für jedes digitalisierte Element m weitere Elemente abgespeichert werden sollen, wobei die Elementnummer jeweils um dne und die Knotenpunktnummern um dkn erhöht werden sollen. Diese Elementerweiterung entspricht der automatischen Erzeugung mehrerer übereinanderliegender Punkte bei der Punktdigitalisierung. Nach Eingabe des Kommandos DIGI werden bei Angabe der Kennwörter TERMINAL oder PLOT im MENUE-Kommando die mit dem Kommando SCHNITT spezifizierten Punkte am graphischen Bildschirm geplottet. Bei Angabe von zwei Ebenen werden die Punkte der beiden Ebenen mit unterschiedlichem Symbol übereinander gezeichnet. Anschließend werden die Knotenpunkte der Elemente digitalisiert bzw. mit dem Fadenkreuz markiert. Jedes definierte Element wird sofort in der angegebenen Schnittebene geplottet bzw. beim Kennwort TABLETT auf dem Bildschirm protokolliert. Die Elemente werden digitalisiert, indem in vorgeschriebener Reihenfolge die Knotenpunkte des Elementes in einer Schnittebene digitalisiert werden. Durch Vergleich der digitalisierten Koordinaten mit den gespeicherten Punktkoordinaten unter Berücksichtigung der angegebenen zulässigen

Abweichung eps wird die Punktnummer des digitalisierten Punktes ermittelt. Hierbei werden nur die Punkte der spezifizierten Schicht E1 bzw. E2 berücksichtigt. Wird kein Punkt oder werden mehrere Punkte gefunden, so erfolgt eine Fehlermeldung und die Digitalisierung des Elementes muß wiederholt werden. Die Digitalisierung von Elementen wird durch Digitalisierung des Menüfeldes "Neues Kommando" beendet. Danach kann für dieselben Schnittebenen erneut das Kommando DIGI mit anderen Parametern oder ein anderes zulässiges Kommando eingegeben werden.

Literatur

[1] Böge: PREMAS-I Benutzerhandbuch,
Hochschule der Bundeswehr München

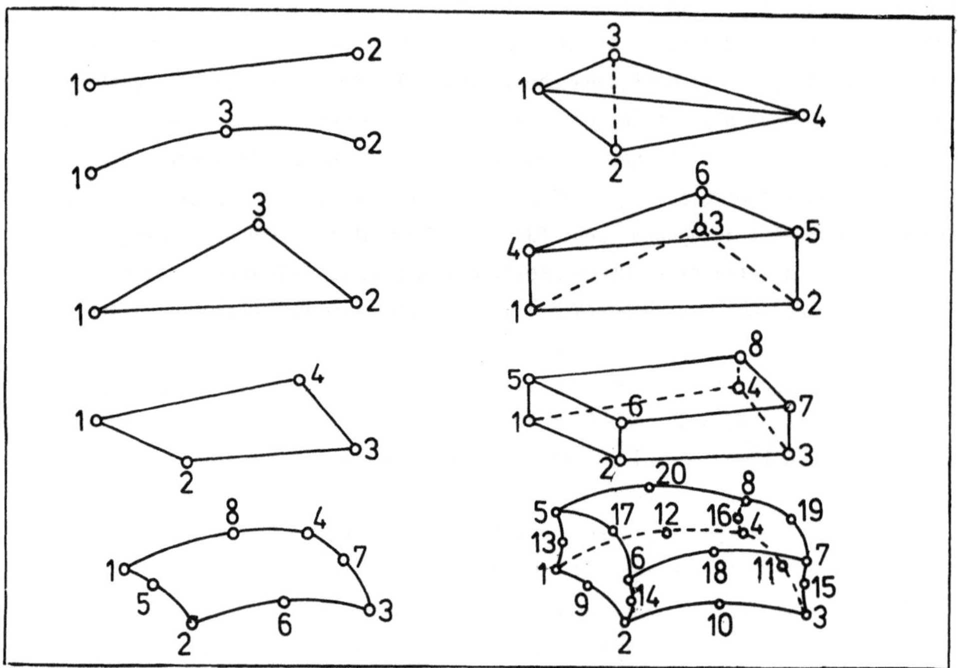

Bild 1: Finite Elemente

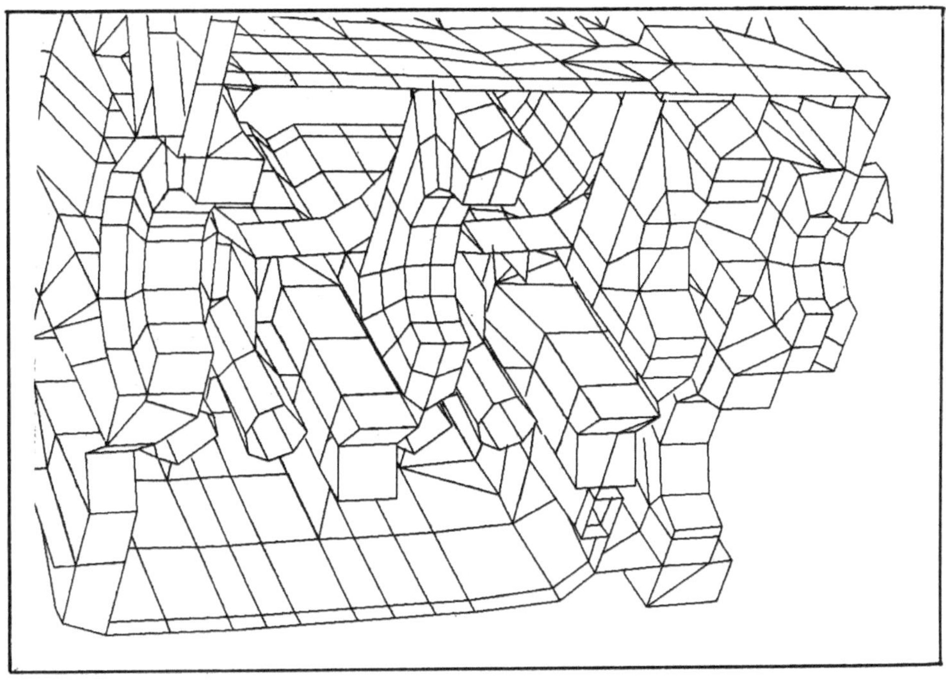

Bild 2: Ausschnitt einer FE-Struktur

PDATEI	Neue Punktedatei eröffnen
LADE	Punktedatei laden
DATUM	Bearbeitungsdatum angeben
KOORSYSTEM	Lokales Koordinatensystem definieren
KLIST	Koordinatensysteme auflisten
AKTIVIEREN	Koordinatensystem aktivieren
KTRANS	Koordinaten transformieren
MELDUNGEN	Parameter für Meldungen setzen
PARAMETER	Parameter für verschiedene Ebenen und Pkt.-Numerierung setzen
UV	zwei Koordinatenwerte eingeben
XYZ	drei Koordinatenwerte eingeben
GERADE	Punkte auf einer Geraden erzeugen
PGERADE	Gerade progressiv o. degressiv unterteilen
SORTIEREN	Punktedatei sortieren
LOESCHEN	Punkte in der Datei löschen
TRANS	Translation, Spiegelung, Drehung, Streckung einer Punktgruppe
PROTOKOLL	Punktedatei protokollieren
SICHERN	Punktedatei auf Plattenspeicher sichern
DIGI	Programmblock DIGITALISIERUNG AUFRUFEN
PLOT	Punktfeld ausplotten, Punkte mit Fadenkreuz verschieben bzw. ergänzen
SPLINE	Punkte auf einer ebenen Spline-Kurve erzeugen
RSPLINE	Punkte auf einer räumlichen Spline-Kurve erzeugen
GLAETTUNG	Programmblock GLAETTUNG aufrufen
COPY	Kopie der Punktedatei herstellen
EFILE	Punktkoordinaten von einem Eingabefile lesen
END	Rücksprung ins Steuerprogramm
STOP	Programmabbruch

Bild 3: Kommandos zur Erzeugung von Punktkoordinaten

DISKUSSION

Krause, Fraunhofer-IPK, Berlin, Sitzungsleiter:
Dann möchte ich eine Frage an Sie stellen, und zwar gibt es ja Möglichkeiten, nun neben der Auslegungsrechnung, neben der Nachrechnung auch Optimierungsrechnungen auszuführen, und Optimierungsrechnungen können ja so ablaufen, daß wir in verschiedenen Zyklen uns der einen oder der anderen Rechenmethode bedienen, beispielsweise der finiten Elementmethode. Wie könnte denn Ihr Verfahren angewendet werden, um beispielsweise zur geometrischen Veränderung von Bauteilen aufgrund von mehreren Nachrechnungszyklen Anwendung zu finden?

Böge, Hochschule der Bundeswehr München:
Das Programmsystem dient zunächst nur dazu, Geometriemodelle als Eingabe für Finite-Element-Berechnungen zu erstellen. Es ist aber auch eine Schnittstelle vom Berechnungsprogramm zurück vorhanden, d. h. die Berechnungsergebnisse und Geometrieänderungen aus den Berechnungen können ans Programm zurückgegeben werden. Ähnlich könnte man auch bei Optimierungsrechnungen verfahren. Das Programm selbst befaßt sich nicht mit der Optimierung.

Encarnação, TH Darmstadt:
Sie haben uns die Funktionen beschrieben, die das System hat, wie sie aufgebaut sind und welche Parameter notwendig sind, um diese Funktionen syntax-korrekt bedienen zu können. Können Sie uns sagen, ob dieses System als integriertes System aufgebaut ist und welche Kommandoschnittstellen benutzt werden, oder ist es ein großes FORTRAN-Programm mit einer Bibliothek, die diese Funktionen enthält? Je nach Antwort, wie groß ist das System?

Böge, Hochschule der Bundeswehr München:
PREMAS-I ist ein modular aufgebautes Programmsystem mit sehr vielen, an den Schnittstellen genau beschriebenen Modulen. Unabhängig von den Funktionen ist der Kommandointerpreter über den die Funktionen aufgerufen werden. Die Größe des Programmsystems ist etwa 15 bis 20 Tausend Fortranzeilen. Es ist rein in FORTRAN IV geschrieben und weitgehend, bis auf einige Funktionen wie z. B. Filehandling, maschinenunabhängig.

Grieger, Univ. Stuttgart:
Zwei Fragen habe ich: a) Das Digitalisieren ist in räumlichen Gebilden natürlich sehr mühsam. Warum nehmen Sie keinen Netzgenerator dafür?

b) Nur Preprocessing sehe ich nicht als so sinnvoll an wie ein integriertes System für Pre- and Postprocessing, weil dann nämlich wieder Rückflüsse aus den Ergebnissen in die Eingabe einfließen können, und eine gemeinsame Datenbasis für beides besteht.

Böge, Hochschule der Bundeswehr München:
Postprocessing ist kein großes Problem. Man kann beispielsweise sofort die berechneten Deformationen vom FE-Programm ans Programm zurückgeben und mit PREMAS-I die deformierte Struktur zeichnen. Was man sonst noch als Postprocessing benötigt, z. B. das Zeichnen von Spannungsverteilungen usw., hierfür bestand im Augenblick kein Bedarf, weil hierfür andere Systeme vorhanden sind. Aber es ist prinzipiell natürlich möglich, diese Funktionen auch in PREMAS-I zu realisieren.

Was die automatische Generierung anbelangt, so sehe ich ein großes Problem darin, eine Struktur, wie der abgebildete Motorblock sie darstellt, automatisch zu generieren. Diese Aufgabe war der Anstoß für die Programmentwicklung. Von dem Motorblock waren nur Schnittzeichnungen gegeben, mit automatischer Generierung war dabei wirklich nichts zu machen. Automatische Elementgenerierung ist im Programm teilweise insofern enthalten, als die erzeugten Elemente selbst Makroelemente sein können. Das Programm zieht vor, Makroelemente weiter automatisch in Finite Elemente zu unterteilen. Das ist jedoch nur bei einfachen und regelmäßigen Strukturen anwendbar.

Frank, Univ. Dortmund:
Sie haben unter den Primitives ein Volumenelement mit krummen begrenzenden Flächen, und dort trägt jede Kante genau drei Punkte. Ist dies ein Hinweis darauf, wie Sie approximieren und in welcher Weise approximieren Sie?

Böge, Hochschule der Bundeswehr München:
Die Approximation zur Berechnung von Zwischenpunkten wird nur dann benötigt, wenn die Elemente selbst Makros sind, aus denen Finite Elemente erzeugt werden. In diesem Fall müssen Zwischenpunkte berechnet werden. Die Approximation erfolgt dann genauso, wie Herr Grieger es in seinem Vortrag mit den shape functions beschrieben hat. Wobei auf den Kanten nur ein Zwischenpunkt vorhanden ist, d. h. es wird mit Parabeln oder Kreisbögen approximiert.

GEOMETRISCHES MODELLIEREN AUF ANTHROPOTECHNISCHER GRUNDLAGE

H.-J. Bubenheim
Technische Hochschule Darmstadt

1. Allgemeines

Computerunterstütztes Konstruieren und dabei speziell das geometrische Modellieren besteht aus zwei Anteilen:

a) der Auswertung von Algorithmen durch eine EDV-Anlage
b) der Kommunikation des Menschen mit dieser Anlage

Bei a) ist uneingeschränkt eine deduktive Vorgehensweise möglich: Vor allem für die Hauptprobleme der Kontaktflächen-Verknüpfungen, Durchdringungen und das Erkennen verdeckter Kanten lassen sich Algorithmen angeben, die auf den Gesetzmäßigkeiten der analytischen Geometrie basieren. Eingabeinformationen, das System der Regeln und Ausgabeinformationen dieser Algorithmen sind klar formulierbar, so daß deren Funktionalität und Leistung eindeutig meßbar sind. Darin liegt auch der Grund, daß auf diesem Gebiet in letzter Zeit gute Ergebnisse erzielt wurden.

Ganz anders verhält es sich dagegen beim Punkt b). Er hat zum Ziel, durch Vor- und Nachschalten geeigneter Programme die Ein- und Ausgabe eines Algorithmus' so zu gestalten, daß ein ausschließlich mit der fachlichen Problematik vertrauter Benutzer diesen Algorithmus nach kurzer Einarbeitungszeit in einer seiner Arbeitsweise gemäßen Art nutzen kann.

Bei der Erfüllung dieser Zielsetzung ist man in der Vergangenheit auf große Schwierigkeiten gestoßen, die in zwei Gründen zu suchen sind:

Zum einen ist es selbstverständlich, bei der Aufstellung eines Programms zunächst die Problematik des Punktes a) zu bearbeiten. Die zweckmäßige Anordnung der Ein- und Ausgabedaten ist dabei den Bedürfnissen des Algorithmus' untergeordnet, da zu diesem Zeitpunkt dessen Leistungsfähigkeit im Vordergrund steht. Im Laufe der Bearbeitung gewöhnt sich der Aufsteller eines Programms jedoch zwangsläufig an dessen zunächst dem Algorithmus angepaßte Ein- und Ausgabekonventionen, so daß er nach Erfüllen des Punktes a) kaum noch willens oder in der Lage ist, das von ihm erstellte Programm vorrangig aus der Lage des Benutzers zu sehen. Für den Benutzer hat jedoch die Qualität von Ein- und Ausgabe mindestens den gleichen Stellenwert wie Funktionalität und Leistung des zugehörigen Algorithmus'.

Zum anderen sind bei der Formulierung einer befriedigenden Mensch-Maschine-Kommunikation Algorithmen nur andeutungsweise erkennbar. Zwar werden bei der Erfüllung einer bestimmten Aufgabe alle Maßnahmen des Benutzers einer logischen Gesetzmäßigkeit folgen, jedoch ist wegen der kreativen Arbeitsweise die Anzahl der Regeln zu umfangreich, um einen geschlossenen Algorithmus angeben zu können.

Einen Ausweg aus dieser Situation findet man in der induktiven Vorgehensweise. Es existieren mittlerweile genügend empirisch gewonnene Erkenntnisse über das Verhalten von Menschen bei der Bedienung von Maschinen. Der Grad der Berücksichtigung dieser Erkenntnisse in einem beliebigen Dialog mit einer EDV-Anlage läßt Aussagen über dessen Qualität zu, so daß die Begriffe Funktionalität und evtl. auch Leistung hier ebenfalls angewendet werden können.

2. Die Anthropotechnik

Die Anthropotechnik befaßt sich mit den wissenschaftlichen Grundlagen einer Mensch-Maschine-Kommunikation. Konkret geht es dabei um die Anpassung der Anzeige- und Bedienungselemente von Programmiergräten und die Anpassung von Programmabläufen an die Eigenschaften und Möglichkeiten menschlicher Informationsaufnahme und -verarbeitung.

Motivation für diese neue Disziplin war die Problematik der Mensch-Maschine-Kommunikation bei Prozeß-Leitständen von Industrie-Großanlagen. Die Problematik derartiger Leitstände geht über diejenige der Mensch-Maschine-Kommunikation bei EDV-unterstütztem geometrischen Modellieren weit hinaus, so daß es nicht schwer fällt, unter Beachtung der dort gefundenen Erkenntnisse einen Grobalgorithmus für den interaktiven Modelliervorgang zu formulieren.

Grunderkenntnis ist in Anlehnung an [1] der Umstand, daß sich geometrisches Modellieren in Zyklen vollzieht. Jeder Zyklus besteht aus acht Einzelarbeitstakten, die zu vier Gruppen zusammengefaßt werden können:

I. Informationsaufnahme

1. Wahrnehmen einer Bildschirminformation
2. Suchen einer relevanten Information
3. Identifizieren der relevanten Information
4. Quantifizieren der relevanten Information

II. Mentale Informationsverarbeitung

5. Vergleich der dargestellten relevanten Information mit Sollwerten
6. Entscheidung über Maßnahmen nach Vergleich von Ist- und Sollwerten

III. Informationsabgabe

7. Umsetzen der Entscheidung in die Sprache des Systems

IV. Auswertung von Algorithmen

8. Abwarten der Antwort des Systems

Nach Durchlaufen dieser Takte erscheinen eine oder mehrere neue Bildschirminformationen, und die acht Takte werden in einem weiteren Zyklus erneut durchlaufen.

3. Gesetzmäßigkeiten innerhalb der Arbeitstakte

Über den Grobalgorithmus der Arbeitstakte hinaus sind innerhalb der Einzeltakte keine weiteren speziellen Gesetzmäßigkeiten größeren Zusammenhangs erkennbar. Mit Hilfe der Erkenntnisse der Anthropotechnik lassen sich aber Empfehlungen formulieren, an denen die Funktionalität jedes genannten Taktes der Mensch-Maschine-Kommunikation eindeutig gewertet werden kann.

Nachfolgend sind die bisher erkannten wichtigsten Bewertungskriterien zusammenhangslos aufgeführt. Sie dürften im Laufe der Zeit noch ergänzt werden, so daß auf eine Wertung dieser Kriterien untereinander sowie auf eine Herstellung von Zusammenhängen verzichtet wurde, um weiteren Forschungsarbeiten auf diesem Gebiet nicht vorzugreifen.

zu 1. Wahrnehmen einer Bildschirminformation

Informationsübermittlung soll sich an Darstellungen und Symbolen orientieren, die der Benutzer auch ohne EDV verwendet [2].

Dabei sind Abkürzungen und Codes wie eine Sprache zu behandeln, die auf die Anforderungen und Bedürfnisse des Benutzers zugeschnitten sind, nicht auf diejenigen des Systems [3].

In diesem Zusammenhang kommt der graphischen Darstellung besondere Bedeutung zu:
Graphik erlaubt für qualitative Informationen eine deutliche Datenreduktion und Platzersparnis ohne Informationsverlust, erzielt hohe Informationsdichten bei schneller Erfaßbarkeit und sicherer Interpretierbarkeit, verdeutlicht die Dynamik von Vorgängen, spricht die visuellen Bedürfnisse des Menschen an und trägt damit bei vielen Anwendungen zur Motivation bei [4].

zu 2. Suchen einer relevanten Information

Layout und Format einer darzustellenden Information sind so wichtig wie der Inhalt selbst [3].

Daraus ergibt sich u. a., daß wichtige und unwichtige Systemmeldungen im Layout unterschiedlich dargestellt werden sollten [4].

Ebenfalls folgt daraus, daß der formale und inhaltliche Aufbau von Bildschirminformationen bei einander ähnlichen Aufgaben einheitlich oder zumindest gleichwertig sein sollte [4].

Jede Bildschirmzeile sollte nur maximal 40 Symbole lang sein, da das menschliche Auge eine solche Zeile noch ohne Bewegung des Kopfes erfassen kann [2].

Im Menschen wirken zwei aufgaben- und erfahrungsgesteuerte Verarbeitungskreise: Ein instinktiver und ein bewußter, von denen der zweite den Menschen erheblich höher belastet als der erste. Durch Minimieren der aufgenommenen Störinformationen, d. h. durch Vermeiden nicht aufgabenbezogener Informationsdarstellung kann die Inanspruchnahme des bewußten Verarbeitungskreises abgesenkt werden [5].

zu 3. Identifizieren der relevanten Informationen

Große Hilfen innerhalb dieses Taktes bietet die Einhaltung der zu 1) angegebenen Regeln im konkreten Falle.

Dabei sind Bezeichnungen und Darstellungen so zu wählen, daß dem Ablesenden keine subjektive Deutung möglich ist [1].

Das gilt besonders für mnemotechnische Ausdrücke sowie Bezeichnungen, die ohne EDV mit hoch- oder tiefgestellten Symbolen üblich sind.

zu 4. Quantifizieren der relevanten Informationen

Die globale quantitative Angabe von Informationen ist nur selten möglich und auch erforderlich.

Im Bedarfsfalle sollten gezielte Angaben angefordert werden, deren Beschaffung wiederum einem eigenen Zyklus der hier geschilderten Art mit den genannten Takten entspricht.

zu 5. Vergleich mit Sollwerten

EDV-unabhängig, daher keine Problematik innerhalb der Anthropotechnik.

zu 6. Entscheidung über Maßnahmen

EDV-unabhängig, daher keine Problematik innerhalb der Anthropotechnik.

zu 7. Umsetzen der Entscheidung in die Sprache des Systems

Die Bedienung eines Eingabegerätes darf kein zu hohes Merk- und Abstraktionsvermögen erfordern [5], d. h. die Mensch-Maschine-Kommunikation ist so aufzubereiten, daß die mentale Arbeitsleistung bei der Ausführung so gering wie möglich ist [6].

Die im Dialog verfügbaren Arbeitsmittel sollen den Arbeitsaufgaben des Benutzers angepaßt sein. Arbeitsaufgaben, die sich aus der Eigenart des technischen Arbeitsmittels ergeben, z. B Dateiverkehr, sollen durch das Software-System selbständig ausgeführt werden [4].

Der Mensch benutzt während eines flüssigen Dialogs nur sein Kurzzeitgedächtnis (kleine Kapazität). Daher sollten bei der Eingabe Symbole mit großen Bedeutungsinhalt verwendet werden [2].

Jede Informationseingabe soll nur einen Gedanken darstellen, d. h. der Benutzer soll nur auf eine Problematik gleichzeitig antworten [2].

Fragen innerhalb eines Gedankens sollen aber auch nicht getrennt werden.

Eine Dialogabfolge muß in jedem Falle vom Standpunkt des Benutzers aus untersucht werden [3].

Ein ausführlicher und ein gekürzter Dialog sollten wahlweise möglich sein.

Der Rechner soll nur die Reihenfolge der einzugebenden Elemente bestimmen, nicht deren Format [2].

zu 8. Abwarten der Antwort des Systems

Der Benutzer soll seine Erwartungen hinsichtlich des Arbeitsablaufs an den Rückmeldungen des Software-Systems überprüfen können (autom. Bestätigung der Eingabe, autom. Ausgabe von Ergebnissen zur Kontrolle) [4].

Menschen organisieren ihre geistige Aktivität in "Klumpen". Diese Klumpen als Ganzes füllen das Langzeitgedächtnis. Längere Reaktionszeiten des Systems werden nur akzeptiert, wenn sie unmittelbar nach Beendigung eines "Klumpens" stattfinden [2].

Während der Bearbeitung eines "Klumpens" ist das Kurzzeitgedächtnis stark gefüllt. Längere Reaktionszeiten verunsichern den Benutzer. Grund: Verlust von Teilinhalten des Kurzzeitgedächtnisses durch Ablenkung [2].

Bei längeren Reaktionszeiten evtl. Begründung auf Bildschirm drucken [2].

Die Variabilität von Antwortzeiten stört mehr als ihre Länge [3].

Die Kürze einer Antwortzeit kann auch nachteilig sein, da sich ein langsam denkender Mensch der Maschine zu sehr unterlegen fühlen kann. Evtl. Verzögerungen einbauen [2].

4. Zusammenfassung

Software für computerunterstütztes Konstruieren und dabei speziell für geometrisches Modellieren läßt sich nach drei Gesichtspunkten beurteilen:

a) Funktionalität der Algorithmen
b) Leistungsfähigkeit der Algorithmen
c) Qualität des Mensch-Maschine-Dialogs

Die Qualität einer Mensch-Maschine-Kommunikation ist im Gegensatz zur Funktionalität und Leistungsfähigkeit eines Algorithmus' wegen der Vielfalt der Aufgabenstellungen und der speziellen Anforderungen an den Menschen quantitativ als Ganzes nicht direkt meßbar. Die Erkenntnisse der Anthropotechnik machen es aber möglich, Kriterien zu formulieren, anhand deren die Qualität jedes Einzelschrittes eines konkreten Dialogs mindestens qualitativ beurteilt werden kann.

Literatur

[1] Friedewald, W., und Charwat, H. J.
Gestaltung von Grafikbildern für Farbsichtgeräte in Prozeßwarten, Regelungstechnische Praxis 1979, Heft 1, Seite 10.

[2] Mertens, P.
Einige Hinweise zur technischen Gestaltung von Bildschirm-Dialogen. Arbeitsberichte des Instituts für Mathematische Maschinen und Datenverarbeitung der Friedrich Alexander Universität Erlangen, Nürnberg, Band 10, Nummer 6, Erlangen, Mai 1977.

[3] Stewart, T
Communicating with Dialogues
Ergonomics 1980, Vol. 23, No. 9.909-919.

[4] DIN 66234, Teil 4
Bildschirmarbeitsplätze, Informationsdarstellung, Vorentwurf.

[5] Grimm, R.
Einsatz von Sichtgeräten in der Verfahrenstechnik, Institutsbericht, Karlsruhe.

[6] Fraunhofer-Institut für Informations- und Datenverarbeitung (IITB).
Auslegung von Bedienungseinrichtungen und Anzeigen. Jahresbericht 1979.

D I S K U S S I O N

Schlechtendahl, Kernforschungszentrum Karlsruhe:
Ich habe eine Frage und vielleicht einen Kommentar. Zunächst die Frage: Bei den Regeln, die Sie hier formuliert haben, ist es ein Nachteil, daß sie nicht quantifiziert sind. Sehen Sie irgendwelche Möglichkeiten oder kennen Sie Arbeiten in der Richtung, daß man diese Regeln quantifizieren könnte, beispielsweise quantitativ: wann ist eine Wartezeit von so viel Sekunden oder Minuten auf ein Ergebnis für einen Anwender akzeptabel?

Bubenheim, TH Darmstadt:
Ja, das ist auch ein Punkt, der etwas später auftaucht, unter Abschnitt 8, meines Wissens. Es sind sogar mehrere, bei denen man Reaktionszeiten evtl. begründet am Bildschirm ausdruckt. Es ist ja kaum zu beeinflussen, daß diese Regel so lange zu ihrer Ausführung braucht, und eine andere mehr. Das muß man halt entgegennehmen, wie es dort steht. Bloß wenn ein gewisses Maß überschritten wird ...

Schlechtendahl, Kernforschungszentrum Karlsruhe:
Mir geht es halt darum, von diesem Begriff "gewisses Maß" wegzukommen.

Bubenheim, TH Darmstadt:
Nein, das ist bis jetzt nicht quantifiziert.

Schlechtendahl, Kernforschungszentrum Karlsruhe:
Dann hätte ich einen Kommentar zu dem Begriff dieser Klumpen oder "information chunks", wie es ja wohl im Englischen heißt. Es war nach dem Vortrag von Prof. Encarnação angesprochen worden, daß vor einigen Jahren das geometrische Modellieren noch nicht reif war für eine Standardisierung, die Graphik wohl. Ich meine, das geometrische Modellieren wäre auch heute vielleicht noch nicht zu einer Standardisierung reif, aber vielleicht doch zu einer Empfehlung in der Richtung, daß man vielleicht in einer Gruppe herausarbeiten würde, welche Informationseinheiten im Bereich des geometrischen Modellierens als Einheit zusammengefaßt werden sollen, als eine solche "information chunk" zusammengefaßt werden müssen. Damit könnte man auf der Ebene der Kommunikation zwischen dem Menschen und dem System wenigstens in den Grundeinheiten eine Vereinheitlichung erreichen: was gehört als Information zusammen, was sollte getrennt sein. Erst wenn das geschehen ist, wird es möglich sein, so ganz allmählich zu einer Modularisierung der Systeme zu kommen.

Encarnação, TH Darmstadt:

Um die Diskussion etwas zu provozieren, möchte ich drei kritische Bemerkungen machen. Ihr Vortrag hört sich ein bißchen nach dem Motto an "Es macht Spaß, Kochrezepte zu vermitteln, wenn man das Ergebnis nicht selbst zu essen braucht". Spaß beiseite: Damit Ihre Forderungen realisiert werden können, müßten drei Bereiche beherrscht werden, die heute noch im Bereich der F&E liegen: Die Methodenbanken als Kern eines Wissenssystems (Knowledge Based Information Systems), die Parametrisierung der Ergonomie-Schnittstelle (um die Dialogführung entsprechend gestalten zu können) und die Probleme der Dialoganpassung an den Kenntnisstand des Anwenders (fehlende Software-Werkzeuge). Vorauszusetzen, daß dies alles schon vorhanden ist oder gefordert werden kann, ist irreführend. Viele Leute, darunter wir (GRIS in Darmstadt), beschäftigen sich mit diesen Fragen, stabile Lösungen haben wir aber nicht. Können Sie uns sagen, wie soll man das softwaretechnisch machen, mit welchen Werkzeugen soll man das tun?

Bubenheim, TH Darmstadt:

Also das kann ich in dieser Form nicht so sehen. So wie ich Sie verstanden habe, wollen Sie schon direkt auf eine Empfehlung hin, dieses und jenes jetzt zu machen. Das ist in diesem Falle noch garnicht gemeint. Der Schritt der Quantifizierung ist ja noch garnicht gemacht worden. Sondern es ist einfach die Erfahrung gemacht worden, konkret im Zusammenhang mit Prozeßleitständen, also von einer Industrie her, die erheblich höhere Anforderungen stellt an den Dialogbenutzer, daß dort qualitativ gewisse Dinge einfach nicht möglich sind. Daraus sind Empfehlungen abzuleiten. Man kann jetzt wirklich nur sagen, im nachhinein, dieses und jenes ist falsch gemacht worden. Der Schritt, den Sie anstreben, kommt meines Erachtens erst übermorgen. Daß man also zu Empfehlungen kommen kann, das nun gefälligst daraus zu machen, das in Zahlen niederzulegen. Wenn Sie sich entsprechende Systeme auf der SYSTEMS oder vergleichbaren Veranstaltungen einmal ansehen, dann muß man einfach staunen, was da gelegentlich an Dingen verkauft wird. Und ich habe das Ganze so verstanden, daß es nur ein erster Schritt sein sollte, um eben einfach zumindest zu sagen, Funktionalität im Zusammenhang mit Dialog ist auch möglich, ist nicht so unmöglich, wie man das immer feststellen muß. Ich möchte Sie unbedingt unterstützen, aber das ist meiner Ansicht nach heute zu früh. Wann haben Sie schon jemals überhaupt über diese Problematik irgendetwas gehört, ich meine bei vergleichbaren Veranstaltungen? Es kam mir nur darauf an, so etwas überhaupt mal zur Sprache zu bringen. Das war damit gemeint.

Roth, TU Braunschweig:

Mich brachte der Diskussionsbeitrag von Herrn Prof. Encarnação zu einem Vergleich. Beim Konstruieren - ich möchte sagen "zu Fuß", ohne Rechner - sind wir zur Zeit dabei, viele Grundregeln und vieles Wissen in sogenannten Konstruktionskatalogen zu sammeln, die sich dadurch von den üblichen Katalogen unterscheiden, daß sie in ihrem Rahmen einigermaßen vollständig sind und vor allem, daß sie einen Zugriffsteil haben. Dieser Zugriffsteil geht genauso von gewissen Gesichtspunkten aus und soll dann die Lösung finden, die nun irgendeiner bestimmten Bedingung entspricht, z.B. einer Bedingung der Festigkeit, der Übertragung von Momenten usw. Dieser Zugriffsteil wird branchenabhängig in den Katalogen ergänzt und erweitert. Eine Frage, die auch mir oft gestellt wurde, ist folgende: Ist es nicht möglich, auch beim rechnerunterstützten Konstruieren gewisse Grundtatsachen, gewisse Tatbestände, vielleicht auch branchen- oder methodenabhängig, so zu speichern, daß sie nach bestimmten Gesichtspunkten jederzeit aufgerufen werden können? Das ist nur eine Anregung. Viele Interessenten haben mich gefragt, ob wir solche Kataloge nicht erstellten, von den üblichen Konstruktionskatalogen haben wir ja schon eine ganze Reihe veröffentlicht.

Bubenheim, TH Darmstadt:

Hier handelt es sich wohl um die Problematik von vorausgedachten Lösungen, also z.B. Varianten-Konstruktionen, die natürlich immer gute Lösungsmöglichkeiten bieten, wenn so etwas vorliegt, z.B. in Form von vorbereiteten Katalogen. Aber ich habe es so verstanden, daß es mehr der Dialog beim freien Modellieren, freien Konstruieren ist, ohne auf so etwas zurückgreifen zu können. Wenn das der Fall ist, geht das mit Sicherheit. Man wäre dumm, wenn man so etwas nicht nutzen würde, denn das ist sicher möglich und auch empfehlenswert.

Nowacki, TU Berlin:

Herr Dr. Bubenheim, ich würde Sie gern bitten, eine Aussage zu präzisieren, die Sie am Schluß Ihrer schriftlichen Fassung machen, nämlich die, die Qualität des Mensch-Maschine-Dialoges, der Mensch-Maschine-Kommunikation sei als Ganzes nicht direkt meßbar. Nun erstens teile ich diese Auffassung so global nicht, denn man kann oft sehr schnell entscheiden, ob eine Kommunikationsform absolut schlecht oder auch unter Umständen besonders gut ist, im Mittelfeld ist es etwas schwieriger. Zweitens möchte ich diese Aussage aber gern präzisiert haben, denn mir ist nicht klar, ob Sie damit meinen, die Qualität sei als Ganzes nicht meßbar, aber vielleicht in Teilen, oder ob Sie damit sagen wollen, sie sei nicht direkt meßbar, aber vielleicht indirekt.

Bubenheim, TH Darmstadt:

Unter welchen Kriterien ging denn bisher jemand daran, der sagte, die Algorithmen sind zwar wunderbar, aber mit dem Dialog kommt man nicht zurecht. D.h. es gibt dafür weder absolut gesehen noch im Vergleich einen Maßstab, an den man sich halten kann, und es kam mir nur darauf an, das einmal herauszustellen, denn es werden dann meist Rückschlüsse auf das Gesamtsystem gezogen, was dann sicher auch nicht zulässig ist.

Ich möchte nur noch einmal betonen, daß es mir mit diesem Beitrag nur darauf ankam, überhaupt einmal die Begriffe Funktionalität und Dialog miteinander in Zusammenhang zu bringen und zu sagen, daß es dabei Kriterien gibt, geben kann, eben aufgrund der Anthropotechnik, die eine Abstufung absolut oder im Verhältnis zweier Systeme zuläßt.

Weichbrodt, BMW, München:

Ich meine, es gibt viele CAD-Systeme, die bereits im Einsatz sind, aber viele von diesen haben noch das Problem der Akzeptanz. Die Akzeptanz ist zumeist ungenügend. Ich bin der Meinung, daß die schlechte Akzeptanz nicht am mangelnden Umfang oder mangelnden Vielfalt der Funktionen liegt oder an der fehlenden Mächtigkeit der Funktionen, sondern daran, daß die Benutzerführung nicht benutzerfreundlich gestaltet ist. Darum bin ich der Meinung, daß der Hinweis, den Sie hier gebracht haben und seine Gewichtung sehr wichtig und sehr richtig ist. Und ich glaube auch, daß man die Benutzerfreundlichkeit wirklich sehr schlecht quantifizieren kann. Die einzige Quantifizierungsmöglichkeit, die ich sehe, wäre, daß man den Lernaufwand mal in Zeiten festhält, der notwendig ist, um ein CAD-System in einem abgegrenzten Umfang zu erlernen, oder auch einfach die Schnelligkeit, wie man, von einem bestimmten Grundstock ausgehend, den Rest des Systems erlernen kann. Und ich glaube, daß CAD-Systeme in diesem Zusammenhang, gerade was eine freundliche Benutzeranführung anbetrifft und die Konsistenz in der Benutzerführung, viel von den Betriebssystemen der Rechner lernen können. Ich bin der Meinung, daß hier ein ganz großer Mangel vorliegt, und ich bin froh, daß Sie das Thema mal angeschnitten haben, weil es eine ungeheure Bedeutung hat, die bisher noch nicht erkannt worden ist.

Krause, Fraunhofer-IPK, Berlin, Sitzungsleiter:

Ich glaube, die ganze Diskussion, die Fragen, das Referat von Herrn Dr. Bubenheim, haben gezeigt, daß da tatsächlich noch viel Arbeit vor uns liegt. Man muß ja berücksichtigen, daß arbeitspsychologische Erkenntnisse kaum vorhanden sind, und wenn wir dieses Thema weiter verfolgen, bin ich sicher, daß wir eines Tages tatsächlich zu Vorgaben kommen können, die Systementwickler dann auch erfüllen können.

GRAPHISCHE INTERAKTION UND GEOMETRISCHES MODELLIEREN

Herbert W. Kuhlmann

TH Darmstadt, FG Graphisch-Interaktive Systeme

Es wird untersucht, wie für eine Klasse von Modellierungssystemen eine Unterstützung des Konstruktionsprozesses durch den Einsatz interaktiver Graphik erreicht werden kann. Zugrundeliegende Prinzipien und ihre Realisierung werden vorgestellt.

EINLEITUNG

In den nächsten Jahren werden zunehmend Modellierungssysteme auf den Markt kommen, die nicht als abgeschlossenes Turnkey-System realisiert sind. Modellierung ist dann ein Modul eines umfassenden CAD/CAM Systems, das außerdem Produktionsplanung, Daten-Generierung, Materialverwaltung etc. umfaßt. Parallel dazu entwickeln sich neue Hardware-Strukturen, die vom Großrechner zum Netz dezentraler Arbeitsplätze gehen /1/. Derartige lokale Workstations zeichnen sich durch hohe Interaktionsfähigkeit aus. In einer Übergangsphase wird geometrisches Modellieren noch einen leistungsfähigen Hostprozessor erfordern, aber es ist abzusehen, daß noch in diesem Jahrzehnt auf lokalen Prozessoren Modellierung vorgenommen werden kann. Dieser Aufsatz beschäftigt sich anhand des PADL-Systems /2,3/ mit der Frage, wie man sinnvoller Weise sehr schnelle graphische Interaktionen mit dem Modellierungsvorgang kombiniert; dies ist von Vorteil, da sowohl bei einer Host-Workstation-Kombination als auch bei einer Stand-alone-Workstation ein Modellierungsschritt nicht in "Realzeit" durchgeführt werden kann. Es bietet sich dazu an, einen hochinteraktiven Graphikbaustein mit einem Modellierer zu koppeln. Die Interaktion kann weitgehend graphisch abgewickelt werden, eine Dialogschleife über den Modellierer ist nur gelegentlich notwendig. Damit wird die mittlere Antwortzeit des Systems erheblich verbessert.

Dabei werden von den Modellierungs- und Graphikdaten des Modellierers die Graphikdaten abgetrennt und von einem Dialogteil verwaltet. Dieser führt dann die graphische Eingabe E und Ausgabe A mit dem Benutzer durch (Bild 1).

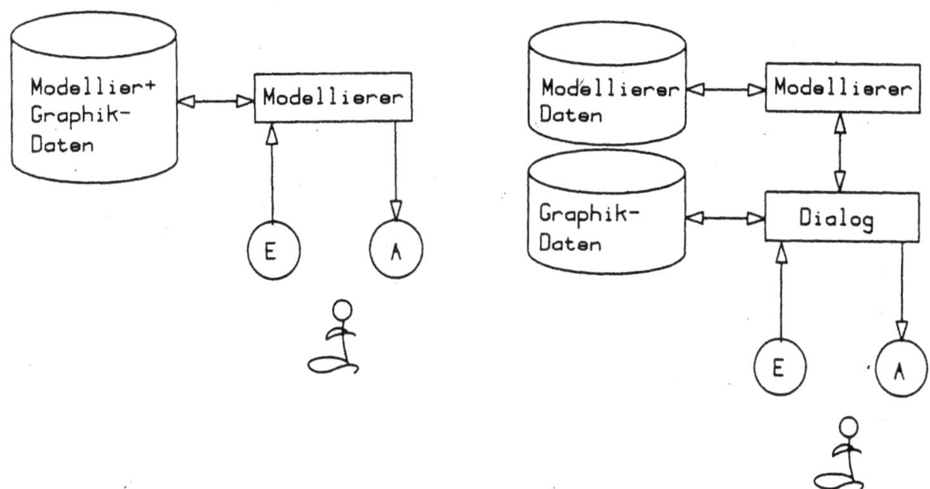

Bild 1: System mit integrierten und verteilten Daten

Modellierer

Die Vorgehensweise soll am Beispiel eines Modellierungssystems der neuesten Generation, dem CSG-Modellierer PADL, erläutert werden. Die Abkürzung CSG kommt aus dem Englischen und steht für Constructive Solid Geometry. Diese Gruppe von Modellierern arbeitet mit einer internen Datenstruktur, die Objekte als Kollektion von Körper-primitives beschreibt. Die am häufigsten verwendeten Elementkörper sind Quader, Kegel, Kugel und Zylinder. Aus diesen Elementen lassen sich schrittweise komplexe Gebilde mit Hilfe binärer Operationen zusammenfügen. Die gebräuchlichen Verknüpfungsmöglichkeiten sind:

- die Vereinigung von Körpern; das resultierende Objekt enthält den Rauminhalt beider Teilobjekte.
- die Durchschnittbildung von Körpern; das resultierende Objekt enthält den Rauminhalt, der beiden Teilen gemeinsam ist.
- die Subtraktion; das resultierende Objekt enthält das Volumen eines Körpers, welches nicht zugleich Bestandteil des zweiten ist.

Zur Beschreibung komplizierter Gebilde können diese Operationen analog zu arithmetischen Ausdrücken baumartig geschachtelt werden.

PADL ist ein Akronym für Part and Assembly Description Language. Wie das Wort Sprache (Language) andeutet, ist es primär ein Beschreibungsmittel für CSG-definierte Körper /4/. Erst der PADLProzessor, der aus der Beschreibung den Körper berechnet, ist der geometrische Modellierer. Eine nicht selbstverständliche PADLFähigkeit ist die Verwendung von symbolischen Konstanten, denen Werte - oder auch arithmetische Ausdrücke - zugewiesen werden können. Einige Beispiele sollen den Gebrauch der Sprache erläutern:

```
& OBJEKT  =  $B(100,10,100)                      (1)
& WÜRFEL  =  $B(SEITE,SEITE,SEITE) AT (20,10,30) (2)
SEITE     =  150                                 (3)
& BLOCK   =  &BLOCK1.UN.&BLOCK2                  (4)
```

Im Original PADL-System erfolgt die Benutzereingabe über derartige Definitionsstatements. Die Reihenfolge der Eingabe ist beliebig. Erst zur Modellierung, die über ein extra Kommando angestoßen wird, muß die Teildefinition vollständig sein, d.h. alle verwendeten Teilkörper und Konstanten müssen definiert sein. Durch diese Wahlfreiheit ist es auch nicht möglich, bereits zur Eingabezeit parallel mit der Modellierung zu beginnen. Mit dem Kommando DISP(&OBJEKT) wird die Modellierung vom Objekt ausgeführt und das Resultat - unter Verwendung der gesetzten Darstellungsoptionen graphisch ausgegeben. Besonders auf Bildschirmen, bei denen Graphik und Alphanumerik zwei komplementäre Modi sind, wirkt sich der Wechsel Bild - Statements sehr störend aus. Änderungen können nicht an der Graphik vorgenommen werden, sondern sind nur in den Definitionsstatements möglich. Zur Visualisierung ist jeweils ein neuer Modellierungsvorgang notwendig, der CPU-Zeiten von 5 sec bis hin zu einigen Minuten (bei komplexen Bildern) dauert. Dies ist besonders ärgerlich bei mehrfachem Durchlaufen einer Korrekturschleife, und wenn das Modellieren bei hoher Rechnerlast im Time-Sharing Betrieb gerechnet wird. Hier ist die Grenze der Zumutbarkeit deutlich überschritten. Andererseits sind heute bereits reine Graphikeditoren in Gebrauch, bei denen praktisch sofortige Systemreaktion erfolgt. Eine Kombination derartiger Interaktionssysteme mit einem Modellierer ist also sinnvoll.

Graphikdialog

Der graphische Dialog wird als ein Modul /5/ auf einem graphischen Grundsystem aufgesetzt. Bei uns wird das Graphische Kern System GKS /6/ verwendet, das zwei entscheidende Vorteile bietet: erstens ist durch die internationale Standardisierung der Schnittstelle die Portabilität von Anwendungsprogrammen gewährleistet. Zweitens ist die gebotene Funktionalität umfangreich genug, um auch komplexe graphische und interaktive Aufgaben mit begrenztem Aufwand realisieren zu können.

Für die Modellierungsanwendung mußte eine geeignete Datenstruktur gefunden werden, die sowohl für die Interaktion tauglich ist, als auch eine Abbildung der Modellierungsdatenstruktur - in diesem Falle der PADL-Objektbäume - erlaubt. Bevor auf diese Strukturen näher eingegangen wird, soll eine Liste wünschenswerter Editierfunktionen angegeben werden.

Die Darstellung des 3D-Objektes soll in mehreren Projektionen erfolgen. Nur so kann auf der 2D-Eingabefläche Bildschirm an einem Körper gearbeitet werden. Modifikationen müssen an allen Projektionen (annähernd) gleichzeitig ausgeführt werden.
Die Auswahl eines Objektteils (z.B. zur Änderung) erfolgt über "anpicken" mit dem Lichtgriffel. Der selektierte Teilkörper wird (z.B. durch Blinken) hervorgehoben. Da auf diese Weise zusammengesetzte Körper nicht eindeutig bestimmt werden können, muß eine Qualifizierung mittels einer Zusatzfunktion erfolgen (Bild 2).

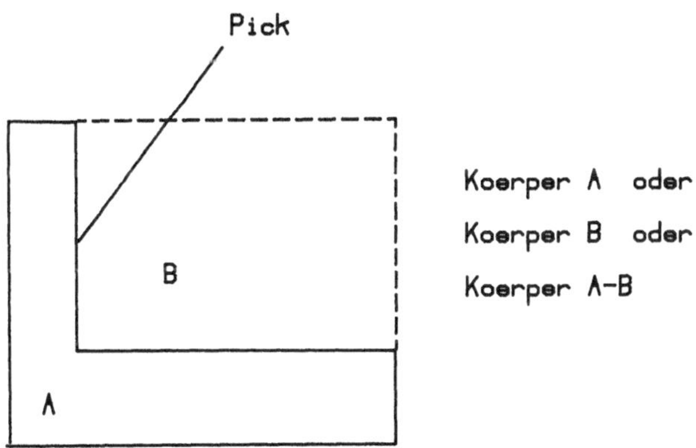

Bild 2: Alternativen der Pick-Auswahl

- Es muß zwischen den zwei an einer Verknüpfungsoperation beteiligten Teilkörpern unterschieden werden.

- Es ist möglich, im Objektbaum zur jeweils nächst "höheren" Ebene aufzusteigen, also von den Elementarobjekten bis hin zum gesamten Objekt, oder
- es werden mehrere Linien gepickt und verwendet wird der kleinste umfassende (Teil-)Körper.

Die Auswahl von Alternativen, z.B. welche Verknüpfungsoperation durchgeführt werden soll, erfolgt über Menüs.
Zu jedem Zeitpunkt muß es möglich sein, das nur auf der graphischen Datenstruktur basierende Bild durch ein vom Modellierer erzeugtes zu ersetzen. Daraus folgt, daß die Modelldatenstruktur jederzeit vollständig definiert sein muß.

Relationen

Ein mächtiges Hilfsmittel bei der Definition von Körpern ist die Möglichkeit, Relationen zwischen Teilkörpern herzustellen. Ein Beispiel ist die Positionierung einer Bohrung "in der Mitte" eines Werkstückes, unabhängig von dessen Größe. Das würde in PADL so aussehen:

```
&WERKSTUECK = $B(BX,BY,BZ) AT (PX,PY,PZ)          (5)
&BOHRUNG    = $CY(D,BY) AT (PX+BX/2,PY,PZ+BZ/2)  (6)
```

Eine derartige Positionierung im Graphikmodus vorzunehmen, ist nicht ohne weiteres möglich. Zuerst muß der Ankerwert PX bzw. PZ ermittelt werden, danach der relative Abstand BX bzw. BZ. Diese Werte müssen dann verknüpft werden. Aus Gründen, die bei der Präsentation der Datenstruktur offensichtlich werden, ist eine Definition der oben angegebenen Form äußerst ungünstig. Es wurde daher eine alternative Realisierung gewählt:

```
&WERKSTUECK = $B(BX,BY,BZ) AT (PX,PY,PZ)          (7)
&BOHRUNG    = $CY(D,H) AT (CX,CY,CZ)              (8)
H  =  BY                                          (9)
CX =  PX+BX/2                                    (10)
CY =  PY                                         (11)
CZ =  PZ+BZ/2                                    (12)
```

Hierdurch wird erreicht, daß keine direkten Wechselwirkungen zwischen den Teilkörpern bestehen. Jetzt kann man z.B. die Bohrung auch verschieben oder die Einsenktiefe ändern.

Zur Berechnung von Werten wie A/2 oder A+B etc. stehen über ein Hilfsmenü die Funktionen eines einfachen Tischrechners zur Verfügung. Die häufigsten Konstanten (2., 0.5, 1/3, 1/4) sind fest vorgegeben, beliebige Werte können über ein Software-Potentiometer mittels Lichtgriffel spezifiziert werden.

Graphische Datenstruktur

Unter der graphischen Datenstruktur sollen hier die Daten verstanden werden, die von der Dialogführung verwaltet werden, nicht die Daten im Graphiksystem oder gar im Gerät (Display-File).
Jeder Eintrag wird über eine Typkennung qualifiziert:

a) Objektdefinition bestehend aus Objektklasse und definierende Daten sowie
b) Wertdefinition bestehend aus einem arithmetischen Ausdruck.

Die Beziehungen zwischen den Einträgen werden über Pointer hergestellt. Damit ist es einfach möglich festzustellen, welche Teile des Bildes bei einer Änderung durch (beabsichtigte?) Seiteneffekte betroffen sind. Achtung: Es unterliegt voll der Verantwortung des Konstrukteurs, welche Relationen er in die Objektdefinition einbezieht. Sparsames Verwenden von Relationen kann lokales Editieren ohne Nebeneffekte erleichtern, aber auch zahlreiche Modifikationen erfordern, um einen Effekt zu erreichen, der bei günstig gewählten Abhängigkeiten automatisch erfolgen würde.

Eine zusätzliche Problematik liegt in der Frage, wie sich die dialog-resultierende Graphik zu der Modellierer-erzeugten verhält. Eine offensichtliche Lösung ist, daß nach erfolgter Eingabe und Modellierung das Bild gelöscht und durch Modellierdaten ersetzt wird. Dabei tritt aber ein erheblicher Nachteil auf: Grundlage des weiteren Editiervorganges sind die Körperprimitives, die als solche aber nur noch partiell oder an auseinanderliegenden Teilen des Modells sichtbar sind. Insbesondere bei der Änderung von Teilen, die man <u>nicht</u> selbst konstruiert hat, kann es sehr hilfreich sein, die zugrundeliegenden Strukturen zu kennen (Bild 3).

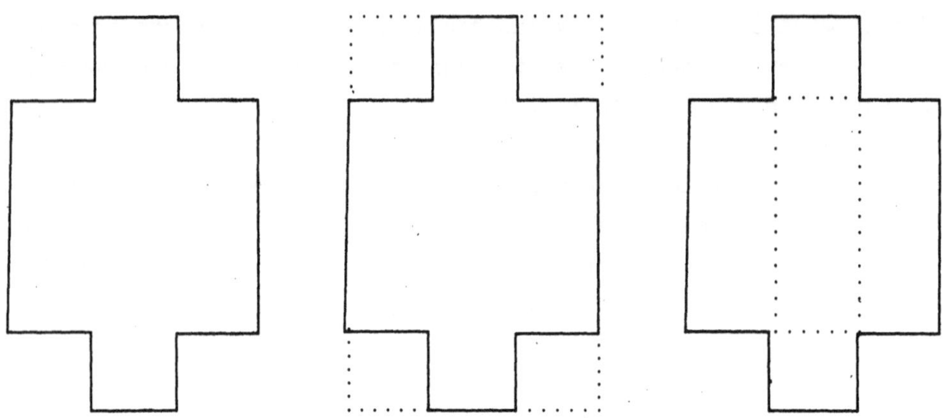

Bild 3: Alternative interne Repräsentationen

Dies erreicht man, wenn zu jedem Modellkantenstück die erzeugenden Körper dargestellt werden können. Dies impliziert eine Überlagerung zweier Graphikstrukturen: der erzeugenden Objekte, bestehend aus allen Körperprimitives und des resultierenden Körpers, den der Modellierer berechnet hat. Wahlweise können beide gleichzeitig dargestellt werden, oder zu einer identifizierten Kante die zugehörigen Primitives hellgetastet werden.

Aufbau der Dialog-Graphikstruktur

Der aus neuer Eingabe resultierende Graphikteil kann lokal vom Dialogmodul aufgebaut werden. Dies betrifft die Darstellung der zugrundeliegenden Primitivkörper.

Die Erzeugung der Graphik von der Modelliererseite erfolgt im wesentlichen in zwei Phasen: Feststellen der Kanten des Körpers und Unterdrücken von verdeckten Kanten. Da bei der Kantenberechnung der CSG-Baum komplett durchlaufen wird, kann als zusätzliche Information für das Dialogsystem jedem Linien- oder Kurvenstück der/die zugehörige(n) Körper mitgegeben werden. Damit ist es sogar möglich die Fähigkeit modernster CSG-Systeme auszunutzen, die inkrementell arbeiten und nur Teile eines Gesamtkörpers bei lokalen Änderungen neu rechnen müssen.

Graphische Ausstattung

Aus dem bisher Gesagten ergeben sich einige Anforderungen an die verwendete graphische Grundsoftware bzw. den Displaytyp. Das Bild muß in einer Weise strukturierbar sein, daß eine Identifikation von Teilbildern möglich ist. Die Zusatzforderung, daß eine Linie zu zwei Elementen gehören kann, und die Struktur der Umsetzung eines Baumes (der Körperstruktur) entspricht, ist ein Spezialfall, der gesondert realisiert werden muß. Die Anforderung der schnellen Identifizierung von Teilen zusammen mit der Möglichkeit Teilbilder temporär hervorzuheben, bzw. sichtbar und unsichtbar zu schalten, hätte bis vor kurzem noch eindeutig die Verwendung eines Vektorrefreshgerätes bedingt. Heute erlaubt der Einsatz intelligenter Rasterworkstations (z.B. APOLLO, PERQ, SUN) mit kurzen Bildaufbauzeiten aus lokalem Speicher auch die Verwendung dieser wesentlich kostengünstigeren Geräte. Das Identifizieren kann über einen Vergleichsalgorithmus in Software realisiert werden. Mit dem Aufkommen von Farbversionen dieser Geräte wird man zusätzlich die Möglichkeit haben, Objekt und Struktur gleichzeitig, aber unterscheidbar darzustellen.

Zusammenfassung und Ausblick

Auch bei geometrischen Modellierungssystemen wird ein stärkerer Trend zur interaktiven Graphik beobachtet. Um hier dem Benutzer entgegenzukommen, muß ein schneller Dialog möglich sein. Dies ist mit voller Modellierung nicht möglich, sondern erfordert einen besonderen Modul für die graphische Interaktion. Man sollte dies aber nicht als Parallelentwicklung ansehen, sondern kann hoffen, daß bei weiterer Steigerung der lokal zur Verfügung stehenden Rechenleistung (um ca. zwei Größenordnungen), die bis dahin entwickelten Dialogprinzipien Eingang in ein Modellierungssystem finden, das den Anspruch voll interaktiver Modellierung erheben kann. Ein wichtiger Schritt auf diesem Weg wird sicher auch die Entwicklung von VLSI-Lösungen für Teilprobleme (z.B. Schnittberechnung, Ray-Casting, Hidden-Line) sein.

Literaturangaben

/1/ F.R.A. Hopgood, R.W. Witty
PERQ and Advanced Raster Graphics Workstations
IEEE CG & A, Vol. 2, No. 7, Sept. 1982.

/2/ H.B. Voelcker et al.
The PADL-1.0/2 System for Defining and Displaying Solid Objects
Computer Graphics (Proc. SIGGRAPH '78), Vol. 12, No. 3, Aug 1978.

/3/ C.M. Brown
PADL-2: A Technical Summary
IEEE CG & A, Vol. 2, No. 2, March 1982.

/4/ W.B. Fisher et al.
Part and Assembly Description Language - II
Production Automation Project Doc. TM 20b
University of Rochester, 1978.

/5/ H.G. Borufka, H.W. Kuhlmann, P.J.W. ten Hagen
Dialogue Cells: A Method for Defining Interactions
IEEE CG & A, Vol. 2, No. 5, July 1982.

/6/ Graphical Kernel System (GKS)
Functional Description
ISO TC97/SC5/WG2 N163
Draft International Standard ISO/DIS 7942, Nov. 1982.

D I S K U S S I O N

Eckert, MBB, München:
Vielleicht habe ich es nicht gehört, was ist CSG?

Kuhlmann, TH Darmstadt:
CSG ist ein Akronym aus dem Englischen für Constructive Solid Geometry, d.h. man konstruiert aus Solids, aus kleinen Grundkörpern, die es im System gibt, einen neuen. Die Solids, die im PADL-1 verwendet werden, sind ein Block und ein Zylinder, und aus diesen Grundkörpern kann man dann mit Operationen höhere Körper aufbauen; man konstruiert aus elementaren Teilen komplexere Gebilde.

Nehab, Waldrich, Coburg:
Diese Trennung der graphischen Funktionen von der eigentlichen Modellierfunktion ist ja eigentlich ein recht interessanter Ansatz, nur braucht man für die Realisierung doch eine ganze Menge Geräte und einen Haufen Software, Sie brauchen also die intelligente Graphikstation, Sie brauchen den Mittelgroß- oder Großrechner im Hintergrund, und jetzt die Frage, welche Vorstellung haben Sie, was kostet so ein Spaß?

Kuhlmann, TH Darmstadt:
Wenn man sich ein Turnkey-System, einen speziellen Rechner kauft, kann man davon ausgehen, daß die Lösung wesentlich teurer wird. In vielen Firmen ist aber ein Großrechner vorhanden. D.h. auf diesem Großrechner kann man dann (wie in unserem Fall) die PADL-Software laufen lassen, die als Standard-FORTRAN-Paket kommt. Die Graphik-Workstation hat natürlich ihren Preis, aber wenn Sie daran denken, daß heutzutage auch Systeme - wie z.B. PERQ oder Apollo - auf dem Markt sind, die vielleicht noch 70 oder 80 Tausend Mark kosten, im nächsten Jahr für 40 Tausend Mark zu haben sind, dann ist der Preis doch relativ gering.

Priglinger, Voest Alpine AG, Linz:
Ich hätte eine Frage. Dieses PADL-System wird in den Staaten von verschiedenen CAD-Herstellern als Grundmodell aufgebaut, und zwar auch über eine interaktive Schnittstelle, und läuft auf Minirechnern. Haben Sie Erfahrungen, wie weit diese Hersteller sind bzw. wie sie das Problem der Graphik gelöst haben?

Kuhlmann, TH Darmstadt:
Da gibt es wieder zwei Punkte. Sie sprechen vermutlich das System PADL-1

an, das auch auf kleinen Rechnern (PDP 11) ablauffähig ist, allerdings mit ziemlich schlechten Antwortzeiten. Die Mächtigkeit, die man hier sieht, Block/Zylinder/Achsen parallel, schränkt die praktische Einsetzbarkeit dieses Systems zu weit ein. Das PADL-2-System wurde im Hinblick auf Rechner von mindestens der VAX-Klasse entwickelt, d.h. darunter funktioniert nichts. Für PADL-1 gibt es zum Beispiel von MacAuto ein Graphikinterface, das aber auch im wesentlichen zu Demonstrationszwekken dient, nicht im wirklichen Einsatz. Der wirkliche Einsatz beginnt erst mit PADL-2.

Priglinger, Voest Alpine AG, Linz:
Wir haben selbst einen PADL-1-Einsatz probiert und haben schon bemerkt, daß es da sicherlich Schwierigkeiten geben wird, aufgrund dieser Definitionssprache ein echt interaktives System herzustellen, weil das System vom Prinzip her als Batch-System erzeugt wurde.

Kuhlmann, TH Darmstadt:
Das trifft auf das PADL-2 eigentlich nicht mehr zu. Es wurde nicht mehr als Batch-System erzeugt, sondern in einer viel ausgereifteren Form als Kernsystem, in dem man einen Modellierungskern hat, um den man dann selbst sein I/O-System schreibt. Was mitgeliefert wird, ist nur ein alphanumerisches Ein-/Ausgabesystem. Man ist selbst aufgefordert, man hat durch die Definition der Schnittstellen, die mitgeliefert wird, die Möglichkeit, ein interaktives Interface um den Kern herum aufzubauen.

Eckert, MBB, München:
Ich habe noch zwei Fragen. Welche graphischen Geräte benutzen Sie, und zweitens, welche Weiterentwicklung ist bezüglich nichtanalytischer Geometrie (Sculptured Surfaces) bekannt?

Kuhlmann, TH Darmstadt:
Die graphischen Geräte, die wir benutzen, sind sehr zahlreich. Ich würde im wesentlichen sagen, Raster-Geräte, Raster-Refresh-Geräte, die wir auch selbst entwickeln, eine PERQ, Vektor-Refresh-Geräte und Primitiv-Graphic-Terminals für erste Tests. Aber hinterher in der Anwendung Vektor-Refresh- und Rastergeräte.

Zu dem zweiten Punkt möchte ich mich auf das Feld zurückziehen, was ich beherrsche, nämlich auf die Graphik, und sagen, daß derartige Fragen von mir nicht so einfach beantwortet werden können. Sculptured Surfaces sind Dinge des Modellierers und nicht der Graphik, und wir beschäftigen uns im wesentlichen mit der Graphik für den Modellierer, nicht mit der

Erweiterung von Modellierungssystemen.

Wiskott, CERN, Genf:
Ich möchte die Frage stellen, wie stellen Sie sich die Verbindung zwischen Host und Workstation vor, mit einer 9600 Baud-Line, oder müssen Sie da wesentlich schneller sein?

Kuhlmann, TH Darmstadt:
Wir sind auf eine derartige V24-Leitung angewiesen.

Schlechtendahl, Kernforschungszentrum Karlsruhe:
Dann will ich jetzt doch die Frage dieser Verbindung nochmal aufwerfen. Sie haben da jetzt zwei Datenbanken, und damit kommt das Problem der Konsistenz auf. Es kann Schwierigkeiten geben einmal, wenn während einer solchen Sitzung, sagen wir, der Host-Rechner zusammenbricht und der Konstrukteur am Terminal weiter arbeitet; es kann aber auch sein, daß bei der Verarbeitung auf dem Host-Rechner semantische Fehler festgestellt werden, daß irgendetwas falsch wär, nicht getan werden durfte, was der einfachere Prozessor auf der Graphikseite nicht feststellen konnte. Inzwischen hat aber der Benutzer, in der Annahme, daß alles gut geht, weitergearbeitet. Wie können Sie die Konsistenz dieser beiden Prozesse wieder herstellen?

Kuhlmann, TH Darmstadt:
Bei der Konsistenzprüfung ist generell zwingend, daß der Großrechner die Kontrolle hat, denn solange das Modell nicht in Ordnung ist, kann man auch nichts machen. D.h. was Priorität hat, ist das Modell des Großrechners. Und im Extremfall muß man vom Großrechner die Definition des Objektes erneut auf den Satelliten schicken, auf dem Satelliten interpretieren, das graphische Objekt neu ausgeben, nach Möglichkeit mit Darstellung der Unterschiede zwischen dem Modell auf dem Großrechner und der Graphik auf dem Satelliten, um dann dem Benutzer die Möglichkeit zu geben, durch Änderung seiner Definition eine Konsistenz wieder zu erreichen.

Hahn, Daimler-Benz, Stuttgart:
Haben Sie irgendwelche Messungen gemacht über Benutzerprofile mit solchen Graphikanwendungen und Veränderungen, die sich dadurch ergeben, daß Sie jetzt den interaktiven Teil auslagern?

Kuhlmann, TH Darmstadt:
Unsere Benutzer, die bei uns arbeiten, sind im wesentlichen die Mitar-

beiter am Fachgebiet selbst und die Studenten.

Hahn, Daimler-Benz, Stuttgart:
Ich meine, von der Maschine her gesehen. Wie ändert sich die Belastung der Maschine, eben daß der Host größere Strecken CPU-intensiv arbeitet und weniger I/O macht beispielsweise?

Kuhlmann, TH Darmstadt:
Das sind zwei Dinge. Die eigentliche graphische Interaktion ist nicht so sehr CPU-intensiv, sondern nur Ein-/Ausgabe-intensiv. Und gerade diese Ein-/Ausgabe-Intensität im Timesharing-Betrieb mit der System-Warteschlange belastet uns zu stark. Gerade darum gehen wir auf die dezentrale Workstation, weil da nämlich Ein-/Ausgabe sofort erfolgen kann. Die CPU-Belastung des Großrechners ist etwa gleichbleibend.

Lang-Lendorff, Kernforschungszentrum Karlsruhe:
Wer muß denn diese Unterteilung, ob ich jetzt auf dem Großrechner oder ob ich vorort rechne, organisieren? So wie ich Sie verstanden habe, muß das alles der Endanwender selbst in die Hand nehmen?

Kuhlmann, TH Darmstadt:
Wenn Sie als Endanwender den Benutzer betrachten, muß er nichts selbst in die Hand nehmen, sondern der Mensch, der konstruiert, setzt sich an das System und konstruiert und weiß vermutlich nicht einmal, daß da eine derartige Trennung ist, wenn nichts passiert, was ihn verwirrt. Aber Recht gebe ich Ihnen darin, daß letztendlich der, der ein solches System installiert, bei sich lokal entweder völlig neu entwickeln muß oder auf in FORTRAN vorliegende Programme zurückgreifen kann, die natürlich vernünftig geschrieben sind, und dann gleichzeitig auch neu zu installieren hat.

Groth, T-Programm, Reutlingen:
Haben Sie auch darüber nachgedacht, ob die Möglichkeit, die Arbeitsplatzcomputer über ein Netz zu verbinden, hier mit einfließen kann, oder machen Sie davon gar keinen Gebrauch?

Kuhlmann, TH Darmstadt:
Das ist jetzt die Frage, was Sie unter einem Netz sehen.

Groth, T-Programm, Reutlingen:
Wenn Sie mehrere Rechner, mehrere Stationen zusammenschalten, auch z.B.

mit einer gemeinsamen großen Platte.

Kuhlmann, TH Darmstadt:
Auch wenn ich mehrere PERQs zusammenschalte, habe ich immer das Problem, daß mein eigentliches Programm im Bereich von Megabytes liegt. Da nützen mir auch mehrere PERQs nicht. Sondern ich brauche einen Großrechner mit großem virtuellen Speicher, großem Hauptspeicher und einem schnellen Gleitkommarechenwerk, und dann kann ich vernünftig arbeiten. Was ich lokal brauche, ist die graphische Intelligenz. Natürlich kann ich über ein solches Netzwerk mehrere PERQs an einen Großrechner anschließen.

DAS DATENBANKSYSTEM PHIDAS ALS WERKZEUG FÜR ENTWURF, REALISIERUNG UND INTEGRATION VON PRODUKTMODELLEN

W. E. Fischer
Philips GmbH Forschungslaboratorium Hamburg
Abteilung Informationssysteme/Entwurfsautomatisierung

1. Einleitung

Das Datenbanksystem PHIDAS wurde vom Philips Forschungslaboratorium Hamburg entwickelt. Es ist der integrierende Kern des aus Einzelmodulen aufgebauten graphisch-interaktiven CAD-Systems PHILIKON (PHILips Integriertes KONstruktionssystem). Die Systemarchitektur des Gesamtsystems ist in Bild 1 dargestellt. Charakteristisch für die Architektur sind zwei Schnittstellen für die Manipulation von graphischen Darstellungen (GML-Schnittstelle) und Produktinformationen (IML-Schnittstelle). Über die graphische Dialogschnittstelle ist jeder Modul mit dem Benutzer des Systems und über die andere Schnittstelle mit der allen Modulen gemeinsamen Datenbank verbunden. Alle im graphischen Dialog generierten Informationen werden unmittelbar in der Datenbank entsprechend der Datenstruktur eines verbindlichen Produktmodells gespeichert und jedem nachfolgenden Dialogschritt oder Modul für weitere Modifikationen des gespeicherten Modells bereitgestellt.

Im folgenden soll am Beispiel einer Kette von Bearbeitungsschritten, in der auch ein geometrischer Modellierer genutzt wird, gezeigt werden, wie Produktmodelle für integrierte, modulare CAD-Systeme systematisch mit dem Datenbanksystem PHIDAS als Werkzeug entworfen und realisiert werden.

2. Eigenschaften des Datenbanksystems PHIDAS

PHIDAS ist ein am CODASYL-Netzwerkmodell orientiertes Datenbankverwaltungssystem, das besonders an die Anforderungen dialog-orientierter graphischer Arbeitsplätze angepaßt ist /Fi79,Fi82/. Das betrifft insbesondere eine von kommerziellen Datenbanksystemen abweichende flexible Bereitstellung verschiedenartiger Datenobjekte zur Beschreibung komplexer technischer Gebilde und einen direkt realisierten zeigenden Zugriff auf die in der Datenbank gespeicherten und am Bildschirm zur Kontrolle und Identifikation abgebildeten Datenobjekte.

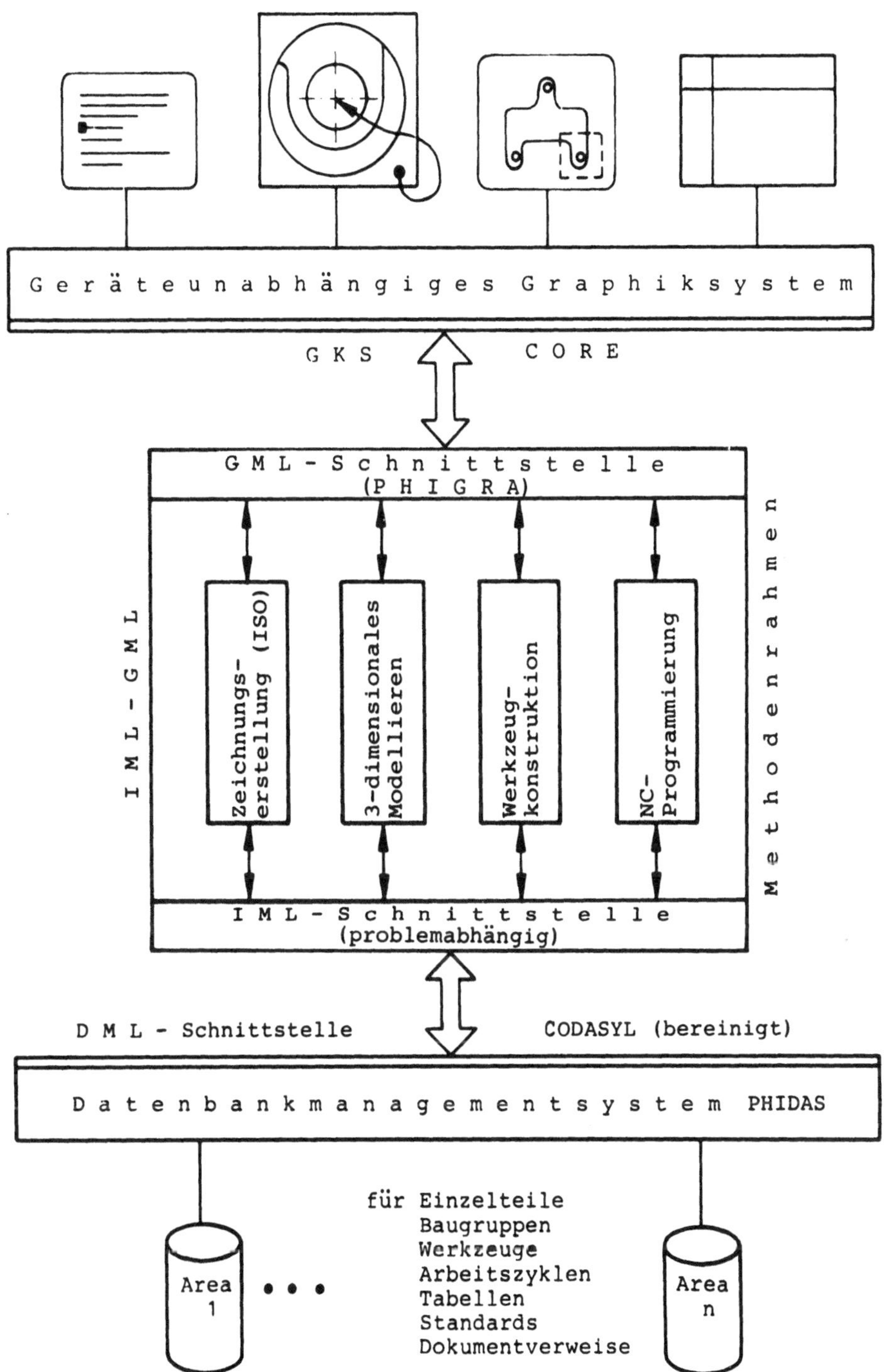

Bild 1: Die Architektur des CAD-Systems PHILIKON

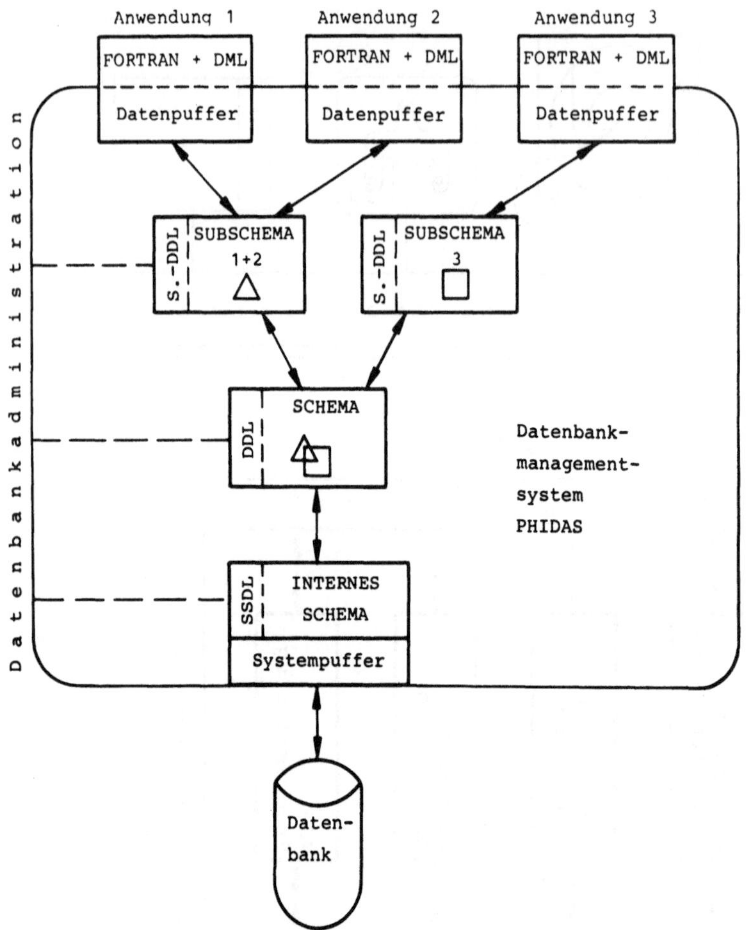

Bild 2: Die 3-Schema-Architektur von PHIDAS

Ein wesentliches Ziel der Entwicklung war es, trotz der Ausrichtung auf graphische Dialoganwendungen, PHIDAS möglichst anwendungsunabhängig zu halten. Die Art der von PHIDAS zu verwaltenden Datenbank wird dem System erst durch Datenbankschemata beschrieben. Entsprechend dem 3-Schema-Konzept (Bild 2) für Datenbanksysteme von ANSI kennt PHIDAS folgende Schemata:

- Das externe SUBSCHEMA,
- das konzeptionelle SCHEMA und
- das INTERNE SCHEMA.

Das SUBSCHEMA kann z.B. die Datenstruktur für einen geometrischen Modellierer oder einen anderen Modul der Anwendung beschreiben und das SCHEMA die gesamte Datenstruktur des Produktmodells, in der die Struktur für den Modellierer mit enthalten ist. Im INTERNEN SCHEMA werden geeignete Speicherungsstrukturen unter dem Gesichtspunkt des Datenvolumens und des Zugriffsverhaltens einer Anwendung ausgewählt. Durch die Trennung von SCHEMA und INTERNEM SCHEMA ist die Konzeption der Datenstruktur eines

Produktmodells von nachträglichen Effizienzüberlegungen weitgehend unabhängig geworden. Die Trennung von SCHEMA und SUBSCHEMA soll verhindern, daß bei einer Änderung der Konzepte, z.B. für die geometrische Modellierung, auch unbeteiligte Module wie das Zeichnungssystem geändert werden müssen.

Die Definition der Datenstrukturen erfolgt in der CODASYL-orientierten Datendefinitionssprache DDL von PHIDAS mit den Datenkonstrukten Record-Typ, Item und Set-Typ. Als Beispiel für diese Notation ist sowohl die Datenstruktur von Drahtmodellen als auch eine entsprechend dieser Struktur in der Datenbank gespeicherte Würfelecke dargestellt (Bild 3).

Die Definition und Eingabe der Schemata ist die Voraussetzung für eine kontrollierte Speicherung und Manipulation von Produktmodellen in einem integrierten CAD-System. Die Modellmanipulation erfolgt mit den Befehlen STORE, FIND, GET, MODIFY, DELETE, INSERT und REMOVE auf die in einem SUBSCHEMA aufgenommenen Record- und Set-Typen. Jeder Befehl wird vom Datenbanksystem anhand des von einem Modul aufgerufenen SUBSCHEMAS überprüft.

Durch die vom Datenbanksystem erzwungene Reihenfolge der Schemadefinition vor der Datenmanipulation und Programmierung eines Anwendungsmoduls, wird PHIDAS zu einem Software Engineering Tool, das eine vorangehende Konzeption eines Produktmodells fordert und die Integrierbarkeit aller darauf aufbauenden Subsysteme sicherstellt. Das soll an einem Beispiel aus dem CAD-System PHILIKON demonstriert werden.

3. Das Produktmodell von PHILIKON

Gemäß den Forderungen von PHIDAS mußten für das CAD-System PHILIKON die Strukturen der mit diesem System zu entwerfenden technischen Objekte untersucht und in der Datendefinitionssprache DDL von PHIDAS für die Anwendungsprogrammierung festgehalten werden. Eine Übersicht über das entworfene Produktmodell von PHILIKON zeigt Bild 4 entsprechend der vorgestellten Notation. Das Produktmodell besteht aus drei Komplexen:

- Aus der Struktur des erfaßten Informationsgehaltes technischer Zeichnungen
- Aus der topologischen und geometrischen Struktur dreidimensionaler Objekte

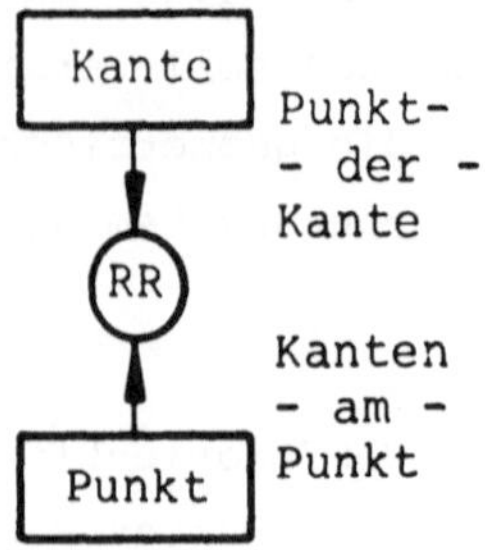


```
DDL:    RECORD NAME IS KANTE
          KANTEN-NR. TYPE IS INTEGER
          KANTEN TYP IS INTEGER
          RADIUS TYPE IS REAL

        RECORD NAME IS PUNKT
          PUNKT-NR. TYPE IS INTEGER
          X-KOORDINATE TYPE IS REAL
          Y-KOORDINATE TYPE IS REAL
          Z-KOORDINATE TYPE IS REAL

        RECORD NAME IS RELREC
          PUNKT-ROLLE TYPE IS INTEGER

        SET NAME IS PUNKT-DER-KANTE
          OWNER IS KANTE
          MEMBER IS RELREC

        SET NAME IS KANTEN-AM-PUNKT
          OWNER IS PUNKT
          MEMBER IS RELREC.
```

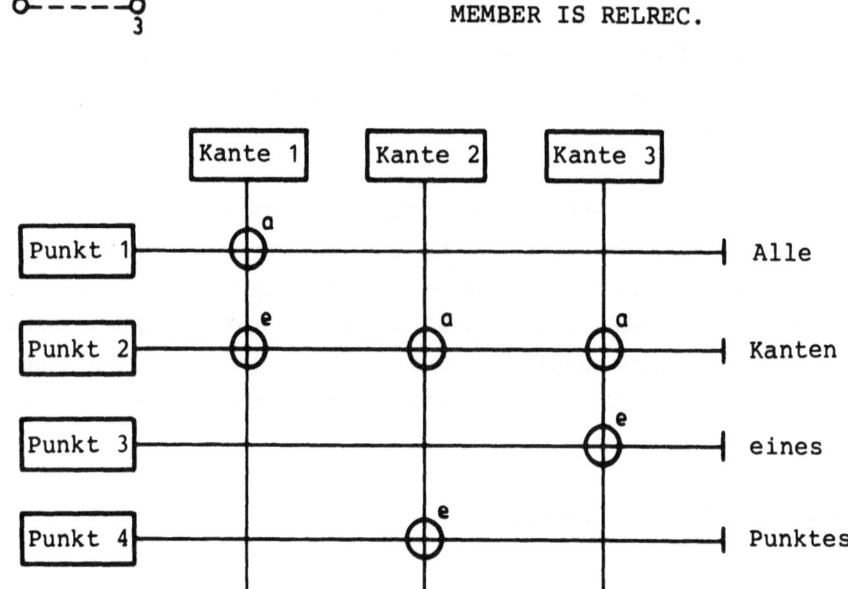

Bild 3: Beispiel einer Datenstruktur nach dem CODASYL-orientierten Netzwerkmodell von PHIDAS

- Aus der Struktur der auf obige Weise in einer Datenbank abgelegten Dokumentation über technische Objekte und ihre Verwendung.

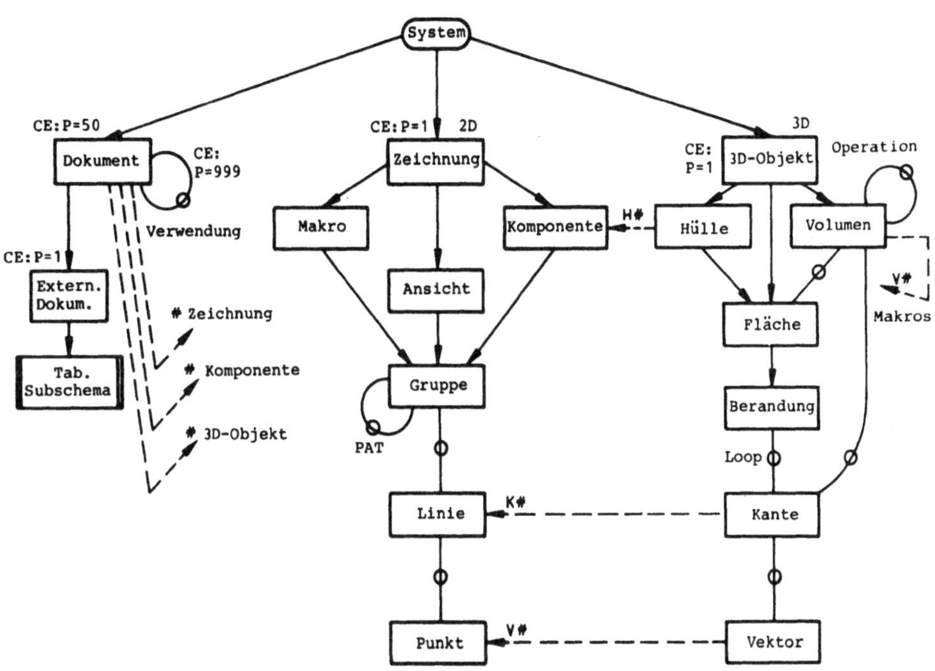

Bild 4: Das PHILIKON-Datenbankschema (vereinfacht)

In dem Schema sind die Strukturen technischer Zeichnungen und dreidimensionaler Objekte wie folgt näher beschrieben:

Technische Zeichnungen

Die technischen ZEICHNUNGEN bestehen aus ANSICHTEN, die durch LINIEN beschrieben sind, die wiederum geometrisch durch ihre PUNKTE festgelegt werden. LINIEN sind zu Linien-GRUPPEN zusammengefaßt, denen die Bedeutung MAKRO (z.B. das negative Volumen zur Aufnahme eines genormten Maschinenteils) oder KOMPONENTE (Einzelteil oder Unterbaugruppe mit einer eigenen Zeichnung) zugeordnet werden kann.

Dreidimensionale Objekte

Dreidimensionale OBJEKTE können aus mehreren VOLUMEN bestehen, zwischen denen die typischen geometrischen Mengenoperationen (OPT) von Volumenmodellierern definiert sind. Volumen sind entweder die bekannten Primitivkörper wie Quader, Zylinder etc. oder Profile, die aus einer FLÄCHE mit ihren äußeren und inneren BERANDUNGEN und einer Leit-KANTE (Gerade für ein Profil, Kreis für einen Rotationskörper) ausreichend definiert sind. Der Umlaufsinn um die berandete Fläche wird von der Ordnung der LOOP-Records festgelegt. KANTEN und VEKTOREN (Punkte im Raum) bilden über eine n:m-Beziehung das Drahtmodell eines Volumens. Die gesonderte Beziehung zwischen einem Volumen und dem zugehörigen Drahtmodell ermöglicht das Aufsuchen des Volumens jeder am Bildschirm identifizierbaren Kante.

Der Begriff Objekt wird in diesem Produktmodell rekursiv benutzt. Auch Baugruppen sind Objekte, die wieder aus anderen Objekten bestehen. Einzelobjekte der Baugruppe werden durch die HÜLLE begrenzender Flächen beschrieben, die ein als untrennbar definiertes Objekt umschließen. Die Zusammensetzung der Einzelteile zu Baugruppen erfolgt an Kontaktflächen ihrer Hüllen.

Als ein geeignetes Beispiel einer Integration soll im folgenden eine Kette von Programmschritten vorgestellt werden, die auf fast alle Datenobjekte des Produktmodells zugreift. Das ist der Entwurf technischer Baugruppen über die Rekonstruktion und die Zusammenstellung dreidimensionaler Objekte aus Zeichnungen.

4. Die Rekonstruktion und Zusammenstellung dreidimensionaler Baugruppen aus Zeichnungen

Die verschiedenen Module, die für diese Aufgabe über das Datenbanksystem zur Laufzeit gekoppelt werden, sind entsprechend Bild 5:

- Ein Modul zur Erstellung von ISO-gerechten technischen Zeichnungen
- Ein Modul zur Rekonstruktion von Volumenmodellen aus den in der Datenbank gespeicherten Daten technischer Zeichnungen
- Ein geometrischer Modellierer, der am Ende der Rekonstruktion die zwischen den Volumen definierten Operationen ausführt
- Ein Modul, der dem Zeichnungssystem wieder zweidimensionale Daten über jede gewünschte Ansicht in der Datenbank zur Verfügung stellt.

Die Rekonstruktion ist die umgekehrte Operation der Projektion. Eine Übersicht der Rekonstruktionsschritte zeigt Bild 6. Nach einer Vorbereitung der Ansichten (z.B. Positionierung) beginnt der Aufbau eines Baumes in der Datenbank (CSG-tree /Req80/), der in diesem Beispiel Profilkörper enthält. Mit dem Baum ist das Objekt für einen Volumenmodellierer ausreichend beschrieben. Die Dialogschritte zum Aufbau des Baumes sind:

- Identifikation der Profil- oder Halbschnittflächen in einer Ansicht.
- Identifikation einer zur Profil- oder Halbschnittfläche gehörenden Leitlinie, eines Abstandes oder einer Rotationsachse (Kreis) aus einer anderen Ansicht. Auf dem Bildschirm erscheint das Profil als Drahtmodell.
- Auswahl der Verknüpfungsoperationen zwischen zwei VOLUMEN, die durch Picken ihrer KANTEN am Bildschirm identifiziert werden.

Diese Schrittfolge wird so lange wiederholt, bis der vollständige Baum aufgebaut ist. Bild 8 zeigt das vollständige Kontrollbild einer Radarantenne, die aus dem in Bild 7 gezeigten Skelett einer unvollständigen Zeichnung rekonstruiert worden ist. Die Bilder 9 und 10 sind Ergebnisse, die von dem über diesen Dialog angeschlossenen Modellierer COMPAC /Kra79/ generiert wurden. Mit den Daten der projizierten Ansichten kann die begonnene Zeichnung weiter vervollständigt werden.

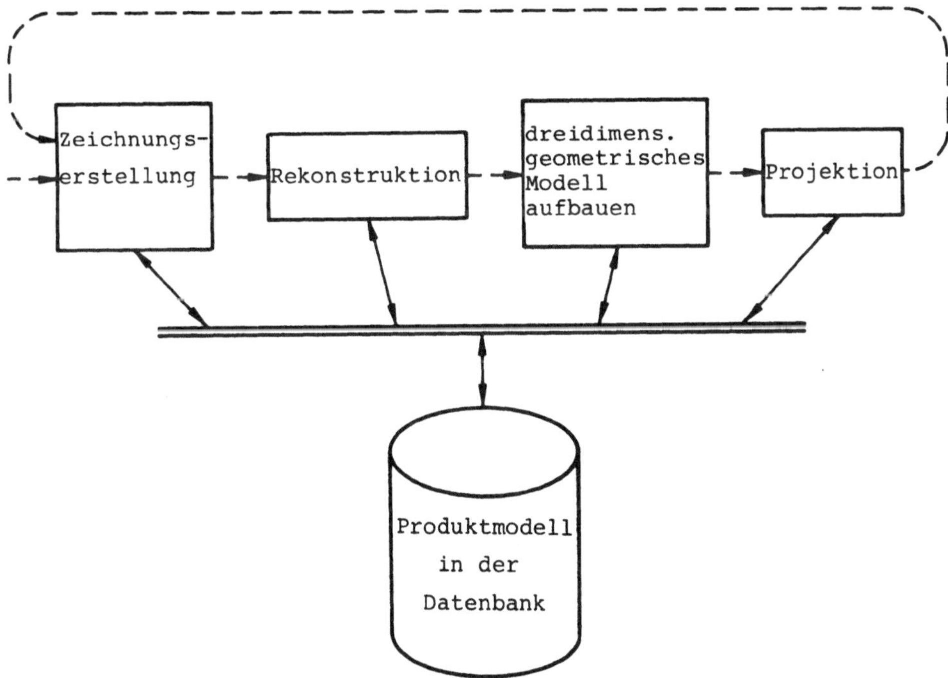

Bild 5: Eine über die Datenbank integrierte Folge von Bearbeitungsschritten

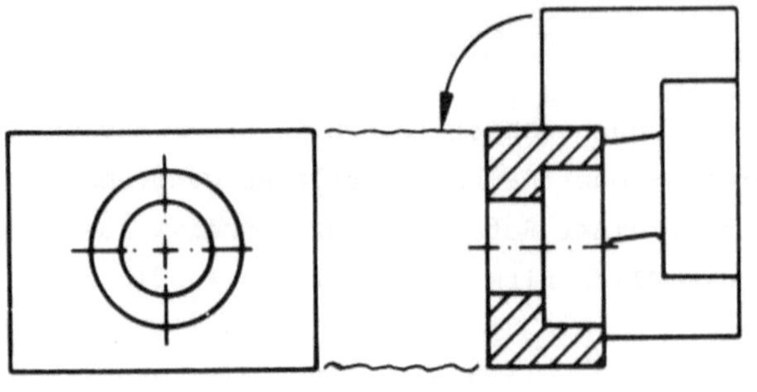

1. Normalisierung
Vorbereitung der
Ansichten für die
Rekonstruktion

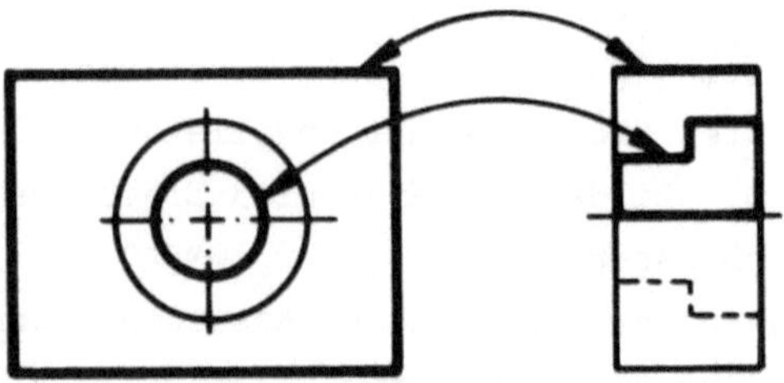

2. Zuordnung
von Berandung
und Leitlinie

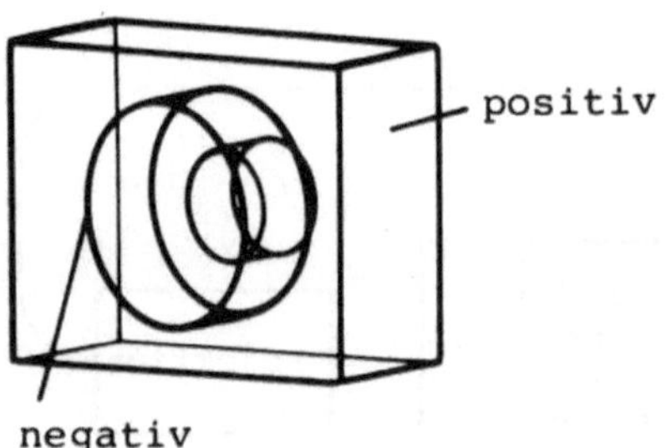

3. Angabe
der Volumen-
Operation

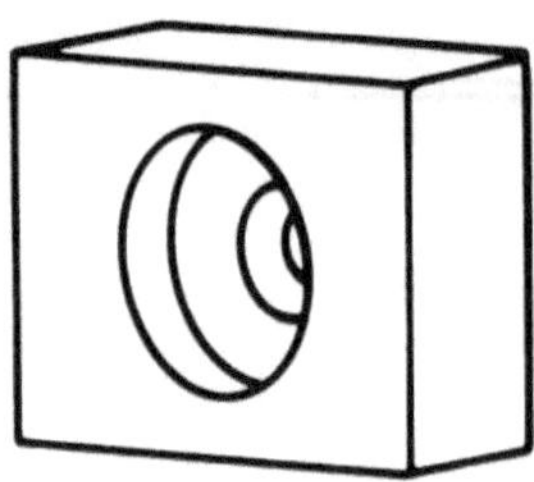

4. Ergebnis eines
geom. Modellierers

Bild 6: Die Dialogschritte bei der Rekonstruktion dreidimensionaler Objekte aus Zeichnungen

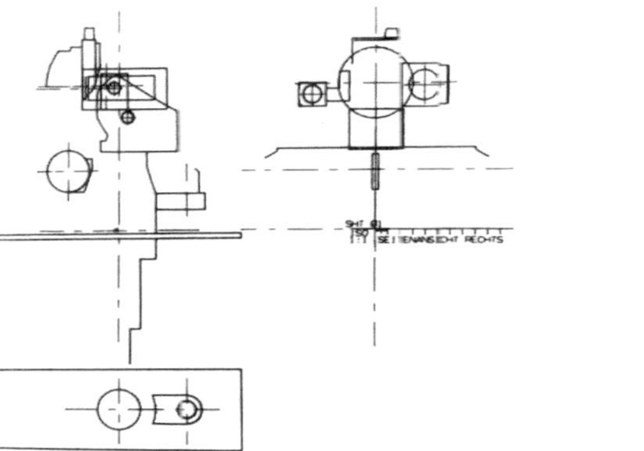

Bild 7: Eine unvollständige, aber für die Rekonstruktion dreidimensionaler Objekte ausreichende Zeichnung

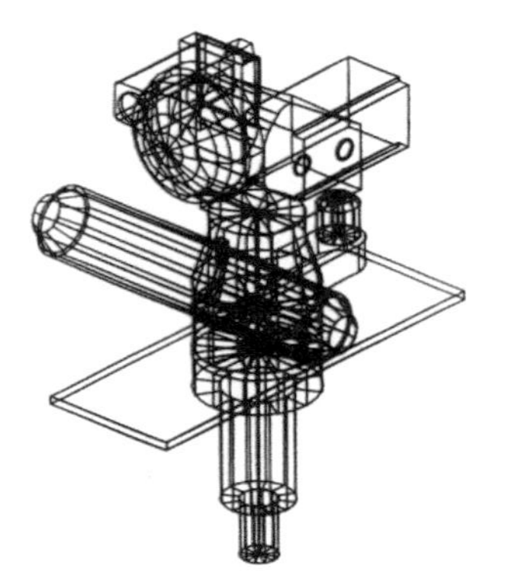

Bild 8: Das vollständige Kontrollbild am Ende des Rekonstruktionsdialoges vor der Übergabe an COMPAC

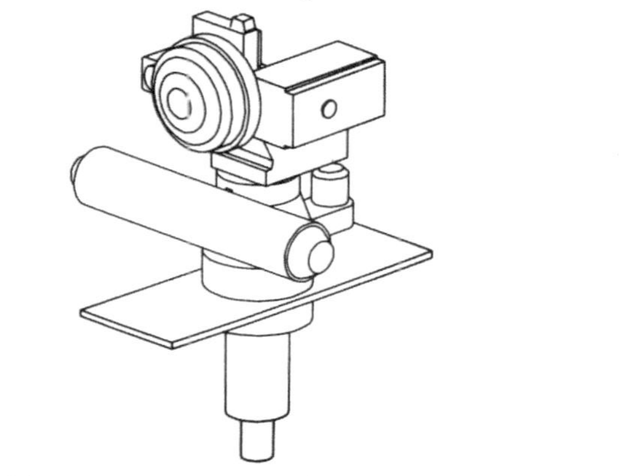

Bild 9: Die von COMPAC generierte perspektivische Zeichnung

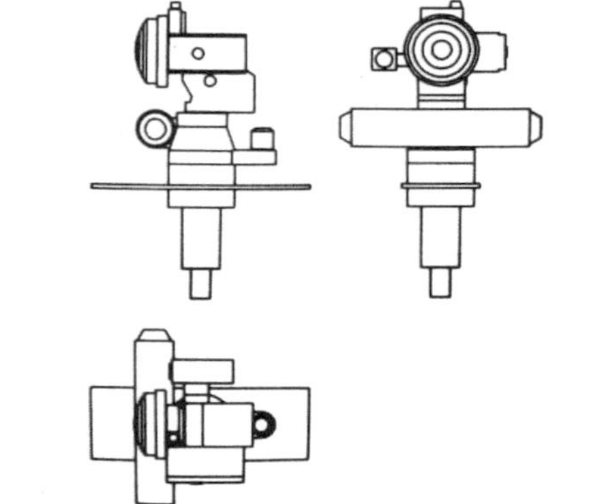

Bild 10: Vervollständigung der Zeichnung mit den Daten aus den orthogonalen Projektionen

5. Schnittstelle geometrischer Modellierer: Wunsch und Realität

Ein geometrischer Modellierer kann auf zwei Arten in ein CAD-System integriert werden. Entweder sind die Daten der rechnerinternen Darstellung für jeden Transfer zwischen Modellierer und Datenbank in eine andere logische Struktur zu konvertieren, oder der Modellierer muß, wie alle PHILIKON-Module, direkt auf dem Produktmodell der Datenbank arbeiten. Im letzteren Fall müssen die Algorithmen des Modellierers sowohl von der Schnittstelle als auch von der Effizienz her auf der Datenbank lauffähig gemacht werden.

Die heutigen Modellierer wurden als eigenständige Systeme für den Stapelbetrieb auf Großrechnern mit einer passiven graphischen Ausgabe konzipiert. Nur wenige dieser Systeme besitzen eine Schnittstelle, die eine Trennung zwischen Algorithmen und rechnerinterner Darstellung möglich macht. Diese Schnittstellen liegen, wie die des hier benutzten Systems COMPAC /DGKP81/, auf der Ebene der zum INTERNEN SCHEMA zählenden Speicherungsstrukturen. Für die Kopplung von COMPAC mit PHIDAS wurde diese Schnittstelle auf der höheren Ebene der Datenmanipulationssprache emuliert. Das Ergebnis war ein nur um den Faktor von ca. 2 schlechteres Laufzeitverhalten des Gesamtsystems für die Modellierung größerer Objekte.

Bei einer mehr geometrieorientierten Schnittstelle geometrischer Modellierer zu ihrer eigenen rechnerinternen Darstellung, z.B. auf der Ebene der Euler-Operationen (Tabelle) /Brai 79,Ma81/, wären die Integrierbarkeit und das Laufzeitverhalten deutlich zu verbessern. Die in den zitierten konzeptionellen Arbeiten entworfenen Euler-Operationen stimmen bereits weitgehend überein mit den auf dem PHILIKON-Produktmodell entwickelten Operationen zum konsistenten Speichern, Auffinden, Ändern und Löschen der im Schema definierten Datenobjekte. Deshalb ist zu erwarten, daß es bei Modellierern der nächsten Generation zu einer Einigung auf der geometrieorientierten Ebene dieser Operationen kommt und damit zu austauschbaren Bausteinen für modulare, erweiterungsfähige CAD-Systeme.

6. Zusammenfassung

Es wurde ein Datenbanksystem PHIDAS entwickelt, das besonders an die Anforderungen graphischer CAD-Arbeitsplätze angepaßt ist. Abgesehen von dieser Ausrichtung auf graphische Dialoganwendungen ist PHIDAS ein anwendungsunabhängiges Datenbankverwaltungssystem. Die Art der Anwendung wird erst durch die Schemabeschreibung festgelegt.

Diese explizite Datendefinition zwingt die Entwickler großer CAD-Systeme zu einer Konzeption der gemeinsamen Grundlagen in Form von Produktmodellen, bevor mit der Programmierung einzelner Module begonnen werden kann. Die Konzepte des Produktmodells werden mit der Datendefinitionssprache von PHIDAS festgehalten. Die Schnittstelle zwischen den Anwenderprogrammen und dem Produktmodell läßt sich wesentlich einfacher aus dem Datenbankschema ableiten und unter der Kontrolle des Datenbanksystems realisieren, als das ohne diesen Anhaltspunkt möglich wäre. PHIDAS wird, auf diese Weise eingesetzt, zu einem Werkzeug, das die Entwicklung modularer CAD-Systeme und die Integration der auf der gemeinsamen Datenbank aufbauenden Subsysteme unterstützt.

Für die leichtere Integration von Modellierern in ein datenbankorientiertes CAD-System wäre zu wünschen, daß diese Bausteine eine Schnittstelle zwischen den Algorithmen und der rechnerinternen Darstellung besitzen, die auf der Ebene der Euler-Operationen liegt.

Tabelle 1: Veränderung des Datenbankinhaltes aufgrund von Euler-Operationen (übersetzt aus /Ma81/).

Operation	v	k	f	l	b	h	auf def. Records
akv	+1	+1	0	0	0	0	
akf	0	+1	+1	0	0	0	Veränderungen
avfh	+1	0	+1	0	0	+1	in der
lfabl	0	0	-1	+1	+1	0	Datenbank
lkab	0	-1	0	0	+1	0	

akv : addiere kante, vektor
akf : addiere kante, fläche
avfh : addiere vektor, fläche, hülle
lfabl : lösche fläche, addiere berandung, loch
lkab : lösche kante, addiere berandung

v vom Typ VEKTOR
k vom Typ KANTE
f vom Typ FLÄCHE
l vom Typ LOCH
b vom Typ BERANDUNG
h vom Typ HÜLLE

(b = Außenberandung, l = Innenberandung einer Fläche)

7. Literaturverzeichnis

/Fi79/ Fischer, W.E.: PHIDAS - A Data Base Management System for CAD/CAM Application Software, Computer-Aided Design 11, S. 146, 1979.

/Fi82/ Fischer, W.E.: Datenbanksystem für CAD-Arbeitsplätze, Philips GmbH, (voraussichtliche Veröffentlichung als Monographie in den Informatik Fachberichten, Springer Verlag).

/Ma81/ Mäntylä, M.: Methodological Background of the Geometric Workbench, Rep. -HTKK-TK0-B30, TU Helsinki, 1981.

/Kra79/ Krause, F.-L.: COMPAC, Geometric Modelling Seminar, CAM-I, 1979.

/Brai79/ Braid, I.C.: Geometric Modelling - Ten Years on, Geometric Modelling Seminar, CAM-I, 1979.

/Req80/ Requicha, A.A.G.: Representations for Rigid Solids, Lecture Notes 89, Springer-Verlag, 1980.

/DGKP81/ Daßler, R.; Germer, H.-J.; Krause, F.-L.; Pohlmann, G.: Databases for Geometric Modelling and their Application, IFIP Working Conf., File Structures and Data Bases for CAD, Seeheim, 1981, North-Holland Publ. Co., 1982.

D I S K U S S I O N

Schlechtendahl, Kernforschungszentrum Karlsruhe, Sitzungsleiter:

Vielen Dank, Herr Fischer. Ich glaube, besonders beeindruckend an Ihrem Vortrag war, daß Sie ganz deutlich gemacht haben, daß wir in diesem Bereich des geometrischen Modellierens den Kreis schließen müssen von der zweidimensionalen Zeichnung über eine Rekonstruktion ins 3D-Modell und dann wieder zurück in die zweidimensionale Zeichnung und dann mit Änderungen von vorne wieder anfangen.

Eckert, MBB, München:

Eine Frage zur Datenbank. Speichern Sie mit diesen Records, die Sie erklärt haben, Ihre Änderungen der Datenbank direkt auf der Platte ab oder haben Sie einen bestimmten Anteil der Datenbank im Speicher zur Verfügung?

Zweite Frage, wie steht es dann mit dem Backup, d. h. wenn der Rechner stirbt, ist die Datenbank, die Sie benutzen, dann jederzeit wieder in der Lage, einen Zustand kurz vor diesem Absturz zu regenerieren?

Fischer, Philips, Hamburg:

Änderungen werden, wie gesagt, immer direkt in der Datenbank durchgeführt. Unser Datenbanksystem hat einen Systempuffer, der algorithmisch so geführt wird, daß wir möglichst lange den aktuellen Bereich der rechnerinternen Darstellung im Rechner haben. Dieser Systempuffer ist bei einem Systemabsturz gefährdet. Man kann jedoch bei graphischen Anwendungen nicht hergehen und bei jeder Änderung einer Seite die Daten sofort auf einen sicheren Platz schreiben, wie bei anderen Datenbanksystemen.

Zur Lösung dieses Problems gibt es zwei Möglichkeiten, einmal ein sogenanntes Schattenspeicherkonzept, d. h. Sie legen nach bestimmten Stadien noch einmal eine Kopie des gesamten Objektes an. Jedesmal wenn Sie einen Systemzusammenbruch haben, können Sie auf diese Kopie zurückgreifen. Ein Stück Dialog ist dann verloren. Jetzt muß man, und das ist eine Lösung, an der mein Kollege, Herr Bauböck, arbeitet, das verlorene Stück Dialog von diesem angelegten Schatten aus wieder zurückfahren. Als Technik wollen wir den Metafile einsetzen, den Sie vielleicht von GKS her kennen. Bei längerfristigen Archiven wollen wir jeden Archivierungsvorgang einer freigegebenen rechnerinternen Darstellung auf ein Logband schreiben und wiederholen.

Antl, MBB, München:

Gibt es von diesem Rekonstruktionsmodul oder auch dem 3D-Generierungsmodul bereits vernünftige Anwendungen und, wenn ja, wo verwendet man die?

Fischer, Philips, Hamburg:

Es gab eine produktive Anwendung gerade des gezeigten Beispiels im Verkauf. Auch wenn der Techniker manchmal sagt, was geometrische Modellierer können, reicht vorn und hinten nicht, muß man einem Laien, der von Maschinenbau überhaupt nichts versteht, z. B. im Verkauf, ein einfaches Bild von dem zukünftigen Objekt zeigen können. Das ist eine ähnliche Entwicklung wie vielleicht bei den Datenbanksystemen. Dort bemüht man sich auch um eine Schnittstelle für Laien. Deshalb sehe ich hier die ersten Anwendungen für Modellierer und es ist dann auch nicht weiter schlimm, wenn wie in der perspektivischen Darstellung eine Linie fehlt. Im Einsatz für den Maschinenbau kommt man dagegen nicht sehr weit, wenn man keine Abrundungen und dieses und jenes nicht hat.

Nehab, Waldrich, Coburg:

Ich möchte mal eine etwas provozierende Frage stellen, allerdings mehr hier an die Gesamttagung und nicht im speziellen an diesen Vortrag, wir hören hier sehr schöne Vorträge über geometrisches Modellieren der schönsten Modelle, die man konstruiert, aber kaum einer verliert ein Wort darüber, wie ich dieses Modell nachher auf die Maschine bringe und real daraus was fertige. Ich habe das Gefühl, man zerbricht sich hier zu sehr den Kopf übers Konstruieren, während auf der Seite der Fertigung die ganzen Probleme noch elegant unter den Tisch gekehrt werden. Und ich haben den Eindruck, daß speziell bei den Hochschulinstituten in der Richtung noch sehr wenig getan wird. Ich hoffe aber, daß ich hier sofort widerlegt werde.

Fischer, Philips, Hamburg:

Ich fühle mich da eigentlich nicht angesprochen. Wir haben schon frühzeitig, als wir uns noch mit 2D und ebener Blechverarbeitung beschäftigten, gezeigt, wie man eine integrierte Kette von Bausteinen über die Konstruktion der Blechteile, die Werkzeugkonstruktion für die Stanzen der Blechteile und über die NC-Programmierung von Werkzeugteilen aufbaut. Seit 1977 läuft bei uns ein entsprechendes System in der Fertigung.

Nehab, Waldrich, Coburg:

Die Lösungen, die man kennt und die man findet, sind in erster Linie industrielle Lösungen, die aus der Notwendigkeit heraus entstanden sind.

Schlechtendahl, Kernforschungszentrum Karlsruhe, Sitzungsleiter:

Ich glaube, wir sollten Herrn Nowacki Gelegenheit geben, etwas zur Thematik dieser Fachtagung zu sagen.

Nowacki, TU Berlin:

Ja, ich fühle mich durchaus angesprochen mit dieser Frage und negiere absolut nicht, daß es auf der praktischen Anwendungsseite viele offene Fragen gibt. Daß diese in unserem Tagungsprogramm nicht bereits schwerpunktmäßig angesprochen wurden, liegt auch an der Reihenfolge. Ich sagte ja heute morgen, wir haben mit den Grundlagen begonnen und setzen intensiv mit fertigen, realisierten Systemen oder solchen, die in weiterer Entwicklung sind, fort. Ich nehme also an, wir kommen bald auf diese Thematik, und bin selbst der Auffassung, daß es ja zwei Gruppen von offenen Fragen gibt, die zu den Grundlagen einerseits und zu den Anwendungen andererseits gehören. Die praktischen Systeme, die es gibt, sind oft sehr ad hoc entstanden und haben dadurch ihre Schwachpunkte, und eine Tagung wie diese sollte ja dadurch, daß die Grundlagen diskutiert werden und natürlich auf ihre Realisierbarkeit hin abgeklopft werden, und dadurch, daß die Anwendungen überprüft werden auf das, was noch fehlt, dazu beitragen, daß diese Dinge zusammenwachsen. Also wir erkennen Ihre Zielsetzung absolut an und hoffen, daß die Tagung im weiteren Verlauf dazu einen Beitrag leistet. Es ist nicht so, daß die Hochschulinstitute diese Probleme nicht kennen, aber es ist auch notwendig, daß man die Grundlagen des Modellierens von dem gemeinsamen Nenner her und von den konzeptionellen Ansätzen her mal aufgreift, genügend verallgemeinert, genügend abstrakt wird, um dann ganz konkret werden zu können. Denn manche abstrakten Eigenschaften, die praktische Modellierer haben sollten, fehlen sonst unter Umständen im Konzept.

Groth, T-Programm, Reutlingen:

Herr Fischer, können Sie mir etwas sagen über die generelle Problematik der Kopplung eines Datenbanksystems mit einem Modellierer und zwar vom Aufwand her, beispielsweise die Kopplung PHIDAS mit COMPAC, wieviele Mannmonate kostet so etwas ungefähr?

Fischer, Philips, Hamburg:

Zu viel. Die Ankopplung von COMPAC an das Datenbanksystem wurde vom Fraunhofer-Institut in Berlin hergestellt. Das war aber lediglich die Implementation der vom Baustein Geometrie her bekannten Schnittstelle mit den Datentypen Element, Relation (gemeint ist die Beziehung zwischen einzelnen Elementen), Datenfeld (unformatiert), Indexzähler und Klassenkennung. Diese Ebene liegt damit unter der Ebene der Datenmanipulationssprachen von Datenbanksystemen. Für die Urheber war diese Umstellung wohl nicht allzu schwierig.

Schwieriger für uns war nachher die Übergabe der Daten aus dem CSG-Baum, da diese Schnittstelle von COMPAC nicht so einfach aufgebaut war, wie vielleicht die Sweep-Vector-Schnittstellen anderer Systeme. Wir mußten erst alle Profilflächen auf den ersten Quadranten normieren, die Berandungslinien mußten in einer bestimmten Richtung beginnen, und anschließend mußten alle Profile wieder in ihre Herkunftslage transformiert werden. Dort lag der Hauptaufwand.

Angenommen, die frühere Zusammenarbeit mit Olympia wäre weitergegangen, bei der schon eine etwas höhere Schnittstelle in der Nähe der vorgeschlagenen Euler-Funktionen miteinander abgesprochen war, dann wäre es vielleicht möglich gewesen, daß wir mit weniger Aufwand für die Kopplung auch ein besseres Laufzeitverhalten erzielt hätten.

Roth, TU Braunschweig:

Ich möchte über die Problematik, die vorhin angeklungen ist und schon zum Teil angesprochen wurde, etwas sagen, sie folgendermaßen charakterisieren: Mir ist schon immer aufgefallen, daß häufig bei den CAD-Aktivitäten zunächst eine Zeichnung gemacht wurde und nachher gesagt wurde, es sei konstruiert worden, obwohl sich die Tätigkeit in der Zeichnungserstellung erschöpfte. Ich bin der Meinung, es gibt da verschiedene Grade oder "Intelligenzstufen" des Systems Programm und dazugehörende Hardwarekonfiguration. Wir haben zur Zeit nur die Möglichkeit, sehr niedrige "Intelligenzstufen" bezüglich des Konstruierens mit Hilfe des Rechners zu bewältigen. Ein richtiges Konstruieren mit Hilfe des Rechners und vom Rechner selbst, d. h. die Durchführung von konstruktiven Gedanken durch den Rechner, kann ich eigentlich nicht erkennen, sondern nur Hilfen, die sich mehr auf die Routinetätigkeiten des Konstrukteurs beziehen. Trotzdem finde ich, ist für die Zukunft diese Art des Vorgehens richtig. Wir müssen erst einmal den Bereich mit dem Rechner beherrschen, den er auch bewältigen kann und den wir aufgrund unserer theoretischen Überlegungen durchdrungen haben und dem Rechner eingeben können. Ich finde, die Theorie des Konstruierens ist noch nicht so weit gediehen, als daß wir echte konstruktive Tätigkeiten mit dem Rechner heute durchführen könnten. Da hätte ich einen Vorschlag und würde bitten, daß man sich in Zukunft evtl. auf folgende Festlegungen einigt: Man sollte sagen, daß bestimmte CAD-Systeme Schritte durchführen könnten, aber nur auf vorgegebenen "Intelligenzstufen", z. B. 1 bis 5. Dabei hieße "Intelligenzstufe" 1 z. B. Zeichnungen, "Intelligenzstufe" 2 Rekonstruktionen erstellen können, "Intelligenzstufe" 3 absolute Optimierungen zu finden, "Intelligenzstufe" 4 selbständig geometrische Strukturen und "Intelligenzstufe" 5 selbständig geometrische Konturen erstellen zu können; die beiden letzteren aufgrund von eingegebenen physikalischen Funktionen. Wenn man diese Stufen nicht vorgibt, kann es sein, daß Vertreter, wie neulich ein Herr von - ich will die Firma nicht nennen - zu uns kommen und sagen, sie möchten uns ein CAD-Programm zeigen, also richtig rechnergestütztes Konstruieren - der Schwerpunkt lag auf dem Wort Konstruieren - und zeigen uns dann bloß, wie man Zeichnungen herstellt. Ich sagte dem Herrn, na ja, wenn er mir angedeutet hätte, er wolle CAD auf "Intelligenzstufe" 1 oder 2 vorführen, hätte ich gewußt, was er mir bieten würde. Und so fände ich es richtig, wenn wir auf Dauer auch festlegten, von welchen "Intelligenzstufen" des rechnergestützten Konstruierens wir jeweils sprechen. Dann würden nicht falsche Erwartungen geweckt etwa dergestalt, daß man meint, mit dem Rechner könne man schon konstruieren, wobei, wenn es hoch kommt, man mit ihm ja bloß Zeichnungen erstellen kann.

Lang-Lendorff, Kernforschungszentrum Karlsruhe:
Sie haben vorhin Zeitvergleiche genannt zwischen COMPAC mit PHIDAS und COMPAC ohne. Was haben Sie denn miteinander verglichen? COMPAC ist doch eine In-Core-Lösung. Insofern ist doch logisch, daß, wenn Sie da was Ex-Core-Haftes anschließen, daß Sie dann mehr Zeit brauchen. Andererseits, wenn man große Beispiele hat, also echte Beispiele aus der Natur, dann hat man so viel Daten, daß man außerhalb des Kernspeichers gehen muß. Insofern frage ich mich nach dem Sinn dieser Ausführung.

Fischer, Philips, Hamburg:
Nach dem Sinn welcher Ausführung haben Sie gefragt?

Lang-Lendorff, Kernforschungszentrum Karlsruhe:
Vergleich der Rechenzeit von COMPAC ohne PHIDAS auf der einen Seite und COMPAC mit PHIDAS auf der anderen Seite.

Fischer, Philips, Hamburg:

Man kann sich natürlich immer fragen, welchen Sinn es hat, wenn man sich Klarheit über die Effizienz des eigenen Datenbanksystems verschafft. Ich bin der Meinung, daß wir mit PHIDAS zeigen können, daß wir mit einem speziell zugeschnittenen, aber trotzdem universellen Datenbanksystem gleich schnell oder sogar schneller sein können als provisorische Lösungen, die sich jemand geschaffen hat, der auf die Modellierung spezialisiert ist. Das gilt besonders, wenn die Objekte noch größer werden als die, die wir zur Zeit mit COMPAC modellieren können.

Farny, TU Braunschweig:

Ich möchte auf die Rekonstruktion zurückkommen. Wir haben gestern, u.a. auch von mir, zwei Modelle kennengelernt, die auf vollautomatischer Rekonstruktion beruhen. Wie sind Sie auf diese halbautomatische Rekonstruktion, wenn ich es mal so nennen darf, gekommen und wo sehen Sie da die Unterschiede bzw. die Vorteile?

Fischer, Philips, Hamburg:

Den Vorteil sehe ich erst einmal darin, daß wir im Dialog noch komplexere Objekte rekonstruieren können als doppelte Profile. Auf der anderen Seite ist dies ein erster Schritt, der weiter automatisiert werden kann. Über die Erweiterung um eine automatische Rekonstruktion erscheint 1983 ein Aufsatz von meinem Kollegen, Herrn Aldefeld, in der Zeitschrift Computer-Aided Design.

GEOMETRISCHES MODELLIEREN AM INTERAKTIVEN KONSTRUKTIONS-ARBEITSPLATZ (IKA)

Prof. Dr.-Ing. G. Pahl und Dipl.-Wirtsch.-Ing. G. Engelken, Darmstadt:

Zusammenfassung:

Für einen interaktiven Konstruktionsarbeitsplatz, bestehend aus der Kombination von Digitalisierer, Plotter und Handzeichenmaschine wird an der TH Darmstadt ein unterstützendes CAD-System (IKA-System) entwikkelt. Dieses System bietet neben verschiedenen Formen der Geometrieerzeugung auch Möglichkeiten der nachträglichen Veränderung von Geometrien. Die verschiedenen Formen der Geometrieerzeugung werden beschrieben. Ein Konzept für nachträgliche Veränderungen von Geometrien wird aus den Möglichkeiten der Datenstruktur und einer Analyse der Arbeitsweise des Konstrukteurs entwickelt. Die bisher realisierten Manipulationsmöglichkeiten werden an einem Beispiel demonstriert. Ansätze zur Weiterentwicklung werden aufgezeigt.

1. Einleitung:

Am Institut für Maschinenelemente und Konstruktionslehre der TH Darmstadt wurde im Rahmen eines von der DFG geförderten Forschungsvorhabens ein interaktiver Konstruktionsarbeitsplatz entwickelt, der aus der Kombination von Digitalisierer, Plotter und Handzeichenmaschine besteht (Bild 1).

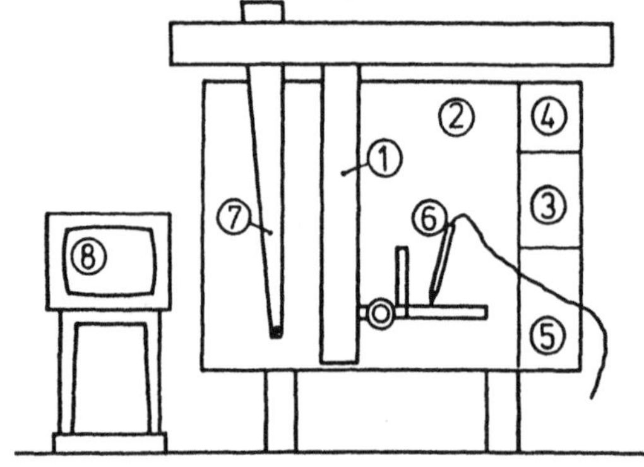

Bild 1: Aufbau des Arbeitsplatzes

Ziel des Forschungsvorhabens ist unter anderem die Entwicklung eines CAD-Systems, welches das freie Entwerfen unterstützt. Bei der Geometrieerzeugung soll eine Arbeitsweise realisiert werden, welche das konventionelle Vorgehen des Konstrukteurs beim Erstellen einer Entwurfszeichnung berücksichtigt und dennoch zu einem rechnerinternen 3D-Modell führt. Hier liegt zur Zeit der Schwerpunkt auf dem Ausbau der flächenorientierten Eingabe. Zum anderen soll der Konstrukteur von einer Grobgestalt ausgehend eine Feingestalt entwickeln können. Hierfür werden ihm geeignete Manipulationsfunktionen bereitgestellt. Diese beiden Entwicklungsschwerpunkte decken sich mit den beiden Hauptaspekten des geometrischen Modellierens, nämlich dem Erzeugen eines rechnerinternen Geometriemodells und dem Verändern dieses Modells.

2. Möglichkeiten der Geometrieerzeugung:

Im IKA-System /1/ sind mehrere Möglichkeiten der Geometrieerzeugung realisiert:

1. Grundkörperorientierte Eingabe:

Die grundkörperorientierte Eingabe ist die für 3D-Volumenmodelle typische Eingabeform /2/. Der Grundkörpervorrat des IKA-Systems umfaßt u. a.

- Quader, Prismen, Pyramiden,
- Zylinder, Kegelstumpf, Kegel, Torus mit Trapezquerschnitt und Torus mit Kreisringquerschnitt.

Beim Arbeiten mit Grundkörpern wurde sehr schnell deutlich, daß das Zusammensetzen von komplexen Geometrien aus Grundkörpern und das damit verbundene räumliche Anordnen von Grundkörpern für den Konstrukteur ungewohnt und umständlich ist.

Bei der Entwicklung von Algorithmen für typische 3D-Aufgaben (Schnittbildung, Visibilität) wurde ferner deutlich, daß die Kenntnis, aus welchen Grundkörpern ein Teil entstanden ist, nicht benötigt wird. Vielmehr reicht es aus, zu wissen, welche Deckflächen ein Teil umschließen. Dies führte dazu, daß Grundkörper sofort in ein 3D-Flächenmodell abgebildet werden. Kontaktflächen werden durch Verschmelzen beseitigt. Die Datenstruktur stimmt dadurch mit der bei der flächenorientierten Eingabe zugrundegelegten Struktur überein.

2. Erzeugen von Geometrien mit Hilfe von Makros:

Makros sind aus Grundkörpern aufgebaute Geometrien, welche beliebig parametriert abgerufen werden können. Sie werden vor allem für die Erzeugung von Norm- und Wiederholteilen verwendet. Ein derartiges Teil wird durch Antasten des entsprechenden Menüfeldes (Bild 2) abgerufen. Der Benutzer braucht nur ein Minimum von Daten explizit einzugeben, im Beispiel der Schraube:

- ob metrisch oder metrisch feines Gewinde,
- ob Gewindelänge bis zum Kopf oder nicht,
- den Nenndurchmesser und
- die Schraubenlänge.

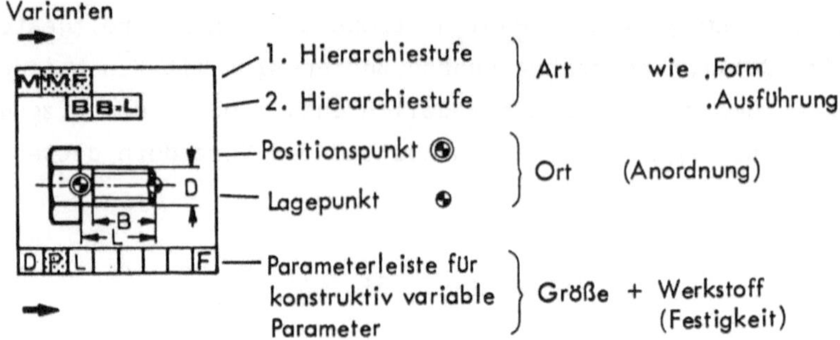

Bild 2: Menüfeld einer Sechskantschraube

Die übrigen für die Geometrieerzeugung erforderlichen Daten werden aus Normdateien ergänzt /3/. Die Teile werden mit Hilfe von Referenzpunkten in der Konstruktion angeordnet. Die Koordinaten von Positions- und Lagepunkten werden durch Antasten in zwei Ansichten als Raumpunkte eingegeben. Dieses Plazieren ist in analoger Weise auch für einzelne Grundkörper realisiert.

3. Flächenorientierte Eingabe:

Die flächenorientierte Eingabe ist in der Form realisiert, daß eine Fläche durch Eingabe eines Konturzuges mit Hilfe des Digitalisierers erzeugt wird. Diese Fläche kann einerseits als Querschnittsfläche verstanden werden und durch Angabe einer Tiefenerstreckung zur Erzeugung eines Profils oder durch Angabe von Rotationsachse und Rotationswinkel zur Erzeugung eines Rotationskörpers oder Rotationssegments verwendet werden. Andererseits kann die Fläche als Deckfläche des zu erzeugenden Teils aufgefaßt werden. Das Volumen des Teils wird dann durch schrittweise Eingabe aller Deckflächen in den verschiedenen Ansichten geschlossen.

Da die letztgenannte Möglichkeit die besondere Fähigkeit des IKA-Systems, nämlich das maßstäbliche Arbeiten in mehreren Ansichten zur gleichen Zeit, ausnutzt, wird sie derzeit weiter ausgebaut.

3. Nachträgliche Manipulation von Geometrien:

Die Realisierung von Möglichkeiten der nachträglichen Manipulation von Geometrien im IKA-System hat ihren Ursprung in der Forderung nach Softwarefunktionen, welche den Bedürfnissen des Konstrukteurs beim Entwerfen gerecht werden. Die Arbeitsweise mit dem IKA-System soll ferner seiner gewohnten Vorstellung möglichst weitgehend entsprechen und ohne umständliche Zwischenschritte das gewünschte Ergebnis direkt erzeugen. Das Arbeiten mit den Basiskommandos der Grundkörperverarbeitung ist

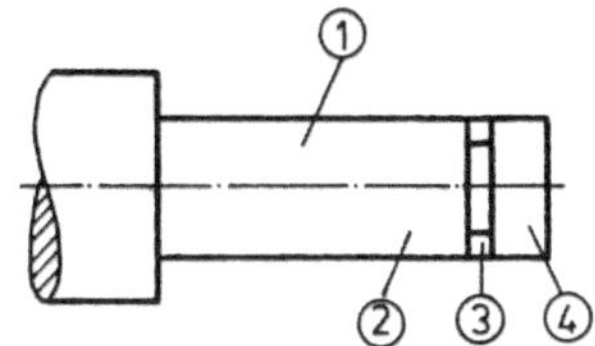

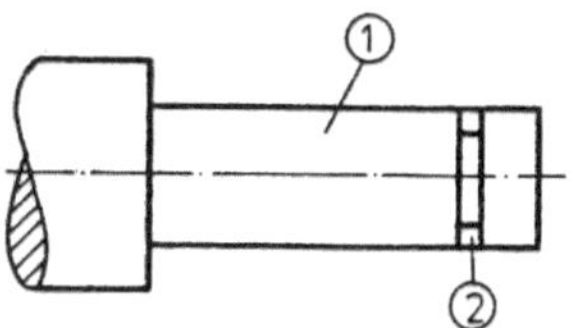

additiv:	subtraktiv:
Lösche Zylinder 1	Subtrahiere Trapeztorus 2
Addiere Zylinder 2	Plaziere Trapeztorus 2
Plaziere Zylinder 2	
Addiere Zylinder 3	
Plaziere Zylinder 3	
Addiere Zylinder 4	
Plaziere Zylinder 4	

Bild 3: Anbringen einer Nut in ein Wellenende mit Hilfe von Grundkörpern (Rechtecktorus ist ein Sonderfall des Trapeztorus)

in dieser Hinsicht sehr unbefriedigend (Bild 3). Konstrukteurgerecht erscheint dagegen ein Kommando mit folgendem Aufbau:

Kommando	Parameter
Erzeuge Nut	Abstand zur Bezugskante Nuttiefe Nutbreite

Nun ließe sich ein derartiges Kommando als Folge von Basiskommandos der Grundkörperverarbeitung definieren. Dabei erscheint jedoch der Aufwand für die Manipulation des 3D-Modells sehr hoch. Vor der Realisierung der Manipulationsfunktionen wurde daher untersucht, welche Möglichkeiten der Manipulation die Datenstruktur eröffnet. Eine Analyse der Arbeitsweise des Konstrukteurs an praktischen Beispielen führte anschließend zur Definition der zu realisierenden Funktionen.

3.1. Strukturieren der theoretischen Möglichkeiten der Manipulation:

Die theoretischen Möglichkeiten der Manipulation können nach den Kriterien Operation und Operand strukturiert werden. Ausgehend von der

Datenstruktur können Punkt/Ecke, Kante, Fläche und Körper als Operanden unterschieden werden. Die Flächen werden weiter aufgegliedert in:

- Zylinderfläche - Kegelfläche - Torusfläche - Ellipsoidfläche - Hyperboloidfläche	gekrümmte Flächen
- ebene Fläche	ebene Flächen

Operationen sind das Hinzufügen, das Wegnehmen und das Ändern. Das Ändern wird weiter aufgegliedert in Verdrehen, Verschieben und Parameter ändern. Mit dieser Aufgliederung von Operation und Operand werden die theoretischen Möglichkeiten der Manipulation am Beispiel eines Zylinders exemplarisch dargestellt (Bild 4).

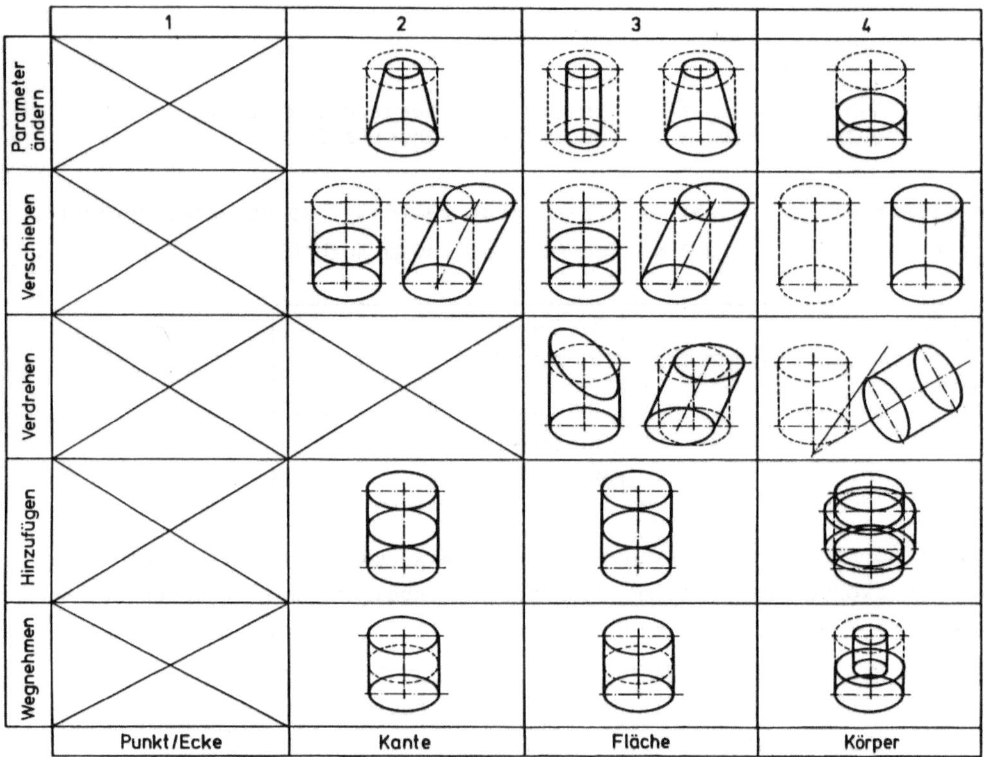

Bild 4: Theoretische Manipulationsmöglichkeiten am Zylinder

Das Schema führt nur dort Möglichkeiten auf, wo die Konsistenz der Datenstruktur erhalten bleibt, das heißt wo ein geschlossenes Volumen, welches durch analytisch beschreibbare Flächen begrenzt wird, bestehen bleibt.

Es wird daher zwischen vom Konstrukteur ausgelösten Primäroperationen

und rechnerinternen Anpaßoperationen unterschieden. Anpaßoperationen werden verstanden als mit den Primäroperationen gekoppelte Operationen an Nachbarelementen, welche die Konsistenz der Datenstruktur gewährleisten: das Ändern der Parameter der gekrümmten Kontur ist verbunden mit dem Ändern der Parameter der gekrümmten Fläche. Das Schema ist damit offensichtlich redundant, weshalb im Hinblick auf die programmtechnische Realisierung Funktionen zusammengefaßt werden können.
Die Wandlung eines Zylinders in einen Kegelstumpf läßt sich erreichen durch:

- Ändern der Parameter der gekrümmten Kontur oder
- Ändern der Neigung der Mantelfläche.

Aus Gründen der Konsistenz der Datenstruktur kann eine Kante nur dann zu einer Fläche hinzugefügt werden, wenn gleichzeitig die Fläche in Teilflächen aufgeteilt wird. Dieser Vorgang wird daher als Teilen einer Fläche bezeichnet. Analog wird der inverse Vorgang zum Vereinigen von Flächen.
Das Hinzufügen und Wegnehmen von Körpern kann dann in bestimmten Fällen (nicht immer) ersetzt werden durch flächenorientierte Manipulationen. In Spalte 4 sind zwei Operationen aufgezeigt, welche durch ein Teilen der Mantelfläche und ein anschließendes Verändern der Parameter der Teilfläche ersetzt werden können.
Es ist vorstellbar, daß diese flächenorientierten Manipulationen weniger Programmaufwand benötigen als das additive/subtraktive Verknüpfen von Grundkörpern und daß dieses Vorgehen der konventionellen Vorstellung beim Detaillieren eher nahekommt als das Arbeiten mit Grundkörpern.
Analoge Schemata wurden für Kegel, Kegelstumpf, Torus und ebenflächige Körper erstellt. Die in diesen Schemata enthaltenen Funktionen werden als Basisfunktionen bezeichnet.

3.2. Analyse der Arbeitsweise des Konstrukteurs an praktischen Beispielen:

Die praktisch unendliche Vielfalt von Gestaltungsformen wird durch Betrachtung typischer Gestaltungsobjekte und Fertigungsverfahren eingeschränkt. So können für Drehteile folgende Aussagen gemacht werden:
Drehteile haben in der Regel eine geschlossene Mantelfläche mit senkrecht zur Achse stehenden Begrenzungskonturen. Formelemente wie Gewinde, Verzahnung, Längsnut teilen die Mantelfläche oder bilden eine Insel auf der Mantelfläche. Beim Grobgestalten werden in den

meisten Fällen Zylinder- und Kegelflächen mit aufgrund einer Vorauslegung bestimmten Abmessungen gleichachsig angeordnet. Beim Auslegen werden Abmessungen festgelegt durch Verändern von Querschnitten und Verschieben von Deckflächen. Beim Feingestalten erfolgt vornehmlich das Anbringen von Fasen, Nuten, Ausrundungen, aber auch noch eine Korrektur von Abmessungen.
Für die Gestaltungsobjekte Biegeteile, Frästeile, Gußteile und Schweißgruppen wurden in analoger Weise typische Gestaltungsmerkmale und die Vorgänge beim Grobgestalten, Auslegen und Feingestalten zusammengefaßt (Tabelle 1), wobei mit dieser Gruppierung keine strenge zeitliche Reihenfolge verbunden ist.

3.3. Konzept für das interaktive Verändern von Geometrien:

Aus der Betrachtung theoretisch möglicher Manipulationen und der Analyse der Arbeitsweise des Konstrukteurs wurde ein Konzept für flächenorientierte Manipulationen von Geometrien entwickelt. Dieses Konzept trägt der hervorragenden Bedeutung der Wirkfläche beim Entwerfen Rechnung. Vorteil eines flächenorientierten Konzepts ist weiter, daß Voll- und Hohlmodus von Teilpartien ebenso wie konvexe und konkave Verrundungen gleichwertig sind. Aus den theoretisch denkbaren Manipulationen wurden diejenigen als Basisfunktionen realisiert, welche vom Konstrukteur für Gestaltungsaufgaben benötigt werden. Entsprechende Kommandos wurden zur Verfügung gestellt. Für den Zylinder sind die Basisfunktionen und Basiskommandos in Tabelle 2 zusammengestellt.

Basisfunktion	Basiskommando
Parameter ändern / Kontur	Verändere Kontur
Parameter ändern / Fläche	Verändere Fläche Verändere Querschnitt
Verschieben / Fläche	Verschiebe Fläche
Verdrehen / Fläche	Verdrehe Fläche
Hinzufügen / Fläche Hinzufügen / Kontur	Teile Fläche
Wegnehmen / Fläche Wegnehmen / Kontur	Vereinige Fläche

Tabelle 2: Basisfunktionen und Basiskommandos

Gestaltungs-objekte	Drehteile	Frästeile	Biegeteile	Gußteile	Schweißgruppen
Merkmale	Rotationsflächen (Zylinder,Kegel) Formelemente (Gewinde, Nuten, Verzahnung)	Ebene Flächen Schlitze, Nuten Taschen Ausrundungen	Ebene Flächen Biegeradien	Ebene Flächen Kegel, Zylinder Rundungen	Halbzeug gerader/schräger Schnitt Aussparungen für Schweißnähte
Grobgestalten	Zylinder, Kegel anordnen	Erzeugen der ebenflächigen Geometrie	Erzeugen der ebenflächigen Geometrie	Erzeugen der ebenflächigen Geometrie Anordnen von Zylinder und Kegel	Halbzeug im geraden Schnitt ortsrichtig anordnen
Auslegen (Dimensionieren)	Verändern von Querschnitten Verschieben von Flächen	Verschieben von Flächen	Verschieben von Flächen	Verändern von Querschnitten Verschieben von Flächen	Verändern von Querschnitten Verschieben von Flächen
Feingestalten	Erzeugen von Rundungen, Fasen, Nuten	Runden von Kanten (Werkzeugradien)	Runden von Kanten	Erzeugen von Rundungen (Gußradien) Erzeugen von Schrägen (Gußschrägen)	Verändern der Schnittführung (Abschrägen) Erzeugen der Aussparungen (Kantenbruch)

Tabelle 1: Typische Gestaltungsobjekte

Für die bei der Feingestaltung häufig auftretenden Aufgaben werden komplexere Kommandos vorgesehen, welche die Ausführung mehrerer Basiskommandos hintereinander bewirken. Einige dieser Kommandos sind mit den zugehörigen Basiskommandos in Tabelle 3 aufgeführt.

Kommando	Basiskommando
Erzeuge Nut	Teile Fläche Verändere Querschnitt
Erzeuge Rundnut	Teile Fläche Verändere Fläche
Erzeuge Rundung	Teile Fläche Verändere Fläche
Erzeuge Fase	Teile Fläche Verändere Fläche

Tabelle 3: Kommandos für die Feingestaltung

4. Aktueller Leistungsstand:

Für das Verändern von ebenen Flächen wurden das Verschieben und das Verdrehen einer ebenen Fläche realisiert. Für das Verändern von gekrümmten Flächen wurden die meisten der Basisfunktionen für Zylinder- und Kegelflächen realisiert. Von den Funktionen für die Feingestaltung wurden das Erzeugen von Fasen an geraden Kanten sowie das Erzeugen von Rundungen und Rundnuten an Rotationsteilen realisiert.
Ein Beispiel für das Arbeiten mit Manipulationen an ebenen Flächen ist in /1/ zu finden. Die Arbeitsweise mit Manipulationen an gekrümmten Flächen kann am Beispiel einer mitlaufenden Drehbankspitze demonstriert werden (Bild 5):
Der "Rohling" wird als Zylinder erzeugt. Die Mantelfläche wird den gewünschten Wirkflächen entsprechend in Bereiche aufgeteilt. Durch Verändern der Kontur entsteht die Kegelspitze. Anschließend werden die Zylinderflächen im Querschnitt verändert. Zum Abschluß wird die Nut erzeugt und Fasen werden an den gewünschten Konturen angebracht.

5. Ausblick:

Beim Arbeiten mit den bisher realisierten Funktionen der flächenorientierten Manipulation hat sich gezeigt, daß diese Möglichkeiten der konventionellen Vorstellung eher entsprechen als das Arbeiten mit Grundkörpern. Die Fähigkeiten werden daher weiter ausgebaut.

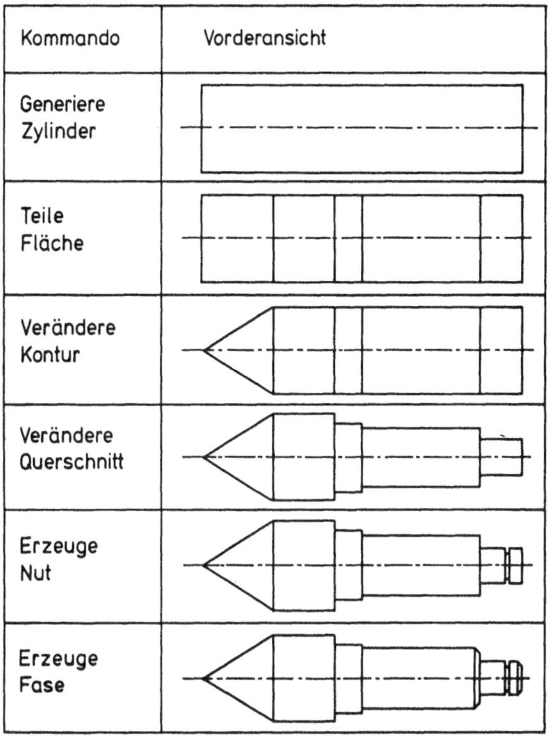

Kommando	Vorderansicht
Generiere Zylinder	
Teile Fläche	
Verändere Kontur	
Verändere Querschnitt	
Erzeuge Nut	
Erzeuge Fase	

Bild 5: Manipulationen an gekrümmten Flächen

Das Arbeiten mit Grundkörpern wird dadurch jedoch nicht überflüssig. Auch für die Erzeugung von Geometrien werden Grundkörper neben der flächenorientierten Eingabe in Zukunft benötigt. Im Vordergrund steht daher die Erprobung einer kombinierten Arbeitsweise für das Erzeugen und Verändern von Geometrien.

Literatur:

/1/ Pahl, G.; Engelken, G.; Lorey, J.; Menke, W.-H.: Interaktiver Konstruktionsarbeitsplatz (IKA) mit zeichnender und berechnender EDV-Unterstützung. Konstruktion 34 (1982) Nr. 6, S. 213-222.

/2/ Eigner, M.; Maier, H.: Einführung und Anwendung von CAD-Systemen. Leitfaden für die Praxis. 1. Ausgabe. München, Wien. Hanser 1982.

/3/ Pahl, G.; Menke, W.-H.; Schultheis, N.: Ein "Intelligentes Dateisystem" zur Verarbeitung von Norm- und Wiederholteilen. DIN-Mitt. 61 (1982) Nr. 7, S. 377-383.

D I S K U S S I O N

Renz, Daimler-Benz, Sindelfingen:
Sehr interessant fand ich zunächst einmal die Ausprägung dieses Arbeitsplatzes. Ich glaube, daß es in unserer Industrie eine ganze Reihe von Anwendungen gibt, bei denen eine Workstation mit genau diesen Funktionen nützlich erscheint. Darum schließen sich auch die beiden folgenden konkreten Fragen an: Was muß man für diesen Arbeitsplatz in DM anlegen und kann man den Arbeitsplatz in Zukunft über GKS als Schnittstelle betreiben, planen Sie so etwas oder wird so etwas abgesprochen?

Engelken, TH Darmstadt:
Zunächst zur ersten Frage: Der Arbeitsplatz wurde im Rahmen eines Forschungsvorhabens von der DFG finanziert und hat einschließlich des Rechners etwa eine halbe Million DM gekostet. Der eigentliche Arbeitsplatz, der über V24-Schnittstellen an den Rechner angeschlossen ist, hat ca. 120.000 DM gekostet. Dabei ist wichtig, daß der Arbeitsplatz im Prinzip an jeden Rechner angeschlossen werden kann, der über eine V24-Schnittstelle, einen ausreichend großen Kernspeicher (bei uns 512 kByte) und die Fähigkeit, FORTRAN-Programme zu verarbeiten, verfügt. Zur zweiten Frage: Die Implementierung von GKS als Schnittstelle halte ich prinzipiell für möglich, da unser Programm über klare Schnittstellen sowohl zum 3D-Modell als auch zur 2D-Ausgabe verfügt. Für den Benutzer macht es keinen Unterschied, ob er eine Zeichnung auf dem Plotter oder auf dem Bildschirm ausgeben will. Das Umschalten erfolgt durch einfaches Setzen einer Steuergröße. Damit sind im Prinzip ähnliche Intentionen wie beim GKS realisiert.

Farny, TU Braunschweig:
Ich habe auch zwei Fragen. Ich fand den Aufbau der Workstation ganz interessant, aber nun ist ja das Erstellen einer Zeichnung ein iterativer Prozeß. Was machen Sie, wenn Sie in einer Ansicht etwas ändern, es sind ja dann Linien da, die weggelöscht werden müssen. Das geht auf dem Bildschirm ganz einfach.

Engelken, TH Darmstadt:
Den automatisch gesteuerten Radierer haben wir selbstverständlich noch nicht erfunden. Es ist klar, daß unter Umständen vom Plotter schon Dinge ausgezeichnet worden sind, die im weiteren Verlauf geändert werden müssen. Änderungen können zunächst einfach darüber gezeichnet werden, irgendwann einmal wird das Papier weggenommen und die Zeichnung noch

einmal ausgegeben. Dies entspricht aber im Grunde genau dem, was der Konstrukteur beim Entwerfen auch tut: Er skizziert, radiert, arbeitet ins Unreine, und später wird die Zeichnung einem technischen Zeichner gegeben, der die Reinzeichung anfertigt. Der Vorteil bei der Arbeit mit dem CAD-System ist, daß nach Abschluß der Konstruktion die gesamte Geometrie rechnerintern abgespeichert ist und die Zeichnung jederzeit wieder abrufbar ist.

Farny, TU Braunschweig:
Die Anordnung der Flächen fand ich auch recht interessant, aber was passiert, wenn Flächen nicht orthogonal im Raum liegen, arbeiten Sie dann auch mit Konturzügen?

Engelken, TH Darmstadt:
Im Moment haben wir nur die Möglichkeit, die Konturzüge in der Projektion auf achsparallele Ebenen zu erzeugen. Es ist geplant, daß derartige Konturzüge auch auf beliebig schräg im Raum liegende Flächen projiziert werden können.

Nehab, Waldrich, Coburg:
Irgendwie drängt sich bei mir bei diesem System ein bißchen die Frage auf, ob so ein System überhaupt wirtschaftlich sinnvoll einsetzbar ist oder ob man mit diesem System nicht Schwierigkeiten bekommt mit der Akzeptanz unter folgendem Gesichtspunkt: Sie sagten etwa, Größenordnung, so ein Arbeitsplatz liegt im Bereich von 100.000 DM. Bei einem Bildschirmarbeitsplatz kann ich sagen, ist gut, es können nacheinander ohne große Einrichtarbeiten verschiedene Leute arbeiten, ich kann also notfalls im Mehrschichtbetrieb das System gut ausnutzen. An einem Zeichenbrett, was es ja hier für den Konstrukteur quasi vorgespiegelt wird, klebt er sich ja vielleicht irgendwelche Vorlagen auf, macht Skizzen, der ist nicht an einem Tag fertig, der Konstrukteur, hinter ihm wartet schon der nächste, steht ihm quasi im Genick. Meinen Sie nicht, daß da die Konstrukteure etwas anfangen werden zu meutern, und sagen, bleibt ihr lieber bei eurem schönen elektrischen Zeichengerät, ich gehe lieber an mein Brett, wo ich meine Sachen privat hängen lassen kann, zwischendrin mal denken und dann wieder weitermachen?

Fleßner, Univ. Hamburg, Sitzungsleiter:
Diese Frage halte ich für außerordentlich berechtigt und möchte meinen Hinweis einfügen, daß in den Diskussionen seit ungefähr 1975 unterschiedliche Auffassungen vertreten wurden. TH Aachen z.B. hat dies propagiert, wie es von Herrn Pahl und Herrn Engelken jetzt beschrieben wur-

de. Andere Stellen haben vorgeschlagen, daß man beispielsweise 6 Stationen für die Eingabe vorsieht, die Ausgabe aber über einen getrennt laufenden Plotter vornimmt. Die Diskussionen sind offensichtlich noch nicht abgeschlossen. Zunächst entweder Herr Pahl oder Herr Engelken, je nachdem, wie sie sich einigen.

Engelken, TH Darmstadt:
Vielleicht darf ich dazu kurz sagen, daß die Angabe der Kosten natürlich zu relativieren ist. Sie wissen, daß die Bildschirme in sehr großen Stückzahlen hergestellt werden, während dieses System eine Spezialanfertigung darstellt. Daher waren die Kosten natürlich höher. Auf der anderen Seite ist es gerade Gegenstand unseres Forschungsvorhabens, die Handhabung und die Akzeptanz durch den Benutzer zu untersuchen. Dabei ist das eigentliche Ziel unserer Programmentwicklung, das System so zu realisieren, daß die Akzeptanz positiv beeinflußt wird.

Pahl, TH Darmstadt:
Ich möchte vielleicht noch ergänzend dazu sagen, daß, wie in diesem Forschungsvorhaben schon angedeutet, wir ja die konventionelle Arbeitsweise des Kontrukteurs möglichst nicht verändern wollen. Wir wollten ihm seinen individuellen Arbeitsplatz auf diese Weise erhalten, wenn das wirtschaftlich möglich und zweckmäßig ist. Wenn er einen Arbeitsplatz hat, an dem er solche Dinge anheftet und an denen er am nächsten Tag weiterarbeiten möchte, kann er das tun. Das System hat außerdem den Vorteil, daß er sie abnehmen kann, und er kann das Menue, welches Sie dort haben, ebenfalls zu jedem Zeitpunkt des Arbeitens auswechseln und durch ein anderes Menue ergänzen oder kompletieren. D.h. wenn eine sogenannte Schicht vorbei ist und eine zweite Schicht würde sich dann anschließen, könnte der Arbeitsplatz auch ohne Schwierigkeiten geräumt und auch im Inhalt verändert werden, nur durch entsprechende Befehle.

Fleßner, Univ. Hamburg, Sitzungsleiter:
Ich habe selbst eine Reihe von Fragen, weil ich auch von unserem Tagungschef gebeten wurde, solche vorzuhalten. Die muß ich nun unterdrükken. Ich bedauere sehr, daß die Diskussion jetzt abgebrochen werden muß oder höchstens noch ein oder zwei Fragen zuläßt. Noch zwei bitte.

Eckert, MBB, München:
Es ist nicht so sehr eine Frage, mehr eine Feststellung, damit der Standort der Kosten gefunden werden kann. Wir haben 138 graphisch interaktive Bildschirme bei MBB. Der Bildschirm kostet typisch 100.000 DM

mit Neigung, billiger zu werden. An diesem Bildschirm, typisch IMB 3250 oder ADAGE 4250, arbeiten Konstrukteure nicht schichtweise, sondern in eingeteilten Stundenabschnitten. Die Konstrukteure arbeiten normal am Reißbrett und geben dann an diesen Bildschirmen ihre Geometrie in den Rechner. Sicher ist an dem System, das wir fahren, einiges auszusetzen, aber die Zahl - 100.000 DM - sollte man sich schon mal merken, so daß man bei einem Arbeitsplatz, der allein einer Person zugeordnet ist, auf niedrigere Investitionskosten kommen muß.

Encarnação, TH Darmstadt:
Ich glaube, daß die Angabe 120.000 DM von Ihnen jetzt ein bißchen hochgespielt wird. Sie wissen alle, wieviel die Bildschirmgeräte gekostet haben und wieviel sie heute kosten. Das Interessante an diesem System ist die Alternative zum klassischen, bildschirmorientierten CAD-Arbeitsplatz. Dadurch wird die gestern geforderte Berücksichtigung der Arbeitsweise des Konstrukteurs von einer neuen Seite, die des Zeichenbretts, in den Vordergrund gestellt. Der Preis wird sicherlich um den Faktor 4 bis 5 in den nächsten Jahren fallen und sollte hier nicht Grundlage der Diskussion sein.

Fleßner, Univ. Hamburg, Sitzungsleiter:
Da bin ich ganz Ihrer Meinung, Herr Encarnação.

Es hat sich auch herausgestellt, daß Anwender im Maschinenbaubereich d a n n bereit sind, einen Preis dieser Art zu akzeptieren, wenn sofort eine verwertbare Produktion, in diesem Falle des geistigen Erzeugnisses, erwartet werden kann. Wenn eine numerisch gesteuerte Werkzeugmaschine normalerweise 600.000 DM kostet und durch Anschluß eines direkt angebauten oder eingebauten Computers für eine NC-Steuerung die Sache um 100.000 DM teurer wird, dann wird für diese eine Anlage der Preis akzeptiert. Hingegen - wenn ich jetzt gleich eine zarte Überleitung zum nächsten Referat machen darf - wenn Sie einem Architekten anbieten, er möge für den Arbeitsplatz 100.000 DM ansetzen, dann wird er dieses nie hinnehmen. Dann sind Preise in der Größenordnung von 30.000 DM häufig schon nicht mehr annehmbar; aber das soll dann gleich zum nächsten Vortrag führen.

Herr Engelken, haben Sie die Absicht, noch ein Schlußwort zu sprechen? Wenn nicht, danken wir Ihnen sehr herzlich.

Schriftliche Ergänzung der Diskussion:

Fleßner, Univ. Hamburg:
Wie gibt der Benutzer des Systems neue Grundkörper ein?

Pahl, Engelken, TH Darmstadt:
Für jeden Grundkörper ist ein Generierungscode in einer Plattendatei abgelegt. Er enthält die Informationen, welche Geometrieelemente (Punkte, Richtungsvektoren, Kanten, Flächen) in welcher Reihenfolge erzeugt werden müssen. Die Einführung eines neuen Grundkörpers erfolgt derzeit durch Eintragen des entsprechenden Codes in die Datei mit dem Editor des Betriebssystems. Ein komfortables Editorprogramm, das die Möglichkeiten des Arbeitsplatzes nutzt (Menütechnik, Dialogführung), ist in Arbeit.

Fleßner, Univ. Hamburg:
Können Sie den Begriff "Wirkfläche" beschreiben?

Pahl, Engelken, TH Darmstadt:
Eine Wirkfläche kann verstanden werden als die Stelle, an der und durch die das physikalische Geschehen zur Wirkung kommt, welches die Funktionserfüllung realisiert.

Fleßner, Univ. Hamburg:
In Ihrem Referat haben Sie die beiden Begriffe "Positionspunkt" und "Lagepunkt" verwendet. Wie berücksichtigt man beim Arbeiten mit dem System diese beiden verschiedenen Definitionen?

Pahl, Engelken, TH Darmstadt:
Positionspunkt und Lagepunkt sind auf den Menüfeldern unterschiedlich gekennzeichnet. Sie werden beim Plazieren von Teilen verwendet. Dabei muß der Positionspunkt ortsrichtig angetastet oder eingegeben werden, während Lagepunkte nur die Ausrichtung des Teils im Raum angeben. Ihr Abstand zum Positionspunkt ist beliebig.

Fleßner, Univ. Hamburg:
Können Sie etwas über Reaktionszeiten beim grafischen Dialog sagen?

Pahl, Engelken, TH Darmstadt:
Die Reaktionszeiten hängen zum einen von der Art der auszuführenden Manipulation und dem Umfang etwa erforderlicher Anpaßoperationen ab, zum

anderen vom Identifikationsaufwand. Dieser ist bei uns gering, da die Geometrieelemente teilebezogen miteinander verkettet sind und der Benutzer bei jeder Manipulation das Teil benennen muß. So liegen z.B. bei flächenorientierten Manipulationen wie Aufteilen einer Mantelfläche, Verändern eines Querschnitts, Erzeugen einer Fase die Antwortzeiten bei 1 - 2 sec. Die Angabe absoluter Zeiten erscheint mir aber nicht sinnvoll, da diese sehr stark durch die Hardware beeinflußt werden und wir bei der Systementwicklung bewußt die Festlegung auf einen Rechner vermieden haben.

Fleßner, Univ. Hamburg:
Ist die Berücksichtigung von Zusatzeingaben wie "Oberflächen-Behandlung", Schraffuren etc. mit dem System möglich bzw. später vorgesehen und wie werden diese Konstruktions- oder Zeichnungsmaßnahmen im Dialog aktiviert?

Pahl, Engelken, TH Darmstadt:
Die Eingabe von Passungen, Toleranzen, Bearbeitungszeichen und Schweißzeichen wurde gemeinsam mit der interaktiven Bemaßung realisiert. Alle diese Zusatzelemente werden menügesteuert in die Zeichnung eingebracht. Die Eingabe von Schraffuren erfolgt nach einer Schnittbildung durch das Kommando "Schraffiere Teil, Schraffurweite =, Schraffurwinkel =". Alle Schnittflächen eines Teiles werden dann bei der nächsten Zeichenausgabe automatisch einheitlich schraffiert.

Fleßner, Univ. Hamburg:
Benutzen Sie die im Maschinenbau üblichen Konstruktionsverfahrensweise "Varianten-Konstruktion"? Wenn ja, wie sieht dann die Arbeit an Ihrem Arbeitsplatz aus bei Verwendung evtl. vorgesehener Bauteil-Kataloge?

In unserem Arbeitsbereich haben auch wir festgestellt, daß das flächenorientierte Manipulieren an Konstruktions-Elementen weniger Programmier- und auch Arbeitsaufwand in der Praxis benötigt als das additive/subtraktive Verknüpfen von Grundkörpern. Ausnahmen sind jedoch komplizierte Körperformen, die man kaskadenartig über Vervielfältigung von Grundkörpern entwickeln kann. Beispiel: aus Quadern Wandelemente mit Öffnungen, aus diesen Gebäudeteile, aus diesen Gebäude und aus diesen schließlich mehrere Gebäude.

Pahl, Engelken, TH Darmstadt:
Die Variantenkonstruktion wird durch die Möglichkeit, Makros zu definieren, unterstützt. Auch Baugruppen können als Makros definiert sein. Ma-

kros werden in der Regel über ihren Namen abgerufen. Für häufig verwendete Teile (Normteile, Wiederholteile, Teile aus Katalogen) werden eigene Menüfelder vorgesehen, so daß diese Teile dann durch Antasten des Menüfeldes abgerufen werden können. Liegt ein solches Makro vor, kann grundsätzlich über Ähnlichkeitsbezeichnungen eine geometrisch einheitliche oder halbähnliche Variante vom System erzeugt werden. Der letztere Programmteil muß hinsichtlich Benutzerkomfort noch überarbeitet werden.

EINE METHODE ZUR DREIDIMENSIONALEN GEOMETRISCHEN MODELLIERUNG VON GEBÄUDEN

Ch. Riepl

Institut für Bauökonomie der Universität Stuttgart

ZUSAMMENFASSUNG

Die Grundlage für die Eingabe der geometrischen Gebäudeinformation in den Rechner ist ein Modell des Grundrisses. Dieses besteht aus einem planaren Graphen, dessen Kanten mit einem Gebäudeelementcode markiert sind. Knoten und Kanten besitzen Attribute, die bestimmte geometrische Eigenschaften der Gebäudeelemente beschreiben. Eine erste automatische Modellierungsfunktion über der Linienstruktur des Graphen erzeugt eine zweidimensionale polygonale Grundrißstruktur. Die zweite Funktion über den Polygonen erzeugt durch vertikale Verschiebeoperationen ein dreidimensionales Modell des Gebäudes.

EINLEITUNG

Wenn wir Aart Bijl /10/ bei seinen Reflexionen über die Entwicklung und die Auswirkung von Informationsaufzeichnung und -verarbeitung im allgemeinen und in der besonderen Arbeitsweise von Architekten folgen, dann ist die Zeit vorbei, in der es angemessen war, darüber zu spekulieren, ob Rechner gut oder schlecht für Architekten seien. Der Umbruch ist eingetreten, CAAD (Computer-Aided Architectural Design) beginnt, in ein Stadium der Reife zu treten. Dennoch gibt es auf dem CAAD-Sektor noch viele nicht befriedigend gelöste Probleme oder gute Einzellösungen sind noch nicht integriert. Der hier vorgestellte Beitrag ist eine Studie zum Teilproblem "dreidimensionales Gebäudemodell" für CAAD-Anwendungen.

Veröffentlichungen der letzten Jahre zeigen, daß geometrisches Modellieren als Methode und geometrische Modelliersysteme als Komponenten von CAD-Systemen ein wachsendes Interesse finden, /6/, /51/, /69/ und die Ausgabe vom März 1982 der IEEE-Zeitschrift "Computer Graphics and Applications" /23/ über Solid Modelling sind signifikante Illustrationen dieser Tatsache. Die Analyse dieser und anderer Veröffentlichungen zeigt einen bereits gut entwickelten Stand der Techniken und der Anwendungen des geometrischen Modellierens im Maschinenbau und den verwandten Ingenieurdisziplinen (Automobilbau, Flugzeugbau, Schiffbau), jedoch nicht so sehr in der Architektur. Die Gründe dafür sollen hier nicht erörtert werden, /24/, das Vorwort von /26/ und auch /10/ diskutieren diesen Umstand.

Aber auch auf dem Anwendungsgebiet Architektur/Bauwesen zeugt die Literatur über den Rechnereinsatz in Entwurf, Planung, Konstruktion und Fertigung, wie in unterschiedlicher Intensität und Zielsetzung das Problem der dreidimensionalen Modellierung des Objekts Gebäude Eingang in die unterschiedlichen Ansätze, Entwicklungen, Programme, CAAD-Systeme gefunden hat. Die Systematisierung dieser Vielfalt ist schwierig, der nachfolgende Versuch einer Ordnung nach inhaltlichen und/oder formalen Kriterien ist ganz vorläufig und pragmatisch am vorgefundenen Material und jeweiligen Beitrag zum Modellierungsproblem orientiert. Die Auswahl ist subjektiv und unvollständig; sie sollte aber genügen, um dem Wunsch nach Vertiefung ausreichende Anhaltspunkte zu bieten.

GEBÄUDEMODELLIERUNGS- UND BESCHREIBUNGSKONZEPTE

Die angeführten Arbeiten beziehen sich zum Teil nur mittelbar auf Probleme der geometrischen Modellierung von Gebäuden im engeren Sinn. Das hängt mit den unterschiedlichen methodischen Ansätzen zusammen, die aus den spezifischen Aufgaben bei Gebäudeentwurf und -planung resultieren. Ein Gebäude ist allein geometrisch durch die Anzahl und Kombination seiner Einzelteile ein komplexes Gebilde, das durch Hinzufügen der Funktionen, die es zu erfüllen hat, zusätzlich an Komplexität gewinnt. Vor diesem Hintergrund ist es keine verwunderliche Feststellung, daß ein allgemein akzeptierbares, allen Entwurfs- und Konstruktionsaufgaben entsprechendes integriertes Gebäudemodell nicht existiert, nicht einmal für die reine dreidimensionale Geometrie. Es gibt aber viele Modellierungskonzepte, die jeweils bestimmte Sachverhalte ausgearbeitet haben und die mit der Gebäudegeometrie, sowohl der zwei- als auch der dreidimensionalen, so zusammenhängen, daß sie im Kontext der geometrischen Gebäudemodellierung beachtet werden sollten.

1. Geometrische Grundlagenstudien

Die Arbeiten von March und Steadman /59/, /60/, verfolgen das Ziel, bestimmte mathematische Theorien (Kombinatorik, Mengentheorie, Graphentheorie) für die Beschreibung der gebauten Umwelt zu untersuchen. Neben anderem wird in /60/ der von Brooks et al. /17/ entwickelte polare Graph zur Beschreibung von Rechteck-Zerlegungen für die Beschreibung von Gebäudegrundrissen verwendet. Über den polaren Graphen berühren sich zwei weit auseinander liegende Gebiete wie Grundrißplanung und Entwurf integrierter Schaltungen (z.B. /16/, /88/) im gemeinsamen Parkettierungsproblem. Teague /81/ hat das ebene Beschreibungssystem des polaren Graphen für den dreidimensionalen Fall der Packung von Quadern (d.h. Räumen im Sinn der Architektur) zu erweitern versucht.

2. Shape Grammars

Shape Grammars /78/ greifen die Konzepte der formalen Sprachen auf, um Sprachen für zwei- und dreidimensionale räumliche Muster zu definieren.

Während die Grammatik einer formalen Sprache über einem Zeichenalphabet definiert ist, und die generierte Sprache aus Zeichenfolgen besteht, ist eine Shape Grammar über einem Alphabet geometrischer Formen definiert und sie erzeugt eine Sprache von Formen. Sowohl die generierenden (Entwurfsproblem) als auch die analysierenden (Beschreibungsproblem) Eigenschaften formaler Grammatiken werden in architekturbezogenen Studien von Shape Grammars benutzt. Als Beispiele für derartige Arbeiten seien /37/, /79/, /80/ genannt.

In diesen Kontext der Erarbeitung formalisierter Beschreibungsweisen von räumlichen Anordnungen in der Architektur gehören auch /25/, /27/, /40/, /53/, /64/.

3. Architektur-Objekte und räumliche Geometrie

Die Veröffentlichungen /32/ und /33/ aus einem Forschungsvorhaben über mathematische Grundlagen für das rechneruntersützte Konstruieren und Darstellen von Architektur-Objekten untersuchen systematisch den Vorgang der Modellbildung und die Struktur der geometrischen Beschreibung der Modelle. Dabei wird der Begriff des hierarchischen Modellgefüges entwickelt; /34/ informiert über eine Implementation dieses Ansatzes.

In diesen Zusammenhang gehört auch die Darstellung der Implementation einer Datenstruktur für Gebäude /1/. Die Modellierung der Objektgeometrie, verbunden mit Fragen der Speicherungstechniken sind Gegenstand von /31/ und /68/; die beiden Arbeiten sind jedoch an den Grundrissen, d.h. zweidimensional orientiert.

4. Systemtheorie, formale Beschreibung, Datenbank

Unter diesen Stichworten werden Arbeiten subsumiert, die der Tendenz nach sehr allgemeine formale Beschreibungsmodelle für Bauobjekte entwickeln und das gleichzeitig mit dem Problem der Datenbank bzw. einem Datenbankmodell verbinden. /52/ stellt ein sehr abstraktes, systemtheoretisches Konzept vor. Hübler /46/, /47/ entwickelt Datenstrukturen und befaßt sich mit der rechnerinternen Darstellung durch ein Datenbanksystem. Almers gibt in seinem Beitrag /4/ die sehr knappe Darstellung einer Systemkonzeption, wobei Details zur Modellierung der Geometrie und zur Darstellung von Grundrißzeichnungen gestreift werden. Phillips et al. /67/ diskutieren theoretisch die Eigenschaften eines Modellierungssystems, das geometrische Informationen und Relationen in der Art einer relationalen Datenbank handhaben soll.

5. Spezifische Objektfunktionen
Hier beschränkt sich die Modellierung der Gebäudegeometrie allein auf diejenigen Elemente, die für die rechenintensive Analyse spezifischer Gebäudefunktionen notwendig sind. Hawkes /43/ und Hawkes/Stibbs /44/ modellieren die Gebäudeform für die Analyse von natürlicher und künstlicher Lichtverteilung, des thermischen Verhaltens und der akustischen Bedingungen. In komplexen geometrischen Modellen, wie sie in den weiter unten (Absatz 6.) erwähnten CAAD-Systemen enthalten sind, lassen sich die Submodelle für derartige Teilanalysen automatisch extrahieren.

6. Systemvergleichende Darstellungen, integrierte CAAD-Systeme
Zunächst muß hier die Monographie von Mitchell /61/ genannt werden, die eine Vielzahl von Ansätzen zur Beschreibung von Gebäudegeometrie und -topologie darstellt. In /62/ haben Mitchell/Oliverson den Rahmen der Betrachtung über gebäudebezogene Systeme hinaus auf den gesamten Bereich der Ingenieurdisziplinen ausgedehnt. Die Studie berichtet die Ergebnisse einer Grundlagenuntersuchung zur Auswahl einer rechnerinternen Darstellung von dreidimensionalen Strukturen für das Computer-Aided Engineering and Architectural Design System (CAEDS). CAEDS ist nach Eastman /28/ wahrscheinlich die zur Zeit anspruchsvollste Anstrengung in den USA, ein umfassendes CAAD-System für die Gebäudeplanung zu entwickeln. Zwei ergänzende Veröffentlichungen sind /18/ und /28/.

Die Studie von Bijl et al. /11/ vergleicht mehrere integrierte CAAD-Systeme, um die gemeinsamen Eigenschaften und Arbeitsweisen zu identifizieren. Naturgemäß werden dabei auch die Möglichkeiten der Systeme zur Modellierung der Gebäudegeometrie vergleichend betrachtet. Die wichtigen Systeme werden nachfolgend erwähnt und zusätzliche Literatur mit Inhalten zur Handhabung und Verarbeitung geometrischer Information wird angegeben:

- CEDAR (Computer-Aided Environmental Design Analysis and Realisation) wird seit 1969 in drei Phasen unter Förderung durch das Department of Environment, UK, entwickelt. /82/ ist ein Anwendungsbericht, /77/ ist ein technischer Bericht mit Einzelheiten zur Speicherung von geometrischer Information, die nach der räumlichen Lage indiziert ist.

- OXSYS (Oxford System), dessen erste Fassung 1971-74 entwickelt wurde, ist ein integriertes CAAD-System für orthogonale Geometrie und elementierte Bausysteme für die Planung sehr großer Bauvorhaben (Krankenhäuser, Schulzentren). Richens gibt in /70/ eine Systembeschreibung, Hoskins /45/ behandelt die Modellierung der Gebäudegeometrie in OXSYS.

- BDS (Building Description System) und GLIDE (Graphical Language for Interactive Design) sind zwei aufeinander folgende Systeme zur Beschreibung komplexer, nichtorthogonaler Gebäude. Sie wurden an der Carnegie-Mellon University, Pittsburgh, USA, entwickelt, /14/, /29/, /30/, /48/, /84/ stellen einen Ausschnitt aus dem BDS/GLIDE-Veröffentlichungsspektrum mit Einzelheiten zur geometrischen Modellierung dar.

Die Modellierung der Gebäudegeometrie von zweigeschoßigen Wohnhäusern in einem integrierten CAAD-System speziell für diese Bauaufgabe ist in /12/ und /13/ beschrieben.

7. Eingabe, Manipulation, Ausgabe von Architekturmodellen

Bei jedem geometrischen Modelliersystem stellt sich die Frage, wie die notwendige Information in den Rechner eingegeben wird, /3/, /35/, /73/ demonstrieren Lösungen für dieses Problem. /54/ und /57/ befassen sich mit der Rekonstruktion dreidimensionaler Geometrie aus zweidimensionalen Projektionen unter Benutzung von a priori Information über die Objekte zur Lösung der Mehrdeutigkeiten. Aish /2/ und Frazer/Frazer /38/ versuchen, mit Modellbaukastensystemen die Eingabeprobleme zu vereinfachen.

Die Strukturierung oder Musterung der im allgemeinen ausdruckslosen Oberflächen der rechnergenerierten Architekturmodelle wird in /36/, /63/, /86/, /87/ behandelt.

8. Anwendungen

Geometrisches Modellieren im Zusammenhang von mehr anwendungsorientierten Darstellungen ist den Beiträgen von Rogers /74/, /75/ von Kramel/Rogers /50/, von Greenberg /41/ und Beacon/Boreham /8/ zu finden. Eine Veröffentlichung aus der Praxis eines Architekturbüros ist /39/.

9. Bauingenieurwesen

Auch auf diesem Anwendungsgebiet sind CAAD-Systeme und Modellierungskonzepte für unterschiedliche Bauaufgaben entwickelt worden. Einige wenige Beispiele sollen darauf hinweisen: Für den Stahlbau beschreiben /9/, /65/, /66/ CAAD-Systeme für Konstruktion und Fertigung. /58/ und /83/ sind Berichte über geometrische Modellierungstechniken aus einem CAAD-System für Entwurf und Konstruktion von Fertigteilen. Ein System zur geometrischen Modellierung von Objekten des konstruktiven Ingenieurbaus beschreibt Bubenheim in /19/, /20/, /21/, /22/.

EIN 3D-MODELLIERUNGSSYSTEM FÜR GEBÄUDE

Der grundlegende Gedanke ist, daß ein dreidimensionales Modell des Gebäudes eine außerordentliche Verstärkung der Problemlösungskapazität des Entwerfers bzw. des Entwurfsteams für viele Aufgaben bedeutet (/15/, /55/, /56/). Die Aufgaben, die im Institut für Bauökonomie besonders interessieren, sind die automatische Ermittlung der Mengen der Bauelemente für den Prozeß der Kostenplanung und der Kostenkontrolle, einschließlich der Energiekosten für Heizung während einer festgelegten Lebensdauer des Gebäudes.

Drei Gedanken leiteten die Entwicklung des hier vorgestellten Modellierungssystems:

1. Das System sollte eher geeignet sein, Entwurf und Konstruktion der von Rosenthal /76/ sogenannten rationalisierten traditionellen Bauweisen zu unterstützen als ein rastergebundenes, modularisiertes Bausystem.
2. Der Grundriß als das traditionell zentrale Kommunikationsmedium der Architekten beim Entwurf sollte die Basis für die rechnerinterne Gebäudebeschreibung sein. Der Maßstabsbereich sollte sich von 1:200 bis 1:100, unter Umständen bis 1:50 bewegen.
3. Die Eingabe in den Rechner sollte dem Grundriß angepaßt und im Datenaufwand so gering wie möglich sein.

ÜBERSICHT ÜBER DAS MODELLIERUNCSSYSTEM

Das System besteht zur Zeit aus vier Programmen, die den vier Teilfunktionen entsprechen, in die das Gesamtproblem zerlegt wurde.

1. Das Programm GEBES übernimmt die vom Benutzer erstellte Beschreibung einer Gebäudegeometrie als Eingabe und speichert sie in einer Datenstruktur. GEBES prüft die Eingabedaten auf syntaktische und semantische Fehler und auf Konsistenz. Weil die zur Verfügung stehende Hardware über keine graphische Eingabenmöglichkeit verfügte, wurde die hochspezialisierte Anwendungssprache GRIBS für die Grundrißbeschreibung /71/, /72/ entwickelt. Ein dezidiert formalsprachlicher Ansatz, wenngleich mit einem anderen Modellierungskonzept, wird von Yessios /85/ vorgestellt.
2. Das Programm GRURIS wertet die von GEBES erzeugte Datenstruktur aus und erzeugt eine zweidimensionale Struktur, deren graphische Darstellung einem schematisierten Grundriß entspricht.
3. Das Programm KSCHNITT generiert aus den 2D-Daten von GRURIS die 3D-Modelle. Weiterhin kann es entsprechend den Angaben des Benutzers beliebige vertikale Schnitte durch das Gebäude legen.

4. Visualisierungsprogramme für Zentralprojektion, orthogonale und schräge Parallelprojektion mit Entfernung der nicht sichtbaren Kanten liefern die graphische Ausgabe der 3D-Modelle auf einem graphischen Bildschirm und dem Plotter.

Alle Programme sind in Fortran IV geschrieben, und es werden nur sequentielle Files verwendet. Der Code umfaßt ca. 10 000 Zeilen (einschließlich der Kommentare), untergliedert in vier Hauptprogramme und ca. 130 Unterprogramme. In /7/ sind einige weitere technische Einzelheiten zum Programmsystem enthalten.

MODELL DES GRUNDRISSES

Um den Datenaufwand bei der Erfassung der Grundriß- und Gebäudegeometrie möglichst gering zu halten, werden nicht alle Linien des Grundrisses, die Wände, Türen und Fenster in ihren tatsächlichen Ausdehnungen zueinander abbilden, in den Rechner eingegeben. Die Eingabe besteht aus einer Abstraktion, einem Modell des Grundrisses. Einige wichtige Anregungen für diesen Ansatz kamen aus der Beschreibung eines integrierten CAAD-Systems /42/, das ebenfalls Techniken der Eingabe von Linienstrukturen und der Erzeugung und Spezifizierung von Polygonen verwendet.

Das Modell des Grundrisses kann in einer anschaulichen Weise als dessen Linienskizze angesehen werden. Diese Linienskizze kann aber auch als die bestimmte Einbettung des planaren Wandgraphen in die Ebene interpretiert werden. Bei dieser formal strengeren Sichtweise gewinnt man ein mathematisches Modell des Grundrisses. Wegen der Mehrdeutigkeit der zeichnerischen Repräsentation eines Graphen ist es jedoch notwendig, immer von einer bestimmten Einbettung zu sprechen, weil diese die Grundrißgeometrie abbildet.

Alle Kanten des Graphen werden mit einem Bauelementcode markiert, der die Art des Elements charakterisiert, z.B. Wand, Tür, Fenster. Fußboden bzw. Decke sind durch geschlossene Kantenzüge definiert, denen auch Löcher für den Treppendurchlaß, Kamine oder Schächte zugeordnet werden können. Weiterhin besitzen die Kanten Attribute, die geometrische Eigenschaften der Bauelemente (Parameter der Bauelemente) beschreiben, z.B.:

- Wand : Höhe (H), Dicke (D)
- Fenster: Brüstungshöhe (B), Höhe der Öffnung (H)
- Tür : Höhe der Öffnung (H)
- Decke : Dicke der Deckenplatte (DD),
Höhe über dem Fußboden (H)

Diese Attribute liefern diejenige Information, die notwendig ist, um zusammen mit der geometrischen Information der Grapheneinbettung die 3D-Gestalt der Bauelemente zu konstruieren. Die geometrische Information des Graphen besteht aus den Knotenattributen. Knotenattribute sind die 2D-Koordinaten ihrer Grundriß-Urbilder. Bild 1 zeigt an einem Beispiel den Zusammenhang der 3D-Gestalt eines Bauwerks, dem Graphenmodell und der Bedeutung der Bauelementparameter. Für die relative Lage der Graphenkanten zur tatsächlichen Ausdehnung der Bauelemente gelten folgende Regeln:

1. Bei Wänden liegen die Graphenkanten entweder am Rand oder zentriert zur Querschnittsfläche der Wand im Grundriß.
2. Bei Fußboden/Decke liegen die Kanten auf dem äußeren Umfang und bei Löchern auf dem Lochrand.

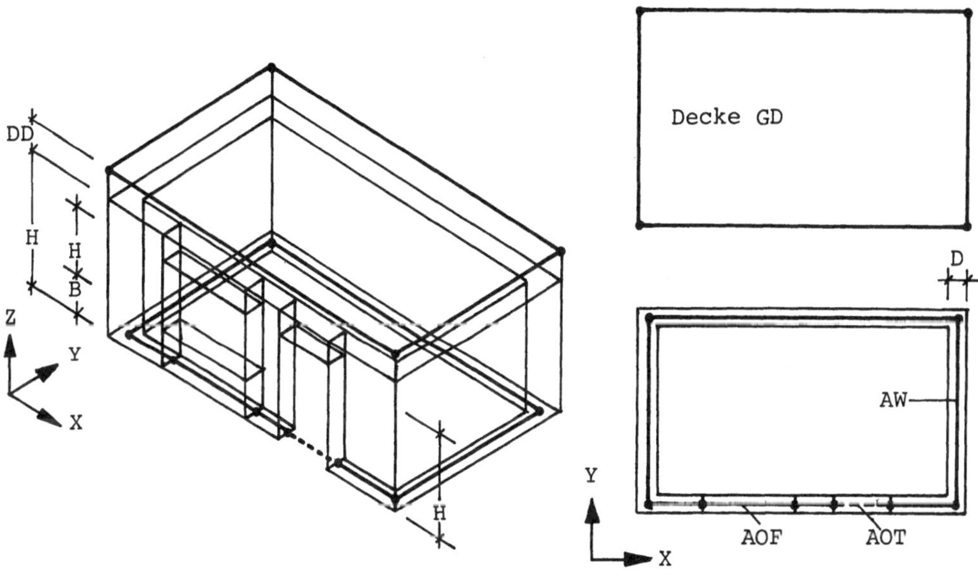

Bild 1: Graphenmodell, Bauelement-Parameter und 3D-Modell der Gebäudeform

Bild 2 zeigt die GRIBS-Anweisungen, die den Grundrißgraphen aus Bild 3 beschreiben.

Zeile 10 gibt dem Programm GEBES das Kommando, GRIBS-Anweisungen zu lesen. Zeile 20 definiert die Einheit der Knotenkoordinaten, hier Millimeter. Zeile 30 eröffnet eine Grundrißbeschreibung mit dem Namen des Plans (UG) und den Koordinaten des Planreferenzpunkts. Die Zeilen 40 und 50 definieren die lichte Raumhöhe und die Geschoßhöhe einschließlich

```
010 11
020 1000
030 PLAN=UG,START 1000 1000
040 VLH=2.35
050 VGH=2.55
060 WANS=ZZ
070 AW     QP 1000 1000  *16.80+10.02+16.80+10.02  D=0.24  H=2.35
080 IW     QP 4540 1000  +0.0*10.02
090 IW     QP 7780 1000  +0.0*10.02
100 IW     14500  1000  14500  7525    D=0.24  H=2.35
110 IWW.1   7780  3340  14500  3340  D=0.12  H=2.35
120 IW     11020  1000  11020  3340  D=0.24  H=2.35
130 IWW.1   9940  1000   9940  3340  D=0.12  H=2.35
140 IWW.2   1000  5195   4540  5195  7780 5195  D=0.15  H=2.35
150 IWW.1   7780  4475  14500  4475             D=0.12  H=2.35
160 IWW.3 14500  4425  17800  4425  D=0.05  H=2.35
170 IWW.2 14500  7525  17800  7525  D=0.15  H=2.35
180 AOP.1  2450  1000   3350  1000, 5750 1000   6650 1000  D=0.24  B=1.60  H=0.6
190 AOF.1  8550  1000   9450  1000,10100 1000  10800 1000,12850 1000  13750 1000
200 AOF.1  D=0.24  B=1.60  H=0.6
210 AOF.2  1000  2100   1000  3100, 1000 5480  1000 6480  D=0.24 H=0.6 B=1.60
220 AOF.3 17800  1800  17800  2800,17800 5000 17800 7200
230 AOF.3 17800  8200  17800 10400  D=0.24 H=0.9 B=1.20
240 AOF.4  1120 11020   4420 11020, 7900 11020  10900 11020
250 AOF.4 14380 11020  17680 11020  D=0.24 H=2.30 B=0.0
260 AOT.1 17800  3400  17800  4400  D=0.24 H=2.0
270 IOT.1  4540  1800   4540  2700,14500  4550  14500  5350
280 IOT.1  4540  9500   4540 10400  D=0.24 H=2.0
290 IOT.2  7780  3400   7780  4400  D=0.24 H=2.0
300 IOT.2 14500  3400  14500  4400  D=0.24 H=2.0
310 IOT.3  7780  8000   7780 11020  D=0.24 H=2.35
320 IOT.4  8580  3340   9480  3340,12320  3340  13220  3340 D=0.12 H=2.0
330 IOT.5 10050  3340  10700  3340  D=0.12 H=2.0
340 IOT.6 10050  4475  10950  4475
350 IOT.6 15200  7525  16100  7525  D=0.15 H=2.0
360 IOT.7 15200  4425  16100  4425  D=0.05 H=2.0
370 VIS REW SX=0.24 SY=0.24 LU
380 VSH=2.35
390 IWS 10900 7600  14140 7600
400 *
410 15
```

Bild 2: Beschreibung eines Grundrißgraphen (Bild 3) mit GRIBS

der Decke. Zeile 60 ist die Anweisung zur Definition der relativen Lage von Graphenkanten zur tatsächlichen Querschnittsfläche der Wände. Diese Definition gilt für alle Wände des Plans. Die Zeilen 70 bis 390 enthalten die Beschreibung des Grundrißgraphen. Jede Zeile beginnt mit dem Bauelementcode (ein mnemotechnischer Code), der von Knotenkoordinaten und/oder Bauelementparametern gefolgt wird. Das Komma beendet eine zusammenhängende Folge von Kanten. Zeile 400 markiert das Ende von GRIBS-Anweisungen, die Zeile 410 ist ein Kommando an das Programm GEBES. Eine ausführlichere Beschreibung von GRIBS ist in /71/, /72/ enthalten.

GEBES liest die GRIBS-Statements entweder interaktiv oder als Gesamtheit von einem File. Die Verarbeitung erfolgt durch einen Graphenprozessor /5/ der den Benutzer durch folgende automatische Prüfroutinen

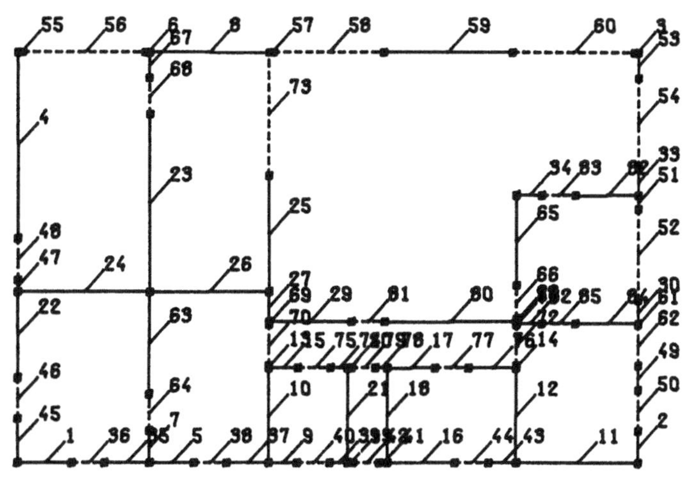

Bild 3: Graphenmodell eines Grundrisses

unterstützt:

1. Elimination von zufällig oder durch "Überschreiben" doppelt eingegebenen Kanten und Knoten.
2. Prüfung auf Konsistenz zwischen eingegebenen und bereits gespeicherten Daten. Das bedeutet vor allem, daß alle Bauelemente einer bestimmten Ausführungsart in ihren Parameterwerten übereinstimmen müssen.
3. Automatische Kontrolle der Planarität des Grundrißgraphen durch Einführen neuer Knoten und Aufteilung sich schneidender Graphenkanten. Die Planarität des Graphen wird als ein wichtiges Kriterium für die spätere Generierung von 3D-Strukturen ohne räumliche Konflikte benutzt.

ERZEUGUNG DES GRUNDRISSES AUS DEM GRAPHENMODELL

Die Eingabefolge von Teilen des Grundrißgraphen ist völlig beliebig. Alle Strukturierungen der Daten (Inzidenztabelle, Adjazenzmatrix), die für die weiteren Prozesse der Erzeugung von 2D- und 3D-Strukturen notwendig sind, werden automatisch von Subroutinen in den jeweiligen Programmen durchgeführt.

Bei der Konstruktion des Grundrisses, wie er in Bild 4 für den Graphen aus Bild 3 gezeigt wird, geht das Programm GRURIS nach folgendem Konzept vor.

1. Es wird ein zusammenhängender Teilgraph gleicher Bauelementklasse und gleicher Höhe gesucht. Die drei Klassen Wand, Fenster oder Tür werden unterschieden.

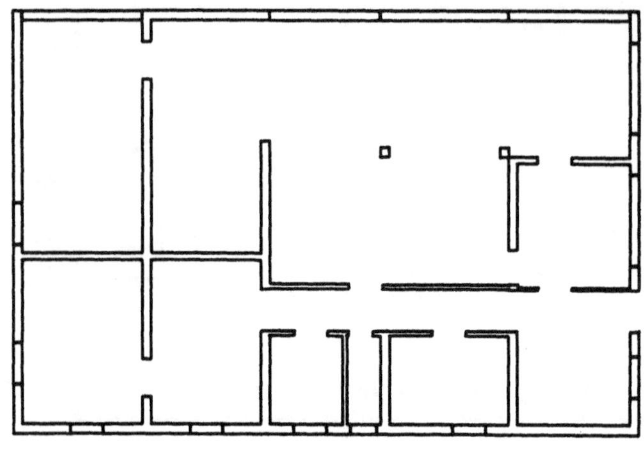

Bild 4: Schematisierter Grundriß des Graphen aus Bild 3

2. Der Teilgraph wird mit Hilfe der Information über die Dicke der Querschnittsflächen der Elemente und der relativen Lage der Graphenkanten zur Querschnittsfläche in ein Polygon umgeformt. Hierbei wird jede Graphenkante zweimal durchlaufen, um jeweils eine Grundrißkante der Bauelementoberfläche zu konstruieren. Öffnungen wie Türen und Fenster und frei endende Wände erfordern eine zusätzliche Behandlung für Stirnkanten.
3. Dieser Prozeß wird wiederholt, bis der gesamte Grundrißgraph abgearbeitet ist.
4. Die Menge der Polygone stellt den Grundriß dar. Die Polygone sind ebenfalls entsprechend der Bauelementklasse des Teilgraphen, von dem sie abgeleitet wurden, markiert.

In Bild 4 ist die polygonale Struktur des Grundrisses deutlich zu erkennen. Es ist zu beachten, daß aus Gründen der besseren Lesbarkeit die Türpolygone in der Zeichnung unterdrückt worden sind.

ERZEUGUNG DES 3D-MODELLS

Das 3D-Modell eines Geschosses wird durch eine vertikale Verschiebeoperation der 2D-Struktur erzielt. Diese Technik der Verschiebung oder Extrusion ist bei der vorherrschenden Gebäudegeometrie naheliegend, sie wird für verschiedene Modellierungssysteme berichtet, /3/, /41/, /73/, /75/. Dabei werden Wände, Fenster und Türen jeweils unterschiedlich behandelt. Bild 5 zeigt die Isometrie des Geschosses nach Bild 4. Bei genauer Betrachtung von Bild 5 erkennt man, daß das 3D-Modell aus

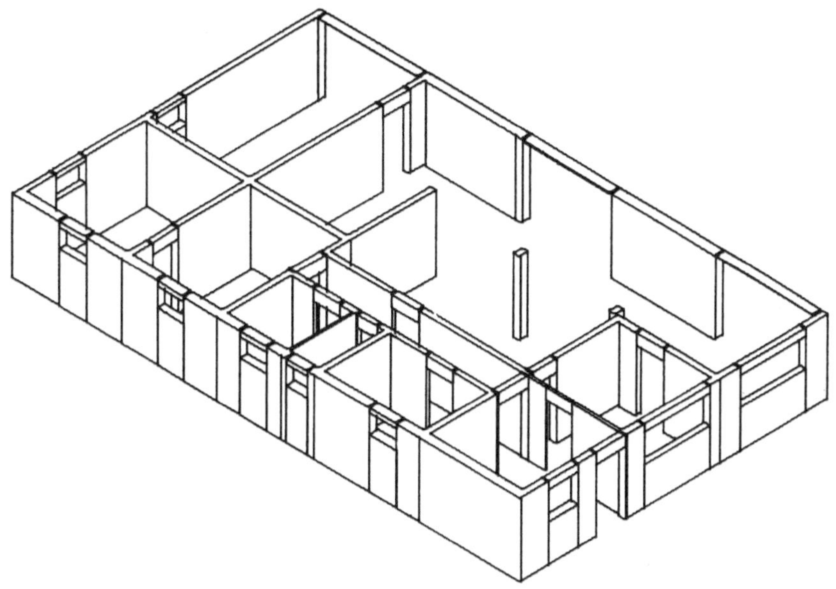

Bild 5: 3D-Modell des Geschosses nach Bild 4

einer Menge einzelner prismatischer Körper besteht. Es ist auch zu erkennen, wie die drei Klassen von Bauelementen, nämlich Wände, Türen und Fenster, unterschiedlich behandelt werden:

1. Bei Wänden wird das Grundpolygon entsprechend der Wandhöhe nach oben verschoben, so daß ein Körper (Volumen) entsteht.
2. Fenster werden durch zwei Körper gebildet, entsprechend den Höhen von Brüstung (B) und Fensteröffnung (H). Mit B=O und H=Wandhöhe können wandhohe Öffnungen konstruiert werden.
3. Bei Türen wird ein Körper konstruiert, der Türsturz, dessen Höhe aus der Differenz von Geschoßhöhe und Höhe der Türöffnung gebildet wird. Auch hier kann eine wandhohe Öffnung gebildet werden.

Aus Gründen der schnellen und einfachen Berechnung wird das 3D-Modell als ein relativ unstrukturiertes Flächenmodell erzeugt. Die Qualität der 3D-Daten (vgl. /7/) ist jedoch so, daß durch ein Programm automatisch die Flächenmodelle der einzelnen Körper in Volumenmodelle umgeformt werden können.

VERTIKALER GEBÄUDESCHNITT

Die skizzierte Methode der Generierung von 3D-Modellen erlaubt eine einfache Lösung für das Problem des vertikalen Gebäudeschnittes. Das soll an einem Beispiel demonstriert werden. Bild 6 zeigt einen Grundriß, wobei der Benutzer interaktiv am graphischen Bildschirm ein sogenanntes Schnittpolygon über den Grundriß gelegt hat. Ebenfalls enthält

Bild 6 das Ergebnis, das aus der Bildung des Durchschnitts von Schnittpolygon und Grundrißpolygonen entsteht. Mit einer Funktion, die dem

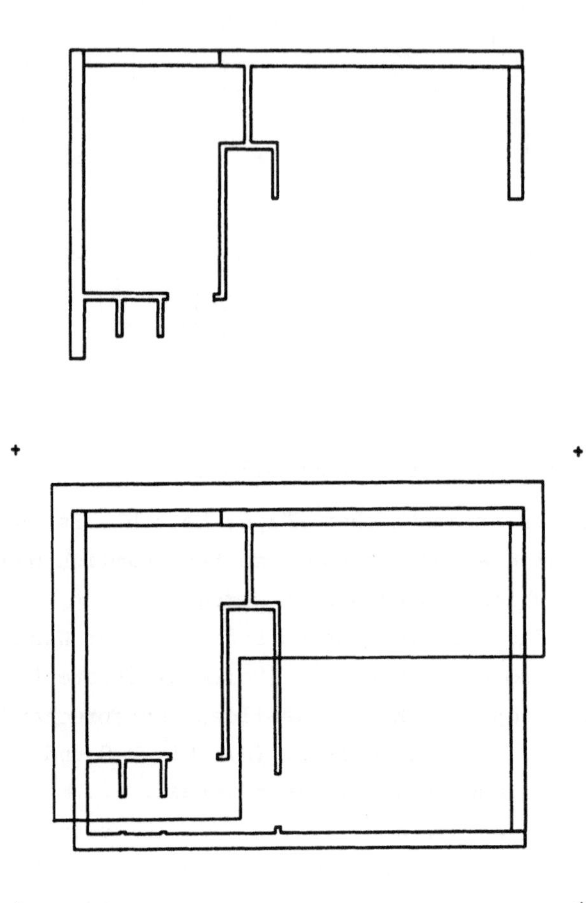

Bild 6: Grundriß mit Schnittpolygon und geschnittener Grundriß

Sinn nach der in /69/ behandelten regularisierten Mengenoperation entspricht, werden die Grundrißpolygone auf Wohlgeformtheit überprüft. Wenn auf die verbleibenden Restpolygone wieder die Operationen für die Generierung von Körpern angewendet werden, entsteht das geschnittene 3D-Modell in Bild 7. Das Gebäude, von dem Bild 7 nur das zweite Obergeschoß darstellt, ist in Bild 8 mit einem vertikalen Schnitt dargestellt.

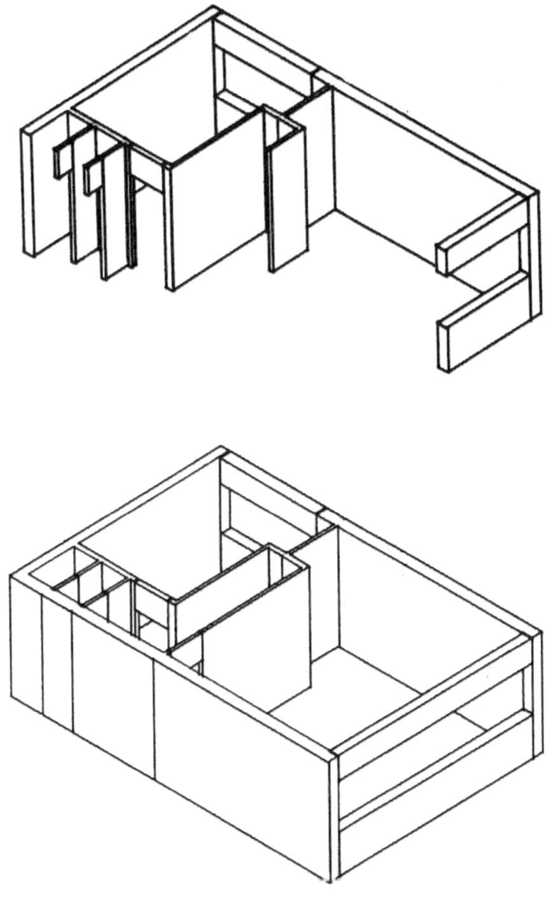

Bild 7: Vollständiges und geschnittenes 3D-Modell eines Geschosses

GENERIERUNG KORREKTER 3D-MODELLE

Es gibt ein weiteres interessantes Detail der dargestellten Modellierungstechnik: Ein Graphenmodell des Grundrisses, das folgende Bedingungen erfüllt, erzeugt ein in jedem Fall gültiges 3D-Modell:

1. Der Graph muß zusammenhängend sein.
2. Der Grad der Knoten muß ≥2 sein.
3. Für die Wanddicken D muß gelten: D<<DIST, wobei DIST der Abstand von Graphenkanten ist.

Es entstehen dann nur Polyeder, die dem Eulerschen Polyedersatz genügen und es treten keine räumlichen Überschneidungen von einzelnen Polyedern auf. Dieses Ergebnis ist folgendermaßen begründet:

1. Ein zusammenhängender Graph bedeutet, daß wegen der Planarität

des Graphen keine Überschneidungen von Grundrißpolygonen auftreten.

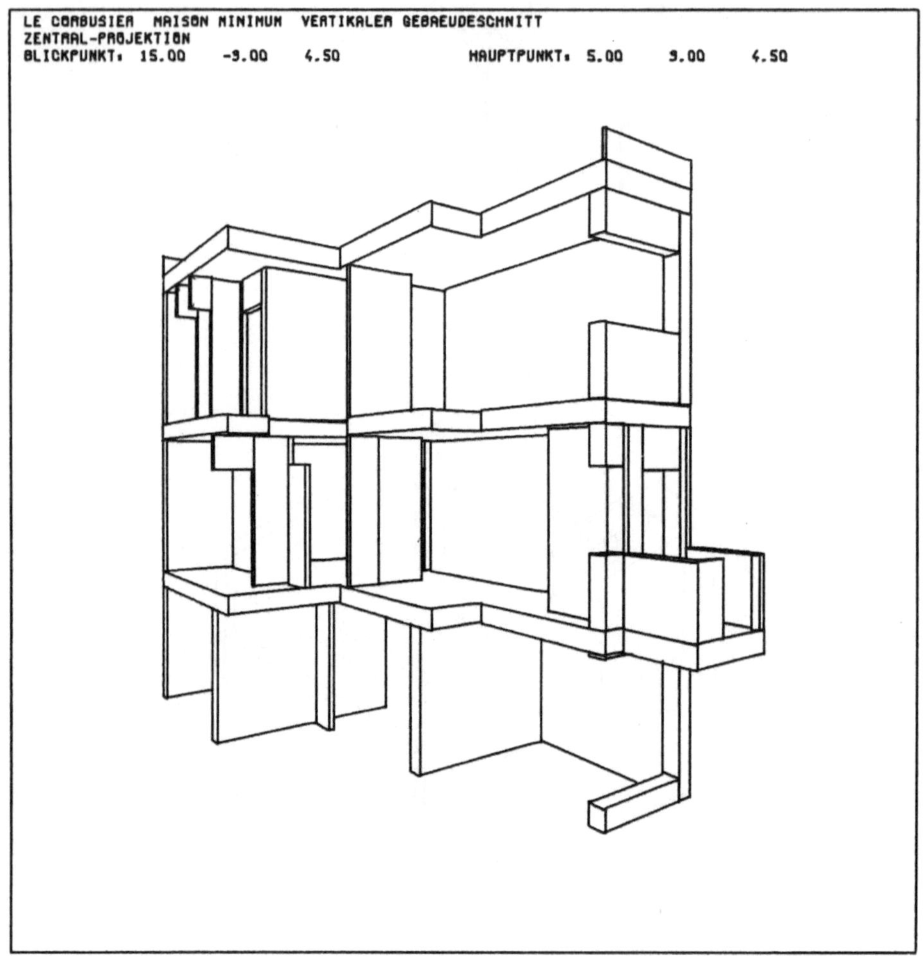

Bild 8: Vertikaler Gebäudeschnitt durch eine Maison Minimum von Le Corbusier (1926)

2. Der Grad von Knoten ≥2 heißt, daß kein Fall nach Bild 9(a) auftreten kann. Der Fall 9(a) bedeutet räumliche Überschneidung der Polyeder, der Fall 9(b) bedeutet keinen räumlichen Konflikt.

3. Die Strategie, separate Polyeder aus Graphenkanten der gleichen Bauelementklasse mit gleichem Höhenattribut zu konstruieren, vermeidet alle räumlichen Konflikte,die aus dem Aneinandergrenzen von Flächen unterschiedlich höher Polyeder entstehen.

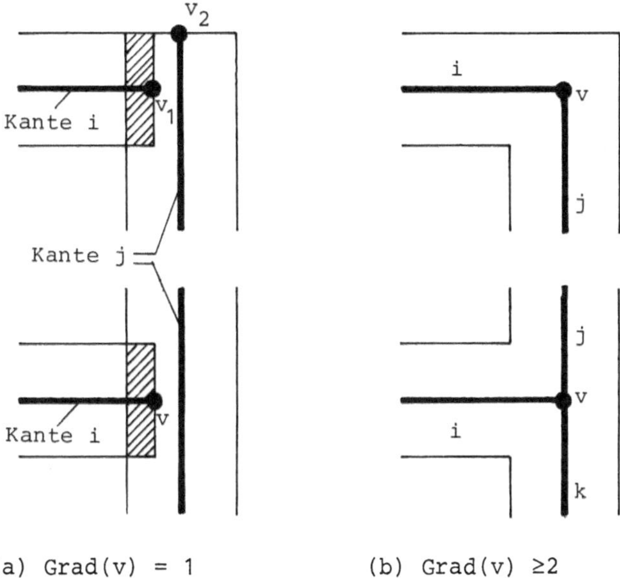

(a) Grad(v) = 1 (b) Grad(v) ≥2

Bild 9: Überschneidung von Grundrißpolygonen

Der Nachteil dieser einfachen Technik besteht in der Erzeugung sehr vieler Polyeder und damit auch sehr vieler Flächen, die zu einem eigentlich nicht notwendigen Speicherbedarf führen. Die Anwendung von Verschmelzungsoperationen oder ein anderes 3D-Generierungskonzept können ein 3D-Modell nach Bild 10 erzeugen. Bei der Verwendung von Graphenmodellen mit Knoten vom Grad 1 muß vor der Generierung der 3D-Modelle die polygonale Grundrißstruktur nach Konflikten der Art von Bild 9(a) durchsucht und deren Lösung im Sinn von Bild 9(b) konstruiert werden. Ein Anwendungsgebiet, in dem derartige Probleme inhärent sind, ist der VLSI-Maskenentwurf; von dort können Lösungstechniken übernommen werden (vgl. z.B. /49/).

SCHLUSSBEMERKUNG

Der Autor dankt Professor H. Küsgen, Direktor des Instituts für Bauökonomie, für die Unterstützung bei der Systementwicklung. Die Arbeit wurde zum Teil von der Deutschen Forschungsgmeinschaft im Rahmen der Sachbeihilfen Ku 374/2 und Ku 374/5 gefördert. Weiterhin ist folgenden Personen zu danken: R. Lehle, M. Oppl, S. Planck, K. Rückschloß, R. Scholze für ihre Unterstützung bei den Programmierarbeiten; Frau E. Beihser-Klima und Frau E. Timmermann für die Schreibarbeiten.

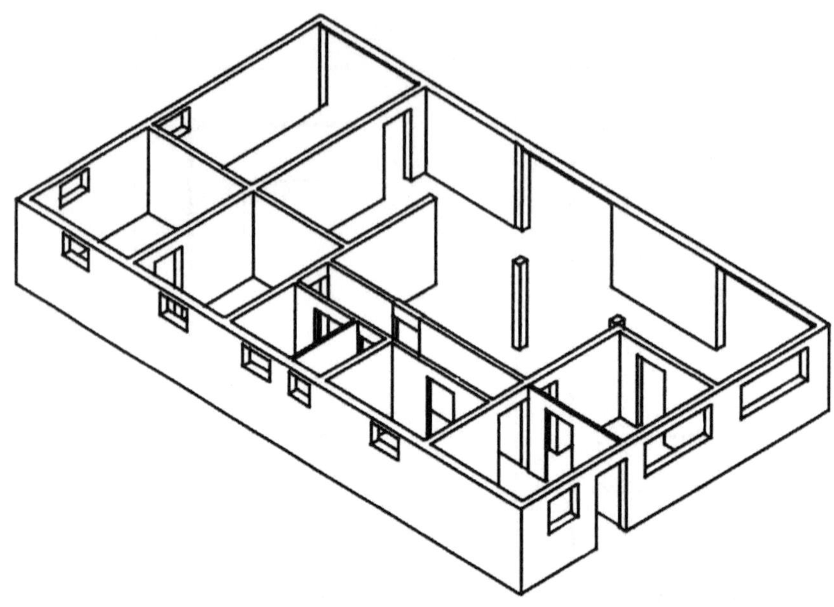

Bild 10: 3D-Modell bei Variation des 3D-Generierungskonzepts

LITERATUR

/1/ Agger, K.: Data-Structures for Function and Geometrical Description of Buildings. CAD76, pp. 87-95.

/2/ Aish, R.: 3D Input for CAAD Systems. Computer-Aided Design 11 (1979) 2, 66-70.

/3/ Allison, H.C., Greenberg, D.P.: The Three-Dimensional Graphical Input Method for Architecture. Proceedings of the 15th Annual Design Automation Conference, 19-21 June 1978, Las Vegas, pp. 133-137.

/4/ Almers, A.: Das Programmsystem GARD zur automatengestützen Beschreibung des Architekturentwurfs. Wissenschaftliche Zeitschrift der Hochschule für Architektur und Bauwesen Weimar 25 (1978) 4, 321-323.

/5/ Amkreutz, J.: Ein Graphenprozessor als Planungs- und Entwurfsinstrument im Bauwesen, in: Mühlbacher, J. (Hrsg.): Datenstrukturen, Graphen, Algorithmen, S. 133-161 (Hanser, München, 1978).

/6/ Bear, A., Eastman, C., Henrion, M.: Geometric Modelling: A Survey. Computer-Aided Design 11 (1975) 5, 253-272.

/7/ Baumgarten, K.M., Gerken, H., Hämmerling, K.P., Riepl, Ch.: Datenverarbeitung für Architekten (Kohlhammer, Stuttgart, 1982).

/8/ Beacon, G.R., Boreham, P.G.: Computer-Aided Architectural Design at Leeds Polytechnic. Computer-Aided Design 10 (1978) 5, 325-331.

/9/ Bertzky, R.: Konstruieren und Fertigen im Stahlbau durch ganzheitliches, rechnerunterstütztes Entwerfen. Dissertation (Fachbereich 14 - Konstruktiver Ingenieurbau, TH Darmstadt, 1978).

/10/ Bijl, A.: The Revolution is here to Stay. Computer-Aided Design 12 (1980) 3, 103-114.

/11/ Bijl, A., Stone, D., Rosenthal, D.: Integrated CAAD Systems (Edinburgh Computer Aided Architectural Design, University of Edinburgh, March 1979).

/12/ Bijl, A., Renshaw, T.,Barnard, D.F.: The Use of Graphics in the Development of Computer-Aided Environmental Design of Two Storey Houses, in: Kusuda, T. (Ed.): Symposium on the Use of Computers for Environmental Engineering Related to Buildings, Washington, 1970, pp. 21-36.

/13/ Bijl, A., Renshaw, T., Barnard, D.F., Wyatt, S., Burney, D.: House Design (Edinburgh University, Architecture Research Unit, December 1971).

/14/ Birnbaum, M., Eastman, C., Henrion, M., Lafue, G., Thornton, R., Weiler, K.: GLIDE Reference Manual (Institute of Physical Planning, Carnegie-Mellon University, Pittsburgh, Pa., October 1978).

/15/ Borkin, H.J., McIntosh, J.F., Turner, J.A.: The Development of Three-Dimensional Spatial Modelling Techniques for the Construction Planning of Nuclear Power Plants. Computer Graphics 12 (1978) 3, 341-347 (SIGGRAPH 78 Proceedings).

/16/ Brinkmann, K.-D.: Parkettierung integrierter Schaltungen mit dem Chip-Netz-Konzept. Fortschritt-Berichte der VDI-Zeitschriften, Reihe 9, Nr. 8 (VDI-Verlag, Düsseldorf, 1978).

/17/ Brooks, R.L., Smith, C.A.B., Stone, H.A., Tutte, W.T.: The Dissection of Rectangles into Squares. Duke Mathematical Journal 7 (1940) 312-340.

/18/ Bryant, D.A., Dains, B.R.: Models of Buildings in Computers: Three Useful Abstractions. Industrialization Forum 8 (1977) 2, 9-14.

/19/ Bubenheim, H.J.: MENOS. Eine Methode zur Neukonstruktion und Modifizierung technischer Objekte nach dem Baukasten-Prinzip (Gesellschaft für Kernforschung, Karlsruhe, Januar 1977) (CAD-Bericht KFK-CAD 27).

/20/ Bubenheim, H.J.: Maschinelles Anfertigen von Konstruktionszeichnungen. Ein Verfahren zur Beschreibung räumlicher Objekte mit analytisch formulierbarer Oberfläche (Wilhelm Ernst und Sohn, Berlin, 1978).

/21/ Bubenheim, H.J.: Ein Verfahren zur EDV-unterstützten Bearbeitung von Projekten des konstruktiven Ingenieurbaus (Gesellschaft für Kernforschung, Karlsruhe, August 1978) (CAD-Bericht KFK-CAD 72).

/22/ Bubenheim, H.J.: Konzeption und Leistungsumfang des Konstruktionssystems MENOS. CAD-Seminarreihe, Berlin, 1.-5.6.1981, Tagungsband Bauwesen, S.3-30 (Kernforschungszentrum, Karlsruhe, 1981).

/23/ Computer Graphics and Applications 2 (1982) 2.

/24/ Courtieux, G.: Man Machine Interface Problems in Computer Aided Architectural Design, in: Sata, T. and Warman, E. (eds.): Man-Machine Communication in CAD/CAM, pp. 231-250 (North-Holland

Publishing Company, Amsterdam, 1981).

/25/ Derbyshire, M.: Geometric Representation of Outline Design. ARCHFORM, pp. 74-93.

/26/ Dierks, K. (Hrsg.): Elektronische Datenverarbeitung in der Architektur. Symposium vom 19.-20. Mai 1978 in Berlin (Werner-Verlag, Düsseldorf, 1979).

/27/ Earl, C.F.: Joints in Two- and Three-Dimensional Rectangular Dissections. E&P B 5 (1978) 2, 179-187.

/28/ Eastman, C.M.: Prototype Integrated Building Model. Computer-Aided Design 12 (1980) 3, 115-119.

/29/ Eastman, C.: General Purpose Building Description Systems. Computer-Aided Design 8 (1976) 1, 17-26.

/30/ Eastman, C., Henrion, M.: GLIDE: A Language for Design Information Systems. Computer Graphics 11 (1977) 2, 24-33.

/31/ Ehinger, G., Flemming, U.: Modelle zur Darstellung von Gebäuden in digitalen Rechnern. CAD-Arbeitsbericht Nr. 2 (Technische Universität Berlin, Lehrgebiet Entwerfen - Bauten des Gesundheitswesens, März 1976).

/32/ Emde, H.: Rechnerunterstütztes Konstruieren und Darstellen von Architektur-Objekten, in: Dierks, K. (Hrsg.): Elektronische Datenverarbeitung in der Architektur, pp. 31-38.

/33/ Emde, H.: Rechnerunterstütztes Entwerfen von Architektur-Objekten. CAD-Seminarreihe, Berlin 1.-5.6.1981, Tagungsband Bauwesen, S. 31-52 (Kernforschungszentrum, Karlsruhe, 1981).

/34/ Emde, H., Hoffmann, R., Jochem, B., Karl, M.: GEAKON/KONDAR-Informationsschrift zur Sonderschau "Computer am Bau", PArC 79 in Berlin (Technische Hochschule Darmstadt, Fachgebiet Mathematik für Architekten und Geometrische Informationsverarbeitung, Mai 1979).

/35/ Feibush, E., Greenberg, D.P.: A Geometric Input and Editing System for Architectural Design. CAD 82, pp. 164-171.

/36/ Feibush, E., Greenberg, D.P.: Texture Rendering System for Architectural Design. Computer-Aided Design 12 (1980) 2, 67-71.

/37/ Flemming, U.: The Secret of the Casa Giuliani Frigerio. E&P B 8 (1981) 1, 87-96.

/38/ Frazer, J.H., Frazer, J.M.: The Use of Simplified Three-Dimensional Computer Input Devices to Encourage Public Participation in Design. CAD 82, pp. 143-151.

/39/ Fullenwider, D.R., Lefever, J.P.: Computer Graphics and the Practice of Architecture. Computer Graphics and Applications 1 (1981) 4, 18-26.

/40/ Gerzso, J.M.: A Descriptive Theory of Architectural Built Forms and its Applications. Ph. D. Dissertation (MIT, Cambridge, Mass. 1979).

/41/ Greenberg, D.P.: An Interdisciplinary Laboratory for Graphics Research and Applications. Computer Graphics 11 (1977) 2, 90-97.

/42/ Hamlyn, A.D., Besant C.B., Jebb, A., Grant, R.M.: An Integrated Architectural C.A.D. System. Proceedings CAD74 - International Conference on Computers in Engineering and Building Design, London, 25-27 Sept. 1974, Fiche No. 13/14, Row G/A-C.

/43/ Hawkes, D.: The Development of an Environmental Model (University of Cambridge Department of Architecture, Cambridge, December 1971) (Land Use and Built Form Studies Working Paper No. 55)

/44/ Hawkes, D., Stibbs, R.: Computer Description of Built Forms. ARCHFORM, pp. 116-158.

/45/ Hoskins, E.M.: Design Development and Description Using 3D Box Geometries. Computer-Aided Design 11 (1979) 6, 329-336.

/46/ Hübler, R.: Datenbanksysteme zur rechnerinternen Objektdarstellung im automatengestützten konstruktiven Entwicklungsprozeß. Rechentechnik/Datenverarbeitung (1974) 11, 21-23.

/47/ Hübler, R.: Zur rechnerinternen Darstellung baulicher Objekte im Rahmen des automatengestützten konstruktiven Entwicklungsprozesses. Wissenschaftliche Zeitschrift der Hochschule für Architektur und Bauwesen Weimar 21 (1974) 5, 441-447.

/48/ Kalay, Y.E.: Interactive Shape Generation and Spatial Conflict Testing. Proceedings of the 18th Design Automation Conference, Nashville, June 29, 30 and July 1, 1981, pp. 75-81.

/49/ Kozawa, T., Tsukizoe, A., Sakemi, J., Miura, C., Ishii, T.: A Concurrent Pattern Operation Algorithm for VLSI Mask Data. Proceedings of the 18th Annual Design Automation Conference, Nashville, June 29, 30 and July 1, 1981, pp. 563-570.

/50/ Kramel, E., Rogers, G.: Prix Vetroflex '77: The Evolution of a Design. Proceedings International Conference Interactive Techniques in Computer Aided Design, September 21-23, 1978, Bologna, pp. 73-76.

/51/ Krause, F.-L., Müller, G., Schliep, W.: CAD-Systeme zur Geometrieverarbeitung und Zeichnungserstellung (CAD-Systems for Geometric Modelling and Drafting). Zeitschrift für wirtschaftliche Fertigung 75 (1980) 5, 209-224.

/52/ Kretzschmar, H.: Zur formalen Beschreibung von Objektmodellen in automatisierten Projektierungssystemen. Wissenschaftliche Zeitschrift der Hochschule für Architektur und Bauwesen Weimar 27 (1980) 4, 143-145.

/53/ Krishnamurti, R.: 3-Rectangulations: An Algorithm to Generate Box Packings. E&P B 6 (1979) 3, 331-352.

/54/ Lafue, G.: A Theorem Prover for Recognizing 2-D Representations of 3-D Objects, in: Latombe, J.-C. (Ed.): Artificial Intelligence and Pattern Recognition in Computer Aided Design, pp. 391-401 (North-Holland, Amsterdam, 1978).

/55/ Lawson, B.R.: GABLE: An Integrated Approach to Interactive Graphical Techniques for Modelling Buildings. Computer Graphics 81: Proceedings of the International Conference, pp. 155-166 (Online Publications Ltd., Northwood, UK, 1981).

/56/ Lawson, B.R., Riley, J.P.: ISAAC, A Technique for the Automatic Interpretation of Spaces from Drawn Building Floor Plans. CAD82, pp. 663-670.

/57/ Liardet, M., Holmes, C., Rosenthal, D.: Input to CAD Systems Two Practical Examples, in: Latombe, J.-C. (Ed.): Artificial Intelligence and Pattern Recognition in Computer Aided Design, pp. 403-414 (North-Holland, Amsterdam, 1978).

/58/ Lübbecke, N., Wewer, K.: Interaktive Bearbeitung 3-dimensionaler Körper über einen Katalog topologischer Modelle (Institut für Konstruktiven Ingenieurbau, Ruhr-Universität Bochum, Juli 1976) (IKP-Bericht 12/76).

/59/ March, L.: A Boolean Description of a Class of Built Forms. ARCHFORM, pp. 41-73.

/60/ March, L., Steadman, P.: The Geometry of Environment. An Introduction to Spatial Organization in Design (Methuen, London, 1974).

/61/ Mitchell, W.J.: Computer-Aided Architectural Design (Petrocelli /Charter, New York, 1977).

/62/ Mitchell, W.J., Oliverson, M.: Computer Representation of Three-Dimensional Structures for CEADS (Construction Engineering Research Laboratory, Champaign, Il., February 1978) (Tech. Report P-86).

/63/ Nuzzolese, V.: Obtaining Buildings' Perspective Views Complete of Materials' Textures, CAD 80, pp. 109-117.

/64/ Oksala, T.: The Language of Formal Architecture. E&P B 6 (1979) 3, 269-278.

/65/ Pegels, G.: Programmsystem Konstruktion, Arbeitsvorbereitung und Fertigung im Stahlbau (Institut für Konstruktiven Ingenierbau, Ruhr-Universität Bochum, 1975) (Technisch-wissenschaftliche Mitteilungen Nr. 75-10).

/66/ Pegels, G., Isselmann, K., Kammertöns, U., Schwan, B.: Programmsystem Rechnergestütztes Fertigen im Stahlbau - BO-ROIK/ 100 (Institut für Konstruktiven Ingenieurbau, Ruhr-Universität Bochum, 1979) (Technisch-wissenschaftliche Mitteilungen Nr. 79-4).

/67/ Phillips, R.J., Beaumont, M.J., Richardson, D., Bartley, J.: Geometry for CAAD. Computer-Aided Design 13 (1981) 2, 89-97.

/68/ Preißing, W.: Beitrag zur Digitalisierung von Gebäudeplänen. Aufbau einer Schnittstelle Gebäudeplan-Informationen zur datentechnischen Behandlung von Problemen in Bereichen der Baudurchführungsplanung. Dissertation (Universität Stuttgart, 1977).

/69/ Requicha, A.A.G.: Representations for Rigid Solids: Theory, Methods, and Systems. Computing Surveys 12 (1980) 4, 437-464.

/70/ Richens, R.: The OXSYS System for the Design of Buildings. CAD 78, pp. 633-653.

/71/ Riepl, Ch.: GRIBS3.1 - Version 3.1 einer formalen Grundriß-Beschreibungssprache. PArC79, S. 47-61.

/72/ Riepl, Ch.: GRIBS - Eine formale Grundriß-Beschreibungssprache, Versionen 3.1 und 4 (Institut für Bauökonomie, Universität Stuttgart, Mai 1981) (DFG-Projekt Kostenplanung Bericht 13).

/73/ Robertz, W., Greenberg, D.P.: A Graphical Input System for Computer-Aided Architectural Design. CAD 80, pp. 715-723.

/74/ Rogers, G.: BAU2 - Investigation in the Area of Man-Machine Interaction as Related to Architectural Design. Bulletin of Computer-Aided Architectural Design (1978) 27/28, 39-72.

/75/ Rogers, G.: Dynamic 3D Modelling for Architectural Design. Computer-Aided Design 12 (1980) 1, 13-20.

/76/ Rosenthal, D.S.H.: Building Description Techniques for Rationalised Traditional Construction, PArC79, pp. 565-572.

/77/ Sampson, P.: The Implementation of CEDAR: A Computer Aided Building Design System (Department of Design Research, Royal College of Art, London, January 1974) (Report 106.1)

/78/ Stiny, G.: Introduction to Shape and Shape Grammars. E&P B 7 (1980) 3, 343-351.

/79/ Stiny, G., Mitchell, W.J.: The Palladian Grammar. E&P B 5 (1978) 1, 5-18.

/80/ Stiny, G.: A Note on the Description of Designs. E&P B 8 (1981) 3, 257-267.

/81/ Teague, L.C.: Network Models of Configurations of Rectangular Parallelepipeds, in: Moore, G.T. (Ed.): Emerging Methods in Environmental Design and Planning, pp. 162-169 (MIT Press, Cambridge, Mass., 1970).

/82/ Thompson, B.G.J., Young, J.S.: CEDAR3 in Practice: Using a Large, Integrated Computer-Aided Building Design System in Government Design Offices. Computer-Aided Design 12 (1980) 3, 139-148.

/83/ Wewer, K.: Erfassung von Raumstrukturen im interaktiven Dialog. ERID Programmdokumentation (Institut für Konstruktiven Ingenieurbau, Ruhr-Universität Bochum, Oktober 1976) (IKP-Bericht 13/76).

/84/ Yasky, Y.: Transforming a Set of Building Drawings into a Consistent Database. CAD80, pp. 101-108.

/85/ Yessios, C.I., A Notation and System for 3-D Constructions. Proceedings of the 15th Annual Design Automation Conference, 19-21 June 1978, Las Vegas, pp. 125-132.

/86/ Yessios, C.I.: Computer Drafting of Stones, Wood, Plant and Ground Material, Computer Graphics 13 (1979) 2, 190-198 (SIGGRAPH 79 Proceedings).

/87/ Yessios, C.I.: TEKTON: A System for Computer Aided Architectural Design. CAD 82, pp. 647-662.

/88/ Zibert, K.: Ein Beitrag zum rechnergestützten topologischen Entwurf von Hybrid-Schaltungen. Dissertation (Technische Universität München, Fakultät für Maschinenwesen und Elektrotechnik, 1974).

ABKÜRZUNGEN

ARCHFORM = March, L. (Ed.): The Architecture of Form (Cambridge University Press, Cambridge, UK, 1976).

CAD76 = Proceedings CAD76 - 2nd International Conference on Computers in Engineering and Building Design (IPC Science and Technology Press, Guildford, UK, 1976).

CAD80 = Proceedings CAD80 - 4th International Conference and Exhibition on Computers in Design Engineering (IPC Technology Press, Guildford, UK, 1980).

CAD82 = Proceedings CAD82 - 5th International Conference and Exhibition on Computers in Design Engineering (Butterworths, Guildford, UK, 1982).

E&P B = Environment and Planning B

PArC79 = Proceedings PArC79 - International Conference on the Application of Computers in Architecture, Building Design and Urban Planning, Berlin, 7-10 May 1978.

D I S K U S S I O N

Fleßner, Univ. Hamburg, Sitzungsleiter:

Meine Damen und Herren, es fällt Ihnen sicher auf, daß Herr Riepl seinen Häusern keine "Bullaugen" verleihen kann und daß er auch schräge Dächer nicht vorgesehen hat, von den Treppen sprach er schon. Es ist Ihnen sicher bekannt, daß es Konzepte gibt, nach denen es auch für die Architektur möglich ist, vorgenannte Konstruktionselemente zu berücksichtigen. Aber dann müßte man den Trick des Konstruierens über "Erzeugende" aufgeben.

Eine Feststellung: Sie sollten schnellstens eine graphische Eingabe bekommen, denn die Sprache ist doch sicherlich, wenn es auch bei den Beispielen, die Sie gebracht haben, sehr kurz aussieht, bei nicht regelmäßigen Bauteilen sehr viel komplizierter zu handhaben, und es wäre gut, wenn Sie dafür die entsprechenden Schnittstellen parat hätten. Das ist nur eine Feststellung zu Beginn, und jetzt bitte Ihre Fragen.

Kernchen, TU Berlin:

In der Diskussion des vorigen Beitrags ist ja schon das Problem der Akzeptanz angesprochen worden. Dies stellt sich natürlich im Architekturbereich in ganz erheblich größerem und schärferen Maße, da gehen die Uhren einfach anders: Was im Maschinenbau als zu teuer gilt für einen graphischen Arbeitsplatz, das ist im Architekturbereich schon zu viel für einen ganzen Rechner. Ich möchte Sie einfach fragen, haben Sie da Erfahrung zu diesem Thema von Ihrer Hochschule aus, das würde mich sehr interessieren?

Riepl, Univ. Stuttgart:

Ich muß natürlich die Hochschulrechner benutzen und wir haben bisher nicht das Geld bekommen, eine eigene Rechenanlage zu beschaffen. Das System, wie ich es eben hier vorgeführt habe, umfaßt einschließlich der Visualisierungs-Programme, also der Hidden-Line-Programme, einen Code von ca. 10.000 Fortranzeilen. Das ist nicht sehr viel, die Programme lassen sich auch auf einer kleinen, sogar sehr kleinen Anlage implementieren.

Die Benutzung des Systems mit einer graphischen Eingabe ist sicher sehr einfach. Ich hatte das schon so konzipiert, denn eine Zeitlang stand mir ein Digitalisierer zur Verfügung. Sie sehen, daß eine Eingabezeile immer mit Buchstabencodes anfängt, dann kommen diese Folgen von Zahlen, und das ist quasi der Digitalisierungsprozeß, den ich jetzt notgedrungen in die Eingabesprache hineingenommen habe. Das läßt sich wirklich einfach durch eine graphische Eingabe ersetzen.

Roth, TU Braunschweig:

Gehe ich richtig in meiner Annahme, daß, wenn wir die Möglichkeiten der graphischen Darstellung auf dem Gebiet des Maschinenbaus auf das Gebiet der Architektur übertragen, wir gewissermaßen beinahe um eine Größenordnung, vielleicht um eine "halbe Dimension", einfachere Gebilde zu bearbeiten haben und infolgedessen mit dem Wissen, das wir im Maschinenbau gewonnen haben, im Architekturbereich leichter graphisch modellieren können? Ein kleiner Effekt, der sich gezeigt hat, ist, daß z.B. zwei Doktoranden aus meinem Institut ein eigenes Büro aufgemacht haben, sich ausschließlich mit der Modellierung von Architektur- und ähnlichen Objekten befassen und dort offensichtlich in eine Lücke gestoßen sind, die beachtliche Möglichkeiten eröffnet, dort auch mit ihrem Wissen besser helfen können als im Maschinenbau. Es ist dies nur eine Frage, keine Unterstellung.

Riepl, Univ. Stuttgart:

Auch im Bereich der Architektur können sehr komplizierte geometrische Formen auftreten, von analytisch beschreibbaren bis hin zu freien Oberflächenformen. Ein sehr großer Anteil an Formen ist aus Rechteckelementen aufgebaut, und für diesen speziellen, doch beträchtlichen Anteil sollte mit dem vorgestellten System eine wirksame Modellierungsmethode entwickelt werden.

Fleßner, Univ. Hamburg, Sitzungsleiter:

Ich könnte Ihnen da ein leidvolles Lied vorsingen, das möchte ich Ihnen aber jetzt ersparen.

Die Grundidee war doch die, daß Sie eine Kostenplanung vornehmen, bei der es mehr oder weniger um Vorentwürfe geht und noch nicht um Ausführungszeichnungen, in denen alle möglichen Installationen und, wenn es sich um Stahlbeton handelt, Bewehrungen eingezeichnet sind - die ein Pendant sind zu den typischen Maschinenbaudarstellungen wie Beschreibung der Oberflächenbehandlung, normengerechte Darstellung, Vermaßungsnormen usw.

Riepl, Univ. Stuttgart:

Das hängt mit dem Problem des integrierten Modells für das Gesamtgebäude zusammen. Ich habe deswegen die Maßstabsfrage erwähnt, weil ich im Planungsprozeß einen bestimmten Ausschnitt betrachte, das ist der Prozeß der Kostenplanung, und dafür benötigt man wiederum auch nur eine bestimmte Gebäudeinformation. Wenn man daran denkt, wie Herr Professor Fleßner das anspricht, z. B. Installationspläne zu betrachten, dann ist es womöglich überhaupt nicht mehr sinnvoll, von einem vollen 3D-Modell auszugehen, sondern von wiederum zweidimensionalen Darstellungen, die aber mit 3D-Komponenten integriert sind, so daß man z. B. automatische Kollisionsprüfungen - da braucht man die 3D-Information -, durchführen kann. Aber für den Bewehrungsplan benötigt man nur eine zweidimensionale Information, die dreidimensional zu erstellen viel zu viel Aufwand bedeutet.

Fleßner, Univ. Hamburg, Sitzungsleiter:

Es gibt von den Fertighausherstellern, beispielsweise Okal, seit Jahren Systeme, bei denen letztlich genauso anspruchsvolle Zeichnungen halbautomatisch hergestellt werden, ausdrücklich halbautomatisch, wie es im Maschinenbau üblich ist. Aber die Architekten haben das leider zu der Zeit, als sie schon fertig waren, nicht in dem Umfang akzeptiert, wie man es sich gewünscht hätte. Deswegen bin ich auch recht verwundert darüber, daß Herr Riepl gute Hoffnungen hat, daß die Architekten dies akzeptieren.

Riepl, Univ. Stuttgart:

Ob die Architekten dies akzeptieren, hängt einmal mehr von der Beantwortung der Fragen ab: Ist die Hardware erschwinglich, ist die Benutzerschnittstelle anwendungsfreundlich und hat man tatsächlich einen praktischen Nutzen aus der Sicht des Architekten.

Schriftliche Ergänzung der Diskussion:

Fleßner, Univ. Hamburg:

Sind auch von der Lotrechten abweichende schräge Kanten konstruierbar?

Riepl, Univ. Stuttgart:

Im vorliegenden System sind schräge, von der Vertikalen abweichende Kanten vorerst nur für die Konstruktion von Dachformen vorgesehen. Die Generierung von Bauteilen durch schräge Verschiebeoperationen von 2D-Elementen, d.h. Polygonen, erfordert wegen der dann möglichen räumlichen Überschneidungen und der Anschlußprobleme an vertikal ausgerichtete Bauteile einigen zusätzlichen Aufwand an Algorithmen und damit Programmen.

Fleßner, Univ. Hamburg:
Fällt gleichzeitig eine Volumen-Bezeichnung ab?

Riepl, Univ. Stuttgart:
Die gegenwärtige, sehr einfache Form der Erzeugung von 3D-Modellen unterdrückt eine Volumen-Bezeichnung, die aber im Prinzip möglich ist. Die Grundrißpolygone, die ja die Basis der Volumengenerierung bilden, sind noch mit dem Bauelementcode markiert. Beim augenblicklichen Entwicklungsstand ist die graphische Präsentation der Modelle stärker ausgebaut, während die weiteren Anwendungen unter dem Fehlen eines Datenbankmoduls leiden.

Fleßner, Univ. Hamburg:
Wie können besondere Flächenbehandlungen (Schraffuren o.ä.) berücksichtigt werden? Wenn noch nicht, sind sie vorgesehen? Insbesondere für Schnitte?

Riepl, Univ. Stuttgart:
Besondere Flächenbehandlungen, d.h. Musterung von Polygonen, sind bisher nicht möglich. Vom Prinzip her wären in der Literatur, z. B. /36/, /63/, /86/, /87/, dargestellte Verfahren im Rahmen des vorliegenden Systems durchaus einsetzbar. Ich neige dazu, eine Oberflächenbeschaffenheit als eine Eigenschaft mit räumlichen Merkmalen anzusehen, die bei der 2D-Darstellung von 3D-Objekten in gleicher Weise projiziert wird und dann entsprechend den aktuellen Bedingungen der betroffenen Fläche (Verdeckung, Clipping) eingezeichnet wird.

Fleßner, Univ. Hamburg:
Denken Sie zur Präsentation des Gebäudes über Perspektiv-Darstellung auch an Schatten-Konstruktionen?

Riepl, Univ. Stuttgart:
Ja, ich halte das für eine Möglichkeit, die flächigen Darstellungen mit zusätzlichen Tiefenwirkungen auszustatten, die in einem Modellierungssystem für Architekturobjekte enthalten sein sollte. Zudem ist es ein planerisches Interesse, den Schattenwurf bestimmter Bauteile, bzw. des Gesamtobjekts kontrollieren zu können. Ich glaube aber, ohne den Sachverhalt jedoch intensiv durchdacht zu haben, daß hier eine komplexe Aufgabe vorliegt, in die das Hidden-Line-Problem und wechselnde Projektionsebenen hineinspielen.

Fleßner, Univ. Hamburg:

Ist ein beliebiges "Windowing" möglich?

Riepl, Univ. Stuttgart:

Ein 3D-Windowing am 3D-Modell ist nicht möglich. Hierbei tritt ja das allgemeine 3D-Schnittproblem auf, wobei die Konsistenz (Regularität, Wohlgeformtheit) des zur Betrachtung ausgewählten 3D-Restmodells für die Hidden-Line-Algorithmen zusätzlich zu berücksichtigen ist.

Fleßner, Univ. Hamburg:

In Bild 5 auf Seite 156 fällt auf, daß nicht mehr benötigte Kanten bzw. Linien nicht beseitigt wurden. Lassen sich in Ihrem System nicht mehr benötigte Kanten entfernen? Grundsätzlich müßte das möglich sein, weil Sie auf Seite 154 ja auch vom Eliminieren von zufällig oder durch Überschreiben doppelt angegebener Kanten und Knoten sprechen.

Riepl, Univ. Stuttgart:

Die im Abschnitt "Modell des Grundrisses" angesprochene Elimination von Knoten und Kanten bezieht sich auf die Beschreibung des Grundrißgraphen. Bei Knoten handelt es sich um die Beseitigung von Redundanz, bei Kanten um die Bereinigung des Konflikts, daß an einer bestimmten Stelle des Raums nur ein bestimmtes Bauelement vorhanden sein kann.

Die redundanten Linien in Bild 5 sind die zum Teil nicht erwünschte Folge des sehr einfachen 3D-Generierungskonzepts. Bild 10 zeigt das gleiche Objekt, das aus den identischen Eingabedaten mit einem anderen 3D-Generierungskonzept erzeugt wurde und das die unnötigen Linien von Bild 5 nicht mehr enthält. Dieses mehr elaborierte Konzept wirft dafür an anderer Stelle wieder Probleme auf, deren Erörterung hier jedoch zu weit führen würde.

Fleßner, Univ. Hamburg:

Zu Bild 6, Seite 157: Lassen sich nach Entfernen eines Grundrißteils an den gewonnenen freien Platz sinnvoll andere Gebäudeteile monolithisch anschließen?

Riepl, Univ. Stuttgart:

Ein solches Vorgehen entspräche nicht der Philosophie des Modellierungssystems. Dieser zufolge werden Gebäudeteile auf der Ebene des Bauelementgraphen (Grundrißgraphen) definiert; die Schnittoperation entfernt nur scheinbar einen Teil des Objekts auf den Ebenen der 2D- und 3D-Strukturen.

Fleßner, Univ. Hamburg:

Ist die Schnittstelle für den Anschluß des gewünschten Digitizers bereits genau definiert?

Riepl, Univ. Stuttgart:

Sie ist nicht definiert in dem Sinne, daß sie explizit für einen Digitalisierer vorgehalten ist. Sie ist aber gleichsam implizit vorhanden. An der Stelle nämlich, an der eine nach lexikalischer und Syntaxanalyse als korrekt befundene Anweisung der Eingabesprache in Form eines numerischen Zwischencodes übergeben wird, kann dieser Zwischencode auch durch andere Eingabetechniken (z.B. Menüfeld, digitalisierte Zahlenfolgen und dazugehörige Unterprogramme) erzeugt werden.

Fleßner, Univ. Hamburg:

Wie ist die Akzeptanz bei Architekten? Diese Frage insbesondere wegen der arbeitsaufwendigen Eingabetechnik und der notwendigen Umsetzung der Daten über eine Eingabesprache.

Riepl, Univ. Stuttgart:

Das Modellierungssystem ist bisher über den Bereich der Hochschule nicht hinausgelangt. Daher können zur Akzeptanz bei Architekten keine verallgemeinerungsfähigen Aussagen getroffen werden. Die bisherigen Benutzer, Studenten der Architektur oder der Informatik, haben jedenfalls in sehr kurzer Zeit die Grundzüge der Benutzung erfaßt.

GRUNDLAGEN KURVEN- UND FLÄCHEN-ORIENTIERTER MODELLIERUNG

von Wolfgang Böhm
und Jürgen Kahmann

TECHNISCHE UNIVERSITÄT
BRAUNSCHWEIG

INHALT

Die vorliegende Arbeit befaßt sich mit den Prinzipien der mathematischen Kurven- und Flächenbeschreibungen im „Computer-aided Design" und gibt einen Überblick über in der Anwendung bewährte Methoden als und über neuere Techniken auf diesem Gebiet.

EINLEITUNG

Die in der Technik, etwa im Automobil-, Schiff- und Flugzeugbau, auftretenden Flächen sind i.a. weder ganz noch stückweise durch klassische, relativ starre Flächen, wie Kugeln, Kegel, Paraboloide usw., darstellbar. Sie müssen vielmehr aus kleinen, weniger starren Teilflächen, die im Rechner leicht manipulierbar sind, mit „glatten" Übergängen zusammengesetzt werden. Diese Teilflächen heißen Segmente oder englisch „patches".

Dabei unterscheidet man zwischen finiten Methoden, bei denen jedes Segment durch endlich viele Werte (Punkte und Ableitungen) bestimmt ist, und transfiniten Methoden, bei denen die Segmente durch unendlich viele Werte, etwa längs der Randkurven, festgelegt sind.

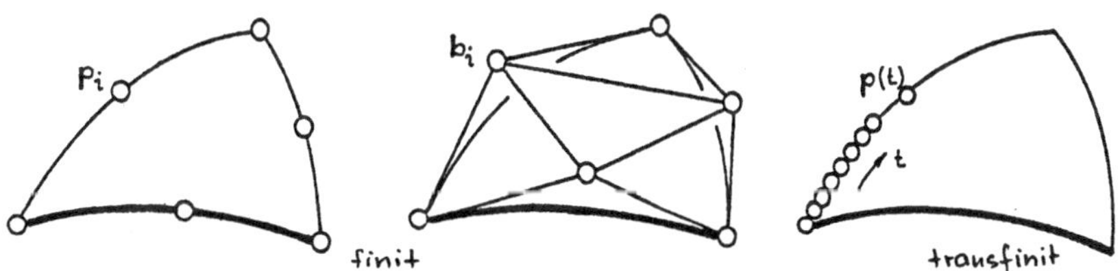

BILD 1 : **Finite und transfinite Elemente**

Im Gegensatz zur Methode der finiten Elemente liegen die Kontrollpunkte beim CAD i.a. nicht auf der Fläche, geben aber trotzdem die wesentliche Gestalt der Fläche wieder. Bei den meisten Methoden wird der intuitive Begriff der „Glätte" durch den mathematischen der Differenzierbarkeitsordnung ersetzt, was nicht immer gerechtfertigt ist.

Für eine einheitliche Darstellung ist es zweckmäßig, lokale Koordinaten einzuführen, die die Gestalt der Segmente berücksichtigen, wie z.B. Bild 2 (oben) zeigt. Sie lassen sich leicht zu mehrdimensionalen Koordinaten zusammensetzen, wie z.B. in Bild 2 (unten). Die Segmente sind dann krummlinige Bilder dieser Ausschnitte des Parameterraumes.

Im folgenden bezeichnen magere Buchstaben Skalare, fette Buchstaben Koordinatenspalten, d.h. Punkte und Vektoren des $\mathbb{R}^2$ und $\mathbb{R}^3$.

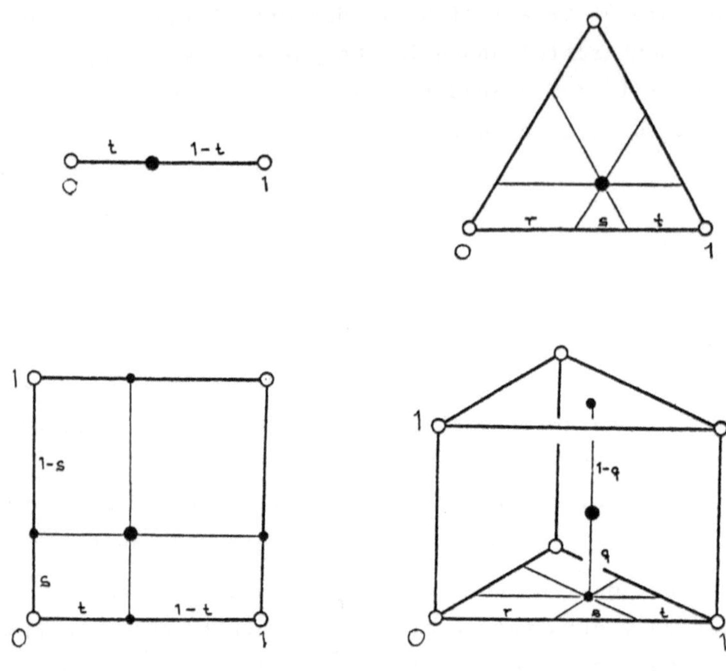

BILD 2 : Lokale Koordinaten

B E Z I E R - K U R V E N

Von allen gebräuchlichen Polynombasen hat sich zur Darstellung freier Kurven und Flächen in der Geometrischen Datenverarbeitung die der Bernstein - Polynome als die zweckmäßigste erwiesen.

1 ALLGEMEINE KURVENDARSTELLUNGEN

Die einfachsten räumlichen Kurven sind solche vom Grad $n \geq 3$ |Faux79|

$$x(u) = a_0 + a_1 u + \dots + a_n u^n .$$

Der Einfluß der Koeefizienten a_i auf den Kurvenverlauf ist jedoch nur im Punkte $u=0$ unmittelbar ersichtlich (Taylor). Es ist daher besser, die Kurve durch $n+1$ ihrer Punkte $p_0, \dots, p_n$ mit zugehörigen Parameterwerten $u_0, \dots, u_n$ zu bestimmen. Mit den zu den u_i gehörigen Lagrange-Polynomen

$$L_k(u) \text{ , mit } L_k(u_i) = \begin{cases} 1 & \text{für } i = k \\ 0 & i \neq k \end{cases} ,$$

ist (vgl.z.B. |Böhm77a|)

$$\mathbf{x}(u) = \mathbf{p}_0 L_0(u) + \mathbf{p}_1 L_1(u) + \ldots + \mathbf{p}_n L_n(u).$$

Aber auch hier ist ein „glatter" Übergang benachbarter Segmente nicht unmittelbar nachprüfbar.

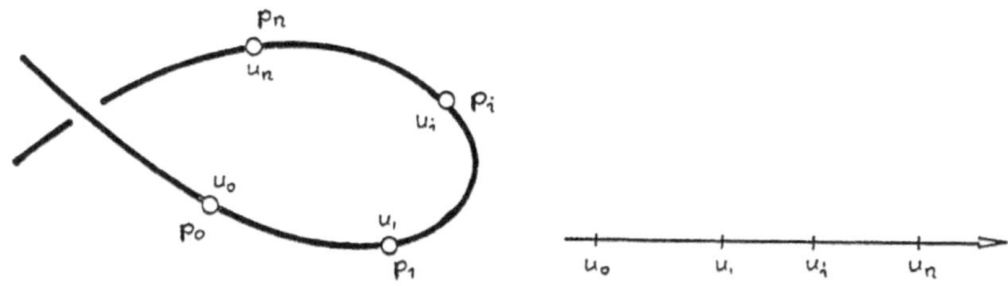

BILD 3 : Lagrange - Darstellung

Man läßt daher z.B. im kubischen Fall $\mathbf{p}_0$ mit $\mathbf{p}_1$ und $\mathbf{p}_2$ mit $\mathbf{p}_3$ zusammenfallen und erhält mit den kubischen Hermite-Polynomen der Bild 4

$$\mathbf{x}(u) = \mathbf{p}_0 H_0(u) + \dot{\mathbf{p}}_0 H_1(u) + \dot{\mathbf{p}}_3 H_2(u) + \mathbf{p}_3 H_3(u) .$$

Aber auch hierbei ist die graphische Darstellung der Koeffizienten $\dot{\mathbf{p}}_0$ und $\dot{\mathbf{p}}_3$ sperrig und wenig handlich.

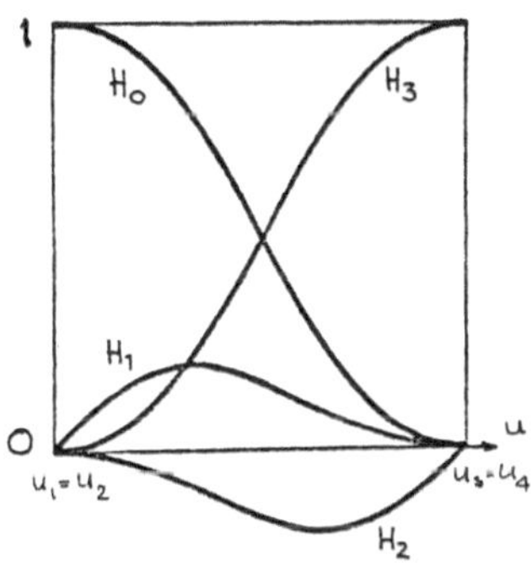

BILD 4 : Kubische Hermite - Polynome

2 BERNSTEIN-POLYNOME UND ALGORITHMUS VON DE CASTELJAU

Alle diese Nachteile hat eine Entwicklung

$$\mathbf{x}(u) = \mathbf{b}_0 B_0^n(t) + \mathbf{b}_1 B_1^n(t) + \ldots + \mathbf{b}_n B_n^n(t)$$

von $\mathbf{x}(u)$, wobei $u = (1-t)u_0 + tu_1$ gesetzt ist, nach Bernstein-Polynomen vom Grad n

$$B_i^n(t) = \binom{n}{i} (1-t)^{n-i} t^i$$

nicht. Man betrachtet die B_i^n nur im Intervall $[0,1]$ und bestimmt ihre Werte entweder rekursiv nach

$$B_i^{r+1}(t) = (1-t)\cdot B_i^r(t) + t\cdot B_{i-1}^r(t),$$

oder den Punkt $\mathbf{x}(u)$ direkt aus den sogenannten Bézier-Punkten $\mathbf{b}_0,\ldots,\mathbf{b}_n$ durch fortgesetzte lineare Interpolation nach de Casteljau :

$$\mathbf{b}_i^k = (1-t)\cdot \mathbf{b}_{i-1}^{k-1} + t\cdot \mathbf{b}_i^{k-1},$$

wobei $\mathbf{b}_i^0=\mathbf{b}_i$ und $\mathbf{b}_n^n=\mathbf{x}(u)$ ist |deCa59,Béz78|. Bild 5 zeigt diese Konstruktion für $n=3$.

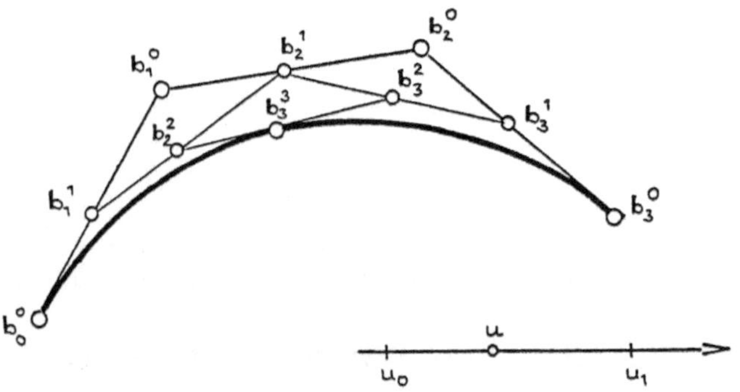

BILD 5 : Konstruktion von de Casteljau für n = 3

Wegen $\sum B_i^n \equiv 1$ sind die B_i^n auch baryzentrische Koordinaten von $\mathbf{x}(u)$ zum Grundeck der $\mathbf{b}_i$. Für $t\in[0,1]$ ist $B_i^n(t)\geqslant 0$; damit liegt das Segment $\mathbf{x}(u)$ in der konvexen Hülle der $\mathbf{b}_i$ |Gor74|.

3 DIFFERENTIATION

Auch die Ableitungen eines Bézier-Segments kann man nach Bernstein-Polynomen entwickeln und erhält

$$\dot{\mathbf{x}}(u) = \frac{n}{\Delta u_0}(\Delta \mathbf{b}_0 B_0^{n-1}(t) + \ldots + \Delta \mathbf{b}_{n-1} B_{n-1}^{n-1}(t))$$

usf, wobei $\Delta u_0 = u_1 - u_0$ gesetzt ist. D.h., man erhält die Bézier-Punkte von $\dot{\mathbf{x}}(u)$ durch Differenzenbildung aus den $\mathbf{b}_i$. Den Wert von $\dot{\mathbf{x}}(u)$ bestimmt man wieder nach de Casteljau. Da aber Differenzenbildung und de Casteljau-Schritte vertauschbar sind, gilt (vgl.z.B. |Böhm77a|)

$$\dot{\mathbf{x}}(u) = \frac{n}{\Delta u_0}[\mathbf{b}_n^{n-1} - \mathbf{b}_{n-1}^{n-1}], \quad \ddot{\mathbf{x}}(u) = \frac{n(n-1)}{(\Delta u_0)^2}[\mathbf{b}_n^{n-2} - 2\mathbf{b}_{n-1}^{n-2} + \mathbf{b}_{n-2}^{n-2}],$$

usf. Insbesondere erhält man für $u=u_0$ und $u=u_1$ ein Ergebnis von Bézier: Die k-ten Ableitungen von $\mathbf{x}(u)$ in den Endpunkten $\mathbf{b}_0$ und $\mathbf{b}_n$ sind proportional den k-ten Differenzen der benachbarten $k+1$ Bézier-Punkte.

Zur gleichzeitigen Bestimmung aller Ableitungen in $\mathbf{u}$ hat Lee |Lee82| einen sehr effektiven Algorithmus angegeben.

4 BEZIER-KURVEN

Aus den Ausdrücken für $\dot{\mathbf{x}}(u)$ usw. ergeben sich leicht die Bedingungen für einen C^r-Übergang von $\mathbf{x}(u)$ zu einem in $\mathbf{b}_n$ anschließenden Segment

$$\mathbf{y}(u) = \mathbf{b}_n B_0^n(s) + \mathbf{b}_{n+1} B_1^n(s) + \dots + \mathbf{b}_{2n} B_n^n(s) ,$$

wobei $u=(1-s)u_1+su_2$ gesetzt ist. Sie sind für $r=1,2$ und 3 (mit den Abkürzungen $\alpha=\Delta_0$, $\beta=\Delta u_1$) in Bild 6 dargestellt |Böhm77ab|. Auf die offen-

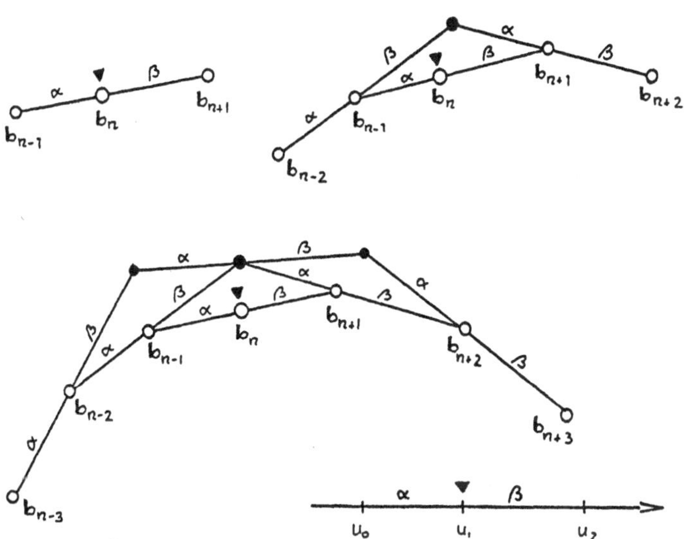

BILD 6 : C^1-, C^2- und C^3-Übergangsbedingungen

kundige Übereinstimmung der Konstruktion mit der von de Casteljau für $n=r$ hat zuerst Stärk |Stä76| hingewiesen.

Bild 7 zeigt eine aus vier kubischen Segmenten mit C^1-Übergang zusammengesetzte räumliche Bézier-Kurve mit ihrem Bézier-Polygon, das bereits ein ungefähres Bild der Kurve gibt.

5 GRADERHÖHUNG

Ein Polynom vom Grad n ist auch ein spezielles vom Grad $n+1$. Daher läßt sich eine Bézier-Kurve $\mathbf{x}(u)$ vom Grad n auch als eine vom Grad $n+1$ schreiben

$$\mathbf{x}(u) = \mathbf{b}_0^* B_0^{n+1}(t) + \dots + \mathbf{b}_{n+1}^* B_{n+1}^{n+1}(t) \quad ,$$

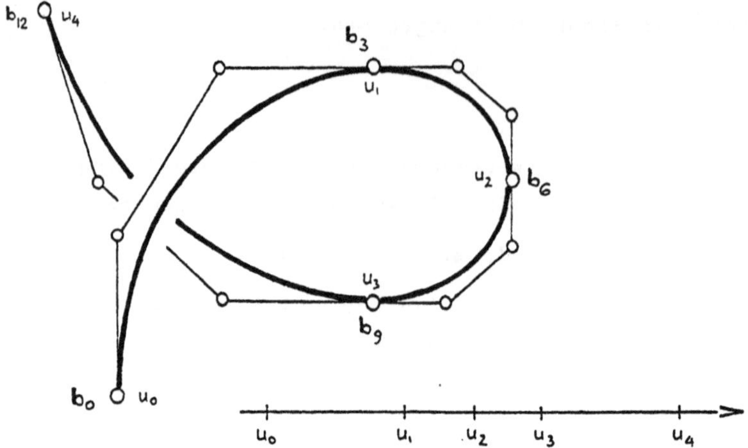

BILD 7 : Kubische Bézier - Kurve

dabei gilt zwischen den Bézier-Punkten $\mathbf{b}_i$ und $\mathbf{b}_i^*$ eines Segments die einfache Beziehung |deCa59|

$$\mathbf{b}_i^* = (1-\gamma_i)\cdot \mathbf{b}_i + \gamma_i \cdot \mathbf{b}_{i-1} \quad , \text{ mit } \quad \gamma_i = \frac{i}{n+1} \ .$$

Bild 8 zeigt die Erhöhung vom Grad **3** auf Grad **4** . Wiederholt man die

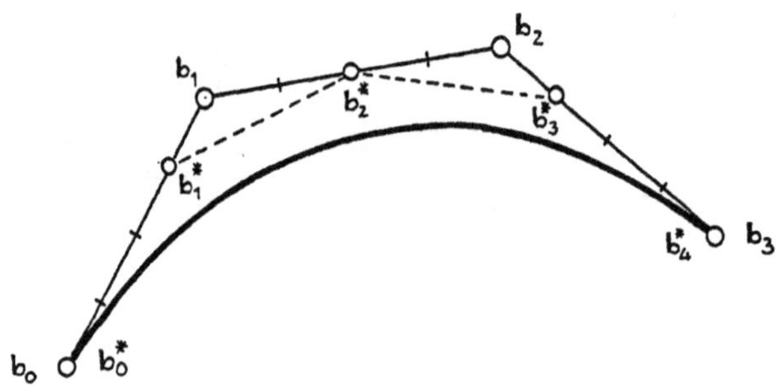

BILD 8 : Graderhöhung von n = 3 auf 4

Graderhöhung, so konvergiert die Folge der Bézier-Polygone mit wachsendem Grad gegen die Kurve |Far77|. Daraus folgt unmittelbar :

Eine beliebige Ebene, die das Bézier-Polygon in r Punkten trifft, wird von der Bézier-Kurve selbst in höchstens r Punkten getroffen |Schoe59|.

Diese sogenannte „variation diminishing property" hat nämlich, wie man sich leicht überzeugt, schon der Polygonzug der $\mathbf{b}_i^*$ gegenüber dem ursprünglichen der $\mathbf{b}_i$.

6 UNTERTEILUNG

Ein Segment $\mathbf{x}(u)$ wird durch den Punkt $u = \hat{u}$ in zwei Segmente zerlegt. Die Bézier-Punkte dieser beiden Segmente werden beiläufig mit dem Algorithmus von de Casteljau (Bild 5) bestimmt, es sind |deCa59| die Punkte

$$\mathbf{b}_0^0, \mathbf{b}_1^1, \ldots, \mathbf{b}_n^n \quad \text{und} \quad \mathbf{b}_n^n, \mathbf{b}_n^{n-1}, \ldots, \mathbf{b}_n^0 .$$

Bei geeigneter Wahl der Unterteilung (z.B. bei fortgesetzter Halbierung) konvergiert auch hier die Folge der Bézier-Polygone gegen die Kurve (vgl. |Lane80|).

7 BEZIER-KURVEN ÜBER DER u-ACHSE

Gelegentlich ist es wünschenswert, eine Koordinate von $\mathbf{x}(u)$, z.B. $x(u)$, über u aufzutragen. Durch Graderhöhung des zunächst linearen Segments

$$u = u_0 \cdot (1-t) + u_1 \cdot t$$

auf den Grad n erhält man für die Abszissen der Bézier-Punkte die Werte

$$v_i = u_0 + i h \quad \text{mit} \quad h = \frac{1}{n}(u_1 - u_0) ,$$

usf. Bild 9 zeigt das Beispiel einer solchen kubischen Bézier-Kurve.

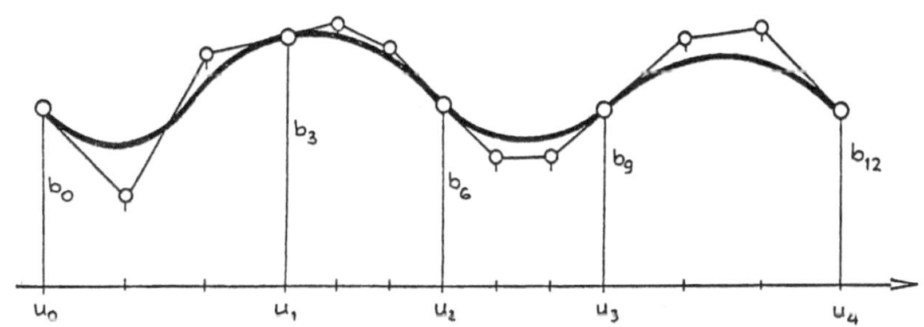

BILD 9 : Kubische C^1-Bézier - Kurve über u

Es ist klar, daß äquidistante Knoten u_i zu erheblichen Vereinfachungen in den Algorithmen führen. Mit dieser Vereinfachung verlieren die Kurven allerdings auch einen Teil ihrer Flexibilität.

8 INTEGRATION

Durch Umkehr der Differentiation und Unterteilung des Segments $\mathbf{x}(u)$ an der Stelle $\hat{u}$ mit Hilfe des Algorithmus von de Casteljau erhält man für das Integral (vgl. |Böhm81|)

$$\int_{u_0}^{\hat{u}} x(u)\,du = \frac{\hat{u}-u_0}{n+1}\left(b_0^0 + b_1^1 + \ldots + b_n^n \right)$$

9 NATÜRLICHE GLÄTTE

Die beiden benachbarten Segmente $\mathbf{x}(u)$ und $\mathbf{y}(u)$ haben bereits tangentiellen Übergang, wenn die Punkte

$$\mathbf{b}_{n-1}\,,\ \mathbf{b}_n \ \text{ und } \ \mathbf{b}_{n+1}$$

kollinear sind |Bez77|. Für die Krümmung κ von $\mathbf{x}(u)$ in $u=u_0$ erhält man

$$\kappa = \frac{n-1}{n}\,\frac{h}{a^2}\,,$$

wobei a der Abstand von $\mathbf{b}_0$ und $\mathbf{b}_1$ und h der Abstand von $\mathbf{b}_2$ von der Verbindung von $\mathbf{b}_0$ mit $\mathbf{b}_1$ ist |deCa59|.

Daraus hat Farin eine Konstruktion kubischer Bézier-Kurven mit Krümmungsübergang entwickelt : Er wählt die inneren Bézier-Punkte o auf einem (räumlichen) Kontrollpolygon und bestimmt die Trennstellen • nach der Beziehung

$$a_1 / a_2 = (h_1 / h_2)^{1/2} .$$

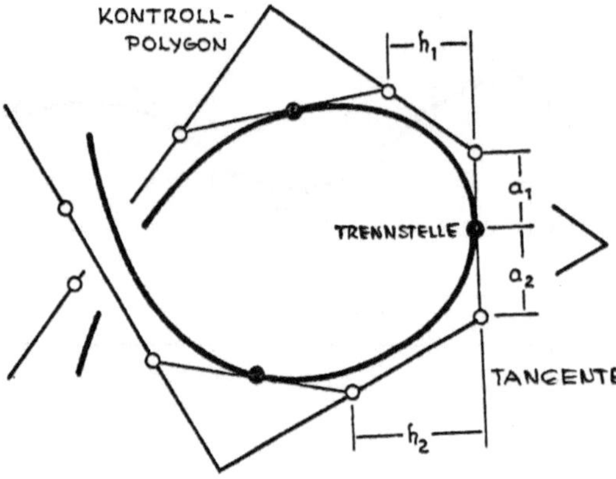

BILD 10 : Farins natürlicher Spline

S P L I N E - K U R V E N

Aus Segmenten vom Grad n mit C^{n-1}-Übergang zusammengesetzte Kurven heißen Splines vom Grad n (der Ordnung $n+1$). Sie lassen sich leicht als

Bézier-Kurven konstruieren |Böhm77b|. Von allen Darstellungen hat sich jedoch die als Linearkombination sogenannter B-Splines als besonders handlich erwiesen |deBo78|.

10 B-SPLINES

Die Parameterwerte u_i der Trennstellen heißen wieder Knoten. Zu einer gegebenen (unendlichen) Menge solcher Knoten

$$\ldots < u_0 < u_1 < u_2 < \ldots$$

heißt ein Spline vom Grad n normierter B-Spline $N_i^n(u)$, wenn er

- den minimalen Träger $[u_i, u_{i+n+1}]$ besitzt und
- so normiert ist, daß die Summe aller B-Splines gleichen Grades für alle u gleich 1 ist.

Bild 11 zeigt einige Beispiele solcher B-Splines.

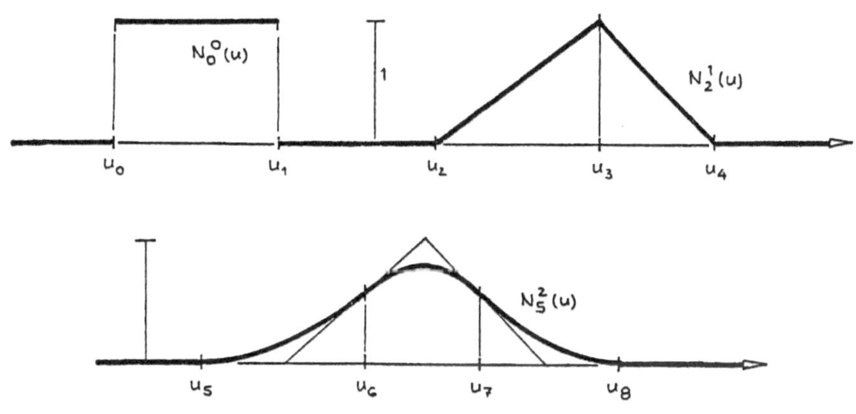

BILD 11 : B-Splines der Grade 0 , 1 und 2

Diese B-Splines sind eindeutig bestimmt. Das gilt sogar, wenn r Knoten zusammenfallen, und man dafür in diesem Knoten (nur) einen C^{n-r}-

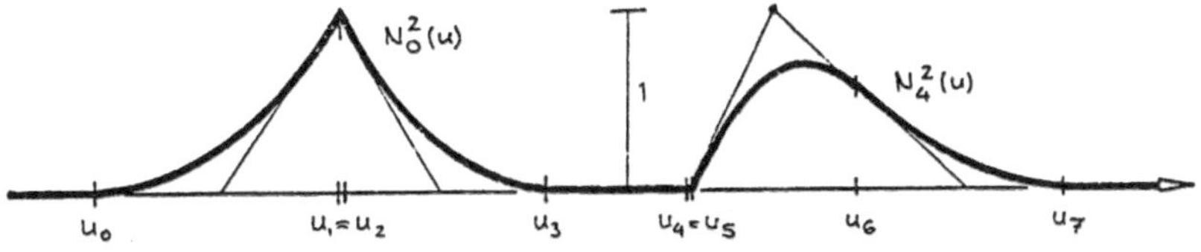

BILD 12 : Quadratische B-Splines mit zweifachen Knoten

Übergang fordert |deBo78| . Damit der Träger eines B-Splines nicht ververschwindet, muß $r \leq n+1$ sein. Bild 12 zeigt zwei B-Splines mit zweifachen Knoten.

11 LEMMA VON MANSFIELD

Man kann zeigen: B-Splines sind Vielfache der an den Knoten u_i der Träger genommenen $(n+1)$-ten dividierten Differenzen $U_i^n(u)$ der abgeschnittenen Potenzfunktionen |deBo72|

$$(u_i - u)_+^n .$$

Aus dieser -sehr theoretischen- Eigenschaft läßt sich leicht eine einfache Rekursionsformel für diese un-normierten B-Splines

$$U_i^n(u) = \frac{1}{u_{i+n+1} - u_i} N_i^n(u)$$

herleiten, die 1972 unabhängig voneinander Mansfield, Cox und de Boor gefunden haben |deBo72|

$$U_i^k(u) = \alpha_i^k(u) \cdot U_i^{k-1}(u) + (1 - \alpha_i^k(u)) \cdot U_{i+1}^{k-1}(u) ,$$

$$\text{mit} \quad \alpha_i^k(u) = \frac{u - u_i}{u_{i+k+1} - u_i} ,$$

was man leicht für normierte B-Splines $N_i^k(u)$ umschreiben kann.

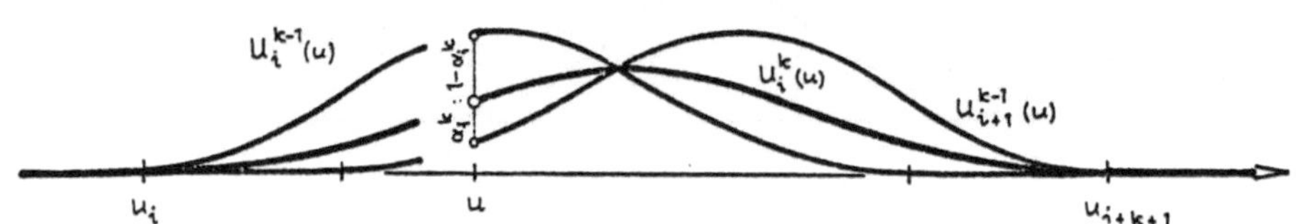

BILD 13 : Konstruktion von Mansfield

Ebenfalls aus den Eigenschaften dividierter Differenzen läßt sich leicht herleiten, daß für den un-normierten B-Spline $\hat{U}_i^{k-1}$, der im Knoten u_j eine um 1 höhere Differenzierbarkeitsordnung besitzt als U_i^{k-1}, die Beziehung

$$\hat{U}_i^{k-1}(u) = \alpha_i^k(u_j) \cdot U_i^{k-1}(u) + (1 - \alpha_i^k(u_j)) \cdot U_{i+1}^{k-1}(u)$$

mit festem $\alpha_i^k(u_j)$ gilt |Böhm80|.

Man kann auf diese Weise schrittweise Knoten u_j eliminieren und die zugehörigen B-Splines bestimmen.

12 B-SPLINE-KURVEN

Über dem Intervall $[u_0, u_m]$ sind nur die $m+n$ B-Splines $N_i^n(u)$ von Null verschieden, für die $i = -n, \ldots, m-1$ ist. Sie bilden dort eine Basis der Splines vom Grade n zu den Knoten u_i. Eine Linearkombination

$$\mathbf{s}(u) = \sum_i \mathbf{d}_i \, N_i^n(u)$$

heißt B-Spline-Kurve, die Koeefizienten $\mathbf{d}_i$ heißen Kontrollpunkte oder de Boor - Punkte, das von den $\mathbf{d}_i$ gebildete Polygon Kontrollpolygon usf.

13 ALGORITHMUS VON DE BOOR

Für eine Stelle $u \in [u_\ell, u_{\ell+1}]$ liefern nur die $N_i^n(u)$ einen Beitrag zu $\mathbf{s}(u)$, für die $i = \ell-n, \ldots, \ell$ ist. Man bestimmt die Werte dieser B-Splines entweder rekursiv nach Mansfield oder den Wert von $\mathbf{s}(u)$ direkt aus den de Boor - Punkten $\mathbf{d}_{\ell-n}, \ldots, \mathbf{d}_\ell$ durch fortgesetzte lineare Interpolation nach de Boor:

$$\mathbf{d}_i^k = \beta_i^k(u) \cdot \mathbf{d}_i^{k-1} + (1 - \beta_i^k(u)) \cdot \mathbf{d}_{i-1}^{k-1} ,$$

$$\text{mit} \quad \beta_i^k(u) = \frac{u - u_i}{u_{i+n+1-k} - u_i} ,$$

wobei $\mathbf{d}_i^0 = \mathbf{d}_i$ und $\mathbf{s}(u) = \mathbf{d}_n^n$ ist |deBo72|. Bild 14 zeigt diese Konstruktion für einen kubischen Spline.

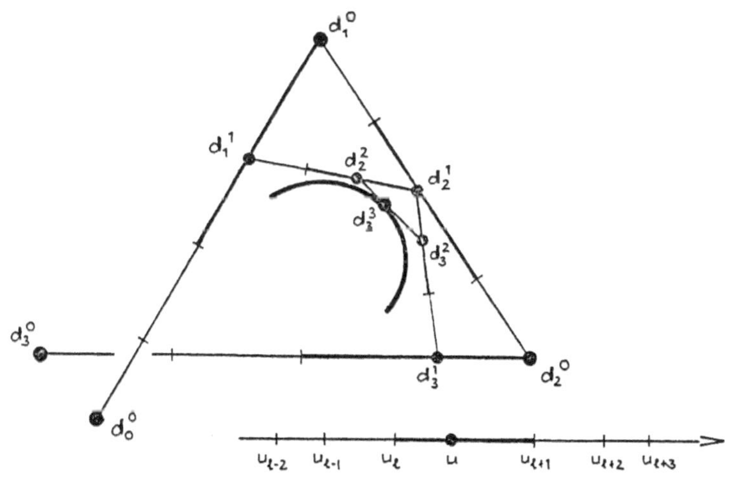

BILD 14 : Konstruktion von de Boor

Wegen $\sum N_i^n(u) \equiv 1$ sind die $N_i^n(u)$ auch hier baryzentrische Koordinaten von $\mathbf{s}(u)$ zum Grundeck der $\mathbf{d}_i$. Da die N_i^n positiv sind und für $u \in [u_\ell, u_{\ell+1}]$ nur die für $i = \ell-n,\dots,\ell$ nicht verschwinden, liegt $\mathbf{s}(u)$ in der konvexen Hülle der $\mathbf{d}_{\ell-n},\dots,\mathbf{d}_\ell$ (vgl. |Gor74|).

14 EINSCHIEBEN NEUER KNOTEN

Für das interaktive Arbeiten mit Splines wie auch für deren Differentiation und Integration ist es wünschenswert, einen Knoten $\hat{u}$ einfach oder mehrfach einzuschieben. Dabei ändert sich $\mathbf{s}(u)$ nicht, wohl aber die $N_i^k(u)$ und damit auch die Punkte $\mathbf{d}_i$.

Man bestimmt die neuen Kontrollpunkte ebenfalls mit dem Algorithmus von de Boor für $u = \hat{u}$: soll $\hat{u}$ r-fach neu eingeschoben werden, so ist im Kontroll-Polygon der $\mathbf{d}_i$ das Teilpolygon

$$\mathbf{d}_{\ell-n},\dots,\mathbf{d}_\ell$$

zu ersetzen durch das neue Polygon

$$\mathbf{d}_{\ell-n} = \mathbf{d}_{\ell-n}^0,\dots,\mathbf{d}_r^r,\dots,\mathbf{d}_\ell^r,\dots,\mathbf{d}_\ell^0 = \mathbf{d}_\ell$$

|Böhm80|. Bild 15 zeigt die Konstruktion für das Einschieben des zweifachen Knotens $u = \hat{u}$ des Bildes 14.

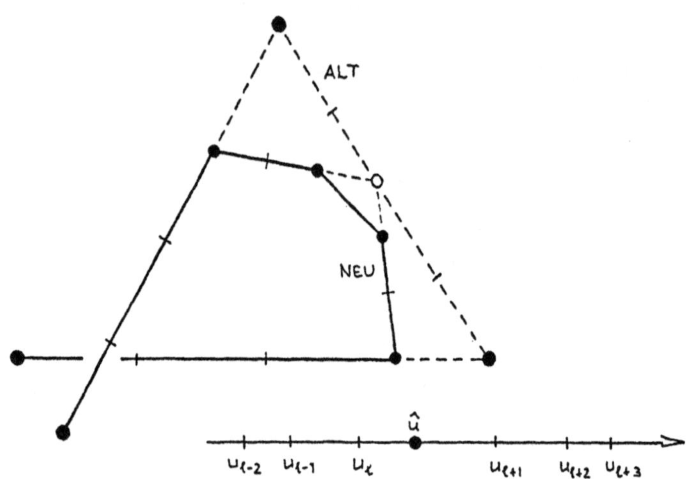

BILD 15 : Einschieben eines zweifachen Knotens

Ist $\hat{u}$ bereits $\mathbf{s}$ -facher Knoten, so beginnt man das Schema von de Boor mit der Spalte $\mathbf{s}$ |Böhm80|.

Bei geeigneter Wahl der eingeschobenen Knoten konvergiert auch hier die Folge der Polygone gegen die Kurve (vgl. |Coh80|). Da alle dabei auftretenden Linearkombinationen konvex sind, gilt auch hier die „variation diminishing property" |Schoe59| .

Es ist oft vorteilhaft, den Endknoten eines Splines die Vielfachheit $n+1$ zu geben, wie das in den Bildern 16 und 17 geschehen ist.

Einen Algorithmus für das gleichzeitige Einschieben mehrerer verschiedener Knoten fanden Riesenfeld et al. in Oslo |Coh80|.

15 DIFFERENTIATION

Die erste Ableitung eines Splines $\mathbf{s}(u)$ vom Grad n und zu den Knoten u_j ist ein Spline

$$\dot{\mathbf{s}}(u) = \sum_i d_i^{(1)} N_i^{n-1}(u)$$

vom Grad $n-1$ zu den gleichen Knoten u_j, wobei

$$d_i^{(1)} = n \frac{d_i - d_{i-1}}{u_{i+n} - u_i}$$

ist |deBo72|. Er kann wieder mit de Boor ausgewertet werden.

Für die direkte Bestimmung der Werte aller Ableitungen hat Lee kürzlich über das Einschieben eines neuen Knotens einen sehr effektiven Algorithmus angegeben |Lee82|.

16 SPLINES ÜBER DER u-ACHSE

Wie bei den Bézier-Kurven ist es gelegentlich wünschenswert, eine Koordinate von $\mathbf{s}(u)$, z.B.

$$s(u) = \sum_i d_i N_i^n(u)$$

über u aufzutragen. Dazu ist auch die Abszisse u als Spline zu schreiben, man erhält

$$u = \sum_i v_i N_i^n(u) \quad \text{mit} \quad v_i = \frac{1}{n}(u_{i+1} + \ldots + u_{i+n}) .$$

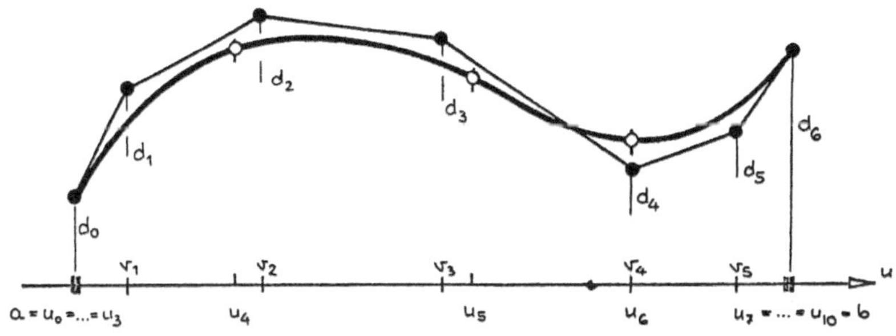

BILD 16 : Kubischer Spline über u

Daher sind die d_i über den v_i aufzutragen |Grev67|. Bild 16 zeigt ein Beispiel.

Liegt -wie in Bild 16- das de Boor-Polygon von $s(u)$ gezeichnet vor, so ist die Bestimmung des neuen Polygons zu einem neuen eingeschobenen einzelnen Knoten besonders einfach: Man bestimmt zunächst rechnerisch die neuen v_i und dann zu diesen Abszissen die Punkte auf dem alten de Boor-Polygon (priv. Mitteilung von de Boor).

Es ist auch hier klar, daß äquidistante Knoten zu erheblichen Vereinfachungen der Algorithmen führen, allerdings verlieren damit die Splines auch einen Teil ihrer Flexibilität.

Man kann einen Spline durch die Forderung festlegen, daß die Trennstellen in vorgegebenen Punkten liegen und die Ableitungen am Rand gewissen vorgegebenen Bedingungen genügen. Ein solcher -hier nicht betrachteter- Interpolationsspline neigt gelegentlich zu unerwünschter Oszillation |deBo78,Nie74|.

17 INTEGRATION

Aus der Umkehr der Differentiation ergibt sich für das Integral über einen vollständigen B-Spline

$$\int_{-\infty}^{\infty} N_i^n(u)\,du = \frac{1}{n+1}\,(u_{i+n+1} - u_i)\,.$$

Macht man daher die Integrationsgrenzen $u=a$ und $u=b$ zu neuen $(n+1)$-fachen Knoten und bestimmt die neuen de Boor-Ordinaten d_i (mit einer entsprechenden neuen Numerierung der u_i), so ist

$$\int_a^b s(u)\,du = \frac{1}{n+1} \sum_i d_i\,(u_{i+n+1} - u_i)\,,$$

wobei nur über die beteiligten i zu summieren ist |Böhm81|. In Bild 16 sind die beteiligten Werte leicht abzulesen, i läuft von 0 bis 6 .

18 BEZIER-PUNKTE EINES SPLINES

Sind insbesondere u_ℓ und $u_{\ell+1}$ n-fache Knoten, so entarten die in $[u_\ell, u_{\ell+1}]$ nicht verschwindenden B-Splines zu den Bernstein-Polynomen |Schoe67| , die zugehörigen de Boor-Punkte d_i daher zu Bézier-Punkten b_i und der Algorithmus von de Boor zum Algorithmus von de Casteljau |Gor74|.

Man erhält daher die Bézier-Punkte eines Splines, indem man jedem Knoten die Vielfachheit n gibt und das zugehörige Polygon mit Hilfe des Algorithmus von de Boor Knoten für Knoten konstruiert |Böhm81a|. Bild 17 zeigt das Bézier-Polygon für den kubischen Spline des Bildes 16.

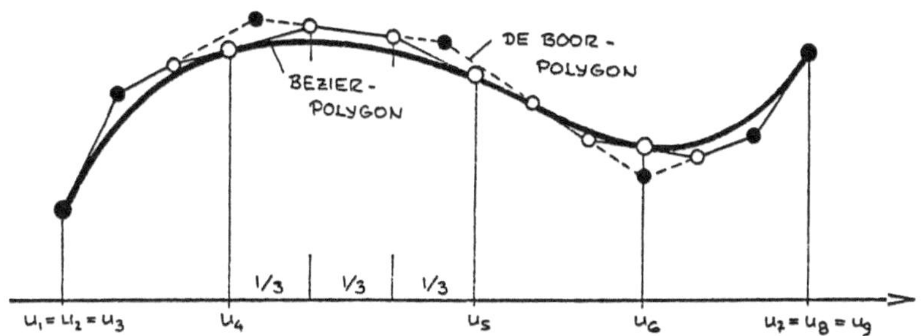

BILD 17 : Bézier - Punkte eines kubischen Splines

Liegt - wie im Fall des Bildes 16 - das de Boor-Polygon eines kubischen Splines gezeichnet vor, so findet man die Bézier-Punkte besonders einfach über je einer 3-Teilung der Knotenintervalle, wie das in Bild 17 für das Intervall $[u_4, u_5]$ angedeutet ist.

RATIONALE KURVEN

Wegen der -bei gleichem Grad- größeren Flexibilität der Kurven sowie der Möglichkeit, auch Kreise, Ellipsen usw. exakt darzustellen, haben auch rationale Kurven in der Geometrischen Datenverarbeitung eine gewisse Bedeutung erlangt |Ball74,Böhm82a|.

19 RATIONALE BEZIER-KURVEN

Die Bézier-Form einer rationalen Kurve lautet (wieder mit $u = (1-t)u_0 + t \cdot u_1$)

$$\mathbf{r}(u) = \frac{\beta\, \mathbf{b}(t)}{\beta(t)} = \frac{\beta_0 \mathbf{b}_0 B_0^n(t) + \ldots + \beta_n \mathbf{b}_n B_n^n(t)}{\beta_0 B_0^n(t) + \ldots + \beta_n B_n^n(t)} .$$

Dabei bilden die $\mathbf{b}_i$ wieder die Ecken des Bézier-Polygons, sind aber hier mit (homogenen) Gewichten β_i versehen. Der Einfluß dieser Gewichte ist offensichtlich : vergrößert man eines der β_k , so wird die Kurve dadurch gegen das zugehörige $\mathbf{b}_k$ gezogen usf.

Durch eine lineare rationale Transformation des Parameters kann man immer erreichen, daß Anfang und Ende des betrachteten Kurvenstücks die Parameterwerte 0 und 1 zukommen und dazu der echte Grad des Nenners $n-1$

ist. Mit diesem Parameter heißt $\mathbf{r}(\frac{1}{2})$ Schulterpunkt. Gibt man ihn neben den $\mathbf{b}_i$ vor, so lassen sich die Gewichte β_i als Lösungen eines homogenen linearen Gleichungssystems bestimmen |Böhm82a|.

20 ÜBERGANGSBEDINGUNGEN

Eine rationale Kurve des $\mathbb{R}^3$ kann stets als Projektion einer ganz-rationalen Kurve des $\mathbb{R}^4$ aufgefaßt werden. Da diese Projektion Übergangsbedingungen nicht ändert, ist es bequem, diejenigen aus dem $\mathbb{R}^4$ zu übernehmen, z.B. die C^1-Bedingung für Bézier-Kurven (s.oben)

$$\Delta_1 \beta_{n-1} \mathbf{b}_{n-1} + \Delta_0 \beta_{n+1} \mathbf{b}_{n+1} = (\Delta_0 + \Delta_1) \cdot \beta_n \mathbf{b}_n \quad ,$$

$$\Delta_1 \beta_{n-1} + \Delta_0 \beta_{n+1} = (\Delta_0 + \Delta_1) \cdot \beta_n \quad ,$$

wobei $\Delta_0 = u_1 - u_0$ usf. gesetzt ist. Das aber ist nicht notwendig. Wie man durch Differenzieren leicht bestätigt, genügt schon die Bedingung

$$\Delta_1 \beta_{n-1} \mathbf{b}_{n-1} + \Delta_0 \beta_{n+1} \mathbf{b}_{n+1} = (\Delta_1 \beta_{n-1} + \Delta_0 \beta_{n+1}) \mathbf{b}_n$$

für einen C^1-Übergang, d.h. $\mathbf{b}_n$ darf beliebige, für beide Segmente sogar verschiedene, Gewichte haben.

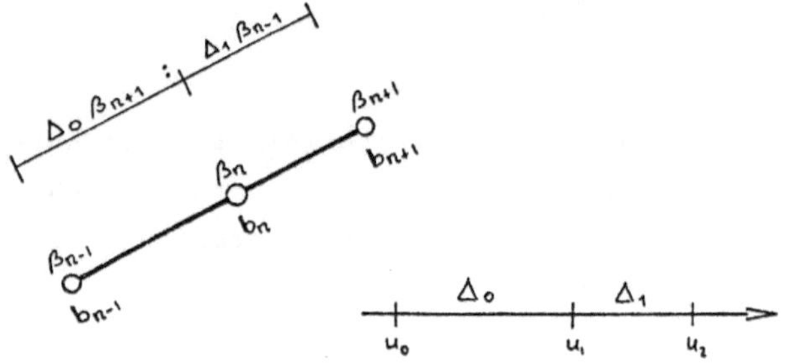

BILD 18 : Teilverhältnis bei echtem C^1-Übergang

21 RATIONALE KUBIKEN

Für die Darstellung rationaler Kubiken hat die Darstellung von Ball

$$\mathbf{c}(u) = \frac{\gamma \mathbf{c}(t)}{\gamma(t)} = \frac{\gamma_0 \mathbf{c}_0 B_0^2(t) + [\gamma_1 \mathbf{c}_1 (1-t) + \gamma_2 \mathbf{c}_2 t] B_1^2(t) + \gamma_3 \mathbf{c}_3 B_2^2(t)}{\gamma_0 B_0^2(t) + [\gamma_1 (1-t) + \gamma_2 t] B_1^2(t) + \gamma_3 B_2^2(t)}$$

gewisse Vorteile. Ist z.B. $\gamma_1 = \gamma_2$ (was immer erreicht werden kann), so ist der Nenner quadratisch. Ist dazu $\mathbf{c}_1 = \mathbf{c}_2$, so ist $\mathbf{c}(u)$ ein Kegelschnitt und bei geeigneter Wahl der $\mathbf{c}_i$ und der γ_i sogar ein Kreis |Ball74|.

Stets geht die Kurve für $t=0$ mit der Tangente $\mathbf{c}_1 - \mathbf{c}_0$ durch $\mathbf{c}_0$, für $t=1$ mit der Tangente $c_3 - c_2$ durch c_3. Wieder bestimmt man die Bauchigkeit der Kubik über die Wahl der Gewichte γ_i oder die Wahl des Schulterpunktes

$$c(1/2) = \frac{\gamma_0 c_0 + \gamma_1 c_1 + \gamma_2 c_2 + \gamma_3 c_3}{\gamma_0 + \gamma_1 + \gamma_2 + \gamma_3} .$$

Dafür hat Ball in seinem System CONSURF zwei einfache Möglichkeiten vorgesehen, eine davon zeigt Bild 19.

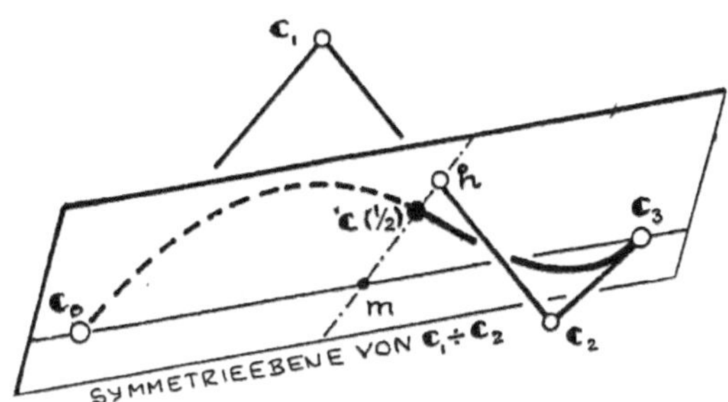

BILD 19 : Ball's Wahl des Schulterpunktes

Es ist für quadratische Nenner besonders einfach, Asymptoten im betrachtetet Intervall zu vermeiden |Böhm82a,For80|.

TENSORPRODUKT-FLÄCHEN

Eine einfache Möglichkeit der Flächendefinition ist die Verwendung der Tensorprodukte von Kurven. Diese Methode hat den Vorteil, daß sich (fast) alle Eigenschaften und Konstruktionen der Kurvendarstellungen problemlos auf die Flächen übertragen lassen.

22 ALLGEMEINE TENSORPRODUKT-FLÄCHEN

Die einfachte Darstellung der betrachteten Fläche ist

$$x(u,v) = \sum_k \sum_i a_{i,k} u^i v^k .$$

Wie bei den Kurven hängt die geometrische Bedeutung der Koeffizienten von der Wahl einer geeigneten Polynombasis ab.

Sind u_i und v_k gegebene Knoten, sowie L_i und J_k die zugehörigen Lagrange-Polynome, so kann man $x(u,v)$ so schreiben |vgl.Böhm77a|

$$x(u,v) = \sum_k \sum_i p_{i,k} \cdot L_i(u) \cdot J_k(v) .$$

Bild 20 zeigt eine solche Fläche, sie ist durch die $(m+1)(n+1)$ Punkte $p_{i,k} = x(u_i, v_k)$ und die u_i und v_k eindeutig bestimmt.

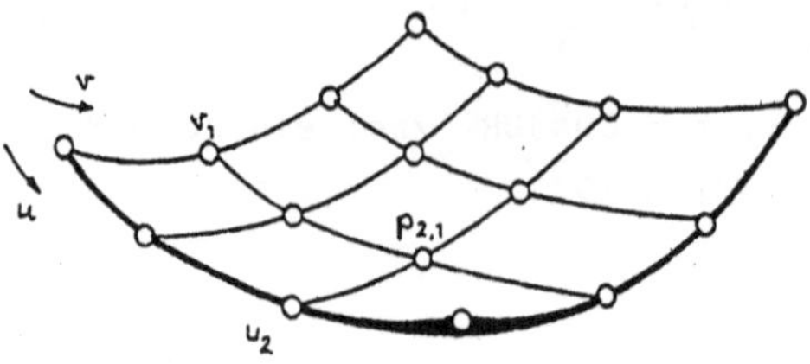

BILD 20 : Bikubische 16 - Punkte - Fläche

23 BEZIER-SEGMENTE

Mit den Produkten von Bernstein-Polynomen in s und t schreibt sich

$$x(u,v) = \sum_i \sum_k b_{i,k} B_k^m(s) B_i^n(t),$$

wobei wieder $u = u_0(1-t)+u_1 t$ und $v = v_0(1-s)+v_1 s$ gesetzt ist. Auch hier betrachtet man nur das Segment für $s,t \in [0,1]$.

Die Koeffizienten $b_{i,k}$ heißen Bézier-Punkte, sie bilden in ihrer natürlichen Anordnung die Ecken des Bézier-Netzes der Fläche.

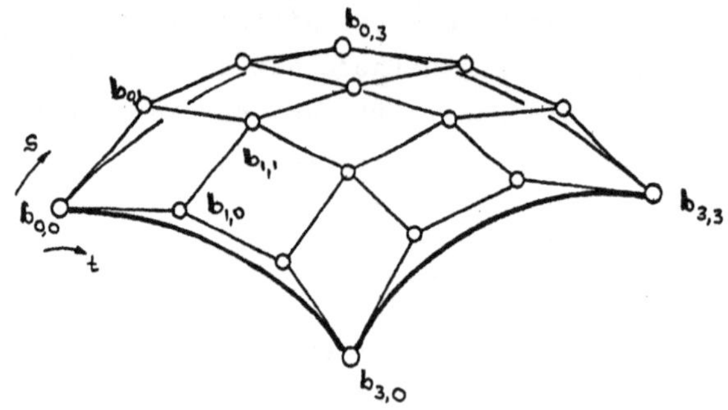

BILD 21 : Bikubisches Bézier - Segment mit Netz

Die Eigenschaften der Bézier-Kurven lassen sich leicht übertragen :

- Die u -Linien sind Bézier-Kurven mit den Bézier-Punkten

  $$b_i(v) = \sum_k b_{i,k} B_k^m(s)$$

  und analog für die v -Linien.
- Die Ränder des Netzes sind Bézier-Polygone der Flächenränder.

- Die erste Ableitung quer zum Rand $v = v_0$

$$x_u(u,v_0) = \frac{n}{u_1 - u_0} \sum_k [\, b_{1,k} - b_{0,k} \,] \, B_k^m(s)$$

hängt nur von den beiden ersten Zeilen $b_{0,k}$ und $b_{1,k}$ des Bézier-Netzes ab, usf.

- Der Twist x_{uv} in der Ecke u_0, v_0 ist proportional der Differenz von $b_{1,1}$ und der vierten Ecke des vom $b_{0,0}, b_{1,0}, b_{0,1}$ aufgespannten Parallelogramms.

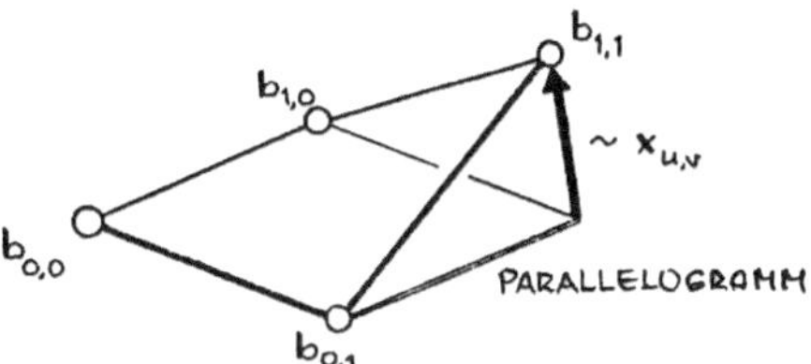

BILD 22 : Größe des Twists

- Graderhöhung und Unterteilung sind vertauschbar und lassen sich in beiden Richtungen (d.h. unabhängig voneinander für die Zeilen und Spalten des Bézier-Netzes) durchführen.

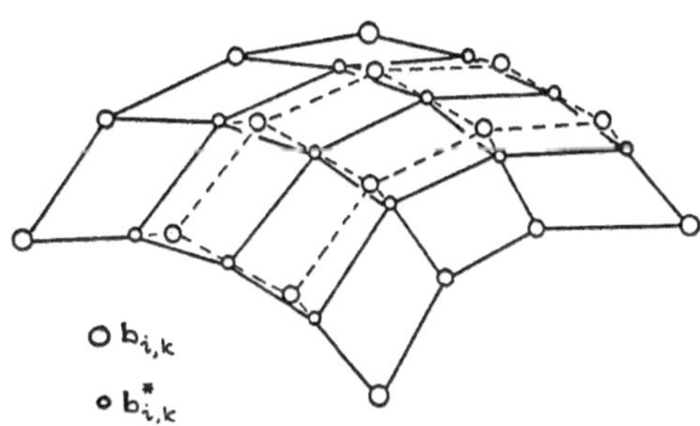

BILD 23 : Graderhöhung in u - Richtung

- Für wachsende Grade n und m wie für geeignete Unterteilungen konvergiert die Folge der Bézier-Netze gegen die Fläche.
- Das Flächensegment liegt in der konvexen Hülle seines Bézier-Netzes, usf.

Die Bestimmung eines Flächenpunktes $x(u,v)$ zu gegebenen u, v geschieht im Fall $m > n$ am zweckmäßigsten, indem man zunächst rekursiv die Werte von $B_i^n(t)$, damit die Bézier-Punkte

$$b_k(u) = \sum_i b_{i,k} \, B_i^n(t)$$

der v-Linie, auf der der Punkt liegt, und mit diesen den Punkt

$$x(u,v) = \sum_k b_k(u)\, B_k^m(s)$$

nach de Casteljau bestimmt. — Ein einfaches Differenzenverfahren zur Bestimmung eines fortlaufenden Punktes einer Parameterlinie hat Coons angegeben |Coon67, Kest74|.

24 BEZIER - FLÄCHEN

Analog zu den Kurven lassen sich größere Flächen aus Bézier-Segmenten zusammensetzen. Dabei hat z.B. ein in u-Richtung angrenzendes Segment $y(u,v)$ C^1-Übergang, wenn mit $\Delta u_0 = u_1 - u_0$ usf.

$$\Delta u_1\, b_{n-1,k} + \Delta u_0\, b_{n+1,k} = (\Delta u_0 + \Delta u_1)\, b_n$$

für alle k ist |Béz77|. Bild 24 zeigt diese Bedingung.

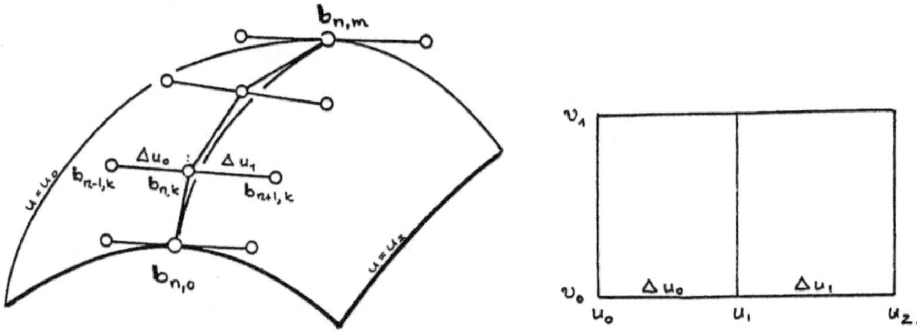

BILD 24 : C^1-Übergang zweier Bézier - Segmente

In gleicher Weise lassen sich C^r-Übergangsbedingungen unabhängig voneinander auf die Zeilen und Spalten zusammengesetzter Bézier-Netze übertragen |Böhm77b, Stä76|. Mehr oder weniger spezielle Konstruktionen für (allgemeine) tangentielle und auch Krümmungsübergänge haben u.a. Sabin |Sab76|, Hosaka und Kimura |Hos78|, Farin |Far77| und Kahmann |Kah82| betrachtet.

25 BEZIER - FLÄCHEN ÜBER DER uv-EBENE

Für die nicht-parametrische Bézier-Fläche

$$x(u,v) = \sum_k \sum_i b_{i,k}\, B_i^n(t)\, B_k^m(s)$$

trägt man die Ordinaten $b_{i,k}$ über einer (n,m)-Teilung des Parameterbereichs auf usf.

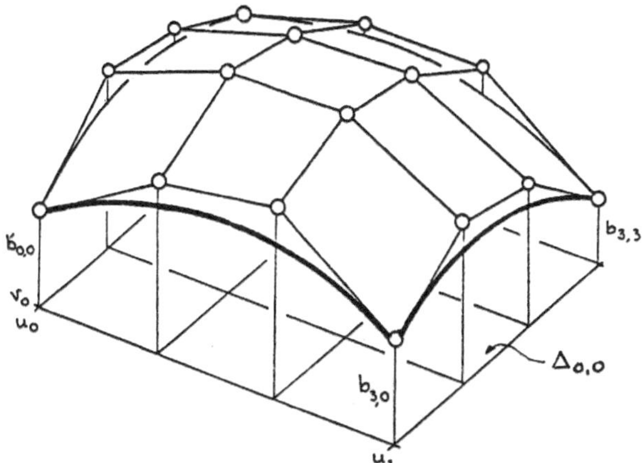

BILD 25 : Bézier - Fläche über der uv-Ebene

Man prüft auch leicht nach, daß für das Integral

$$\int_{v_0}^{v_1}\int_{u_0}^{u_1} x(u,v)\,du\,dv = \frac{\Delta_{0,0}}{(n+1)(m+1)} \sum_k \sum_i b_{i,k}$$

gilt, wobei $\Delta_{0,0} = (u_1-u_0)(v_1-v_0)$ der Flächeninhalt der Grundfläche ist.

26 SPLINE - FLÄCHEN

Die Produkte der normierten B-Splines $N_i^n(u)$ und $M_k^m(v)$ zu gegebenen Knoten u_i und v_k bilden eine Basis der Splines vom Grad (n,m) zu den Knotenlinien u_i und v_k , d.h. jeder solche Spline hat die Darstellung

$$s(u,v) = \sum_k \sum_i d_{i,k}\, N_i^n(u)\, M_k^m(v)\ .$$

Die $d_{i,k}$ heißen wieder de Boor-Punkte, sie bilden in ihrer natürlichen Anordnung die Ecken des de Boor-Netzes (Kontrollnetzes).

Die Eigenschaften der Spline-Kurven übertragen sich leicht :

- Die v -Linien sind Spline-Kurven mit den de Boor-Punkten

  $$d_k(u) = \sum_i d_{i,k}\, N_i^n(u)$$

  und analog für die u -Linien.
- Die Produkte $N_i^n(u) M_k^m(v)$ haben lokale Träger.
- Nur die de Boor-Punkte $d_{\ell-n,k-m},\dots,d_{\ell,k}$ haben einen Einfluß auf das Segment $u \in [u_\ell, u_{\ell+1}]$, $v \in [v_k, v_{k+1}]$.
- Neue Knotenlinien $\hat{u}$ oder $\hat{v}$ lassen sich unabhängig voneinander einschieben |Böhm80|.

- Insbesondere läßt sich jeder Knotenlinie die Vielfachheit n bzw. m geben und damit das Bézier-Netz der Fläche bestimmen |Böhm82b|.
- Das Bézier-Netz und damit die Splinefläche selbst liegt in der konvexen Hülle des de Boor-Netzes.
- Für das fortgesetzte Einfügen geeigneter Knotenlinien konvergiert die Folge der de Boor-Netze gegen die Fläche,

usf.

Die Bestimmung eines Flächenpunktes $s(u,v)$ zu gegebenen u,v geschieht entweder über das Bézier-Netz der Fläche |Böhm81a|, oder im Fall $m \geq n$ am zweckmäßigsten, indem man zunächst rekursiv die Werte von $N_i^n(u)$ nach Mansfield, damit die de Boor-Punkte

$$d_k(u) = \sum_i d_{i,k} N_i^n(u)$$

der v-Linie, auf der der Punkt liegt, und mit diesen den Punkt

$$s(u,v) = \sum_k d_k(u) M_k^m(v)$$

nach de Boor bestimmt |deBo78|.

Differentiation und Integration von Splineflächen geschehen in voller Analogie zu denen der Splinekurven. – Eine Konstruktion für spezielle, propellerartige Flächen mit teilweise entarteten Segmenten hat Breden angegeben |Bre82|.

27 GLÄTTEN MIT TENSORPRODUKT-SPLINES

Das in der Praxis häufig auftretende Problem, gegebene Meßdaten zu glätten, läßt sich nach der Methode der kleinsten Quadrate mit Hilfe von Bézier-Flächen oder B-Spline-Flächen leicht lösen. Einen solchen Glättungsalgorithmus für beliebig verteilte Daten (mit Löchern) hat Schmidt |Schm82| angegeben. Den Fall von auf Parameterlinien v = konst. liegenden Meßdaten hat Breden |Bre82| im Zusammenhang mit Propellerflächen betrachtet.

DREIECKS-FLÄCHEN

Die Bernstein-Bézier - Methode ist nicht auf Kurven und Tensorprodukt-Flächen beschränkt. Den Kurven-Segmenten analoge Dreiecks-Segmente (vgl. Bild 2) wurden zuerst von de Casteljau, später von Sabin, Farin und anderen betrachtet.

28 BERNSTEIN-POLYNOME UND ALGORITHMUS VON DE CASTELJAU

Bernstein-Polynome vom Grade n

$$B^n_{i,j,k}(r,s,t) = \frac{n!}{i!\,j!\,k!} r^i s^j t^k$$

in den Variablen r, s, t , wobei $r+s+t=1$, $i+j+k=n$ und $i,j,k \geq 0$ ist, haben ähnlich angenehme Eigenschaften wie Bernstein-Polynome in den Variablen $u, 1-u$ (man vgl. etwa |Far79|), zB. ist $\sum B^n_{i,j,k} \equiv 1$ usf. Durch

$$x(r,s,t) = \sum_{i,j,k} b_{i,j,k} B^n_{i,j,k}(r,s,t)$$

ist die Parameterdarstellung einer Fläche gegeben, man betrachtet sie nur für $r,s,t \in [0,1]$. Die Koeefizienten $b_{i,j,k}$ heißen wieder Bézier-Punkte. Sie bilden in natürlicher Anordnung das Bézier-Netz des dreieckigen Flächensegments, Bild 26 zeigt ein Beispiel.

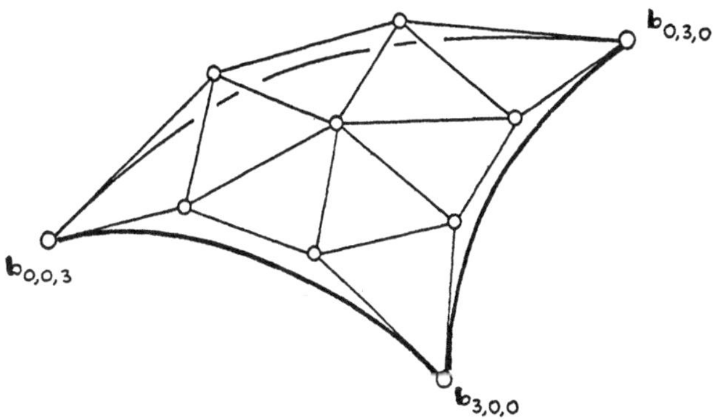

BILD 26 : Kubische Dreiecksfläche mit Netz

Zu gegebenen r, s, t (mit $r+s+t=1$) bestimmt man entweder die Werte der $B^n_{i,j,k}$ rekursiv aus

$$B^{\ell}_{i,j,k} = r\, B^{\ell-1}_{i-1,j,k} + s\, B^{\ell-1}_{i,j-1,k} + t\, B^{\ell-1}_{i,j,k-1}$$

oder den Punkt $x(r,s,t)$ direkt durch fortgesetzte lineare (konvexe) Interpolation nach de Casteljau

$$b^{\ell}_{i,j,k} = r\, b^{\ell-1}_{i+1,j,k} + s\, b^{\ell-1}_{i,j+1,k} + t\, b^{\ell-1}_{i,j,k+1} ,$$

mit $i+j+k=n-\ell$ und $i,j,k \geq 0$, wobei $b^0_{i,j,k} = b_{i,j,k}$ und $b^n_{0,0,0} = x(u,v,w)$ ist |deCa59|. Bild 27 zeigt diese Konstruktion im kubischen Fall.

Für $r,s,t \in [0,1]$ liegt $x(r,s,t)$ wieder in der konvexen Hülle des Bézier-Netzes. Die s-Linien $r=$ fest usw. sind Bézier-Kurven, insbesondere sind die Ränder des Bézier-Netzes die Bézier-Polygone der drei Flächenränder usf.

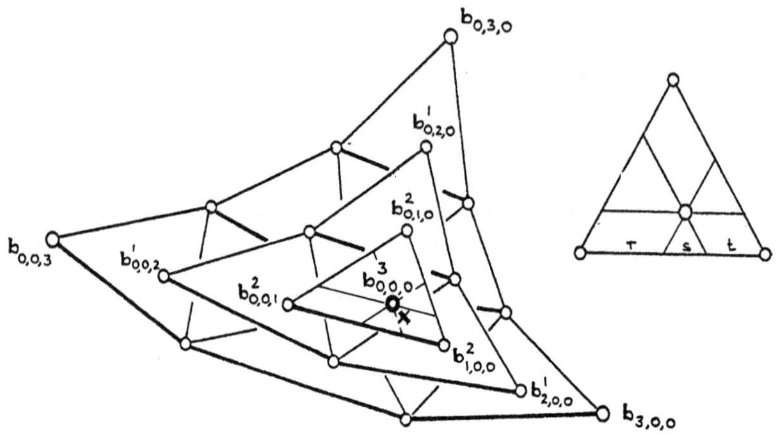

BILD 27 : Konstruktion von de Casteljau für n = 3

29 DIFFERENTIATION

Für eine Parameterlinie $s = s_0$ ist $t = 1 - r - s_0 = t(r)$. Man erhält damit für die Ableitung von $x(r,s,t)$ längs s_0 nach r

$$D_r\, x(r, s_0, t(r)) = \sum_{i,j,k}^{n-1} n\,[\, b_{i+1,j,k} - b_{i,j,k+1}]\, B^{n-1}_{i,j,k}(r, s_0, t) \quad ,$$

d.i. wieder eine Bézier-Fläche, und zwar vom Grad $n-1$. Bild 28 veranschaulicht die Konstruktion der Koeffizienten. – Man kann das wiederho-

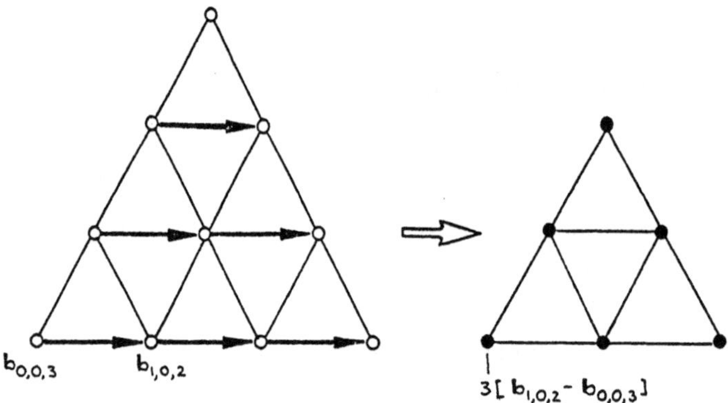

BILD 28 : Differentiation längs u

len. Offenbar sind solche Differentiationsschritte und die de Casteljauschritte der Auswertung vertauschbar |Far79,Far82b|.

Insbesondere gilt : die Tangentialebene im Punkt x wird von den Bézier-Punkten

$b^{n-1}_{1,0,0}$, $b^{n-1}_{0,1,0}$, $b^{n-1}_{0,0,1}$
aufgespannt usf. Vgl. Bild 27.

30 ZUSAMMENGESETZTE DREIECKS-FLÄCHEN

Dreieckige Bézier-Segmente lassen sich leicht zu Flächen zusammensetzen |Far79| . Besonders einfach gestalten sich dabei die Übergangsbedingungen für Flächen, die Bilder einer regelmäßigen Einteilung der u,v,w -Ebene sind, zweckmäßig wählt man dann $u,v,w = \ldots -1,0,1,\ldots$ als Knotenlinien. In diesem Fall haben die Bedingungen für differenzierbare Übergänge der Parameterlinien die Form von Rhomben-Regeln |Far79|. Sie entsprechen Parallelogramm-Konstruktionen, wie sie in Bild 29 für den C^1-Übergang zweier kubischer Dreiecksflächen dargestellt sind (man vgl. auch |Sab76|).

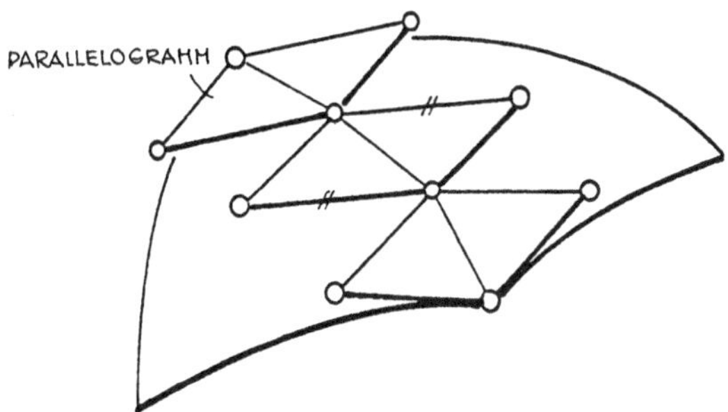

BILD 29 : C^1-Übergang, Rhombenregel

Den auch hier bestehenden Zusammenhang mit dem Algorithmus von de Casteljau hat zuerst Farin |Far79| bemerkt.

Tangentielle und Krümmungsübergänge (auch zwischen Dreiecken und Vierecken) haben u.a. Hosaka und Kimura |Hos78|, Farin |Far79| und Kahmann |Kah82|, die Fortsetzung von Dreiecks-in Tensorprodukt-Vierecksflächen Farin |Far79| und Brückner |Brü80| betrachtet.

31 INTEGRATION

Wegen der von den Indizes i,j,k unabhängigen Eigenschaft

$$\int_\Delta B^n_{i,j,k}\, dF = \frac{1}{(n+1)(n+2)}$$

folgt unmittelbar für das Volumen

$$\int_\Delta x(r,s,t)\, dF = \frac{1}{(n+1)(n+2)} \sum^{n}_{i,j,k} b_{i,j,k} \quad ,$$

d.i. das mit der Grundfläche $F=\frac{1}{2}$ multiplizierte arithmetische Mittel der Bézier-Ordinaten $b_{i,j,k}$.

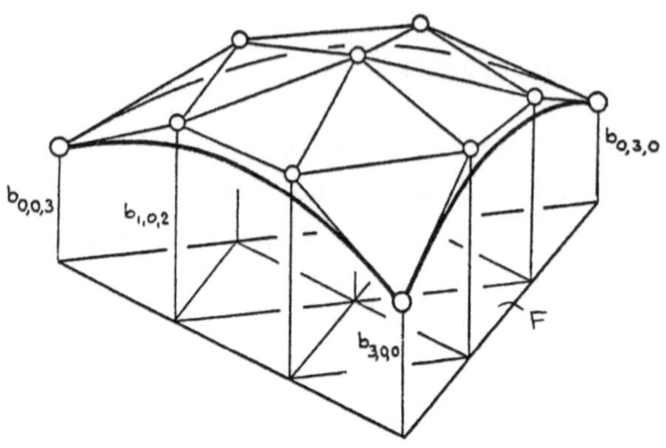

BILD 30 : Kubisches Dreieckssegment über der uvw-Ebene

32 SPLINES ÜBER DREIECKEN

Wegen der starken Bindungen durch die Rhomben-Regeln ist für Dreiecks-Flächen vom Grad n i.a. nur ein C^r-Übergang für $3r < 2n-1$ möglich |Far79|. Flächen mit größtmöglichem r heißen auch hier Splines, die mit kleinstem Träger auch hier B-Splines. Solche B-Splines hat zuerst Sabin |Sab77| betrachtet und durch Faltungen erzeugt. Bild 31 zeigt zwei Beispiele.

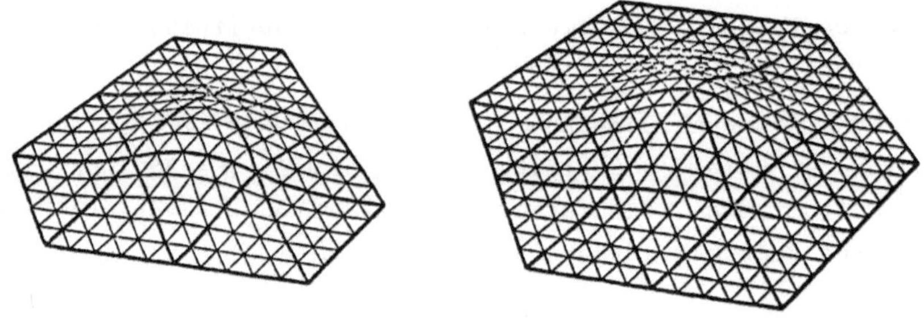

BILD 31 : Kubischer und quartischer B-Spline

33 BEZIER-PUNKTE DER SPLINES

Die Koeffizienten der B-Spline-Darstellung eines Splines über Dreiecken bilden in natürlicher Anordnung wiederum die Ecken eines -oder mehrerer-

Kontroll-Netze. Für die Bestimmung der Bézier-Punkte hat für kubische Flächen Farin |Far82a| und für allgemeinere Flächen Böhm |Böhm82b| einfache Algorithmen angegeben, die die n-Teilung der Kontrollnetze und eine für alle Punkte feste Maske benutzen. Im Falle $n=4$ und C^2-Übergang z.B. ist diese Maske ein einfaches Sechseck und der konstruierte Bézier-Punkt der Schwerpunkt dieser sechs Ecken.

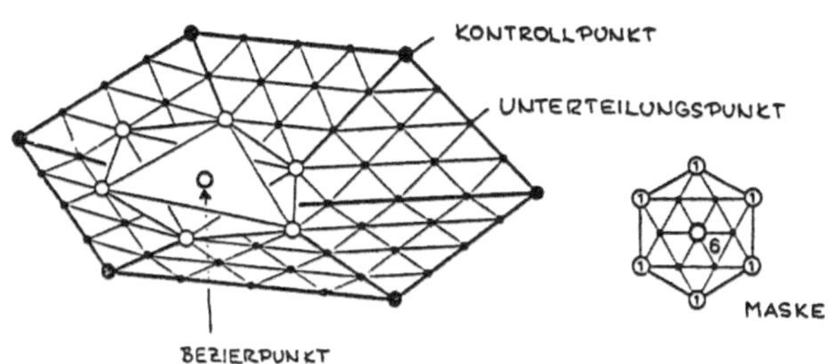

BILD 32 : Konstruktion der Bézier-Punkte für n = 4

34 VOLUMINA

Die Bildung von Tensorprodukt-Flächen und Flächen über Dreiecken läßt sich direkt auf Darstellungen des drei- oder mehrdimensionalen Raumes als Tensorprodukt oder über Tetraedern usw. verallgemeinern. Die räumlichen Segmente sind dann krummlinige Bilder der durch lokale Koordinaten oder deren Produkte beschriebenen Segmente des Parameterraumes, man vergl. dazu Bild 2.

35 GESCHLOSSENE KURVEN UND FLÄCHEN

Es ist selbstverständlich, daß geschlossene Bézier- oder de Boor-Polygone oder -Netze einen periodischen Spline usw. ergeben. Allerdings läßt sich z.B. eine geschlossene Fläche ohne Löcher (also vom Geschlecht 0) nicht mit einem Dreiecks- oder Vierecksnetz ohne singuläre Stellen im Netz der Knotenlinien überziehen, wohl aber z.B. ein Schlauch oder eine ringartige Fläche.

Die in diesem Zusammenhang möglicherweise auftretenden entarteten Netzstellen haben Bézier |Béz77| und Breden |Bre82| untersucht.

RATIONALE FLÄCHEN

Rationale Flächen als Projektionen von Flächen des $\mathbb{R}^4$ in den $\mathbb{R}^3$ sind sehr allgemein, deshalb aber auch weniger leicht zu handhaben. Ball hat mit Hilfe seiner Darstellung rationaler Kubiken jedoch eine recht brauchbare Methode zur Konstruktion solcher Flächen, insbesondere mit ebenen Querschnitten, entwickelt |Ball74|.

UNTERTEILUNGS-ALGORITHMEN

Unterteilungsalgorithmen liefern Approximationen von Kurven und Flächen durch die Verfeinerung der Kontrollpolygone bzw. Kontrollnetze. Sie sind wegen der gleichbleibenden Unterteilungsvorschrift sehr schnell und effizient.

36 CHAIKINs ALGORITHMUS

Der bekannteste Unterteilungsalgorithmus für quadratische Splines durch fortgesetzte Halbierung der äquidistanten Knoten wurde von Chaikin |Cha74| angegeben. Bild 33 zeigt die Konstruktion. Sie wurde später von Lane und Riesenfeld |Lane80| auf Splines beliebigen Grades mit äquidistanten Knoten verallgemeinert. Es ist selbstverständlich, daß sich auch diese Algorithmen unmittelbar auf Tensorprodukt-Flächen übertragen lassen.

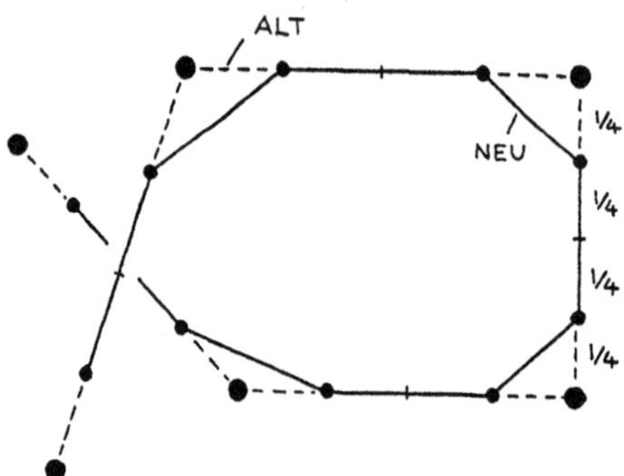

BILD 33 : Konstruktion von Chaikin

37 DER ALGORITHMUS VON CATMULL UND CLARK

Catmull und Clark haben 1978 unabhängig von Lane und Riesenfeld |Lane80| den Halbierungsalgorithmus für die Kontrollnetze bikubischer Splines untersucht und formuliert |Cat78|. Diese lokalen Konstruktionen ergeben auch für beliebige Netze brauchbare Unterteilungen. Sie sind aus Vierecksnetzen mit gewissen singulären Stellen zusammengesetzt und streben gegen stückweise bikubische Splines. Bild 34 zeigt ein Beispiel.

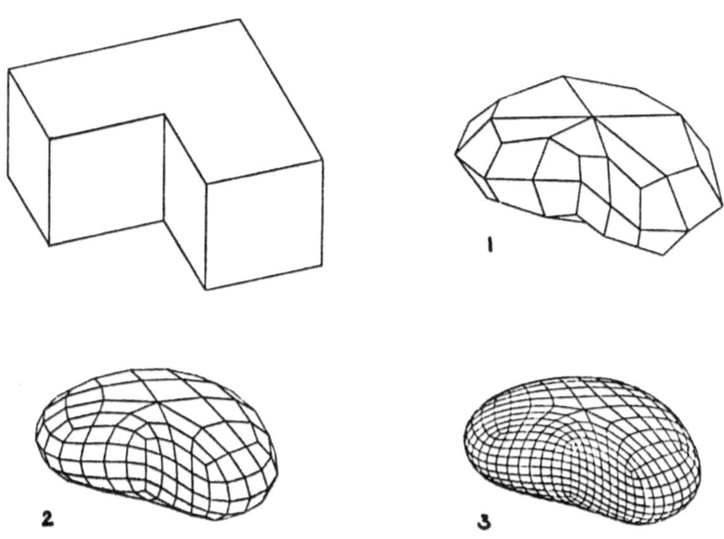

BILD 34 : 3 Schritte der Konstruktion von Catmull und Clark

Doo und Sabin |Doo78a| konnten nachweisen, daß in der Grenze an den verbleibenden singulären Stellen tangentieller Übergang besteht. Doo hat dann |Doo78b| in der gleichen Art Chaikins Algorithmus auf biquadratische Splines verallgemeinert. Seine Konstruktion liefert zu einem gegebenen unregelmäßigen Kontrollnetz einen stückweise biquadratischen Spline.

Auf die Approximation der Fläche durch geeignete Verfeinerung der Kontrollnetze wurde bereits oben hingewiesen.

38 SCHNITTE

Unterteilungsalgorithmen sind wegen der konvexen-Hüllen-Eigenschaft ein schnelles und sicheres Mittel auch zur Bestimmung der Schnitte verschiedener Bézier- oder Spline-Flächen |Lane80| :

Man prüft die konvexen Hüllen der Polygone bezw. Netze der einzelnen Segmente auf gemeinsame Punkte und unterteilt im Falle der Durchdringung.

Schnitte zweier Flächen $x_1(u,v)$ und $x_2(u,v)$ über der u,v -Ebene erhält man leicht über die Konstruktion der Höhenlinie 0 der Differenzenfläche.

UNREGELMÄSSIGE DATEN

Tensorprodukt- und Dreiecks-Flächen eignen sich insbesondere für interaktive Darstellungen, aber auch für die Interpolation regelmäßiger, den Knotenlinien entsprechenden Daten. Zur Interpolation oder Approximation unregelmäßig verteilter Daten sind sie jedoch nur bedingt tauglich.

39 SHEPHARDs METHODE

Es ist naheliegend, den Einfluß unregelmäßig über der u,v-Ebene verteilter Daten $p_i = p_i(u_i,v_i)$ auf eine Interpolierende $x(u,v)$ vom Abstand d_i der Punkte u_i,v_i und u,v in der u,v-Ebene abhängig zu machen, z.B.

$$x(u,v) = \sum_i p_i \frac{1}{d_i} \Big/ \sum_i \frac{1}{d_i}$$

|She65|. Man überzeugt sich durch Erweitern mit d_k leicht, daß p_k in $x(u_k,v_k)$ angenommen wird.

Die Fläche hat aber den Nachteil, in den p_k Spitzen zu besitzen |Poe75|. Nimmt man aber statt der Abstände deren Quadrate, setzt also

$$y(u,v) = \sum_i p_i \frac{1}{d_i^2} \Big/ \sum_i \frac{1}{d_i^2} ,$$

so hat diese Fläche keine Spitzen, sondern nur Flachpunkte in den p_k. Dem kann man ebenfalls abhelfen, indem man die Konstanten p_k durch lineare Ausdrücke

$$p_k(u,v) = a_k u + b_k v + c_k$$

ersetzt, die in u_k,v_k den Wert p_k annehmen und dort eine gewünschte Neigung haben |Bar77| .

40 VERALLGEMEINERUNGEN

Eine Shephard-Methode über unregelmäßigen Dreiecken wurde von Little angegeben |Lit82|. Sie setzt eine Triangulation der Daten voraus und benutzt eine Konvex-Kombination der linearen Interpolierenden in jedem Teildreieck.

Brown verallgemeinerte die Methode von Shephard, um transfinite Daten zu interpolieren |Bro76|. Diese Verallgemeinerung führt auf eine Konvex-Kombination von Coons schen Interpolations-Projektoren (siehe folgenden Abschnitt).

TRANSFINITE METHODEN

Transfinite Methoden bestimmen die zu konstruierende Fläche nicht aus endlich vielen diskreten Bestimmungsstücken. Vielmehr wird die Fläche durch ein Netz von Kurven, meist den Rändern der Segmente, und den Ableitungen längs dieser Kurven bestimmt.

41 METHODE VON GORDON UND COONS

Coons |Coo67| hatte 1967 die Idee, gegenüberliegende Randkurven eines auf einer (hypothetischen) Fläche $f(u,v)$ liegenden Vierecks

$$f(t,0)\,,\ f(t,1)\,,\ f(0,s)\,,\ f(1,s) \qquad s,t \in [0,1]$$

linear zu interpolieren und diese Interpolierenden

$$P_1 f = (1-t)\,f(0,s) + t\,f(1,s)$$

$$P_2 f = (1-s)\,f(t,0) + s\,f(t,1)$$

zu kombinieren.

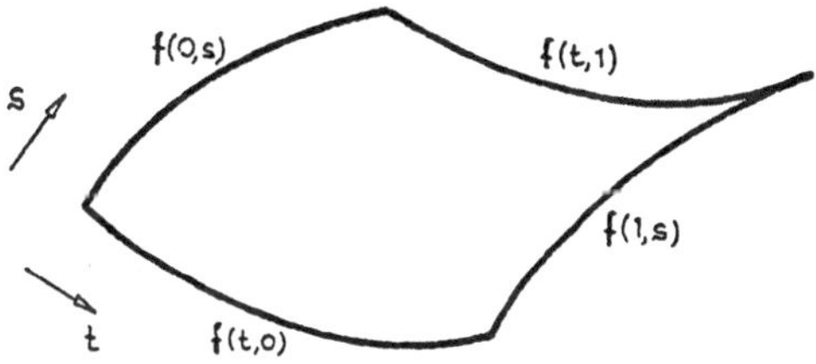

BILD 35 : Ränder einer einfachen Fläche von Coons

Man prüft leicht nach, daß die sogenannte Boolesche Summe

$$Pf = (P_1 \oplus P_2)\,f = P_1 f + P_2 f - P_1 P_2 f$$

die vier Ränder interpoliert. Insbesondere interpoliert dabei $P_1 P_2 f$ die Ränder $t=0$ und $t=1$ von $P_2 f$ und es ist $P_1 P_2 f = P_2 P_1 f$. Bild 36 veranschaulicht die Bildung der Booleschen Summe.

Diese einfache Konstruktion liefert i.a. nur einen C^0-Übergang benachbarter Segmente. Um auch einen C^1-Übergang sicherzustellen, benutzte Coons die Ableitungen $f_t(0,s)$ usf. quer zu den Rändern und interpoliert gegenüberliegende Ränder hermitesch durch kubische Polynome. Man prüft leicht nach, daß dann die Boolesche Summe die gegebenen Randkurven nebst

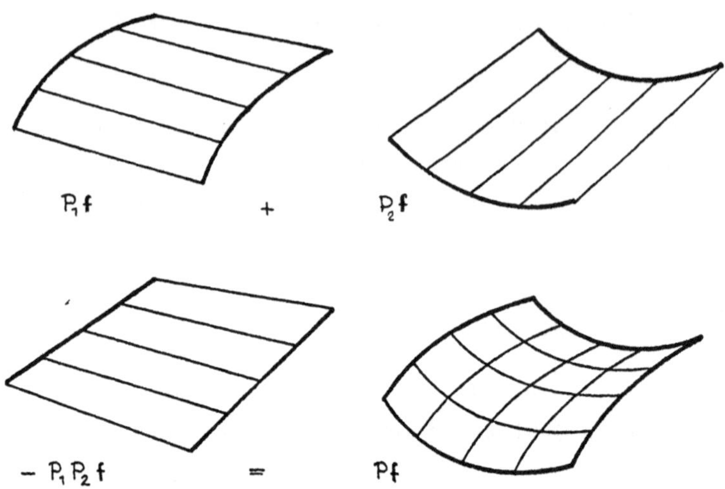

BILD 36 : Boolesche Summe linearer Interpolierender

Ableitungen interpoliert. Da $P_1 P_2 f$ auch hier die Ränder $t = 0$ und $t = 1$ von $P_2 f$ (hermitesch) interpoliert, werden in den vier Ecken des Segments die sogenannten Twists f_{ts} benötigt. Dabei ist fast selbstverständlich, daß die Quertangenten f_t, f_s in den Ecken mit den Randtangenten übereinstimmen, nicht aber, daß dort auch $f_{ts} = f_{st}$ ist. Offensichtlich ist z.B. in Bild 37 $f_{st}(0,0) = 0$, aber $f_{ts}(0,0) \neq 0$.

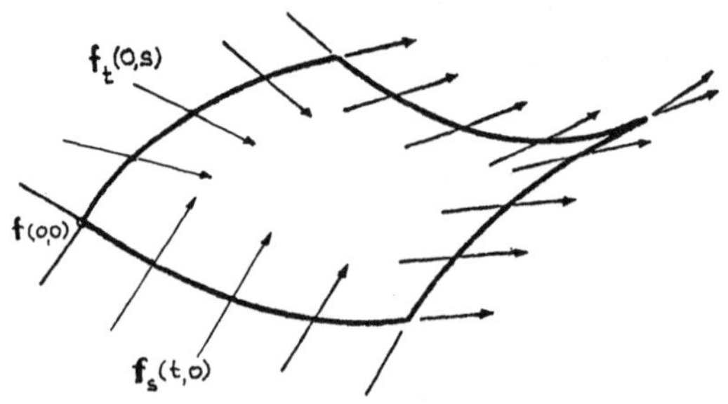

BILD 37 : Ränder mit Quertangenten

Es ist deshalb oft nicht leicht, Quertangenten und Twists vorzugeben. Coons schlug daher 1967 vor, zwischen den (zumindest näherungsweise) vorhandenen Ableitungen der Ränder in den Ecken ebenfalls hermitesch zu interpolieren und dazu die Twists einfach gleich Null, also z.B.

$$f_t(0,s) = f_t(0,0) \cdot H_0(s) + f_t(0,1) \cdot H_3(s) \quad ,$$

zu setzen. Diese Methode hat wegen ihrer Einfachheit neben der Bernstein-Bézier-Methode eine gewisse Verbreitung gefunden. Ihr Vorteil liegt in der völlig freien Form der bestimmenden Randkurven usw., die z.B. nur punktweise (tabellarisch) gegeben zu sein brauchen und Sprünge oder weitere Ecken enthalten dürfen.

Die Methoden von Coons wurden später von Gordon |Gor69, Gor71| unter allgemeineren Gesichtspunkten betrachtet. Weitere Modifikationen und Verallgemeinerungen der Methode haben Coons selbst |Coo69|, Nielson, Gregory und andere angegeben |Bar74|.

42 BEZIER-FLÄCHEN IN DER DARSTELLUNG VON COONS

Sind z.B. die vorgegebenen Randkurven und Ableitungen kubisch, so liefert das hermitesch konstruierte Coons-Segment ein bikubisches Segment, das selbstverständlich in Bézier-Form darstellbar ist, und umgekehrt.

Analoges gilt für Segmente höherer Ordnung.

43 INTERPOLATION ÜBER DREIECKEN

Die Kombination von Interpolierenden gegenüberliegender Ränder läßt sich auf Dreiecke übertragen. Seien r, s, t mit $r+s+t=1$ Dreieckskoordinaten und $f(0,s,t)$ usf. die Ränder eines dreieckigen Flächenstückes, wie Bild

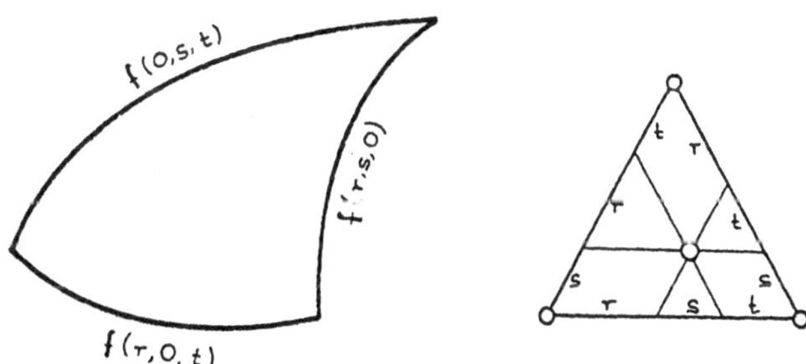

BILD 38 : Dreieckiger Rand und Koordinatenebene

38 zeigt. Sei weiter zum Beispiel

$$P_1 f = (t \cdot f(r,0,t) + s f(r,s,0)) / (s+t)$$

und $P_2 f$, $P_3 f$ analog, dann ist wieder leicht einzusehen, daß

$$P_{12} f = (P_1 \oplus P_2) f = P_1 f + P_2 f - P_1 P_2 f$$

und analog die Booleschen Summen $P_{23} f$ und $P_{31} f$ alle drei Ränder interpolieren.

Auch hier lassen sich die Ableitungen quer zu den Rändern einbeziehen und so fort |Bar74, Bar77, Bar82a|.

44 METHODE VON GREGORY

Gregory hatte die Idee |Greg80|, als Projektoren P_i Taylor-Interpolierende zu verwenden, z.B.

$$P_1 f = f(0,s,t) + r f_r(0,s,t)$$

usw. Dann interpoliert die Boolesche Summe

$$P_{12} f = (P_1 \oplus P_2) f$$

die Ränder $r=0$ und $s=0$ nebst Ableitungen, nicht aber den gegenüberliegenden Rand $t=0$.

Durch eine konvexe Kombination

$$Pf = (\alpha_1 P_{23} + \alpha_2 P_{31} + \alpha_3 P_{12}) f$$

jedoch, wobei $\alpha_1 = r^2/(r^2+s^2+t^2)$ usw. gesetzt ist, erreicht Gregory, daß z. B. der Einfluß von $P_{12} f$ auf $t=0$ verschwindet. Pf interpoliert daher die drei Ränder des Dreiecks nebst ihren ersten Ableitungen.

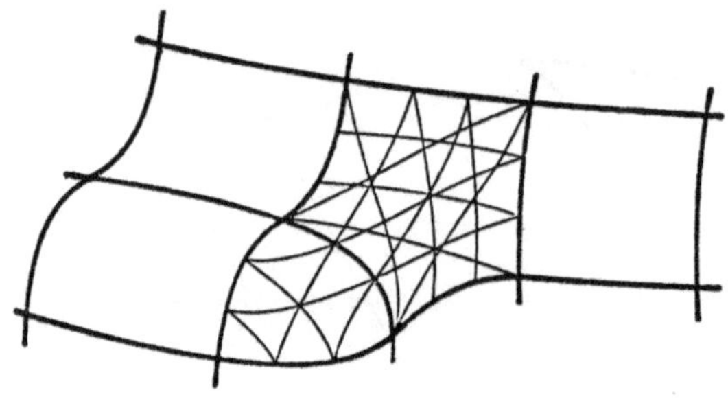

BILD 39 : **Gregory's Vielecke, Anwendungsbeispiel**

Diese Methode hat Gregory kürzlich |Greg82| auf Vier- und Fünfecke ausgedehnt. Bild 39 zeigt eine Anwendung solcher Segmente im Flugzeugbau.

LITERATUR-VERZEICHNIS

Ball74 Ball, A.A.: Consurf I-III, Computer-aided Design 6 (1974),243-249, 7 (1975),237-242, 9 (1977),9-12

Bar74 Barnhill, R.E.; Riesenfeld, R.F.(eds.): Computer Aided Geometric Design, Academic Press (1974)

Bar77 Barnhill, R.E.: Representation and Approximation of Surfaces, in Mathematical Software III, J.R.Rice ed., Academic Press (1977)

Bar82a Barnhill, R.E.: Computer Aided Surface Representation and Design, in |Bar82b|

Bar82b Barnhill, R.E,; Böhm, W. (eds.): Surfaces in CAGD, North-Holland (1982)

Bez77 Bézier, P.: Essai de Définition Numérique des Courbes et de Surfaces Expérimentales , Diss. Paris (1977)

Böhm77a Böhm, W.; Gose, G.: Einführung in die Methoden der Numerischen Mathematik, Vieweg (1977)

Böhm77b Böhm, W.: Cubic B-Spline Curves and Surfaces in CAGD, Computing 19 (1977),29-34

Böhm80 Böhm, W.: Inserting new Knots into B-Spline Curves, Computer-aided Design 12 (1980),199-201

Böhm81a Böhm, W.: Generating the Bézier Points of B-Spline Curves and Surfaces, Computer-aided Design 13 (1981),365-366

Böhm81b Böhm, W.: Mathematische Grundlagen der Geometrischen Datenverarbeitung, Vorlesung TU Braunschweig (1981)

Böhm82a Böhm, W.: On Cubics, A Survey, Computer Graphics and Image Processing 19 (1982), 201-226

Böhm82b Böhm, W.: Generating the Bézier Points of. Triangular Splines, in |Bar82b|

deBo72 de Boor, C.: On Calculating with B-Splines, J. Approximation Theory 6 (1972),50-62

deBo78 de Boor, C.: A Practical Guide to Splines, Springer (1978)

Bre82 Breden, D.: Die Verwendung von bikubischen Splineflächen zur Darstellung von Tragflügeln und Propellern, Diss. TU Braunschweig (1982)

Bro76 Brown, J.H.: Conforming and Nonconforming Finite Element Models for Curved Regions, Diss. Dundee (1976)

Brü80 Brückner, I.: Construction of Bézier Points of Quadrilaterals from Those of Triangles, Computer-aided Design 12 (1980), 21-24

deCa59 de Casteljau, F.: Courbes et Surfaces a Poles, Andre Citroën Automobiles SA, Paris (1959)

Cat78 Catmull,E.E.; Clark, J.H.: Recursively Generated B-Spline Surfaces on Arbitrary Topological Meshes, Computer-aided Design 10 (1978), 350-355

Cha74 Chaikin, G.M.: An Algorithm for High Speed Curve Algorithm, Computer Graphics and Image Processing 3 (1974), 346-349

Coh80 Cohen, E.; Lyche, T.; Riesenfeld, R.F.: Discrete B-Splines and Subdivision Techniques in Computer Aided Geometric Design and Computer Graphics, Computer Graphics and Image Processing 14 (1980),87-111

Coo67 Coons, S.A.: Surfaces for Computer Aided Design of Space Forms, MIT Project MAC-TR-41 (1967)

Doo78a Doo, D.; Sabin, M.A.: Behavior of Recursive Division Surfaces near Extraordinary Points, Computer-aided Design 6 (1978), 356-360

Doo78b Doo, D.W.H.:A Subdivision Algorithm for Smoothing Down Irregular Shaped Polyhedrons, Eurographics '78, Bologna (1978)

Far77 Farin, G.E.: Konstruktion und Eigenschaften von Bézier-Kurven und Bézier-Flächen, Diplom-Arbeit TU Braunschweig (1977)

Far79 Farin, G.E.: Subsplines über Dreiecken, Diss.TU Braunschweig (1979)

Far82a Farin, G.E.: Designing C^1 Surfaces consisting of Triangular Cubic Patches, Computer-aided Design 14 (1982), 253-256

Far82b Farin, G.E.: Visually C^2 Cubic Splines, Computer-aided Design 14 (1982), 137-139

Far82c Farin, G.E.: Smooth Interpolation to Scattered 3D Data, in |Bar82b|

Fau79 Faux, I.D.; Pratt, M.J.: Computational Geometry for Design and Manufacture, Ellis Horwood (1979)

For80 Forrest, A.R.: The Twisted Cubic Curve: A Computer Aided Geometric Design Approach, Computer-aided Design 12 (1980), 165-172

Gor69 Gordon, W.: Distributive Lattices and the Approximation of Multivariate Functions, in Approx. with Special Emphasis on Spline Functions (Schoenberg ed.), Academic Press (1969)

Gor71 Gordon, W.: Blending-Function Methods of Bivariate and Multivariate Interpolation and Approximation, SIAM J. Numerical Analysis 8 (1971), 158-177

Gor74 Gordon, W.; Riesenfeld, R.E.: B-Spline Curves and Surfaces, in |Bar74|

Greg80 Gregory, J.A.: A C^1 Triangular Interpolation Patch for Computer Aided Geometric Design, Computer Graphics and Image Processing 13 (1980), 80-87

Greg82 Gregory, J.A.: C^1 Rectangular and Non-Rectangular Surface Patches, in |Bar82b|

Grev67 Greville, T.N.E.: On the Normalisation of the B-Splines and the Location of the Nodes for the Case of Unequally Spaced Knots, in Inequalities (O.Shisha ed.), Academic Press (1967)

Hos78 Hosaka, M.; Kimura, F.: Synthesis Methods of Curves and Surfaces in Interactive CAD, Eurographics '78, Bologna (1978)

Kah82 Kahmann, J.: Krümmungsübergänge zusammengesetzter Kurven und Flächen, Diss. TU Braunschweig (1982)

Kes74 Kestner, W.; Saniter, J. et al.: Einführung in Computer Graphics, TU Berlin (1974)

Lane80 Lane, J.M.; Riesenfeld, R.F.: A Theoretical Development for the Computer Generation of Piecewise Polynomial Surfaces, IEEE Transactions on Pattern Analysis and Machine Intelligence PAMI 2, (1980), 35-46

Lee82 Lee, E.: A Simplified B-Spline Computation Routine, ersch.demn.

Lit82 Little, F.F.: Convex Combination Surfaces, in |Bar82b|

Nie74 Nielson, G.M.: Some Piecewise Polynomial Alternatives to Splines under Tension, in |Bar74|

Poe75 Poeppelmeier, C.C.: A Boolean Sum Interpolation Scheme to Random Data for Computer Aided Geometric Design, Master's Thesis, U Salt Lake City (1975)

Sab77 Sabin, M.A.: The Use of Piecewise Forms for the Numerical Representation of Shape, Diss., MTA Budapest (1977)

Schm82 Schmidt, R.M.: Fitting Scattered Surface Data with Large Gaps, in |Bar82b|

Scho59 Schoenberg, I.: On Variation Diminishing Approximation Methods,in On Numerical Approximation (R.Langer ed.), Madison-Wisc. (1959)

Scho67 Schoenberg, I.: On Spline Functions, in Inequalities (O.Shisha ed.), Academic Press (1967)

She65 Shepard, D.: A Two Dimensional Interpolation Function for Irregularly Spaced Data, Proc. ACM Nat. Conf. (1965), 517-524

Stä76 Stärk, E.: Mehrfach differenzierbare Bézier-Kurven und Bézier-Flächen, Diss TU Braunschweig (1976)

ERGÄNZENDE LITERATUR

Barnhill,R.E.; Brown,J.H.; Klusewicz,I.M. : A New Twist in CAGD, Computer Graphics and Image Processing 8 (1978), 78 - 91

Barnhill,R.E.; Birkhoff,G.; Gordon,W.J. : Smooth Interpolation in Triangles, J. Approx. Theory 8 (1973), 114 - 128

Barsky,B.A. : The Beta-Spline: A local representation based on shape parameter and fundamental geometric measures, Diss., U Salt Lake City (1981)

Ferguson,J.C. : Multivariable Curve Interpolation, J.ACM II/2 (1964), 221 - 228

Greene,P.J.; Sibson,R. : Computing Dirichlet Tesselations in the Plane, The Computer Journal 21 (1977), 168 - 173

Forrest,A.R. : Interactive Interpolation and Approximation by Bézier Polynomials, The Computer Journal 15 (1972), 71 - 79

Goldmann,R.N. : Using Degenerated Bézier Triangles and Tetrahedra to subdivide Bézier Curves , Computer-aided Design 14 (1982), 307 - 311

Lawson,C.L. : Software for C^1 Surface Interpolation , Mathematical Software III, Rice (ed),Academic Press (1977), 161 - 194

Riesenfeld,R.R. : On Chaikin's Algorithm , Computer Graphics and Image Processing 4 (1975), 304 - 310

Schumaker,L.L. : Spline Functions : Basic Theory , Wiley & Sons (1981)

Strang,G.; Fix,G. : An Analysis of the Finite Element Method , Prentice-Hall (1973)

Ein Literaturverzeichnis mit 1340 Titeln findet man u.a. in

Barsky,B.A. : Computer-Aided Geometric Design, A Bibliography with Keywords and Classified Index, IEEE Computer Graphics and Applications 1 (1981), 67 - 109

(Dieser Beitrag wurde in etwas gekürzter Form von J.Kahmann vorgetragen)

DISKUSSION

Pahl, TH Darmstadt, Sitzungsleiter:

Für den Nichtmathematiker sind hier doch Begriffe erhellt worden, vor denen wir uns als Nichtmathematiker sonst nur fürchten. Ich glaube, daß das, was Sie dargestellt haben, eine hohe Bedeutung, nicht nur bei der Beschreibung von Karosserien und glatten Übergängen hat, sondern natürlich auch in einer ganzen Reihe von Anwendungen. Ich möchte hier nur einige herausgreifen: Z.B. Strömungsmaschinen, denken Sie an verdrehte Schaufeln, denken Sie an Diffusoren, denken Sie an Übergangsstücke, an Umlenkungen und dergleichen mehr, wo wir zwar an bestimmten Schnittlinien gewisse Vorstellungen haben, wie z.B. die Mittelachse der Beschaufelung zu laufen hat, aber die übrigen Flächen dann mehr oder weniger doch den Randbedingungen überlassen müssen. Hier sind diese Verfahren geeignet, die Flächen zu schließen und mit den entsprechenden Bedingungen zu versehen, so daß wir keine Knicke oder Unstetigkeiten bekommen. Sie haben uns eine Methodenübersicht gegeben und, ich glaube, mit dieser Einführung auch die Möglichkeiten aufgezeigt, die für Linien wie auch für Flächen sicher geeignet sind. Nun darf ich um Wortmeldungen zu diesem Thema bitten.

Renz, Daimler-Benz, Sindelfingen:

Sie haben ja eine ganze Reihe von Flächendarstellungen sehr übersichtlich dargestellt. Das möchte ich vorweg betonen. Es ist sicher im Sinne einer schönen Strukturierung der Programme und beim Einsatz von mehreren Flächentypen wichtig, daß man Programme dergestalt schreibt, daß man sagt: ich habe eine Fläche - was das für eine ist, ist eigentlich egal - aber ich kommuniziere mit dem, was dahintersteckt, mittels zweier Programme. Das eine Programm ermöglicht die Berechnung von Funktionswerten, das andere die Berechnung von Tangenten und höheren Ableitungen.

Wenn ich jetzt ans geometrische Modellieren denke, etwa an Schnittoperationen, da braucht man eine ganze Reihe solcher Programmaufrufe. Daher die Frage: Was würden Sie aus diesem Grund empfehlen, jetzt als Speicherform (für die Fläche) zu nehmen?

Speichern würde ich ja sicher eine Form der Fläche, die nachher eine möglichst schnelle Auswertung gestattet.

Haben Sie eine Zahl im Kopf, wieviel Rechenoperationen ich brauche, wenn ich im einen Fall mit Monomen $(1,u,u^2,u^3,)$ als Basis rechne, im anderen Fall mit Bernstein-Polynomen?

Kahmann, TU Braunschweig:

Ich habe keine genauen Zahlen zur Hand. Man kann an den Algorithmen natürlich sofort die Anzahl der Multiplikationen ablesen, da sieht der Algorithmus von de Casteljau schlecht aus, wenn Sie nur den Punkt haben wollen. Aber ich habe versucht, in diesem Vortrag anzudeuten, daß der Algorithmus von de Casteljau ja wesentlich mehr liefert, nämlich Teilpolygone, die Kurven wesentlich besser approximieren, Ableitungen usw. Das müssen Sie berücksichtigen. Zahlen lassen sich da schlecht nennen.

Fleßner, Univ. Hamburg:

Herr Kahmann, haben Sie Erfahrungen mit der Methode von Gregory für den Fall, daß die aneinandergrenzenden Teilflächen sehr starke Krümmungsunterschiede aufweisen?

Kahmann, TU Braunschweig:

Wir haben praktische Erfahrungen mit dieser Methode von Gregory nicht, sie ist noch relativ neu. Herr Gregory hat sie im April dieses Jahres auf einer Tagung in Oberwolfach vorgetragen.

Fleßner, Univ. Hamburg:

Ich wollte nur sagen, daß es von großem Interesse ist, fast an Unstetigkeit grenzende Übergänge zu schaffen, die trotzdem glatt ineinander übergehen.

Encarnação, TH Darmstadt:

Ich darf Ihnen zu diesem sehr schönen Vortrag gratulieren. Aus der Sicht der interaktiven Graphik im CAD-System ist es so, daß Sie nur die Ausgabe behandelt haben. Sie haben gesagt, wie Sie, ausgehend von einer Anzahl von Kontrollpunkten, mit einer zugehörigen Mathematik zu einem Ergebnis kommen, das einen möglichst geringen Fehler haben sollte zu dem, was Sie darstellen wollen. Wenn ich jetzt aber vor dem Bildschirm stehe, auf dem das Ergebnis dargestellt ist, oder über den Digitalisierer damit arbeite, bin ich daran interessiert, daß dieses Ergebnis multipliziert wird mit der Umkehr der zugehörigen Mathematik, damit ich dann für meine Analysesoftware die Kontrollpunkte erhalte. Können Sie mir als Nichtmathematiker irgendeine Aussage über diese Verfahren machen, welche lassen sich in diesem Sinne am einfachsten umkehren, damit ich im graphischen interaktiven Dialog auch damit arbeiten kann? Mir fehlt ein Gefühl dafür, welche Verfahren dafür am besten geeignet sind.

Kahmann, TU Braunschweig:

Ich fühle mich nicht so kompetent, selbst darauf zu antworten. Denn wir haben hier im Raum zwei Leute, die sich mit diesem Problem intensiv beschäftigt haben: Nämlich mit dem Ausgleichen von Meßwerten durch Splines, und die dann so etwas gemacht haben, wie eine Rückkopplung. Das wären Frau Dr. Schmidt vom Hahn-Meitner-Institut und Herr Dr. Breden von der Fa. Porsche.

Böhm, TU Braunschweig:
Die Arbeit von Herrn Breden befaßte sich mit Propellerflächen, die durch Meßpunktreihen längs Parameterlinien gegeben waren. Er hat daraus eine Splinedarstellung berechnet und dann rückgerechnet. Dabei gab es kaum Differenzen zwischen der Spline-Darstellung und den gegebenen Meßpunkten. Ausgeglichen wurde ganz einfach nach der Methode der kleinsten Quadrate. Dr. Schmidt hat das Problem für unregelmäßig verteilte Meßdaten, die "Löcher" haben, untersucht.

Nehab, Waldrich, Coburg:
Vielleicht in Ergänzung Ihrer Antwort hier noch eine weitere Frage: Inwieweit laufen irgendwelche Untersuchungen oder Entwicklungen, um einerseits Meßpunkte nach einem Ihrer Verfahren zu glätten, dann aber andererseits dafür zu sorgen, daß ich keine schwingenden Flächen bekomme, denn ich sehe immer hinterher den Schritt, daß ich die Fläche irgendwie fertigen muß. Wenn ich da um geringe Beträge schwankende Normalen habe, kann ich keine vernünftige Geometrie fräsen. Ich suche also unbedingt Verfahren, mit denen man aus einem chaotischen Wust von Meßdaten ein halbwegs ruhiges Flächengebilde bekommen kann.

Kahmann, TU Braunschweig:
Ich halte die Methode des Glättens durch Ausgleichen mit Splines da schon für geeignet. Sie dürfen die Flächen, die Sie damit erhalten, nicht mit Interpolations-Splines vergleichen, die ja diese Neigung zum Schwingen tatsächlich haben. Die Flächen, die etwa Herr Breden erzeugt hat, sind wirklich sehr ruhig und haben keine merklichen Schwankungen der Normalen.

Böhm, TU Braunschweig:
Sie sehen es ja auch an dem Kontrollnetz: Wenn das Kontrollnetz nicht schwankt - und das sind ja sehr viel weniger Punkte, die Sie anschaulich auf dem Bildschirm haben - dann ist auch kein Schwanken der Normalen zu erwarten.

Fleßner, Univ. Hamburg:
Vielleicht kann ich Herrn Encarnaçãos Frage von vorhin halbwegs befrie-

digend beantworten, wenn ich auf eine Arbeit hinweise, die bei uns gerade vor dem Abschluß steht und die die interaktive Eingabe und Behandlung der Anschlußstellen von Flächen zum Gegenstand hat. Wo es also darum geht, eine Korrekturmöglichkeit zu haben, um gerade auch bei starken Krümmungsänderungen die Krümmungsradien zu beeinflussen und zu korrigieren. Deswegen auch meine vorhergehende Frage, welche Erfahrungen Sie mit Gregory gemacht haben.

Es werden Flächenpunkte gewonnen mit dem Ziel, einen interaktiven Eingabedialog für die Herstellung von Flächen zu unterstützen. Beispielsweise an solchen Karosserieteilen, bei denen eine lange glatte Fläche in ein Lampengehäuse übergeht, oder bei Schiffen tritt so etwas auf, wo Kantenabrundungen an Bug- und Steventeilen nötig sind. Entsprechendes ist im Flugzeugbau von Interesse. Die Arbeit wird Anfang des nächsten Jahres vorliegen.

Nowacki, TU Berlin:

Ich möchte drei Kommentare zu diesem glänzenden Übersichtsreferat geben.

Erstens: Es wird in der schriftlichen Fassung eingangs gesagt, daß Glätte gewöhnlich mit Differenzierbarkeit gleichsetzbar sei. Dieses ist sicher nicht strikt gemeint, aber wird oft so dargestellt, während ich glaube, dies gilt für viele technische Anwendungen nicht so pauschal. Sicher ist Differenzierbarkeit eine notwendige, aber oft allein nicht hinreichende Eigenschaft technisch glatter Flächen.

Zweitens: Wichtig scheint mir, daß dieser Beitrag viele Techniken des geometrischen Modellierens zusammenfaßt, die für die Anwendung sehr nützlich sein können, wie das Einschieben von Knoten, das Integrieren, das Differenzieren, die Graderhöhung, die Unterteilung usw. Aber dieses sind alles Techniken, die in realen geometrischen Modellierern wenig Eingang gefunden haben. Man fragt sich eigentlich, warum. Ich meine, manche Verfahren sind auch nicht so bekannt, aber es mag noch den anderen Hinderungsgrund geben, daß für diese - für die Manipulation sehr gut geeigneten - Methoden eine technische Soll-Form sich nicht unmittelbar einstellen läßt. D.h. die Frage, wie man mit Hilfe solcher Techniken zu einer Soll-Fläche oder -Kurve gelangt, ist noch nicht unmittelbar gelöst. Immerhin sollte man diese Techniken in Modellierern praktisch viel stärker zum Zuge kommen lassen.

Drittens: Ein weiterer Punkt bezieht sich darauf, daß viele der dargestellten Methoden den Hauptakzent der Darstellbarkeit von Kurven und Flächen tragen und daß man damit wirklich recht weit gediehen ist, aber nicht so sehr den Akzent der Modifizierbarkeit von solchen Kurven und Flächen. Z.B. die praktische Fragestellung, wie mache ich aus einer Ist-Fläche eine Soll-Fläche, die etwas anders aussieht. Oder auch, wie kriege ich in ein rechteckiges Raster eine runde Beule oder wie entferne ich eine runde Beule? Offenbar sind doch verschiedene mathematische Ansätze für diesen Schritt des Modifizierens verschieden gut geeignet. Es wäre zumindest anzuregen, daß die Forschung diesen Aspekt der Modifizierbarkeit stärker aufgreift. Vielleicht haben Sie aber auch unmittelbare Hinweise, was es da schon alles gibt.

Pahl, TH Darmstadt, Sitzungsleiter:
Recht schönen Dank, das war also mehr ein Kommentar als eine Fragestellung.

Bigelmaier, TSB, Wetzlar:
Ich habe eine Frage zur Numerik bei diesem Verfahren, insbesondere zur Differentiation. Wenn man die Formeln anschaut, dann sind hier Differenzenbildungen drin. Differenzenbildungen bedeuten im allgemeinen und insbesondere, wenn die Größen in etwa gleich groß sind, Auslöschungen von Stellen. Was bedeutet das für das Ergebnis bei Ihren Differenzen bzw. Differentialquotienten? Sind die dann in der gültigen Stellenzahl heruntergesetzt, oder hat das Verfahren an sich irgendwie Möglichkeiten, daß diese Ableitungen möglichst genau bleiben?

Kahmann, TU Braunschweig:
Ich kann Ihnen dazu nur qualitative Angaben machen: Gerade die Bézier-Verfahren und B-Spline-Verfahren sind i.a. hinsichtlich der Differentiation numerisch überaus gutartig. Sie werden also da sicherlich keine schlechteren Ergebnisse haben als mit anderen Darstellungen.

Böhm, TU Braunschweig:
Es ist ja auch stets so, daß das Differenzieren aufrauht, Integrieren aber glättet. Dagegen kann man sich nicht wehren. Hier aber spielt das sogenannte Auslöschen wegen der geometrischen Bedeutung der Operanden keine Rolle.

Frau Schmidt, Hahn-Meitner-Institut, Berlin:
Darf ich zu der vorigen Frage direkt etwas sagen. Bei den B-Splines ist es doch so, daß man stückweise Polynome hat. Deshalb ist es nicht nötig, die Ableitungen über Differenzenquotienten zu approximieren. Die Polynomstücke werden formelmäßig differenziert. Deshalb kann gar kein Stellenverlust auftreten.

Niemierski, TU Berlin:

Meine Frage zielt auf lokale Änderungen nach der Methode von de Casteljau ab. Will man eine Kurve segmentieren in zwei Teilkurven, so daß man in beiden Segmenten dann getrennt lokale Änderungen durchführen kann, so kann man das mit dem Algorithmus von de Casteljau gut machen. Wie sieht es jetzt aus - oder kennen Sie einen Algorithmus dafür - wenn man auf die alte Anzahl der Segmente zurückkommen will. Sagen wir mal, es sind 4 Kontrollpunkte gegeben, nach der Änderung sind es 7 und man will anschließend wieder auf 4 Kontrollpunkte zurückkommen. Gibt es so ein Verfahren?

Kahmann, TU Braunschweig:

Dies ist im allgemeinen nicht möglich. Im allgemeinen sind die beiden geänderten Teile nicht mehr Teile einer, durch 4 Koeffizienten beschriebenen Kurve.

Renz, Daimler-Benz, Sindelfingen:

Ja, ich hoffe, daß dies direkt die Antwort ist. Genauso, wie man aus wenigen Segmenten mehr machen kann, zunächst bei gleicher Darstellung, könnte man natürlich versuchen, viele Segmente durch weniger zu approximieren. Man könnte dann hoffen, daß man bei einem solchen Schritt die erwischt, die Sie angesprochen haben. Ich möchte Sie dazu darauf aufmerksam machen, daß bei uns ein Kollege diese Aufgabenstellung bearbeitet hat. Es müßte demnächst in CAD ein Artikel darüber erscheinen, d.h. über den Versuch, aus mehreren Segmenten einer gegebenen Ordnung weniger Segmente der gleichen Ordnung zu machen. Das hat übrigens auch durchaus einen Glättungseffekt, der sehr interessant sein kann, er wurde vorher angesprochen.

Weichbrodt, BMW, München:

Sie haben die Methoden unterteilt in transfinite und finite und haben als Beispiele genannt: Bézier-Flächen bzw. B-Spline-Flächen für die finiten und Coons-Flächen für die transfiniten Methoden. Kennen Sie oder gibt es überhaupt eine Vorschrift, daß eine eindeutige Darstellung als Bézier-Fläche z.B. in eine eindeutige Darstellung als Coons-Fläche überführt werden kann? So eine Vorschrift kann große Bedeutung bekommen für den Datenaustausch zwischen verschiedenen CAD-Systemen, die verschiedene Methoden zur Beschreibung von freien Oberflächen benutzen. Gibt es also eine Vorschrift, die auch möglichst zu algorithmieren ist, die eine Bézier-Fläche in ein und dieselbe Coons-Fläche überführt?

Kahmann, TU Braunschweig:

Das geht dann i.a. nur in der einen Richtung. Die Bézier-Fläche ist ein Polynom. Sie können natürlich eine Coonssche Fläche konstruieren, die genau dieses Polynom ergibt. Das können Sie natürlich auch rückgängig machen. Aber das Umgekehrte gilt nicht: Sie können nicht eine allgemeine Coonssche Fläche, die eventuell am Rand eine Sinuskurve hat, durch ein Polynom darstellen, aber approximieren können Sie sie natürlich.

Renz, Daimler-Benz, Sindelfingen:

Es gibt sicher Fälle, wo beide Darstellungen zusammenfließen, das ist schon sehr häufig der Fall. Die transfiniten Methoden kann man als allgemeinere sehen: Ihre Randkurven sind irgendwelche Funktionen, irgendwelche, das zeigt den Allgemeinheitsgrad an. Ihre Randkurven können natürlich auch Spline-Kurven sein, z.B. kubische Splines, und es kann so sein, daß ein Rand gerade ein kubisches Segment ist. Für diesen Fall ist es selbstverständlich möglich, die Darstellung einfach umzuschreiben. Das spielt sicher eine ganz wichtige Rolle, auch im Datenaustausch, d.h. sobald Sie die Coons-Methode verwenden, und dort als Ränder kubische Segmente haben, dann sind die Beschreibungen 1 : 1 umsetzbar, entweder in kubische Bézier-Segmente oder in kubische B-Spline-Segmente. Dann hätte man den Austausch, in den anderen Fällen nicht.

Pahl, TH Darmstadt, Sitzungsleiter:

Ich selbst habe als Konstrukteur auch bei der Anwendung von simplen Flächen gelernt, daß es im Hinblick auf die vorgestellten Verfahren beim geometrischen Modellieren durchaus Möglichkeiten gibt, beispielsweise mit dem Hilfslinienkonzept, das der Konstrukteur sehr häufig benutzt, die Eingangs- und Randbedingungen für diese Verfahren leichter zu erfassen. Ich glaube, wenn man das bewußter macht, dann werden die Dinge auch in der Modellierung einfacher sein. Die Mathematiker brauchen sich dann nicht mit einer Vielzahl von Punkten herumzuschlagen. In diesem Sinne möchte ich die Vormittagssitzung schließen.

D I C A D - Ein CAD-System zur 3D-Modellierung technischer und technologischer Information

Grabowski, H. Anderl, R. Seiler, W.

1. Einleitung

Der Übergang von der konventionellen zur rechnerunterstützten Konstruktion, Fertigungsplanung, Fertigung und Montage bringt eine ganze Reihe von Problemen bei der Einführung und beim Einsatz heute verfügbarer CAD/CAM-Systeme mit sich. Die Ursachen liegen größtenteils in der sich überstürzenden Entwicklung auf dem CAD-Gebiet begründet. Wesentliche Datenverarbeitungs-Funktionen mußten erst geschaffen werden, Integrationsaspekte, Benutzerkomfort und andere Anwenderbelange standen zunächst im Hintergrund.

Als Ergebnis dieser Entwicklung kann man heute auf eine Anzahl von geometrischen Volumenmodellierungssystemen und Modellierungsoperationen blicken, die ihren Zweck, nämlich die Handhabung geometrischer Informationen, mehr oder minder gut erfüllen. Fast allen Systemen gemeinsam ist jedoch die Konzentration auf die Lösung geometrischer Probleme, wie Schnittberechnungen, Elementverknüpfungen usw.. Funktionen, die den praktischen Einsatz eines solchen Modellierungssystems erst interessant machen, da sie eine Verbesserung der Wirtschaftlichkeit, Qualität und Korrektheit bei der Produktentwicklung mit sich bringen, erfordern jedoch eine durchgängige Unterstützung und Weitergabe erarbeiteter Informationen über mehrere Teilbereiche der Planung hinweg (Integrierte Bearbeitung). Darüber hinaus sind besonders hohe Ansprüche an die Qualität und Leistungsfähigkeit der Informationsdarstellung bzw. -aufnahme durch das System zu stellen, um einen effizienten und benutzerfreundlichen Einsatz zu gewährleisten.

Als Lösung dieser Probleme wurde der geometrische Modellierungskern oftmals um Zusatzfunktionen ergänzt oder das Modellierungssystem wurde über Pre- und Postprozessoren an ein oder mehrere vorhandene Teilsysteme gekoppelt. Der Vorteil dieser Vorgehensweise liegt klar auf der Hand: Für viele Teilaufgaben bei der Produktentwicklung sind DV-Lösungen vorhanden und können genutzt werden. Die Nachteile sind jedoch schwerwiegend und dürften sich mittel- und langfristig als nicht zu unterschätzendes Hemmnis erweisen:

- o Für die Datenaufbereitung von einem zum nächsten Teilsystem sind meistens beachtliche Informationsmengen durch den Anwender zusätzlich einzugeben bzw.,wenn möglich, durch sehr aufwendige Algorithmen zu generieren.
- o Die erforderlichen Schnittstellenprogramme (Pre- und Postprozessoren) sind sehr aufwendig hinsichtlich Erstellung, Wartung sowie Anpassung an Änderungen und Ergänzungen der Teilsysteme.
- o Die mehrmalige Transformation der Daten erfordert zusätzliche Rechnerkapazität und verschlechtert das Antwortzeit-Verhalten des Systems. Produktänderungen erfordern hohen organisatorischen Aufwand, die den Teilsystemen zur Verfügung stehenden Daten sind nicht jederzeit korrekt und aktuell.

Nachfolgend soll ein "Technisches Modellierungssystem" vorgestellt werden, das diesen Problemen durch die Konzeption seiner Benutzerschnittstelle, seines Systemaufbaus und nicht zuletzt seines "integrierenden", d.h. alle Teilfunktionen aus den Bereichen Konstruktion, Arbeitsvorbereitung und Fertigung verknüpfenden rechnerinternen Modells löst. Insbesondere beim Einsatz in der Entwurfsphase und bei der Konstruktion von Baugruppen ermöglicht dies eine weitreichende Unterstützung des Systemanwenders.

2. DICAD - Ein "Technisches Modellierungssystem"

2.1 Kommunikation zwischen Anwender und System

Kommunikationsverfahren und -techniken sind die Komponenten eines CAD-Systems, durch die der Anwender das System "sieht", die Anforderungen an die Sorgfalt bei ihrer Gestaltung sind deshalb besonders hoch. Neben den allgemeingültigen Forderungen bezüglich der Kommunikationsschnittstellen von Datenverarbeitungssystemen gilt insbesondere für den Einsatz dreidimensionaler Volumenmodellierungssysteme:

- o Abstimmung von Informationsein- und -ausgabe auf den jeweils einzusetzenden menschlichen Sinn (akustisch, optisch, sensitiv ...).
- o Reduzierung der Formalisierung und Abstrahierung von Information auf das unbedingt notwendige Mindestmaß.
- o Verwendung von in der konventionellen Produktentwicklung bzw. in der menschlichen Kommunikation üblichen Formalismen und Abstrahierungen.

Der Niederschlag dieser Forderungen im System DICAD ergab folgende konzeptionelle Lösungen:

Als Basis für die Kommunikation wurde eine Kommandosprache entwickelt, die formal weitgehend einer natürlichen Sprache angepaßt ist (Bild 1).

Das Vokabular stammt aus dem technischen Bereich und ist somit mit minimalem Aufwand in Verbindung mit den syntaktischen Regeln einsetzbar. Darüber hinaus enthält diese Terminologie in konzentrierter Form Informationen, die mit einer synthetischen Sprache (aus den Bereichen Datenverarbeitung/Mathematik) in mehreren Kommandos eingegeben werden müßte.

In Bild 2 ist dies am Beispiel einer Bohrung dargestellt. Das Kommando "EINFÜGE BOHRUNG..." beinhaltet neben der geometrischen Information, daß vom Grundkörper A der Zylinder B (geometrische Form implizit) zu subtrahieren ist (A \ B), zusätzlich noch das Fertigungsverfahren Bohren. Diese Angabe kann von AV und Fertigung weiter verwendet oder geändert werden. Zur Entscheidungshilfe kann der Anwender Informationen über Relativkosten der Fertigungsverfahren vom System erhalten.

Darüber hinaus lassen sich jedoch auch Konstrukte[1)] verwenden, wie sie aus höheren Programmiersprachen (ADA, ALGOL, PASCAL...) bekannt sind, z.B. Wiederholung, Reihung, Bedingungen, Blockbildung, Schleifen und Definition von nicht elementaren Verbundtypen[2)]. Einzelne Kommandoelemente dürfen über beliebige Eingabegeräte definiert werden, soweit das jeweilige physikalische Eingabegerät mit dem abstrakten Datentyp (Position, Auswahl, Identifikation...) verträglich ist.

Für die Informationsdarstellung wird bevorzugt die graphische Form eingesetzt, da sie die geringsten Ansprüche an das Abstraktionsvermögen des Anwenders stellt. Die Art der graphischen Darstellung kann aufgrund der rechnerinternen Darstellung beliebig erfolgen; Einschränkungen stellen lediglich die Verarbeitungsgeschwindigkeit und somit das Antwortzeitverhalten dar. So erscheint es z.B. am effizientesten, mit perspektivischen Darstellungen und Normalrissen zu arbeiten, stereoskopische und Körper-Darstellungen könnten durch verbesserte Hardware zum Modellieren eingesetzt werden. Wesentlich

---

1) Konstrukt: strukturelle Spracheinheit

2) Verbundtyp: höheres strukturelles Objekt, z.B. Oberflächenkomplex

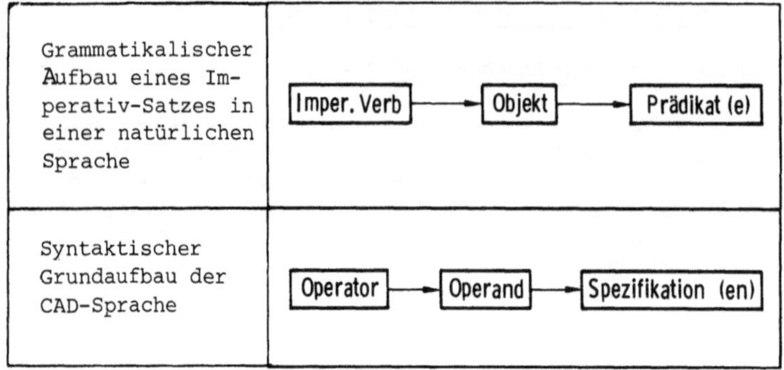

Bild 1: Vergleich zwischen natürlicher Sprache und CAD-Kommandosprache

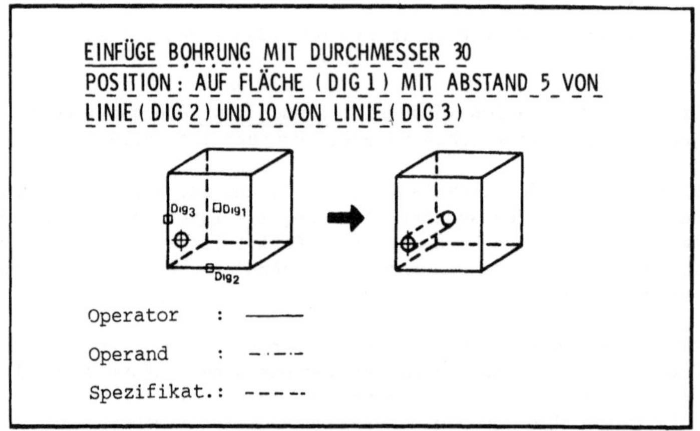

Bild 2: Einfügen einer Bohrung

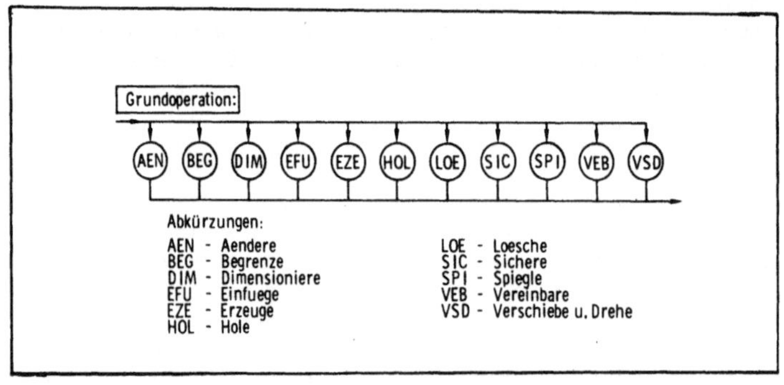

Bild 3: Verfügbare Grundoperationen

ist jedoch, daß in der jeweils günstigsten Objektdarstellung Elemente positioniert, identifiziert, dimensioniert und geändert werden können. Beispielsweise lassen sich Punkte, Linien, Flächen und auch Volumina in einer perspektivischen Ansicht besser identifizieren als in einem Normalriß, wo oftmals viele Elemente verdeckt übereinander liegen.

Auch bei diesen Operationen (z.B. Dimensionieren) lassen sich technische Eigenschaften wie "bündig", "paßgenau" usw. durch entsprechende Vokabeln einfacher formulieren, als dies durch rein geometrische Angaben möglich wäre. In Bild 3 sind die z.Zt. verfügbaren Grundoperationen dargestellt.

Um in der Technik häufig vorkommende standardisierte Daten effizient einsetzen zu können, kann ein Kommando an beliebiger Stelle unterbrochen und nach Ausgabe von Norm- und Standardteilinformation und Auswahl aus diesen Katalogen fortgesetzt werden. Kataloginhalte werden dabei bevorzugt in graphischer oder symbolischer Form ausgegeben.

2.2 Modellierungsverfahren für das Entwerfen und Detaillieren

Basis für die Modellierung technischer Gebilde sind zunächst geometrische Operationen wie Linien-, Flächen- und Volumenschnitte, mengentheoretische Verknüpfungen von Teilkörpern, spezielle Funktionen wie Verschieben und Rotieren von Linien und Flächen ("Sweep") usw.. Ziel sollte jedoch auch hier sein, die geometrischen Operationen als technische Modellierungsoperationen anzubieten. Bild 4 zeigt dies an der Operation "Anbringen einer Nut an einem Wellenabschnitt".

Vorteile dieser Vorgehensweise sind:

- Plausibilität der Modellierungsverfahren für den Anwender (Konstrukteur),
- Effizienz der Modellierungsverfahren,
- Automatische Prüfmöglichkeit, ob Durchführung und Ergebnis des Modellierungsschrittes sinnvoll ist (über geometrische Plausibilitätsprüfung hinaus),
- Einbeziehung technologischer und physikalischer Eigenschaften.

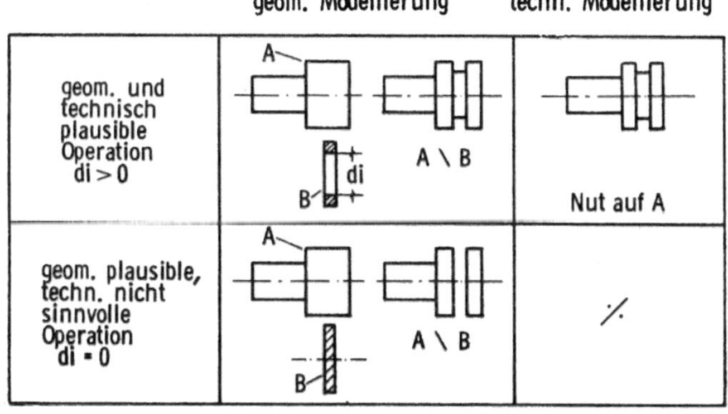

Bild 4: Gegenüberstellung der geometrischen und technischen Modellierung

Eine Reihe bekannter geometrischer Modellierungsoperationen lassen sich in "höherwertige" technische überführen. Bild 5 zeigt einige dieser Operationen, die in DICAD implementiert oder in Bearbeitung sind.

Geometrische Mod. Op.	Technische Mod. Op.
Mengentheor. Verknüpfung (∪, ∩, \)	Verknüpfung techn. Formelemente (Welle, Fase, Nut ...)
(Volumen-) Abbildung	Schrumpfen, Wachsen, Abwickeln, Biegen
Stretch, Rubber-Band	Tiefziehen, Sicken

Bild 5: Modellierungsoperationen

Insbesondere bei Verfahren wie Biegen/Abwickeln (bei Blechteilen) oder Schrumpfen/Wachsen (Gießen: Form↔Werkstück) werden die Vorteile deutlich, die sich durch die Einbeziehung technologischer (z.B. Korrekturfaktoren beim Abwickeln) oder physikalischer (prozentuale Schrumpfung des Gußwerkstücks) Informationen ergeben. Eine Ableitung des Gußwerkstücks aus der Gußform mit rein geometrischen Modellierungsfunktionen wäre wesentlich aufwendiger, als wenn dies durch eine spezielle technische Funktion auf der Basis von physikalischen Materialdaten, die natürlich in der RID[1)] vorhanden sein müssen, durchgeführt wird.

Die mögliche topologische Verknüpfung mehrerer geometrischer Ausprägungen eines Bauteils läßt einen fließenden Übergang von einem zum nächsten Bauteilzustand in der Entwurfsphase der Konstruktion zu. In der RID wird dies durch Hüll- und Stellvertreterflächen realisiert, die nachträglich konkretisiert und geometrisch detailliert werden können. Besondere Vorteile gegenüber den Modellierungstechniken bekannter Systeme zeigen sich beim Entwurf und bei der Detaillierung von Baugruppen. Die im Benutzermodell (vgl. Bild 9 und /_1_7 abgebildete Topologie von Einzelteil-Baugruppe-Hauptbaugruppe... Produkt erlaubt die Modellierung komplexer logischer Zusammenhänge, die von vielen Operationen verwendet werden kann. Erfolgt eine Änderung der Dimension oder Position eines Formelementes oder Einzelteils, so wird dies bei allen anderen Elementen der Baugruppe mit berücksichtigt. Bild 6 zeigt dies am Beispiel eines Paßstiftes in einer Bohrung: eine Änderung des Stiftdurchmessers hat eine automatische Anpassung des Bohrungsdurchmessers wegen des Verweises auf eine gemeinsame Fläche (Zylinder) zur Folge.

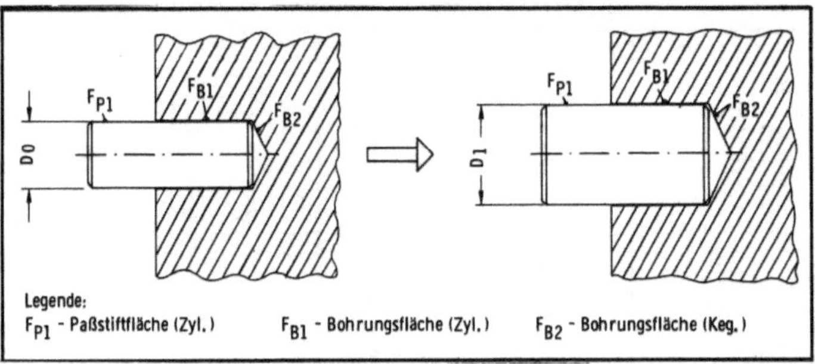

Bild 6: Änderung an einer Baugruppe

1) RID = Rechnerinterne Darstellung

Auf die den technischen Modellierungsfunktionen zugrunde liegenden geometrischen Operationen soll hier nicht näher eingegangen werden. Grundsätzlich läßt sich zweierlei hinsichtlich ihrer Effizienz sagen:

- o Vorteilhaft sind alle Verfahren, aus denen sich geometrische Elemente aus der nächst komplexeren Klasse algorithmisch generieren lassen (z.B. Fläche aus dem Schnitt zweier Volumina) oder umgekehrt (Erzeugen eines prismatischen Körpers durch Verschieben einer Fläche).

- o Der Beschreibungsaufwand läßt sich erheblich reduzieren durch implizites Definieren von Information mittels "Spezialfunktionen". Beispiel: Allgemeine Modellierungsoperation zur Generierung konvexer Polyeder. Eingabeaufwand für einen Pyramidenstumpf: 8 Punkte à 3 Koordinaten. Spezialfunktion zur Generierung von regelmäßigen Pyramiden - Eingabeaufwand: 1 Punkt, zwei Kantenlängen, die Höhe und ein Richtungsvektor (Bild 7).

Voraussetzung für technische Modellierungsfunktionen ist selbstverständlich die Verfügbarkeit technologischer und physikalischer Informationen, die am effizientesten über ein topologisches Modell an die Geometrie koppelbar sind.

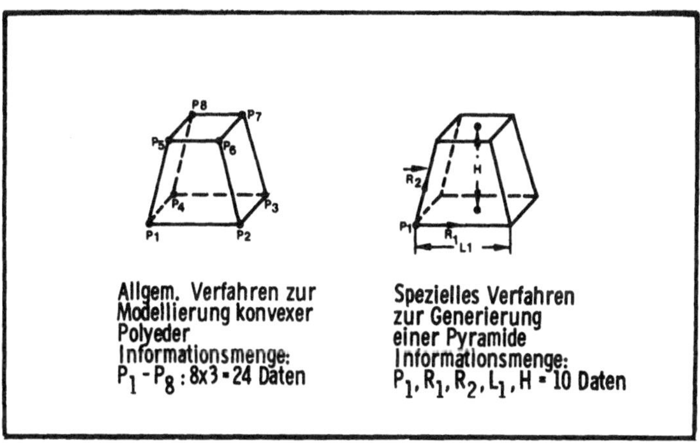

Bild 7: Allgemeine und spezielle Modellierungsoperation

2.3 Das technische Produktmodell

Aus der Sicht des Anwenders und unter Beachtung der in der Einleitung geschilderten Integrationsaspekte ergeben sich nachfolgend die wichtigsten Anforderungen an die rechnerinterne Darstellung des Produktes (Produktmodell):

- o An die geometrisch/topologische Information von Einzelteilen muß strukturelle Information koppelbar sein (z.B. Einzelteile zu Baugruppen).

- o Geometrieelemente müssen zusammenfaßbar und Zuordnung von technischer und/oder technologischer Information muß möglich sein (z.B. Oberflächenkomplex ⟷ Einzelteil, Oberflächengruppe ⟷ Stanzung).

- o Verschiedene Existenzformen ein und desselben Produktes müssen nebeneinander möglich sein (z.B. Stellvertreter- und Approximationsfläche für Gewindefläche, Hüllfläche für Getriebe oder abgewickeltes und gebogenes Blechteil).

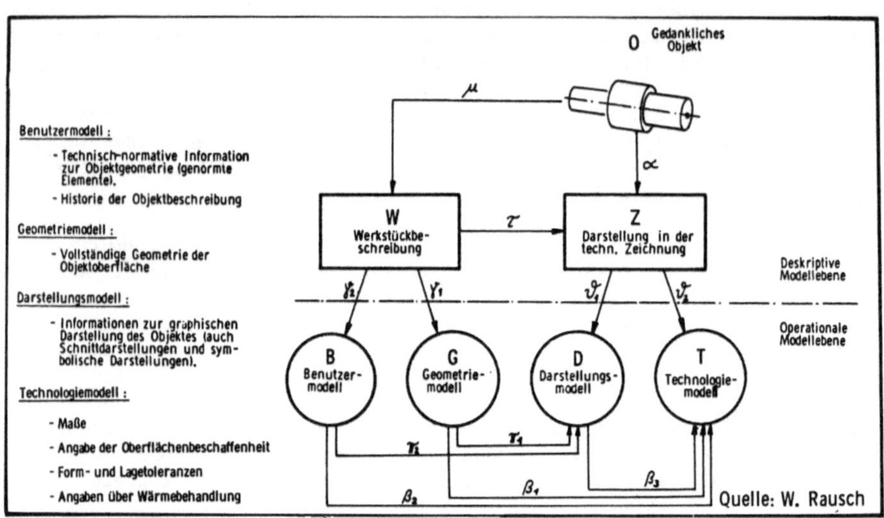

Bild 8: Modellkonzept in DICAD

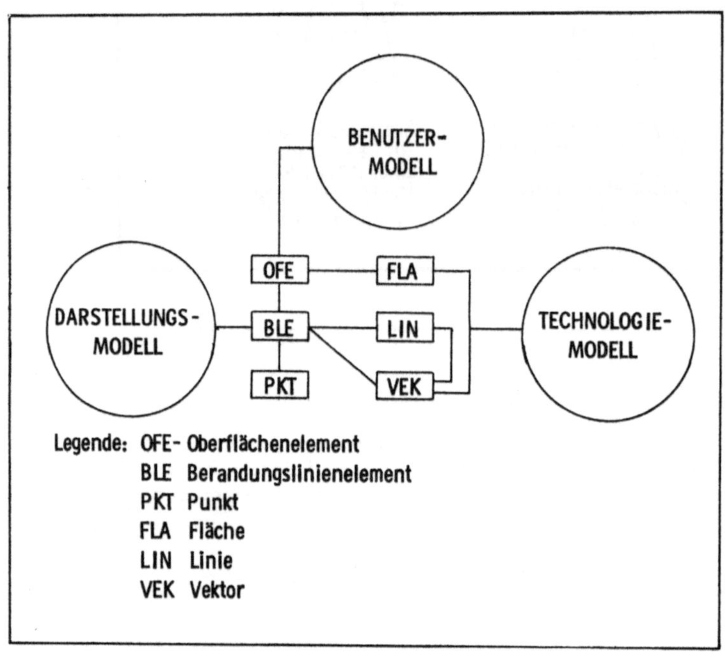

Bild 9: DICAD - Produktmodell

o Eine Parametrisierung von Modellausprägungen muß möglich sein (parametrische Formelemente, Varianten) einschließlich Modellierung funktionaler Zusammenhänge zwischen geometrischen und nichtgeometrischen Elementen (auch tabellarisch).

o Der Informationsbestand muß vollständig, korrekt und aktuell bezüglich aller zu integrierenden Produktentwicklungsphasen sein.

Für das Modellierungssystem DICAD wurde ein topologisches Modell gewählt, das aus einzelnen logischen Teilmodellen besteht (Bild 8, 9), die jedoch konzeptionell und in der Realisierung als ein einheitliches Modell behandelt werden.

Das DICAD-Produktmodell, das topologische, geometrische und technologische Daten enthält, erfüllt im wesentlichen die oben genannten Anforderungen. Darüber hinaus ergeben sich auch bei der programmtechnischen Realisierung vieler Module Vereinfachungen und Leistungssteigerungen, auf die hier nicht näher eingegangen werden kann /¯1_7.

Als nachteilig erweist sich zunächst die relativ hohe Datenintensität, die charakteristisches Merkmal topologischer Modelle mit Datenredundanz ist. Redundant sind jedoch nur gewisse geometrische Informationen (z.B. Linien und Punkte, die sich auch als Durchschnitt von Flächen bzw. Linien bei Bedarf ermitteln ließen), deren Speicherung auch wieder gewisse Vorteile hinsichtlich Verarbeitungsgeschwindigkeiten mit sich bringt.

Als ein Ausschnitt aus der Gesamt-Modellkonzeption soll nachfolgend näher auf ein Teilmodell, das sog. Technologiemodell (das Technologiemodell enthält technologische Informationen und die Logik, nach der diese Informationen rechnerintern abgebildet werden), eingegangen werden, insbesondere im Hinblick auf die in Abschnitt 2.4 vorgestellte Kopplung von Fertigungsplanungsverfahren.

Die graphische Darstellung dieses Teilmodells mit seiner Kopplung zum Geometrie- und Darstellungsmodell ist in Bild 1o wiedergegeben.

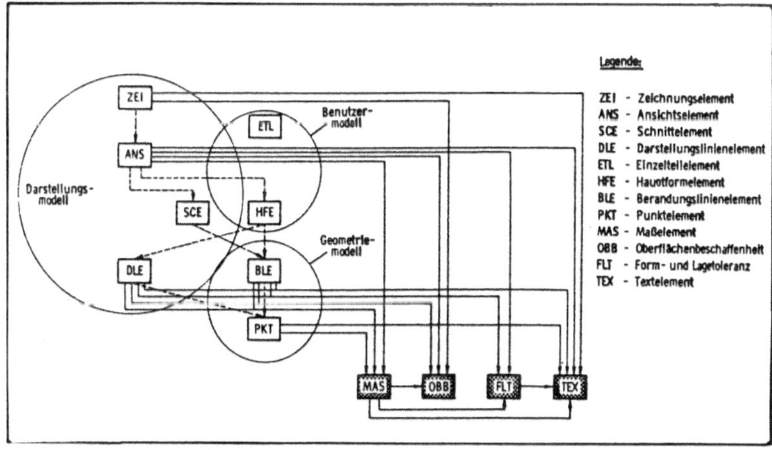

Bild 1o: Aufbau des Technologiemodells und seine Kopplung an Geometrie- und Darstellungsmodell

Bestandteile des Technologiemodells sind:

- o Bemaßungselemente (MAS) (DIN 4o6)
- o Angabe der Oberflächenbeschaffenheit (DIN ISO 13o2)
- o Form- und Lagetoleranzen (DIN 7184)
- o Texte.

Wesentliches Kennzeichen der Technologieelemente ist die Verwaltung von alphanumerischen Technologieinformationen in Form einer Datenstruktur. Bild 11 stellt die Strukturierung von Maßelementdaten dar.

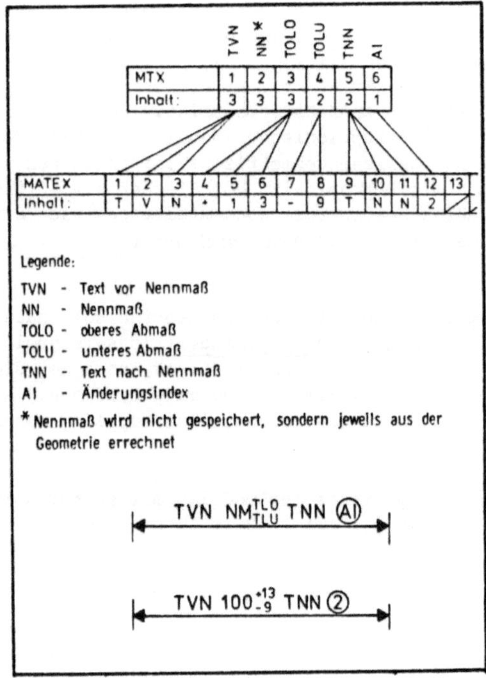

Bild 11: Strukturierung von Maßelementdaten

Ziel der Abbildung dieser Informationen in eine Datenstruktur ist die Zuordnung von fertigungstechnischen Bedeutungen zu den entsprechenden alphanumerischen Daten.

Neben der Datenstruktur für alphanumerische Technologiedaten besitzen Technologieelemente Beziehungen zum Geometrie- und Darstellungsmodell (vgl. Bild 1o). Beziehungen zum Geometriemodell ermöglichen die rechnerinterne Darstellung des Zusammenhangs zwischen technologischen Daten (Toleranz, Oberflächenbeschaffenheit) und der Geometrie des Produktes. Beziehungen zum Darstellungsmodell geben die Darstellung der Technologieinformationen in der technischen Zeichnung an (z.B. Darstellung in einer entsprechenden Ansicht).

Die Zusammenfassung geometrischer Elemente zu fertigungstechnischen Elementen erfolgt im Benutzermodell /‾1‾7 durch die Definition von Nebenformelementen. Nebenformelemente sind definierbare Geometriekomplexe (z.B. Stanzung vom Typ Rechteckausbruch), die in DICAD als Nebenformelemente weiteren Moduln zur Verfügung stehen. So läßt sich das Nebenformelement Rechteckstanzung in den Bereichen Werkzeugkonstruktion (Stanzstempel vom Typ Rechteck) und Fertigungsplanung (NC-Stanzdatengenerierung) weiterverarbeiten.

Die Möglichkeit der Definition fertigungstechnischer Elemente und die strukturierte rechnerinterne Darstellung technologischer Daten bilden die Voraussetzung zur Kopplung von Fertigungsverfahren im DICAD-System.

2.4 Kopplung von Fertigungsverfahren am Beispiel der NC-Programmierung für Blechteile

Wie in der Produktentwicklung bietet DICAD auch in der Fertigungsplanung die Arbeit mit einem Modell an. Das hierzu entwickelte Modell enthält die rechnerinterne Darstellung des Rohteils und der Einzelteile (bzw. des Einzelteils) sowie deren geometrische Zuordnung. Dabei erfolgt die rechnerinterne Darstellung des Rohteils und die der Einzelteile nach der Definition des DICAD-Produktmodells. Erweitert wurde das DICAD-Produktmodell um das Rohteil-Einzelteil-Element, das den geometrischen Zusammenhang zwischen Rohteil und Einzelteilen enthält (Bild 12).

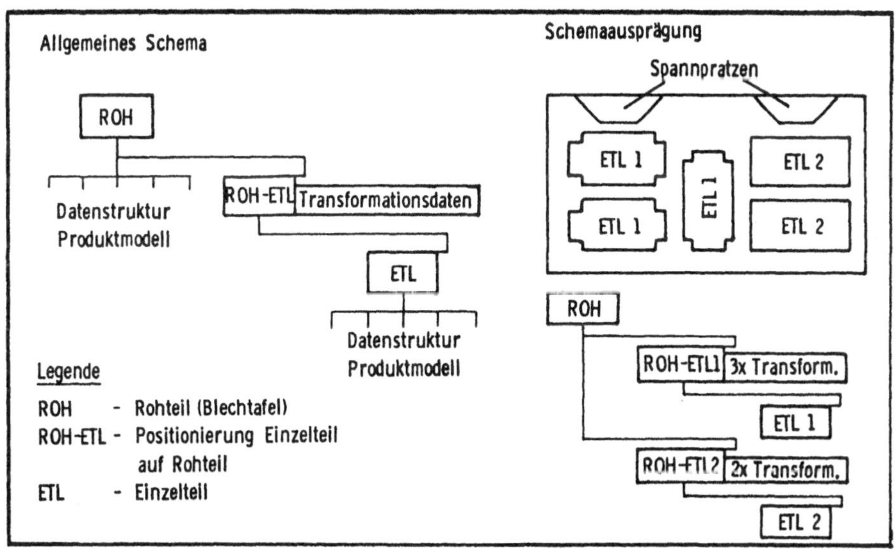

Bild 12: Rechnerinterne Darstellung von Rohteil und Einzelteilen

Die rechnerinterne Darstellung von Rohteil und Einzelteilen stellt die Grundlage zur Erzeugung von NC-Programmen für Blechteile dar. Der Aufbau der rechnerinternen Darstellung erfolgt dabei nach folgender Vorgehensweise:

Der Modellinhalt am Ende der Detaillierungsphase wird an der Konstruktion nachgelagerte Bereiche weitergegeben. Zu diesem Zeitpunkt enthält das Produktmodell alle Daten (und deren Bedeutung), die z.B. zur Fertigung notwendig sind. Programmbausteine zur Fertigungsplanung und zur Generierung von NC-Steuerinformationen benutzen diesen Modellinhalt als Eingabeinformation zur Planung der Blechbearbeitung und zur Erzeugung der NC-Steuerinformation.

Dabei wählt der Benutzer zunächst ein entsprechendes Rohteil (Blechtafel) und die Werkzeugmaschine aus. In einem graphischen Dialog werden die gewünschten Blechteile auf der Blechtafel positioniert. Ein Algorithmus prüft bei diesem Arbeitsgang, ob Überschneidungen mit bereits positionierten Blechteilen bzw. dem Blechtafelrand auftreten. Es wurde berücksichtigt, daß dabei eine Mindeststegbreite nach Freilegen des Blechteils vorhanden sein muß. Tritt keine Überschneidung auf, so erfolgt die rechnerinterne Abbildung des positionierten Blechteils auf die Blechtafel.

Neben der rechnerinternen Abbildung von Roh- und Einzelteilen stehen die für die Fertigung notwendigen Daten über Werkzeugmaschinen (gespeichert und verwaltet in der Werkzeugmaschinendatei) und Werkzeuge (gespeichert und verwaltet in der Werkzeugdatei) zur Verfügung. Die Werkzeugmaschinendatei enthält neben den charakteristischen Daten der Werkzeugmaschine die rechnerinterne Darstellung der Spannzeuge. Die Werkzeugdatei enthält fertigungsspezifische Werkzeugdaten sowie die rechnerinterne Darstellung der Werkzeuge. Die rechnerinterne Darstellung von Spannzeugen und Werkzeugen erfolgt gemäß dem Produktmodell. Aus der rechnerinternen Darstellung der auf der Blechtafel positionierten Blechteile und der Werkzeugmaschinen- und Werkzeugdatei lassen sich folgende Informationen ableiten:

1. Fertigungszeichnung
   Darstellung der Blechtafel mit positionierten Blechteilen inklusive einer Bezugsbemaßung zum Maschinennullpunkt.

2. NC-Steuerdaten
   Erzeugung eines Quellprogramms[1)] bzw. CL-Daten

3. Graphische Simulation der Fertigung
   Graphische Darstellung der Werkzeuge, deren Arbeitszustände und Verfahrwege.

Durch die volumenorientierte rechnerinterne Darstellung von Blechtafel und Blechteilen wird es ermöglicht, Arbeitsfolgen (innere vor äußerer Bearbeitung) und Arbeitsabläufe (kürzeste Verfahrwege, wenigste Werkzeugwechsel) unter Berücksichtigung fertigungsspezifischer Notwendigkeiten (z.B. Einzelhub bei Freilegen eines Blechteils) automatisch zu bestimmen.

[1)] Im Rahmen eines Forschungsvorhabens wurden TC-APT-Quellprogramme generiert.

2.5 Systemarchitektur

Bild 13 gibt den grundsätzlichen Aufbau des Gesamtsystems wieder der insbesondere Anforderungen hinsichtlich Systemausbau (neue Methodenbausteine) und -Anpassung (z.B. an bestimmte Hardwarekonfigurationen) gewährleistet. Bezüglich detaillierter Informationen siehe Literatur [1],[2].

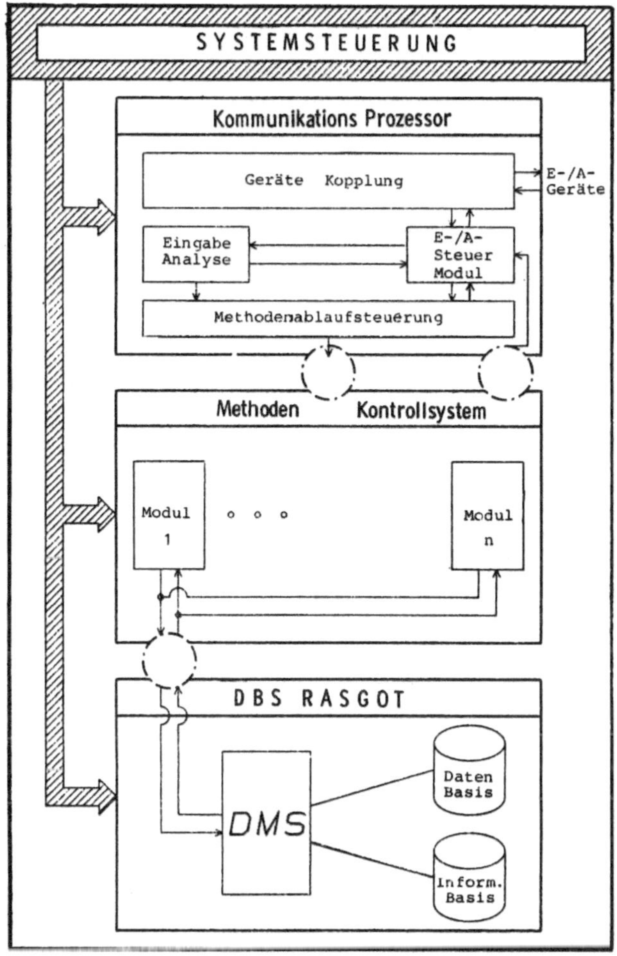

Bild 13: Systemaufbau von DICAD

3. Zusammenfassung und Ausblick

Das technische Modellierungssystem DICAD wurde als Werkzeug für die integrierte, benutzerfreundliche und zukunftsorientierte Unterstützung der betrieblichen Produktentwicklung und Fertigungsplanung konzipiert.
Im Gegensatz zu der sonst üblichen Vorgehensweise der Aneinanderreihung von Einzelsystemen für Teilaufgaben werden in DICAD alle Operationen auf ein einheitliches Produktmodell aufgebaut und durch ein zentrales System durchgeführt . Ziel ist die statische und dynamische Simulation noch nicht real existierender Produkte und ihrer Herstellungsprozesse mit dem Rechner.
Einige Schritte sind in diese Richtung bereits erfolgt oder werden in nächster Zeit durchgeführt :

- o Unterstützung der Entwurfsphase (Baugruppenentwurf)
- o Konstruktives Arbeiten in beliebigen Darstellungen, Einzelteil- und Zusammenstellungszeichnungen
- o Kollisionsprüfung für dynamische Abläufe und Montage
- o Toleranzanalyse für Einzelteile und Baugruppen
- o Bewertung technischer Lösungsalternativen (z.B. mittels Relativkosten)
- o Wiederholteilsuche auf der Basis topologischer Kennzahlen
- o Prüfung von Modellen hinsichtlich Korrektheit und Vollständigkeit
- o Synthese von Fertigungsdaten (z.B. NC-Programme, Arbeitspläne) und Simulation der Fertigungsvorgänge auf Modellbasis
- o Ableitung von Werkstück- und Montagedaten für Handhabungssysteme aus dem Modell (Mustererkennung, Bahnsteuerung)

Neue Aufgaben und neue Anforderungen werden Ergänzungen und Verbesserungen des zugrundeliegenden Modells mit sich bringen. Das Gesamtkonzept und vorhandene Systembausteine wurden jedoch so gestaltet, daß dies keine oder zumindest keine schwerwiegenden Änderungen erfordern wird.

Eine der nächsten Aufgaben wird die Kopplung von Handhabungssystemen im Bereich Fertigung und Montage sowie die Integration der Prinziperarbeitungsphase in der Konstruktion sein, wozu Vorarbeiten bereits begonnen wurden.

Literatur

/_1_/ Grabowski, H., Anderl, R., Rausch, W., Seiler, W.: DICAD - A CAD-System for Geometric Product Modelling, Røros Norwegen, IFIP Working Conference W.G.2.5, Juni 1982

/_2_/ Grabowski, H., Rausch, W.: DEROVA, ein CAD-System zum Detaillieren von Neu- und Variantenteilen, VDI-Z 121, Nr. 8, 1979

/_3_/ Grabowski, H. et al.: DEROVA-Benutzerhandbuch, Abschlußbericht, Inst. für Rechneranwendung, Universität Karlsruhe, 1982

/_4_/ Grabowski, H., Eigner, M., Kaiser, H.: Anforderungen an eine benutzerfreundliche Kommunikationsschnittstelle, VDI-Z 123, Nr. 1/2, 1981

/_5_/ Grabowski, H., Anderl, R.: Zukünftige Arbeitsweisen in Konstruktion und Arbeitsvorbereitung bei Integration der Arbeitsplanung und NC-Programmierung im CAD-System, erscheint demnächst in tz für Metallbearbeitung

/_6_/ Baumgart,B.G.: Geometric Modelling for Computer Vision, Stanford Art Int. Lab. Report No. CS-463

/¯7_7 Schultz, R.: NC-Programmierung als Baustein integrierter CAD/CAM-Systeme, ZwF 72, 1977

/¯8_7 Braid, I.C.: Geometric Modelling - Ten Years On, CAM-I, G.M.-Seminar Bournemouth, England, 1979

/¯9_7 Eversheim, W., Fuchs, H., Loersch, U.: Automatische Arbeitsplan- und NC-Lochstreifenerstellung für Blechteile, Industrie-Anzeiger 1o2, Nr. 1 vom 4.1.198o

/¯1o_7 Radtke, H.: Blechbearbeitung, VDI-Z (198o), Nr. 2o

/¯11_7 Hübner, W.: Anwenderorientierte Entwicklung eines NC-Programmsystems, tz für Metallbearbeitung (198o), Heft 2/8o

DISKUSSION

Trambacz, H. Berthold AG, Berlin:
Sie sagten in Ihrem Vortrag, daß Sie die Nennmaße aus der Geometrie entnehmen und nicht explizit speichern. Als Vorteil hätten Sie dann gleich das neue Maß, wenn Sie die Geometrie ändern. Was machen Sie, wenn Sie ein Anschlußmaß ändern oder ändern müssen und dann eine Änderung der Geometrie bekommen?

Seiler, Univ. Karlsruhe:
Dieser Prozeß der Änderung der Modelldaten ist natürlich reversibel, d. h. Sie können sowohl an der Geometrie ändern, haben dann die veränderte Information in der graphischen Darstellung bzw. in der technischen Zeichnung, als auch umgekehrt. D. h. es laufen Änderungsalgorithmen ab, die die Geometrieinformationen überprüfen, also beispielsweise Flächen im Raum verschieben, wenn Sie Maßzahlen in der Zeichnung ändern.

Eckert, MBB, München:
Mit welcher Genauigkeit geben Sie das Nennmaß aus, Stellenzahl hinter dem Komma?

Seiler, Univ. Karlsruhe:
Das ist einstellbar. Diese Information ist nicht im Maßelement direkt gespeichert, sondern wir haben nochmal gewisse Einstellwerte, die wir als Systemparameter bezeichnen, die solche Informationen tragen. D. h. das kann dynamisch zu jedem Zeitpunkt geändert werden.

Lang-Lendorff, Kernforschungszentrum Karlsruhe, Sitzungsleiter:
Ich glaube, der wesentliche Unterschied zu den bisherigen Vorträgen bestand hier darin, daß es sich, wie Sie sagten, um einen technischen Modellierer handelt. Die bisherigen Fragen zielten mehr auf die Geometrie hin, und ich glaube, so habe ich es als den wesentlichen Witz dieser Sache verstanden, wir sollten nun noch etwas weiter gehen in Richtung Anwendung. Wir sollten auch solche Kommandos dem Anwender zur Verfügung stellen, die mehr fertigungstechnisch günstiger Natur sind. Insofern könnte man sogar DV-technisch manches verhindern, was man rein geometrisch zwar sehr leicht machen kann, was aber technisch in der Praxis überhaupt nicht geht oder teuer ist. Auf die Art und Weise könnte man möglicherweise einen Beitrag auch zum fertigungstechnisch und auch kostenmäßig günstigeren Konstruieren leisten.

Seiler, Univ. Karlsruhe:
Es gibt noch eine Reihe weiterer Möglichkeiten, die sich mit dieser technischen Modellierungsmethode anbieten. Es ist möglich, mit einem Modellierungskommando bereits Fertigungsverfahren festzulegen. Man kann sich Informationen ausgeben lassen über Kostengünstigkeit von verschiedenen Fertigungsverfahren, beispielsweise spezifische Fertigungskosten. Denken Sie an eine Bohrung oder einen Rechteckausbruch, ein Rechteckausbruch läßt sich natürlich nicht bohren, aber beim runden Ausbruch in Blechteilen, ob der gebohrt oder gestanzt wird, läßt sich auch schon durch den Modellierer festlegen. Ich habe das deswegen nicht erwähnt, weil es sicherlich in der Praxis nicht ganz unumstritten sein wird, meistens oder oftmals sind diese Arbeitsvorgänge getrennt, die Entscheidungen treffen verschiedene Leute in verschiedenen Abteilungen.

Lang-Lendorff, Kernforschungszentrum Karlsruhe, Sitzungsleiter:
Das ist meines Erachtens typisch für CAD, daß es nämlich über die Abteilungsgrenzen hinweggeht und so diejenigen, die die Kosten festlegen, mit denen, die die Kosten verursachen, näher zusammenbringt.

Renz, Daimler-Benz, Sindelfingen:
Die Konzeption des DICAD legt ja nahe, daß man sagt, mit solch einem System sollte man sich normalerweise einer Feuerprobe unterziehen. Denken Sie konkret an diesen Schritt?

Seiler, Univ. Karlsruhe:
Wir denken nicht nur daran, wir sind eigentlich ganz konkret dabei, so eine Feuerprobe anzustreben. Im Rahmen von zwei Forschungsprojekten sind wir mittlerweile so weit, daß dieses Rahmensystem in seinen Hauptfunktionen implementiert ist. Wir haben einige ausgewählte Modellierungsalgorithmen, ich meine jetzt diese geometrischen Grundoperationen, die wir natürlich auch als Basis benötigen. Wir haben Kommandos entsprechender Art implementiert, und es wird Ende des Jahres, wenn unsere Vorstellungen eintreten, ein entsprechender Systemtest stattfinden. Die Anwendung wird zunächst einmal auf Teilklassen beschränkt sein, für die wir spezielle Algorithmen entwickelt haben. Spezielle Algorithmen beispielsweise zur Blechteilemodellierung und -abwicklung.

Lang-Lendorff, Kernforschungszentrum Karlsruhe, Sitzungsleiter:
Die Feuerprobe geht dann natürlich noch ein bißchen weiter?

Seiler, Univ. Karlsruhe:

Sicherlich wird der nächste Schritt dann sein, daß man eine Probeinstallation bei industriellen Anwendern durchführt. Wir brauchen jedoch sicherlich noch etwas Zeit um die Nebenfunktionen, z. B. organisatorischer Art, zu implementieren, die für ein marktreifes System unerläßlich sind.

Klause, SEL, Stuttgart:

Eine Frage zu dem Thema Technologiemodell: Sind die Form- und Lagetoleranzen in diesem Modell echt enthalten? Lassen sich hieraus bei Zusammenstellungen mehrerer Einzelteile Toleranzanalysen auch rechnerunterstützt durchführen (worst case und/oder statistisch)?

Seiler, Univ. Karlsruhe:

Ja, das ist ein Schritt, den wir bereits in Angriff genommen haben, ausgehend von den vorhandenen Toleranzinformationen, beispielsweise im Maßelement, wo oberes und unteres Abmaß ja gespeichert ist, Toleranzketten zu bilden und entsprechende Analyseverfahren anzusetzen. Ich möchte noch einmal darauf hinweisen, daß das Wesentliche hier ist, daß der semantische Inhalt dieser Elemente dem System bekannt ist, im Gegensatz zu herkömmlichen Vorgehensweisen, wo solche Informationen als Textstrings gespeichert sind ohne jeden Bezug zum semantischen Inhalt.

Seybold, TU München:

Wie komplex dürfen die Objekte bei diesem System sein, die Sie bei Ihrer ersten Auswahl vorgestellt und behandelt haben?

Seiler, Univ. Karlsruhe:

Die Frage ist, was verstehen Sie unter komplex, wenn Sie Anzahl und Kombination verschiedener Einzelteile oder Formelemente meinen, dann ist, abgesehen von der Verarbeitungszeit, zunächst mal überhaupt keine Einschränkung da.

Seybold, TU München:

Weniger die Anzahl, als die Gestalt.

Seiler, Univ. Karlsruhe:

Gemessen an der Aufgabe hatten wir eine doch recht begrenzte Entwicklungskapazität. Wir mußten uns deshalb zunächst auf analytisch beschreibbare Flächen wie Ebenen, Kegel-, Kugel-, Zylinder-, Regel- und Torusflächen beschränken. Weitere technisch wichtige Flächen und damit auch Körper werden jedoch folgen.

Lang-Lendorff, Kernforschungszentrum Karlsruhe, Sitzungsleiter:
Gibt es da schon eine Programmbeschreibung oder so etwas, wo man konkret nachlesen kann, was die Geschichte kann?

Seiler, Univ. Karlsruhe:
Die wird es demnächst geben. Wir wollen zu dem erwähnten Fertigstellungstermin ein Benutzerhandbuch vorlegen.

Lang-Lendorff, Kernforschungszentrum Karlsruhe, Sitzungsleiter:
Sie haben es alle gehört.

SYSTEMARCHITEKTUR UND LEISTUNGSSPEKTRUM DES BAUSTEINS GEOMETRIE

G. Spur

F.-L. Krause

H. Hoffmann

Fraunhofer-Institut für Produktionsanlagen und Konstruktionstechnik, Berlin, und Institut für Werkzeugmaschinen und Fertigungstechnik, TU Berlin

1. Anforderungen an Geometrieverarbeitungssoftware

Die Ziele der Geometrieverarbeitungssoftware lassen sich durch die Begriffe: Wirtschaftlichkeit, Benutzerfreundlichkeit, Flexibilität und Integrierbarkeit beschreiben /1/. Die rechnerunterstützte Geometrieverarbeitung ermöglicht eine neue Interpretation von Konstruktion und Arbeitsplanung. Die Konstruktion kann als Geometrieverarbeitung unter funktional-physikalischen Randbedingungen aufgefaßt werden, die Arbeitsplanung und NC-Programmierung als Geometrieverarbeitung mit technologischen Anforderungen. Die Geometrieverarbeitung ist während des Konstruktions- und Arbeitsplanungsprozesses auf die den jeweiligen Arbeitsphasen entsprechenden Phasenobjekte gerichtet. Die Inhalte und Datenmengen der Phasenobjekte sind in dem Prozeß von der Funktionsstruktur bis zum Fertigteil einer ständigen Wandlung unterworfen, die durch die Kreativität der Arbeitsperson und Algorithmen bewirkt wird. Zum Erzielen hoher Wirtschaftlichkeit sollten die Werkzeuge zur Eingabe, graphischen Darstellung, interaktiven Korrektur und Ergänzung sowie zur rechnerinternen Darstellung gleich sein. Diese Vorgehensweise führt zu einer konsequenten Anwendung von Schnittstellen für Eingabe, Ausgabe, Graphik und Speicherungsstrukturen. Damit sind vor allem auch zu einem späteren Zeitpunkt erforderliche Erweiterungen oder Veränderungen mit geringem Aufwand möglich. Die Vielgestaltigkeit der Phasenobjekte erfordert eine Vielseitigkeit der Geometrieverarbeitung. Es werden Linien-, Symbol- und Flächenmodelle für zweidimensionale Aufgaben benötigt. Dreidimensionale Problemstellungen können Draht-, Symbol-, Flächen- und Volumenmodelle erfordern. Im zweidimensionalen und dreidimensionalen Aufgabenbereich sind für einige Aufgaben auch Hybridmodelle zweckmäßig.

Die Modularisierung ermöglicht durch hohe Anpassungsflexibilität eine hohe Benutzerfreundlichkeit, die zusätzlich die Anwendbarkeit unterschiedlicher, aufgabenorientierter Eingabemethoden erfordert. Dazu können beim Stand der Technik vier Stufen gezählt werden: Ein-

gabe mittels alphanumerischer Spracheingabe, graphisch-interaktive Eingabetechniken, Rekonstruktionssysteme und produktspezifische Konstruktionssysteme. Alle Eingabe- und Ausgabetechniken können mit zweckmäßigen Eigenschaften hinsichtlich der Verwendung von Historie, der Ausgabe von Fehlermeldungen, der Ausgabe von Hilfsfunktionen und der Anpassbarkeit an den Kenntnisstand der Arbeitsperson realisiert werden.
Die Benutzerfreundlichkeit ist auch abhängig von der Verarbeitungsgeschwindigkeit des Geometrieverarbeitungssystems. Die Erhöhung der Verarbeitungsgeschwindigkeit kann durch eine Reihe von Maßnahmen erreicht werden. Dazu zählen die Optimierung von Algorithmen, Verwendung besser geeigneter Algorithmen, Verwendung von Algorithmen, die einen reduzierten Leistungsumfang besitzen, Reduzierung von Plattenzugriffen, dezentrale Verarbeitung und hardwarenahe Implementierungen. Die erforderliche Bearbeitung von Konstruktionsaufgaben kann auch durch eine kombinierte Verwendung von Variantenmöglichkeiten und kombinatorischer Zusammensetzung von vorhandenen komplexeren Volumenelementen erfolgen. Die Flexibilität von CAD-Systemen wird von der verwendeten Programmiersprache, den Möglichkeiten des Austauschens von Moduln, der Erweiterbarkeit des Systems und der Integrationsfähigkeit bestimmt.
Die Integrierbarkeit von Geometrieverarbeitungssystemen kann als Einbeziehung in den konventionellen Arbeitsrhythmus oder als Kopplung zu anderen CAD-Systemen betrachtet werden. Die Kopplung zu konventionellen Prozessen wird durch einfache Übernahme von Informationen in das Geometrieverarbeitungssystem und durch leichte Weiterverarbeitung erleichtert. Die Verbindung zu anderen CAD-Systemen muß über geeignete Systemschnittstellen realisiert werden.

2. Funktionen des realisierten Baustein GEOMETRIE[1)]

Das System Baustein GEOMETRIE, erste Ausbaustufe, ist ein in FORTRAN IV geschriebenes Programmsystem, das aus rund 900 Unterprogrammen mit zusammen 40.000 Anweisungen ohne Kommentarzeilen besteht /2/. Es ist

---

1) Der Baustein GEOMETRIE ist eine durch das BMFT geförderte Gemeinschaftsentwicklung des IWF der TU Berlin, des IPK Berlin und der Firma IKOSS GmbH Stuttgart.

z.Zt. auf einer SIEMENS 7.541 und einer UNIVAC 1160 implementiert. Auf der SIEMENS beträgt die Systemgröße 2.4 MBytes inklusive einer incore-Datenstruktur, und auf der UNIVAC wurde eine Version mit Overlaystruktur von 128 k Worten generiert, die mit einer nach dem Pagingverfahren arbeitenden Datenverwaltung ausgerüstet ist. Der Systemaufbau ist Bild 1 zu entnehmen.

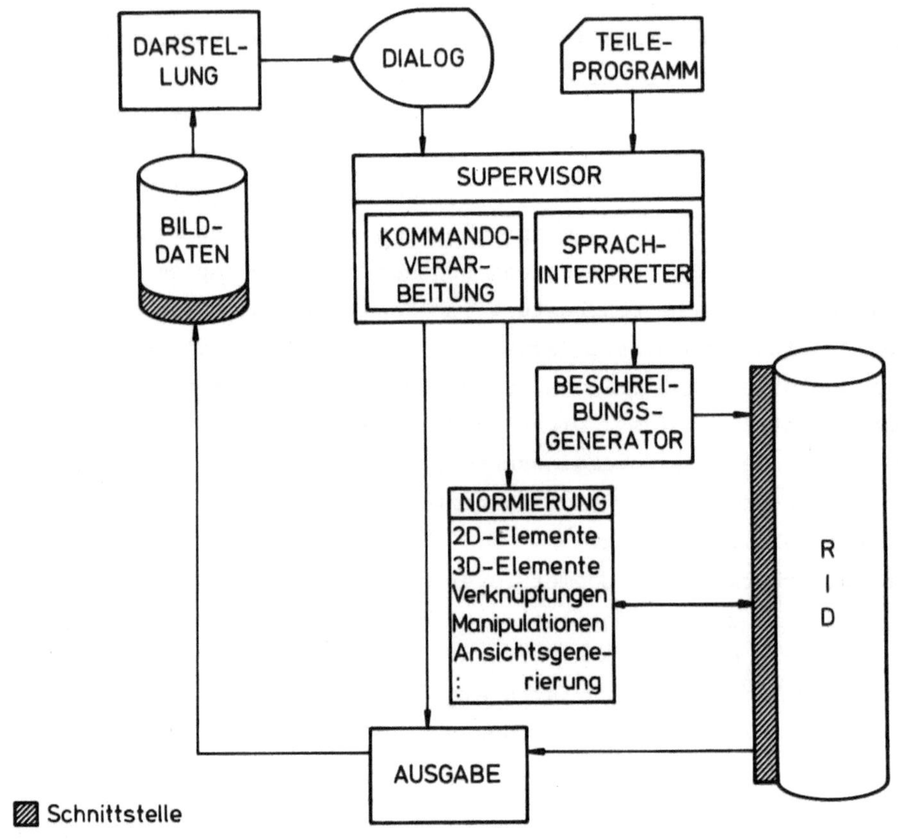

Bild 1: Systemaufbau des Bausteins GEOMETRIE

Den zentralen Bestandteil bildet die rechnerinterne Darstellung (RID) mit ihrer standardisierten Zugriffsschnittstelle. Die Funktionen des Baustein GEOMETRIE können sowohl über den Sprachinterpreter, der eine Eingabe von Teileprogrammen zuläßt, als auch über eine graphisch-interaktive Arbeitsweise am Bildschirm ausgeführt werden. Die Funktionen umfassen Eingabe-, Verknüpfungs-, Manipulations- und Löschkommandos für 2D- und 3D-Geometrie /3/. Zu den Eingabekommandos zählt die Eingabe von Punkten, analytisch beschreibbaren Linien und Flächen

sowie Volumen. Als Linien stehen Strecken, Geraden, Strahlen, Kreisbögen, Kreise, Ellipsenbögen und Ellipsen zur Verfügung. Es können ebene Flächen mit analytischen Berandungen und in Verbindung mit Körpern auch Zylindermantelflächen und Kegelmantelflächen verarbeitet werden. Als Grundvolumenelemente stehen Quader, Zylinder und Kegelstümpfe bereit. Die geometrischen Elemente, Linien, Flächen und Volumen können aneinandergereiht, miteinander verknüpft oder miteinander durchdrungen werden. Außerdem können aus Konturzügen Flächen und aus Flächen Rotations- und Profilkörper abgeleitet werden.
Die in Bild 2 gezeigte Bilderfolge zeigt den Weg von Linienzügen zu verknüpften Flächen, die gespiegelt und kopiert werden können, zu einer bemaßten Darstellung. Die Fläche kann zu einem Profilkörper erweitert werden, der als Drahtmodell und mit ausgeblendeten verdeckten Kanten dargestellt werden kann. Eine weitere Verknüpfung des Bauteils erfolgt durch Einfügung der Bohrung. Zum Schluß wird noch ein Schnitt ausgeführt. Eine mit dem Baustein GEOMETRIE dargestellte Baugruppe als Explosionsdarstellung und montierte Einheit zeigt Bild 3.
Volumenelemente können nach ihrer Generierung weiterverarbeitet werden, indem Ansichten erzeugt, Schnitte gelegt und weitere Verknüpfungen mit anderen Volumenelementen vorgenommen werden. Das Ergebnis einer Ansichtserzeugung in einer beliebigen Raumlage kann entweder nur aus der Ausgabe bestehen, oder es kann auf Wunsch der Arbeitsperson aus der Generierung einer neuen zweidimensionalen rechnerinternen Darstellung gebildet werden. Diese 2D-RID kann der Ausgangspunkt für weitere 2D-Operationen wie Flächenverknüpfung und Bemaßung sein. Die Bemaßung kann mit Hilfe von rechnerinternen Darstellungen der 2D- und 3D-Modelle durchgeführt werden, sie kann aber auch auf die Bilddaten angewendet werden. Die Verbindung der Bemaßung mit der rechnerinternen Darstellung erlaubt durch eine Bemaßungsänderung eine topologietreue Veränderung der davon beeinflußten Geometrie. Dies gilt für Veränderungen an 2D- und 3D-Modellen. Veränderungen der Topologie können nur über Verknüpfungsanweisungen durchgeführt werden. Plausibilitätsprüfungen erfolgen z.Zt. nicht automatisch, so daß der Benutzer dafür verantwortlich bleibt. Radien-, Längen- und Durchmesserbemaßungen sind elementbezogen, d.h. die Elemente erhalten auf der Bemaßungsebene die notwendigen Informationen. X-, Y-Differenz- und Abstandsbemaßung werden als Relationen zwischen zwei Elementen realisiert. Dabei tragen die Relationen die Beamaßungsinformation (Bild 4). Diese Sachverhalte werden bei topologietreuen Änderungen ausgenutzt.

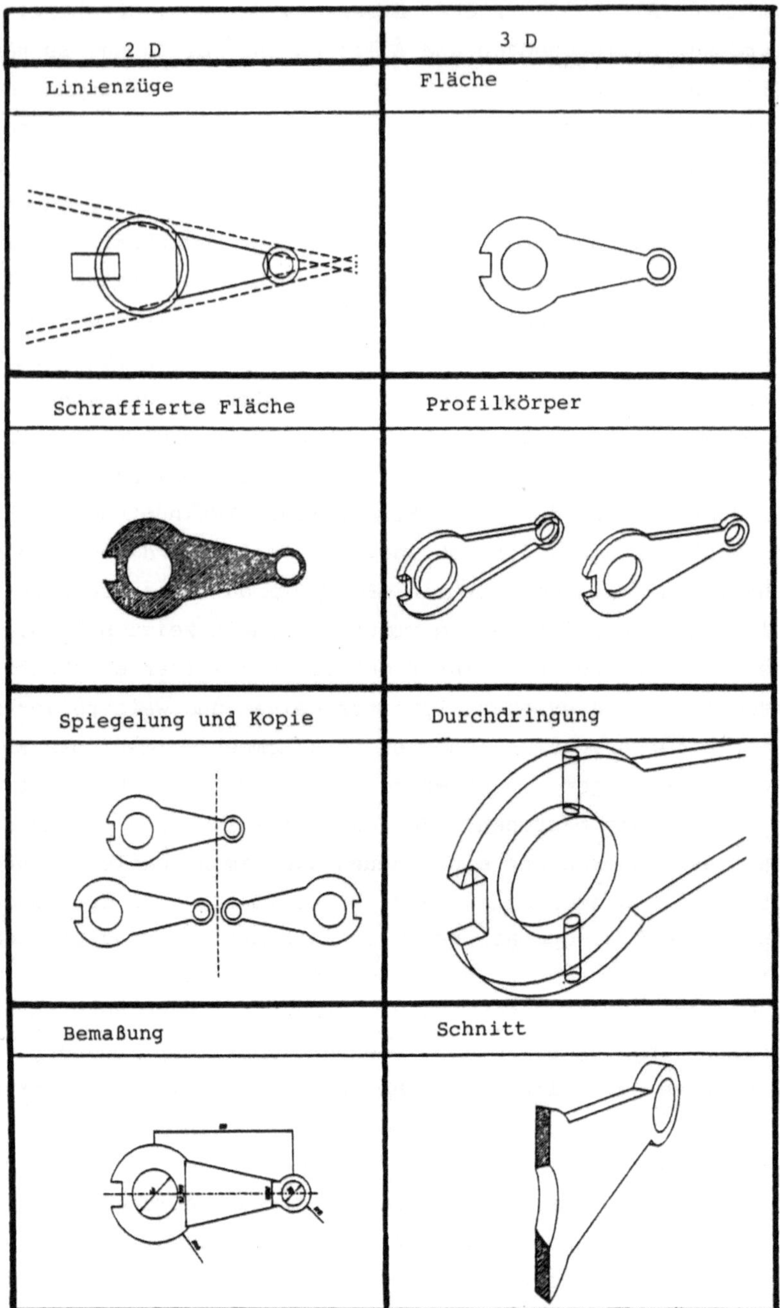

Bild 2: Leistungsspektrum des Bausteins GEOMETRIE

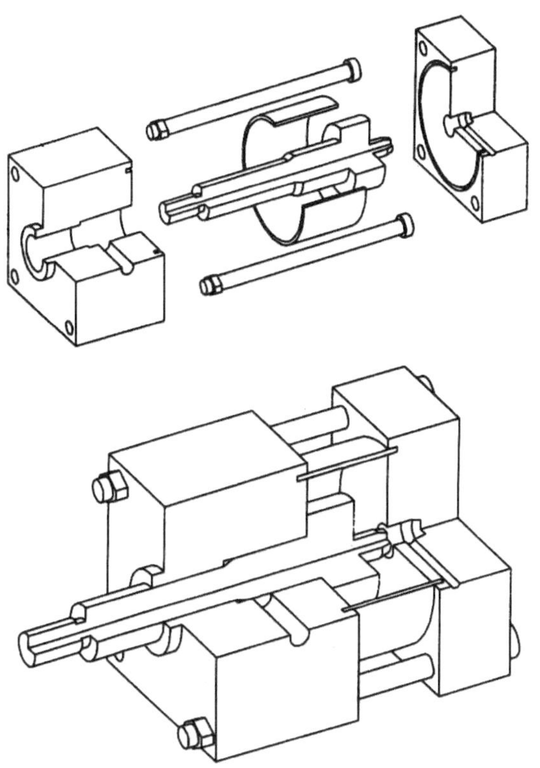

Bild 3: Baugruppe

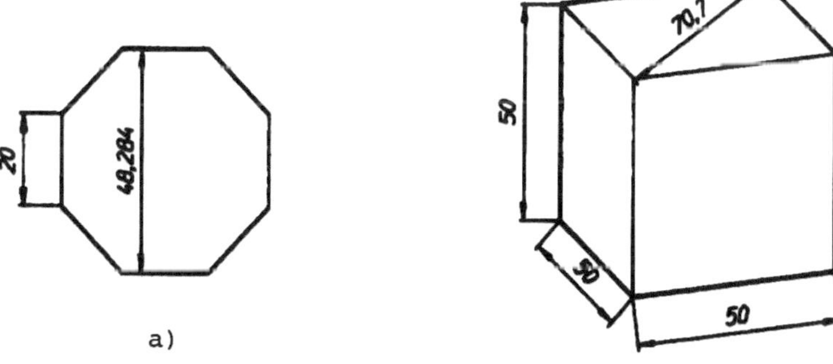

Bild 4: Beispiele für Bemaßungsmöglichkeiten

a) zweidimensional

b) dreidimensional

Je nach dem geforderten Ergebnis können unterschiedliche Hidden-Line-Algorithmen Verwendung finden, indem zum einen alle verdeckten Kanten ausgeblendet werden, z.B. beim Herstellen einer Explosionszeichnung, oder indem für die schnelle Überprüfung akzeptiert wird, daß nicht alle verdeckten Kanten ermittelt werden, dafür aber eine erhebliche Beschleunigung bei der Bilddarstellung erzielt werden kann.
Zu den Manipulationskommandos sind die Verschiebe-, Kopier- und Spiegelungskommandos zu rechnen. Bei ihrer Anwendung wird grundsätzlich das abgespeicherte Modell modifiziert, aus dem die bildliche Darstellung generiert wird.

3. Möglichkeiten der Systemarchitektur

Eingaben sind über den Sprachinterpreter und die interaktive Kommandoverarbeitung möglich. Aus beiden Eingabeformen werden durch den Beschreibungsgenerator in der rechnerinternen Darstellung Beschreibungselemente generiert, die die Eingabeart, die dazugehörigen Parameter, die Historie und Bedingungen (Parallele zu, Lot auf, Tangente an usw.) speichern. Bei Geometrieänderungen werden, wenn gewünscht und wenn verträglich, diese Beziehungen automatisch aktualisiert.
Bild 5 zeigt eine Radiusänderung, wobei die Tangentenbeziehung erhalten bleibt.

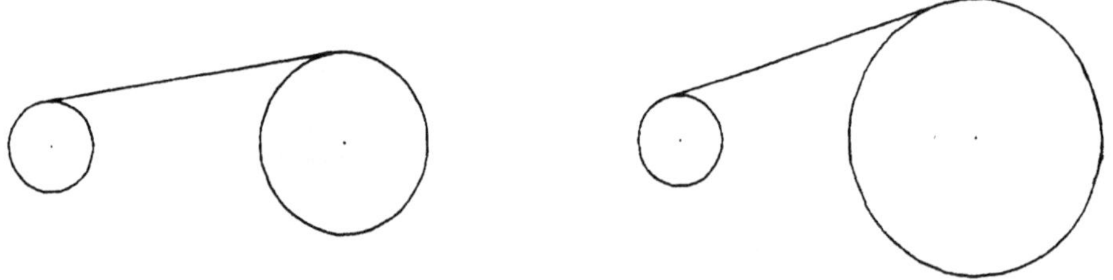

Bild 5: Elementzusammenhänge der Beschreibungsebene

Der mit Normierung bezeichnete Modul (Bild 1) generiert gemäß den Informationen der Beschreibungselemente die dazugehörigen geometrischen Elemente. Die Bezeichnung Normierung besagt, daß aus den verschiedenen Möglichkeiten, ein und dasselbe geometrische Element einzugeben, nur ein normiertes Element generiert wird, wobei das dazugehörige Beschreibungselement die aktuelle Eingabeart festhält (Bild 6).

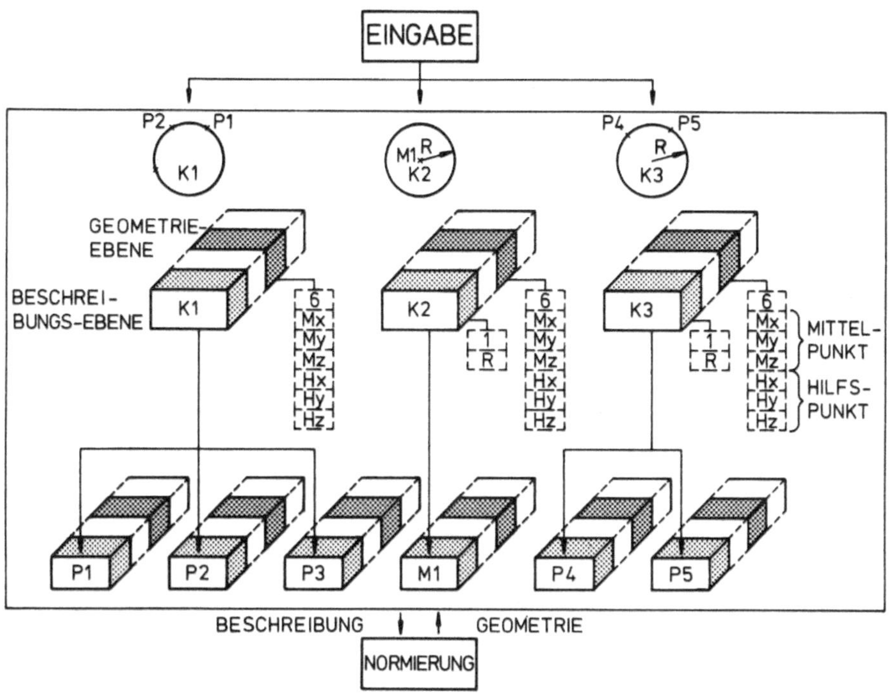

Bild 6: Normierung von Kreisen

Nach der Geometriegenerierung erfolgt eine Ausgabe durch Erstellung von Bilddaten. Einmal dargestellte Elemente können identifiziert und weiterverarbeitet werden, indem vom System die intern generierten Elementnamen verwendet werden.

Für die Strukturierung der zu speichernden Modellinformationen stehen drei Möglichkeiten zur Verfügung: Klassen, Relationenebenen und Kennungen. Mit Hilfe der Elementklassifizierung werden Hierarchien aufgebaut, so z.B. unter den geometrischen Elementen: Klasse 1: Punkt, Klasse 2: Linie, Klasse 3: Fläche, Klasse 4: Körper und Klasse 5: Baugruppe.
Innerhalb einer Klasse werden unterschiedliche Elemente, wie Strekke, Kreisbogen, Kreis, anhand von Kennungen unterschieden. Einem Element können außer den spezifizierenden Kennungen auch beschreibende Daten zugefügt werden. Die Kennungen und Daten können verschiedenen Ebenen der RID zugeordnet werden, um einem Element unterschiedliche Daten zuweisen zu können (Geometrie, Technologie,

Mikrogeometrie, usw.). Mit Hilfe von Relationen lassen sich netzwerkartige Strukturen aufbauen, wobei die Relationen an die verwendeten Ebenen gebunden sind. Aus Bild 7 geht hervor, daß auch den Relationen spezifizierende Kennungen und beschreibende Daten zugefügt werden können.

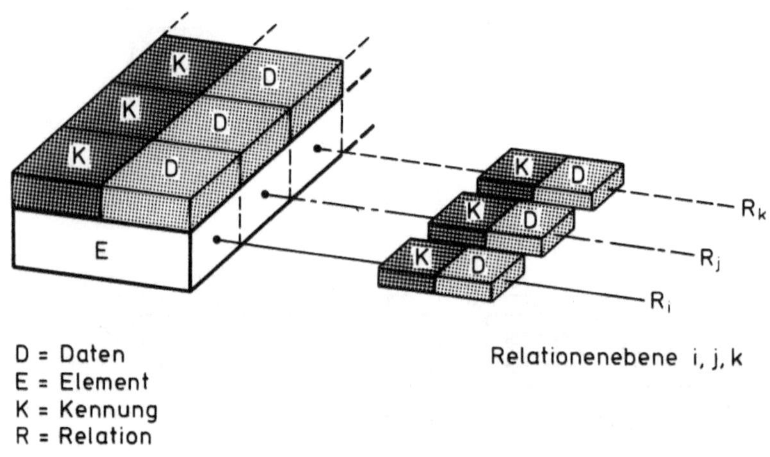

Bild 7: Daten und Kennungen der Elemente und Relationen /6/

Bei der Speicherung der Geometrie werden die Relationen benutzt, um die Topologie abzubilden. Die Datenstruktur kann durch mehrere Speicherungsstrukturen abgebildet werden, wenn die gleiche Schnittstelle und gleiche Modellalgorithmen verwendet werden /4/. Bisher wurde außer dem für den Baustein GEOMETRIE entwickelten Datenverwaltungssystem DVS auch die COMPAC-Speicherungsstruktur benutzt /6/. PHIDAS und TORNADO können bei Bereitstellung der erforderlichen Schemata ebenfalls zur Anwendung kommen /5/.

DVS und COMPAC-Speicherungsstruktur bieten den Vorteil, dynamisch zu sein, da sie nicht von einem vordefinierten Schema des Datenverwaltungssystems abhängig sind. Die benutzte rechnerinterne Darstellung ist so flexibel, daß nicht nur die Daten des geometrischen Modellierens, sondern ebenso die Daten von weiteren Anwendungsprogrammen abgelegt werden können. Zusätzliche Informationen wie technologische Merkmale können, wie in Bild 8 dargestellt, behandelt werden.

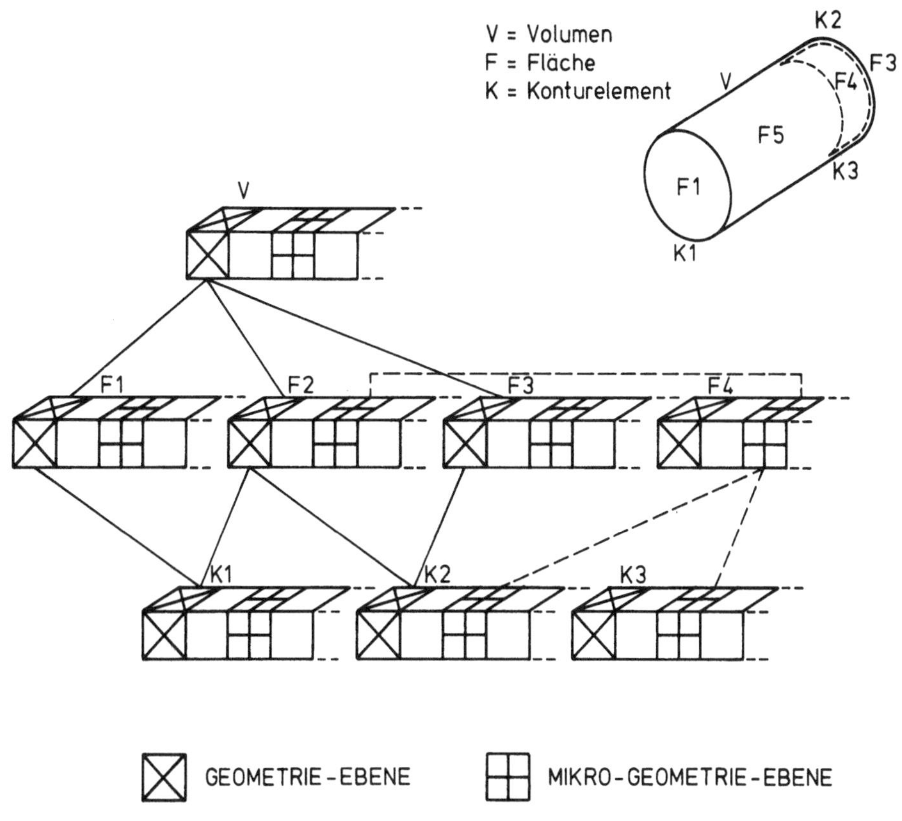

Bild 8: Mikro-Geometrie (nach /7/)

Mit ähnlichen Mechanismen können auch Bemaßungsangaben für 2D- und 3D-Objekte gespeichert und für Anwendungen bereitgestellt werden. In Bild 8 wird gezeigt, wie einem Teilbereich (F4) einer Zylindermantelfläche (F2) ein Merkmal zugeordnet werden kann. Auf einer für Mikro-Geometrie vorgesehenen Ebene der RID erfolgt die Abspeicherung der notwendigen Daten. Dafür müssen in diesem Fall zwei zusätzliche Elemente F4 und K3 generiert werden und in den Relationenverbund der Mikro-Geometrie aufgenommen werden, was durch die gestrichelten Verbindungen zwischen den Elementen angedeutet werden soll /7/.

Der Baustein GEOMETRIE arbeitet mit drei definierten Schnittstellen: Systemschnittstelle zur RID, Eingabe- und Ausgabeschnittstelle. Die standardisierte Systemschnittstelle besteht aus zwölf FORTRAN SUBROUTINE-Aufrufen, mit denen Addier-, Hol- und Löschoperationen ausgeführt werden können /4/. Durch den modularen Systemaufbau und die klare Schnittstelle zur RID lassen sich die einzelnen Moduln leicht ersetzen. Es lassen sich auch Systeme mit unterschiedlichen Leistungsspektren realisieren. Es ist ein 2D-, ein 3D- und ein 2D/3D-System

generierbar, wobei auch noch eingeschränkte 2D- oder 3D-Versionen möglich sind.
Die Eingabeschnittstelle kann dafür verwendet werden, unterschiedliche Interpreter oder interaktive Eingabemoduln zum Einsatz zu bringen. Die Ausgabeschnittstelle erlaubt die Verwendung von GKS oder GPGS-F. In der aktuellen Version wird eine sequentielle Bilddatendatei benutzt, die für die Bilddarstellung und die Elementidentifikation benutzt wird.

4. Weiterentwicklungen

Für den Baustein GEOMETRIE sind die im 1. Abschnitt genannten Anforderungen eine Leitlinie für die weitere Anreicherung mit CAD-Funktionen. Im Zuge der Ausrichtung von geometrischen Modelliersystemen auf die Lösung von verschiedenen produktorientierten Konstruktionsaufgaben unter Anwendung einheitlicher Systemarchitekturen zur Geometrieverarbeitung ergibt sich eine Notwendigkeit zur Erweiterung des Systems für zusätzliche Geometrieverarbeitungsmöglichkeiten und das Einbeziehen in integrierte CAD/CAM-Lösungen. Zur Bearbeitung von Schemadarstellungen und zur Beschreibung von Arbeitsprinzipien sind Symbolverarbeitungsmöglichkeiten erforderlich. Mit dem System CADSYM besteht am IPK bereits ein Modul, der auf der gleichen Schnittstelle der rechnerinternen Darstellung arbeitet wie der Baustein GEOMETRIE. Für 2D- und 3D-Aufgabestellungen sind Variationsmöglichkeiten durch Parametereingabe in Arbeit. Eine weitere Ausweitung erfährt der Baustein GEOMETRIE gegenwärtig durch die Einbeziehung von Möglichkeiten zur Verarbeitung beliebig geformter Flächen. Dazu steht ein Modul des GPM-SS zur Verfügung, bei dem B-Splineverfahren zur Flächendarstellung genutzt werden. Diese Arbeiten werden im Rahmen des Deutsch-Norwegischen Gemeinschaftsprojekts APS (Advanced Production Systems) durchgeführt /5/. Im gleichen Vorhaben werden die Systeme DETAIL 2 zur Rotationsteilbeschreibung und GPM-APC als System für Blechplatten mit dem Baustein GEOMETRIE gekoppelt. In APS dient der Baustein GEOMETRIE als Unterprogrammpaket für die Entwicklung von Konstruktions- und Arbeitsplanungssystemen. Infolge der Flexibilität der rechnerinternen Darstellung können neben der Ableitung von NC-Informationen und Finiten-Element-Netzen auch Blechdarstellungen sowie Gewichts- und Schwerpunktberechnungen durchgeführt werden. Bewegungssimulationen von Handhabungsgeräten können so durchgeführt werden, daß die Bewegungsgesetze auf die rechnerinterne Darstellung wirken.

5. Literatur

/1/ Spur, G.; Krause, F.-L.: Aufbau und Einordnung von CAD-Systemen. VDI-Berichte 413, Düsseldorf, VDI-Verlag, 1981.

/2/ Spur, G.; Krause, F.-L.; Lewandowski, S.; Mayr, R.; Melzer-Vassiliadis, P.; Müller, G.; Siebmann, H.; Kiesbauer, H.; Kuhn, R.-D.: Baustein GEOMETRIE. Programmvorgabe zur 1. Ausbaustufe. Kernforschungszentrum Karlsruhe GmbH, KfK-CAD 134, Karlsruhe 1979.

/3/ Rothenberg, R.; Kiesbauer, H.; Kuhn, R.-D.; Spur, G.; Krause, F.-L.; Banze, K.-P.; Hoffmann, H.; Imam, M.; Kazmi, N.; Lutz-Pesko, M.; Nguyen, N.T.: Baustein GEOMETRIE. Benutzerhandbuch, Release 1, August 1981, Kernforschungszentrum Karlsruhe GmbH, Kfk-PFT 5, Karlsruhe 1981.

/4/ Krause, F.-L.: Methoden zur Gestaltung von CAD-Systemen. Dissertation, TU Berlin 1976.

/5/ Autorengemeinschaft: APS (Advanced Production System) Progress Report 1. Kernforschungszentrum Karlsruhe GmbH, 1982.

/6/ Gausemeier, J.: Eine Methode zur rechnerorientierten Darstellung technischer Objekte im Maschinenbau. Dissertation, TU Berlin, 1977.

/7/ Daßler, R.; Pistorius, E.: Vollständige Werkstückdarstellung mit COMPAC. HGF-Bericht, Industrie-Anzeiger 102 (1980), H. 73, S. 62 - 63.

D I S K U S S I O N

Ebbing, BBC, Mannheim:

Beim heutigen Stand der Entwicklung, wie weit kann man mit dem Baustein Geometrie interaktiv arbeiten, und wie viele Systeme sind mittlerweile irgendwo im Einsatz?

Krause, Fraunhofer-IPK, Berlin:

Ja, die interaktive Arbeitsweise ist heute möglich mit dem 2D-Teil. Im 3D-Bereich ist es so, daß wir folgende Art der Interaktivität zulassen können: Sie können Volumenelemente wie Quader, Zylinder und Kegel auswählen, Sie können auch Profilkörper und Rotationskörper erzeugen. Sie müssen dann durch Positionsangaben klar machen, wie Sie diese räumlichen Elemente im Raum anordnen möchten, und können dann die Verknüpfungsoperationen starten. Die Anwendung des Bausteins Geometrie erfolgt bisher nur in den Entwicklungs- und Forschungsinstituten, ich weiß, daß die Fa. IKOSS gegenwärtig mit Firmen über eine Pilot-Anwendung spricht.

Lang-Lendorff, Kernforschungszentrum Karlsruhe, Sitzungsleiter:

Ich darf vielleicht ergänzend noch dazu sagen, daß der Baustein Geometrie ab 1. 1. 1983 vertrieben wird von der Fa. UNIVAC, allerdings nur der zentrale Teil und nicht die Datenorganisation. Der Baustein Geometrie wird Teil des von UNIVAC vertriebenen Systems (Uniscat heißt es, glaube ich) sein.

Nagel, Dornier,Friedrichshafen:

Ich habe eine Reihe von Fragen, die ich gleich hintereinander stellen möchte. Erstens: Gibt es (oder wird es geben) eine IBM-Version? Zweitens: Gibt es Verbindungen oder Einbindungen in andere Systeme, z. B. in ein System, wie Prof. Pahl es vorgeschlagen hat? Drittens: Mit welcher Art Bildschirmhardware können Sie graphisch-interaktiv arbeiten? Ich meine damit Speicherbildröhre, Refresh- oder Rasterbildschirm. Oder ist das beliebig? Und dann habe ich noch eine Zusatzfrage zu den eben gestellten: Ist es tatsächlich möglich, ohne Sprache oder sprachähnliche Kommandos auszukommen? Kann man wirklich graphisch-interaktiv arbeiten mit einer Funktionstastatur und einem Lichtstift als Beispiel?

Krause, Fraunhofer-IPK, Berlin:

Ich will versuchen, diese Fragen zu beantworten. Es gibt gegenwärtig keine IBM-Versionen, ich bin sicher, daß die Fa. IKOSS ein großes Interesse daran haben wird, eine IBM-Version zu erstellen. Die Fa. IKOSS vermarktet das System und wird sicherlich den Marktbedürfnissen Folge leisten.

Lang-Lendorff, Kernforschungszentrum Karlsruhe:
Es gibt m. W. eine Siemens-Version, wenn ich das sagen darf; und der Schritt von da zu IBM dürfte vermutlich weniger aufwendig sein als manche andere Umstellung.

Krause, Fraunhofer-IPK, Berlin:
Die Einbindung in andere Systeme, das muß man sicherlich differenziert sehen, man wird einige Moduln möglicherweise dann anwenden können in anderen Systemen. Ob man das Gesamtsystem nun auf ein solches Gerätespektrum ansetzt, wie es bei Prof. Pahl vorgestellt worden ist, ist eine Frage der verfügbaren Rechnerkapazität - das gesamte System ist 32-Bit-orientiert. Ich meine, daß das heute keine große Hürde mehr darstellt, da ja bereits Mikroprozessoren in diesem Bereich angeboten werden. Das System ist in Fortran IV geschrieben, es gibt einige Statements, die in Assembler geschrieben sind, die aber in der Größenordnung 20 Assembler-Programme ausmachen, um das Datenverwaltungssystem möglichst rasch abarbeiten zu lassen.

Lang-Lendorff, Kernforschungszentrum Karlsruhe:
Also Ihre Antwort ist nein.

Krause, Fraunhofer-IPK, Berlin:
Die Ausführung von graphischen Operationen mit Hilfe unterschiedlicher Sichtgeräte: Es gibt sowohl bei IKOSS wie bei uns Implementierungen mit Tektronix-Bildschirmen, die Fa. UNIVAC verwendet Megatec, und hat damit also die angesprochene Rastertechnologie. Das interaktive Arbeiten mit 2D ist überhaupt kein Problem mehr, bei 3D gibt es noch die Fragestellung, inwieweit wir von der Eingabe genauere Informationen über die Koordinatenwerte hinaus bekommen, um diese Interaktivität zu ermöglichen. Innerhalb des APS-Projektes ist vorgesehen, daß dafür auch beispielsweise solche Systeme mit dreidimensionaler Hardware-Matrix verwendet werden, wie sie als Beispiel Megatec, Evans and Sutherland und andere anbieten.

Roth, TU Braunschweig:
Sie haben vier Komfortstufen unterschieden, ähnlich wie ich vorher von fünf "Intelligenzstufen" sprach, wobei die Komfortstufe 4 "Konstruktionssysteme" die höchste ist. (Von den vorhin angesprochenen "Intelli-

genzstufen" des Systems Soft- und Hardware müssen die hier erwähnten "Komfortstufen" scharf unterschieden werden. Letztere beziehen sich nicht in erster Linie auf die Fähigkeiten des Rechner-Systems, konstruieren zu können, sondern eher auf seine Schnelligkeit, auf die Bequemlichkeit der Handhabung, die Speicherfähigkeit und ähnliche Eigenschaften). Darin sprachen Sie die Beziehung der Elemente an; es werde eine gewisse Beziehung der Elemente mitgespeichert. Meine Frage, welche Beziehungen der Elemente werden mitgespeichert?

Krause, Fraunhofer-IPK, Berlin:
Der Vorteil der hier verwendeten rechnerinternen Darstellung liegt darin, daß sie die Verbindungen speichern können, die von dem Konstruktionssystem her gewünscht werden. Von der Schnittstelle her gibt es dafür keine Limitierung. Insofern sind die Anwendungen, die heute mit dieser Schnittstelle ausgeführt werden, immer nur orientiert an den Aufgaben der Geometrieverarbeitung und an den Zusätzen, die für technologische Prozesse erforderlich sind. Es ist aber nicht zwingend, daß das so bleibt. Wenn es beispielsweise wünschenswert wäre, die Krafteinleitung in ein Bauteil auszudrücken, wäre auch das eine Möglichkeit.

Roth, TU Braunschweig:
Sie können also Funktionen in Geometrie-Elementen miteinspeichern, d. h. den Geometrie-Elementen für spätere Operationen physikalische Funktionen miteingeben?

Krause, Fraunhofer-IPK, Berlin:
Man kann die Beschreibung dieser Funktionen miteinspeichern. Wir haben beispielsweise bei dem Roboterbild folgendes gemacht, die Zielrichtung geht dahin, daß man natürlich längerfristig gerne von dem heute üblichen Teach-in-Verfahren bei Roboter-Programmierung wegkommen möchte, daß man praktisch dieses Teach-in simuliert an einem Sichtgerät durch Positionierung der Hand und der damit zusammenhängenden Mechanik. Es ist heute schon möglich, diese Bewegungen auszuführen, weil die Beziehungen zwischen den Elementen, die miteinander verbunden sind, in einem Gelenk beispielsweise, dargestellt werden können. Man kann auch die Grenzen dieser Bewegungsmöglichkeiten abspeichern.

Foerster, Lürssen-Werft, Bremen:
Gibt es eine Schnittstelle zu PPS-Systemen, also zu Produktionsplanungs- und -steuerungssystemen?

Krause, Fraunhofer-IPK, Berlin:
Nein, diese Schnittstelle gibt es nicht. Ich will Ihnen auch sagen, warum das relativ unwahrscheinlich ist, daß so etwas in naher Zukunft zumindest kommt. Ich sehe einen großen Unterschied in der Vorgehensweise der Geometrieverarbeitung und den Aufgaben, die solche Produktionsplanungssysteme haben. Der Grund liegt auch darin, weshalb wir gern CAD als einen Begriff anwenden, der sowohl die Konstruktion wie die Arbeitsplanung und NC-Programmierung abdeckt, weil gerade in diesen Bereichen jeweils Geometrieverarbeitung getrieben wird, während Fertigungs-Steuerungs-Aufgaben eine ganz andere Natur haben.

Lang-Lendorff, Kernforschungszentrum Karlsruhe:
Wenn Sie sich das letzte Bild, die Gesamtarchitektur, nochmal vor Augen halten, dann ist es schon schwierig, das alles so zu machen, daß es integriert gefahren werden kann. Jetzt da drüber noch Fertigungssteuerung zu stülpen, ist zumindest verfrüht.

Foerster, Lürssen-Werft, Bremen:
Darf ich dazu dann noch was sagen? Ich fragte nach einer Schnittstelle, die z. B. eine Konstruktionsstückliste sein könnte.

Krause, Fraunhofer-IPK, Berlin:
Gut, das ist natürlich etwas anderes. Stücklisteninformationen kann man mit Sicherheit herausziehen, z. B. durch Entwicklung des einen hier gezeigten Systems, das auf der gleichen Schnittstelle arbeitet, dieses Schemazeichnungssystems oder Symbolverarbeitungssystems; das erlaubt bereits die Ausgabe von Stücklisten, Mengenstücklisten. Man müßte überlegen, inwieweit man das für die Baugruppengestaltung ebenfalls mit heranziehen kann. Ich sehe keine prinzipielle Schwierigkeit, nur das existiert nicht.

Ebbing, BBC, Mannheim:
Wenn man das Spektrum der Arbeit im Konstruktionsbereich, das in der deutschen Industrie häufig über Rechner läuft, wenn man das mal durchsieht, dann fällt auf, daß der Anteil der in Deutschland entwickelten Systeme daran sehr gering ist. Wo liegen Ihrer Meinung nach die Gründe dafür?

Krause, Fraunhofer-IPK, Berlin:
Es liegt sicherlich zum einen daran, daß bereits sehr frühzeitig erkannt worden ist in Deutschland, daß die Entwicklungsrichtung, die man nehmen sollte, nicht ausschließlich orientiert sein kann an Zeichnungs-

erstellung, sondern daß das, was man können muß, weit mehr ist. Die amerikanischen Hersteller beispielsweise schlüsselfertiger Systeme haben diesen, vielleicht etwas theoretischen Ansatz nicht beherzigt, sondern haben Zeichnungserstellungssysteme gebaut, die dann auch sehr schöne Erfolge erzielt haben. Man kann heute erkennen, daß gerade die Systeme nun in einer, ich will mal sagen, nächsten Generation von Systemen beim Übergang von 16 Bit- auf 32 Bit-Rechner auch versuchen, diese Modellierungsmöglichkeiten in die Systeme miteinzubeziehen. Insofern ist ein gewisses Aufeinanderzugehen in den Entwicklungen durchaus erkennbar. Es ist außerdem sicherlich so, daß in Deutschland nur sehr wenige Hersteller von Systemen eine Vermarktung betreiben können, ich meine dabei Hardware- und Software-Systeme. Das ist sicherlich ein Grund, weshalb das hier bei uns auch etwas anders ausschaut als in den USA.

ERFAHRUNGEN BEIM EINSATZ VON "GEOMETRISCHEN MODELLIER-SYSTEMEN"

Volkmar Antl
Messerschmitt-Bölkow-Blohm GmbH
Ottobrunn

Zusammenfassung: Aus einer Gliederung mit Beispielen verschiedener Anwendungsgebiete des "Geometrischen Modellierens" werden die Konsequenzen unterschiedlicher Systemphilosophien dargestellt. Erfahrungswerte eines langjährigen Anwenders von 2D- und 3D-Systemen bezüglich Organisation und menschlicher Probleme liegen vor.

1. Anwendungsgebiete

Der produktive Einsatz von "Geometric Modeler"-Systemen ist bereits ein uraltes DV-Thema und steckt trotzdem noch in den Kinderschuhen. Beim Überblick über einige Anwendungsgebiete am Beispiel einer großen Flugzeugbaufirma wird dies verständlich.

1.1 Klassische Anwendungen:

Bereits in den 60er Jahren lassen sich produktive Anwendungen von "Geometric-Modeler"-Systemen aufzeigen. Dies waren meist Insellösungen für einen speziellen Problemkreis und die benutzten Systeme konnten nur von einer relativ zur Gesamtfirma kleinen Gruppe von Spezialisten betrieben werden. Solche klassischen Anwendungen sind

- NC-Fertigung, Programmierung von numerisch gesteuerten Werkzeugmaschinen für Fräsen, Drehen, Bohren ....., wobei die Geometrie des zu fertigenden Teils als mathematisches Modell eingegeben werden muß, um daran die Werkzeugwege zu führen.
- Finite Elemente-Methoden für Statik und Aerodynamik, wobei das Modell eines zu untersuchenden Objektes durch eine Menge von geometrisch vereinfachten Grundelementen (Stäbe, Schalen, Dreiecke .....) idealisiert gebildet wird.
- Numerische Definition von komplexen Oberflächen und deren Weiterverarbeitung für Berechnungen (Schnitte, Oberflächen, Abstände .....), Zeichnungserstellung, NC-Fertigung von Modellen und Werkzeugen usw..

DV-Systeme für diese Anwendungsgebiete wurden sehr früh produktiv genützt, weil die Frage nach Wirtschaftlichkeit zurückstehen mußte hinter der technischen Notwendigkeit, Daten in Qualität, Quantität und Geschwindigkeit zu erzeugen, wie es auf konventionelle Art unmöglich ist.

1.2 Neuere bewährte Anwendungen:

Die rasante Entwicklung der letzten Jahre für

- neue Technologien mit akzeptablen Preisen bei graphischen Bildschirmen und Zeichenmaschinen
- leistungsfähige und preiswerte Rechner
- produktionsreife Software

gestattet eine weit breitere Anwendung der "Geometric Modeller", vorwiegend für Zeichnungserstellung, wobei das für die Zeichnung verwendete Datenmodell (2D) meist noch für Berechnungen (Länge, Winkel, Abstände) und NC-Programmierung (2 1/2D-Frästeile, Drehteile .....) verwendbar ist.

Dies ist möglich, seit die Zeichnungserstellung selbst wirtschaftlich mit einem DV-System durchgeführt werden konnte und die Hardware und Kommunikationsmethoden für einen breiten Anwenderkreis akzeptabel gestaltet wurden. Basierend auf langer Erfahrung fand gleichzeitig mit der Verbreitung der Zeichnungserstellung eine weitgehende Integration der klassischen Anwendungsgebiete statt und erzwang den nächsten Schritt zur Verwirklichung eines alten Wunschtraumes der Datenverarbeiter, die "zentrale Datenbank (= das geometrische Modell)" für mehrere Anwendungen.

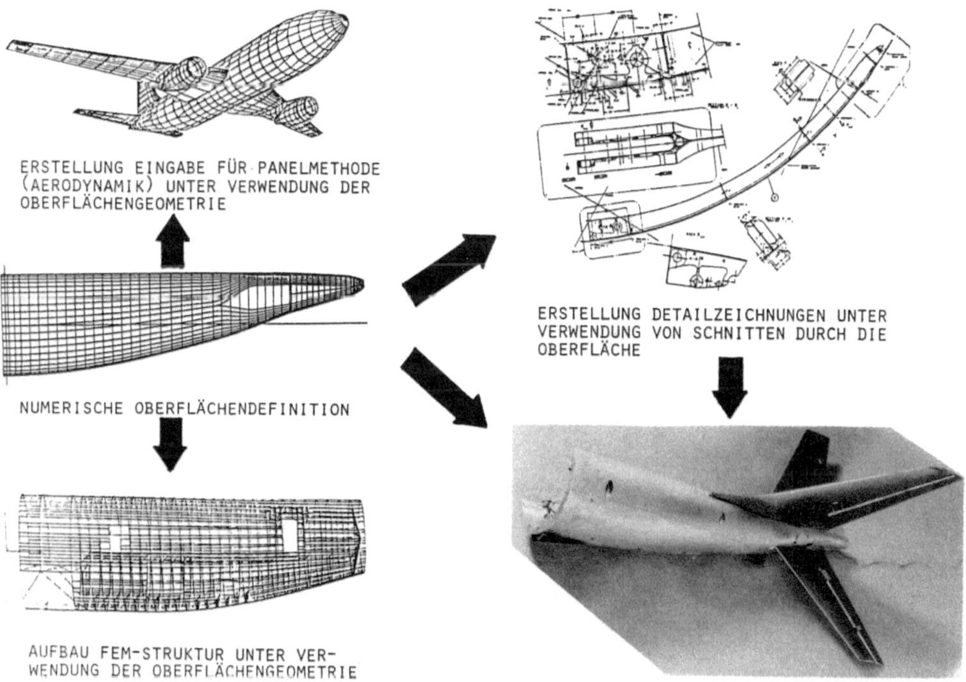

Das geometrische Modell, zentrale Datenbank für mehrere Anwendungen

Dabei konnten weitere Anwendungen mit integriert werden wie

- 3D-Berechnungen (Länge, Abstände, Flächeninhalt .....)
- NC-Qualitätskontrolle
- allgemeine Raumuntersuchungen, Einbauuntersuchungen

1.3 Spezialdisziplinen:

Klassische Themen, aber bis vor kurzem noch nicht mit befriedigenden Systemen bearbeitbar, sind:

- Kinematik, wobei neben dem geometrischen Modell der Gelenke noch ein Modell der logischen Verknüpfungen und Bewegungsmöglichkeiten definiert werden muß.

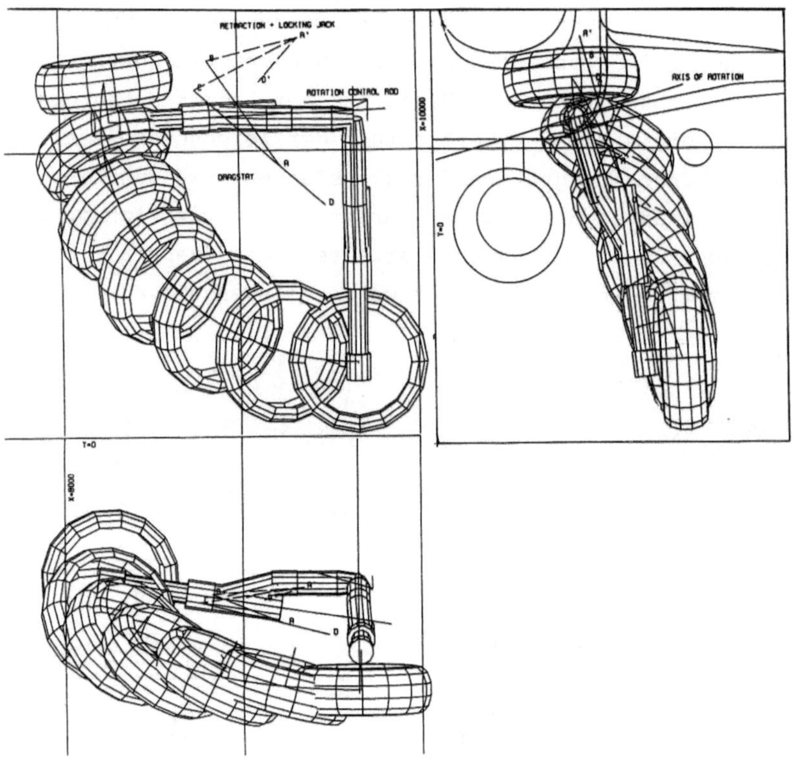

Einziehbewegung eines Flugzeugfahrwerks

- Piping (Rohrleitungssysteme),wobei einerseits die komplizierte Form von einzelnen Rohren zu modellieren ist, andererseits die Raumuntersuchungen, Einbauuntersuchungen, Kollisionsanalysen bei mehreren Rohrsystemen durchzuführen sind.

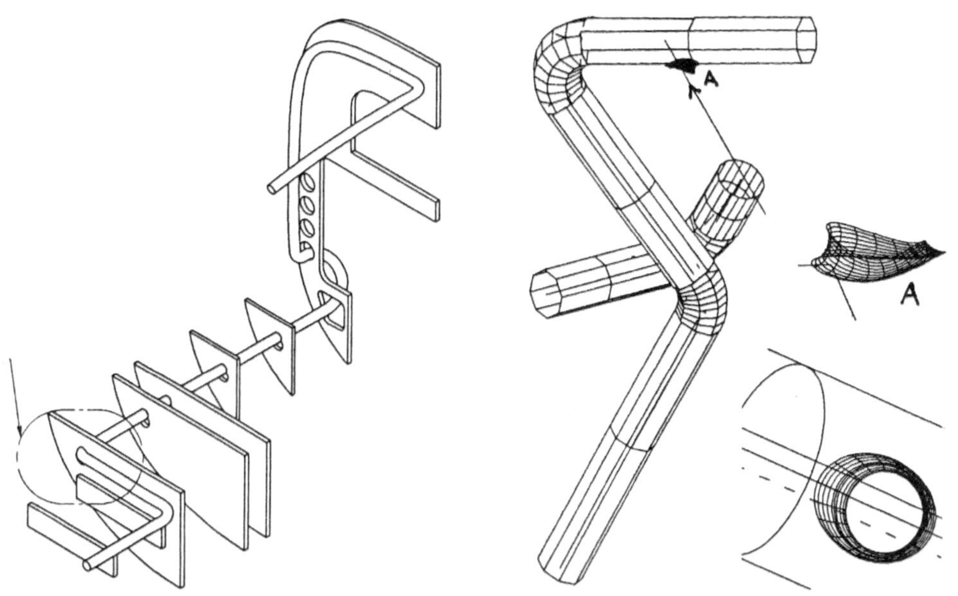

Kollisionsanalyse bei Rohrleitungen, Ausrundungsfläche

Weitere Zusatzanwendungen eines "Piping"-Systems wie Programmierung von NC-Rohrbiegemaschinen, Berechnungen (Gewichte, Durchflußmenge, Querschnittsverlauf, ...) Stücklistengenerierung, Wegoptimierung usw. sind verfügbar.

- Handbucherstellung mit Perspektivbildern für Kataloge, Wartungshandbücher, Angebote .....

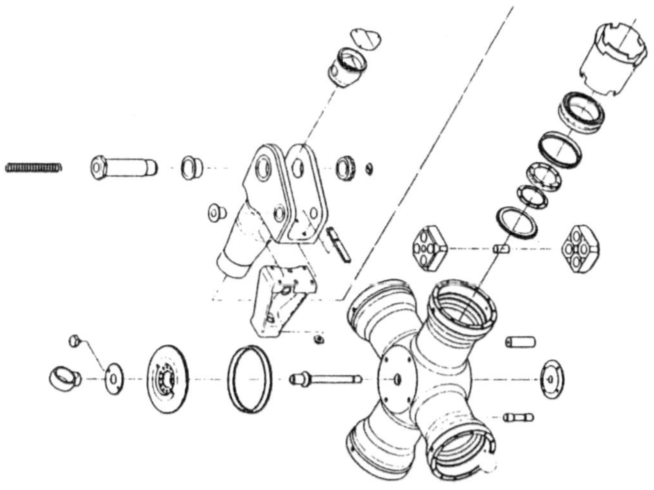

Bebilderter Teilekatalog, Wartungshandbuch

1.4 Neuland:

Unbefriedigend ist das Angebot von Systemen zur 3D-Modellierung von Bauteilen für Zeichnungserstellung, Schnitterzeugung, Berechnungen usw. in der Konstruktion. Die Hauptprobleme sind dabei die

- Systemgrenzen bei den geometrischen Definitionsmöglichkeiten
- die von Konstrukteuren nicht akzeptablen Kommunikationsmethoden
- sowie die technische Notwendigkeit oder der wirtschaftliche Vorteil der Anwendung in der Konstruktion selbst.

Überraschenderweise glauben aber viele Systemanbieter, gerade für diese Anwendung eine Lösung bieten zu können.

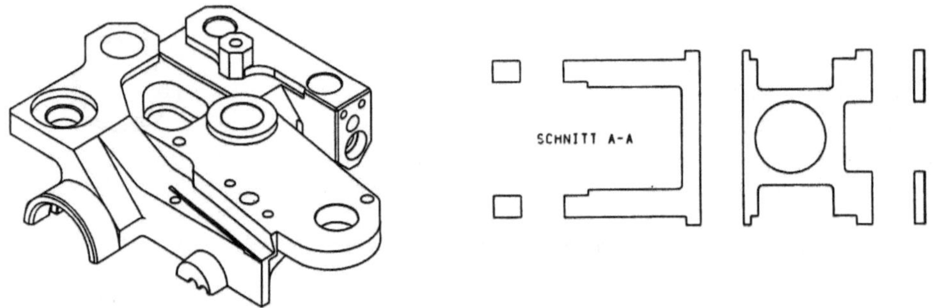

Bauteil und Schnittfläche

Von ähnlicher Problematik, aber mit noch weiteren Folgeanwendungen ist die Arbeitsplanung, wo geometrische Modelle für die Zwischenstationen vom Rohteil zum Fertigteil gefordert sind, um daraus Arbeitszeiten und -folgen ableiten zu können.

Auf ähnliche Weise ist die Anwendung zur Programmierung von (Montage)Robotern noch nicht wirtschaftlich und technisch notwendig, solange man mit Programmierung durch manuelles "Teach in" ausreichende Ergebnisse erzielt.

1.5 Exoten:

Diverse Beispiele lassen sich anführen, wo ganz spezielle Anwendungen auch mit hohem Eingabeaufwand oder mit Umwandlung einer existierenden Datenbasis erfolgreich durchgeführt werden.

Solche Anwendungen aus der Luft- und Raumfahrt sind z.B.: Verwundbarkeitsanalyse, Sichtdiagrammerstellung, Querschnittsverlaufdarstellung, Abschattungsermittlung, Lichtreflex/Radarreflexanalyse, Schwerpunktswanderung bei sich leerenden Tanks usw..

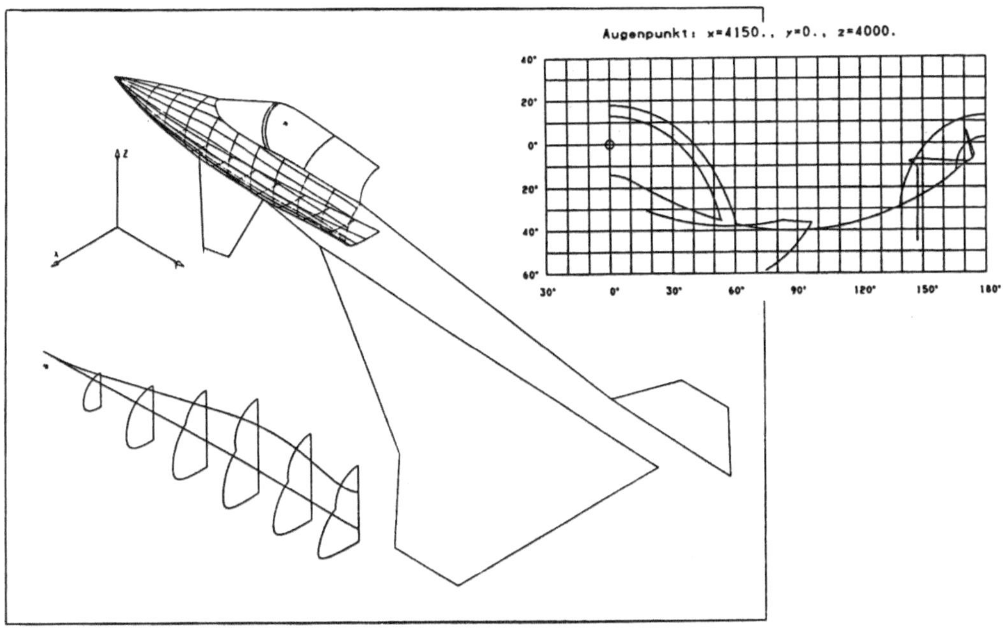

Flugzeugmodell mit Querschnittsverlauf und Sichtdiagramm

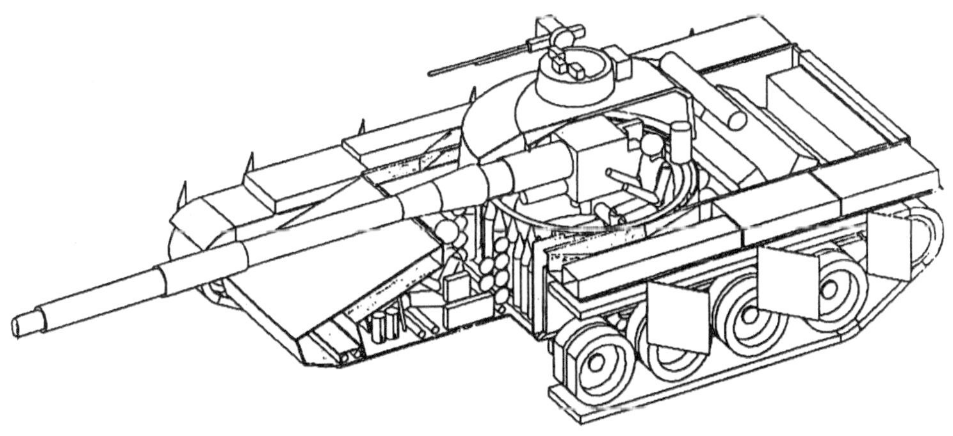

Modell für Verwundbarkeitsanalyse

2. Konsequenzen verschiedener Systemphilosophien auf die Anwendungen

Für die Beipiele aus Kap. 1 wurden verschiedene Systeme verwendet. Die dabei zugrundeliegenden unterschiedlichen Systemphilosophien zeigten entsprechende Konsequenzen auf die Anwendungen.

2.1 Exakte oder approximierte Modelle:

Einige Systeme verwenden intern bei der Modelldefinition analytischer Flächen die entsprechenden Gleichungen. Als Folge davon sind z.B. für die Operation "Schnitt Fläche/Fläche" eine Vielzahl von Programmen notwendig, um jeden Fall behandeln zu können. Nun findet sich immer ein Flächentyp, der noch nicht vorgesehen ist, womit die Grenzen des Systems erreicht sind.

Andere Systeme versuchen deswegen verschiedene Flächentypen durch möglichst wenig Grundtypen zu approximieren (einfachster Fall: lauter Ebenenstücke), wobei Abweichungen in Kauf genommen werden. Für viele Anwendungen ist dies durchaus ausreichend (Kinematik, Handbuch, Statik .....), sofern diese Abweichung kontrollierbar bleibt, für andere (z.B. NC) aber nicht.

Als weitere Konsequenzen ergeben sich unterschiedliche Rechenkosten, wobei die Approximationsverfahren nicht immer die günstigsten sind (Beispiel "Schnitt Ebene/Zylinder"), unterschiedlicher Speicherbedarf für das Modell und das Programm sowie unterschiedliche graphische Repräsentation der Geometrie und unterschiedliche Kommunikationsmethoden.

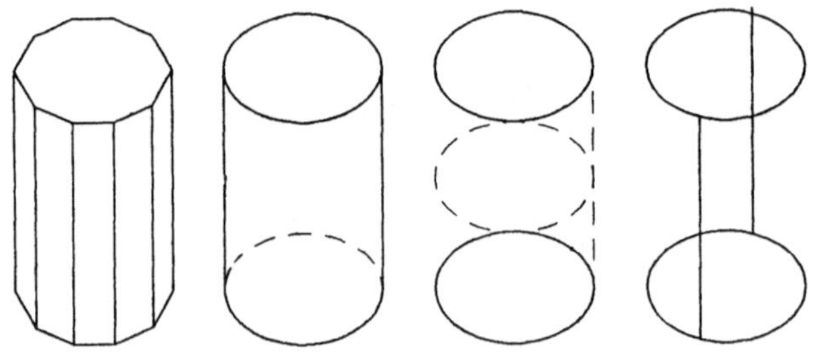

Unterschiedliche graphische Repräsentation eines Zylinders

2.2 Generierungsprinzip/Kommunkationsmethode:

Auf die Kommunikationsmethode wirken sich auch die verschiedenen Generierungsprinzipien aus. So führt die "Klötzchen"-Methode (Boolesche Operationen mit Grundkörpern) zwar mit relativ wenig Eingabebefehlen zu komplexeren Definitionen, bringt aber oft unerwartete Ergebnisse, stellt hohe Anforderungen an das Abstraktionsvermögen der Anwender und entspricht nicht der konventionellen Arbeitsweise, zumindest in der großen Anwendergruppe "Konstruktion". Modelle mit Flächen, die nicht analytisch beschreibbar sind, passen nur schwer in dieses Konzept.

Die "Synthetische" Definitionsmethode, aus Punkten und Linien, Flächen und Körper zu erzeugen, ist für den Konstrukteur eher akzeptabel und gestattet mit entsprechend weniger Rechenaufwand in beliebigen Detaillierungsstufen (z.B. Kantenmodell) zu bleiben. Dabei sind dann etliche Darstellungshilfen (z.B. "Hidden Line") evtl. nicht anwendbar und für vollständige Definition (z.B. Flächen/Körpermodelle) sind mehr Eingabeschritte notwendig.

2.3 Verwendete Bildschirmtechnologie:

Bekannt sind die naturgegebenen Konsequenzen der verwendeten Bildschirmtechnologie

- Speicherbildschirm mit stehendem Bild, unbegrenzter Darstellmenge von Vektoren, schwacher Leuchtkraft, schlechtem Menuhandling, Unmöglichkeit der lokalen Änderungen
- Refreshbildschirm mit Flickergrenze, Bufferlimit, hoher Interaktivität, möglichen Hardwarefunktionen, begrenzter Rechnerentfernung.

Die eigenen Erfahrungen sagen, daß Anwender mit Refresh-Erfahrung kaum noch ein System am Speicherbildschirm akzeptieren, daß der ewige Philosophiestreit zwischen Lichtstift und Tablet mit leichten Vorteilen für das Tablet endet (entspannte Bedienung, schnelles Arbeiten) und daß die lokalen Hardwarefunktionen (3D-Rotation, Lokal-Zoom/Window, Clipping usw.) noch kaum genutzt sind.

3. Probleme aus der Anwendung

Neben dem Problem eines glaubwürdigen und nachvollziehbaren Wirtschaftlichkeitsnachweises zeigen sich eine Reihe weiterer Probleme erst bei einiger Anwendungserfahrung.

3.1 DV-systembedingte Probleme:

Ist das schwierige Problem der optimalen Systemausauswahl erst überwunden, kämpft jede Anwendung mit den bekannten bzw. vorhersehbaren Problemen der

- Beschaffung der Invest- und Betriebskosten
- fehlerhaften Software
- Kapazitätsgrenzen von Bildschirm, Speichern und Rechnern
- Systemausfällen, Antwortzeiten usw.

3.2 Organisatorische Begleitmaßnahmen:

Unterschätzt werden meist die Probleme einer

- guten Raumorganisation mit einsehbaren Bildschirmpools, schneller und aussagekräftiger Kommunikationsmöglichkeit zum Rechenzentrum, attraktiven Arbeitsplätzen, Optimierung der Wegezeiten für Anwender
- notwendigen Daten/Dateiorganisation zur Vermeidung redundanter Daten, mit eindeutiger Datenklassifizierung, sicherer und kostengünstiger Datenarchivierung, geregelten Datenfreigabeverfahren und Gewährleistung, daß das einzige akzeptierte Original der Datenbestand im Rechner ist und nicht davon abgeleitete Zeichnungen oder sonstige Modelle
- festen Ablauforganisation der Anwendung mit Auslastungsoptimierung, Belegungsplanung für Bildschirmarbeitsplätze, zentraler Betreuung und Schulung, Kontrollstatistiken
- veränderten Personal/Aufgabenstruktur mit neuen (Betreuer, Trainer) und "eingesparten" Stellen sowie Stellen mit veränderten Aufgaben (z.B. detaillierender Entwurfskonstrukteur) und Verantwortlichkeiten (zeitliche Vorverlegung des Entstehens verbindlicher Daten im Entwicklungsprozeß). Dabei sind besonders große Schwierigkeiten gegeben, wenn aus sachlichen (DV-Integration) Gründen in einer Abteilung mehr Aufwand als zur Erledigung der eigentlichen Aufgabe nötig verlangt wird, um ein Ergebnis zu liefern, aus dem erst in Folgeprozessen der Hauptnutzen gezogen wird. So kann man zwar noch durchsetzen, daß NC-weiterverarbeitbare Zeichnungen bestimmten Konventionen genügen müssen, die für die Zeichnungserstellung alleine unnötig wären, andererseits wird die Konstruktion auf absehbare

Zeit noch nicht zu bewegen sein, alle ihre Produkte mit dem dazu nötigen Mehraufwand 3D statt 2D zu modellieren, auch wenn Folgeprozesse dies benötigen.

3.3 Menschliche Probleme:

Bekannt und behebbar sind die Probleme

- der richtigen Auswahl der "Anwendungspioniere", die aus dem Kreis der besten Mitarbeiter gewählt werden müssen, der meist nicht identisch ist mit den Leuten, die gerade Zeit haben
- der Widerstände des mittleren Managements, das mit einer Arbeitsweise der eigenen Mitarbeiter konfrontiert wird, die es selbst nicht beherrscht und die deswegen kaum planbar, steuerbar und kontrollierbar erscheint. Hierbei kann eine gezielte Schulung viel nützen.

Noch nicht so gut kalkulierbar sind die Folgen aus systembedingter Veränderung der Arbeitsweise oder des Verhaltens, die zunächst positiv scheinen, auf die Dauer oder als Massensymptom aber problematisch werden können.

- Streß durch den ständig Antwort fordernden Dialog mit dem System
- Ungewohnte Vorbereitung, Planung und Ausnutzen von zugeteilten Bildschirmarbeitszeiten
- Reduzierung von Routinetätigkeiten und dadurch Forderung nach mehr Kreativität
- Anpassungsnotwendigkeit an maschinenbedingte Arbeitsrhythmen (wechselndes Antwortzeitverhalten, Ausnutzung der weniger belegten Zeiten ausserhalb der Kernzeit)
- Blindes Vertrauen in den "unfehlbaren" Rechner und dabei weitreichende Konsequenzen bei unentdeckten Daten/Programmfehlern oder Mißverständnissen zwischen System und Benutzerlogik.

4. Ausblick

Bei all diesen (lösbaren) Problemen zeigen die Erfolgsmeldungen aus den anwendenden Industriezweigen und die Angebotssituation am DV-Markt, daß "Geometric Modeling" bereits Realität geworden ist. Dennoch stehen wir erst am Beginn einer zukunftsträchtigen DV-Anwendung.

D I S K U S S I O N

Lang-Lendorff, Kernforschungszentrum Karlsruhe, Sitzungsleiter:
Können Sie sagen, weshalb sich Widerstände in den Betrieben gegen CAD auftun und wie sich die Widerstände manifestieren, wie das zum Ausdruck kommt; gibt es da Protest von einzelnen Personen, oder geht da der Betriebsrat auf die Matte, oder wie ist es gelaufen bei Ihnen?

Antl, MBB, München:
Bei großen Firmen ist es üblich, daß sich der Initiierende eine Lobby bilden muß. Wenn ich als einzelner ein Problem habe, dann suche ich mir jemanden, der das gleiche Problem hat, und wenn er es nicht hat, versuche ich ihn zu überzeugen, daß er es hat.

Wir haben Glück gehabt, daß bei den CAD-Systemen, die ja laufen, uns keine Querlobbies etwas zerschlagen haben.

Lang-Lendorff, Kernforschungszentrum Karlsruhe, Sitzungsleiter:
Gab es einen Dialog mit dem Betriebsrat über die Geschichte, bevor es eingeführt worden ist?

Antl, MBB, München:
Es gab keine Stelle in der Firma mehr, die nicht vor der Einführung mitgesprochen hat.

Groth, T-Programm, Reutlingen:
Ich habe zwei Fragen, die erste Frage können Sie ganz schnell beantworten, bezahlen Sie diese Diplomarbeiten, die Sie zum Schluß angesprochen haben?

Antl, MBB, München:
Nein.

Groth, T-Programm, Reutlingen:
Nicht die Arbeit, sondern die Studenten, bekommen die etwas dafür?

Antl, MBB, München:
Natürlich nicht. Das macht die Firma, glaube ich, nicht.

Groth, T-Programm, Reutlingen:
Ich habe noch eine Frage, Sie benutzen mehr als 100 graphische Geräte.

Können Sie etwas sagen, welche Mächtigkeit an Hardware dahinersteht, um ein einigermaßen vernünftiges Antwortverhalten zu bekommen?

Antl, MBB, München:

Ich muß zunächst sagen, es sind vielleicht 140, die auf 11 Standorte verteilt sind, maximal je Standort sind es 40 Bildschirme, da steckt schon etwas dahinter, die IBM 3081, die allerdings gleichzeitig an die 200 IMS- und 300 TSO-Terminals bedient, da ist das CAD-Geschäft keine Größe.

Schlechtendahl, Kernforschungszentrum Karlsruhe:

Herr Antl, es wurde hier schon mehrfach von der Modularität gesprochen, man konnte so den Eindruck erwecken, daß die Idealvorstellung die ist, daß ein Anwender, also eine Firma, sich ihr eigenes System modular zusammenschneidert, den Arbeitsplatz von einem Hardware-Hersteller, die Kommunikationssoftware von jemandem anders, den Modellierer von einem Dritten zusammenstellt. Die Realität sieht ja heute zumindest ganz anders aus. Es ist ja alles sehr viel intimer miteinander verquickt. Sehen Sie überhaupt Chancen, oder halten Sie es überhaupt für gut, in Zukunft auf derartige Modularität hinzuarbeiten, die ja von dem Anwender sehr viel Know-how erfordert, die einzelnen Komponenten in geeigneter Weise zu koppeln?

Antl, MBB, München:

Ich halte diese Modularität schon für notwendig, wenn man Systeme im Auge hat, die einigermaßen allgemeingültig sind, also für größere Benutzergruppen. Mittlerweile hat es sich gezeigt, daß in den Firmen der Größe, wie wir es sind, es sich keiner mehr leisten kann, allzu viel selber zu entwickeln, wenn es Kaufalternativen gibt. Was nicht bedeutet, daß ich Black Boxes haben will, sondern das bedeutet, daß ich Systeme gern hätte, die so modular sind, daß ich mir den benötigten Teil rauspicke und den ganzen Rest, der woanders schon da ist, auf irgendeine Art einbinden kann. Dazu muß nicht immer Softwaremodularität von Programmen sein, sondern das System muß zumindest so modular sein, daß es einen Datenzugriffs- und Datenabspeicherungsmodul gibt, den ich herausfischen kann und eben mit einem anderen verbinden kann, zumindest für den Datentransfer.

Lang-Lendorff, Kernforschungszentrum Karlsruhe, Sitzungsleiter:

Ich glaube, die Forderung nach strenger Modularität ist absolut unabhängig davon, ob die Geschichte letzlich als rechnerflexibles System oder als Black-Box verkauft wird. Das kann man ganz generell sagen.

Antl, MBB, München:
Ich würde auch in solche Systeme mehr investieren, die den Eindruck vermitteln, daß sie modular sind, denn wir alle kennen die rasante Entwicklung in der Bildschirmtechnologie und auf der Rechnerseite. Wenn ich mir also einen Monolithen-Block von Software anschaffe, ist die Wahrscheinlichkeit sehr gering, daß ich damit bei neueren Entwicklungen mithalten kann.

Schlechtendahl, Kernforschungszentrum Karlsruhe:
Welchen Anreiz könnten Sie als Anwender Systemherstellern geben, daß sie Systeme modular machen, sie verdienen doch viel mehr, wenn sie Black-Box-Systeme verkaufen?

Antl, MBB, München:
Der Anreiz ist der, Sie können Ihr CAD-System heute nur an jemanden verkaufen, der CAD-Erfahrung hat, wenn Sie Erfolg haben wollen. Sie können natürlich als guter Vertreter eine Laien beschwatzen, aber der geht in die Knie, das schadet Ihnen als Lieferant mehr, als wenn Sie sich einen zufriedenen Kunden beschaffen. Einen zufriedenen Kunden kriegen Sie bei jemandem, der Erfahrung hat, der beurteilen kann, was er gekauft hat, und der das in seinem Bereich integrieren kann. Und an so jemanden können Sie nur etwas Modulares verkaufen, denn der hat bereits etwas zu Hause, mit dem er das Neue verheiraten muß, das kann er leichter, wenn er ein modulares Paket kauft.

Lang-Lendorff, Kernforschungszentrum Karlsruhe, Sitzungsleiter:
Also die Forderung nach dem sukzessiven Aufbau.

Fleßner, Univ. Hamburg:
Ich muß sagen, Herr Antl, mir hat das außerordentlich gut gefallen, was Sie vorgetragen haben. Ich habe eine ganze Reihe von leidvollen Erfahrungen jetzt noch einmal konzentriert vorgetragen bekommen, die ich mit einem vielleicht etwas überschnellen Vorpreschen erstmals vor 6 Jahren machen mußte. Und ich kann auch die Frage von Herrn Lang-Lendorff eigentlich nur als eine provokative oder rhetorische Frage verstehen, denn er hat ja einige Schicksale meiner Entwicklung miterlebt, bei denen es genau darum ging, daß ein eigentlich akzeptiertes System schließlich die letzten Hürden administrativer Art, Betriebsrat usw., nicht mehr genommen hat.

Aber meine Frage jetzt. Sie hatten eine Äußerung gemacht, die den Eindruck erweckte, als ob Sie es bedauern, daß auch bei Ihnen alle Aufgaben, die vielleicht im rechnergestützten Konstruktionsbereich gelöst werden sollten oder könnten, mit einem System doch nicht zu leisten wären. Wenn ich das richtig verstanden habe, möchte ich jetzt gleich eine Zusatzfrage stellen. Ist so etwas überhaupt auch erwünscht? Wäre es nicht auch in einem so großen Unternehmen wie dem Ihren gut, wenn man für verschiedene Aufgabenstellungen, verschiedene, evtl. sogar getrennte Systeme hat, die im günstigsten Falle gemeinsam auf einen Hintergrundprogramm- und Datenteil zugreifen, die aber keineswegs alles können müssen. Ein eierlegendes Wollmilchschwein, das wirklich alles kann, werden Sie nie schaffen können. Und wenn Sie es dann wirklich haben, dann werden Sie es nicht bezahlen können. Wie ist Ihre Auffassung dazu, wie ist sie speziell in einem so großen Unternehmen wie Messerschmitt-Bölkow-Blohm?

Antl, MBB, München:

Ich habe es auf keinen Fall bedauert, daß das so ist. Ganz klar, daß das so ist. Ich weiß, daß es niemals ein System geben wird, daß die Probleme alle löst. Ich habe gerade gesagt, daß wir derzeit mehr als 10 Systeme betreiben, verschiedene Systeme, die nicht immer alle Daten austauschen, die miteinander irgendwie nicht einmal kommunizieren müssen. Und das wird so bleiben. Ich bin sogar so weit, daß ich gestehen muß, ich weiß noch garnicht alles, was wir für Probleme haben, und geschweige denn, kann ich sagen, es wird ein System geben, das das alles löst. Denn wir haben die Erfahrung mit dem Zeichen-System gemacht, daß wir nach 4 Jahren Produktion noch immer neue Ecken entdeckten, die man technisch sinnvoll und wirtschaftlich bearbeiten kann. Da wußten wir vor 4 Jahren nicht, daß es diese Ecken überhaupt gibt.

Pasemann, VW, Wolfsburg:

Ich wollte auch aus der Sicht eines großen Unternehmens sagen, daß mir das außerordentlich gut gefallen hat, was Sie da gesagt haben, daß ich es auch für ganz wichtig halte, daß wir in weiten Bereichen wieder auf den Teppich zurückkommen und wegkommen von der Euphorie, die durch die schöne Graphik in den letzten 10 Jahren immer wieder entstanden ist. Deswegen fand ich das sehr gut. Im großen und ganzen haben wir vergleichbare Probleme wie andere große Firmen auch.

Grabowski, Univ. Karlsruhe:

Sie haben mit Recht darauf hingewiesen, daß es offenbar CAD-Systementwickler gibt, die nicht wissen, wie man konstruiert. Ich habe aber festgestellt, daß es sehr schwer ist, Konstrukteure dazu zu bringen, sich vorzustellen, wie man mit einem CAD-System konstruieren kann, wenn sie nicht wissen, wie CAD-Systeme funktionieren können. D. h. sie sind gewöhnt an ihre traditionelle Arbeitstechnik mit Bleistift und mit Zirkel, und plötzlich gibt es so etwas, daß man im 3D-Raum arbeiten kann, daß man mächtige Modellierungsoperatoren zur Verfügung hat, und dann ist es sehr schwer, genaue Anforderungen von denen zu bekommen. Können Sie sagen, wie man so etwas aus Ihrer Erfahrung lösen könnte?

Antl, MBB, München:
Speziell an Sie und die Gruppe der Hochschulrepräsentanten die Anregung oder Bitte, fördert die interdisziplinären Ausbildungen. Erzeugt nicht nur Mathematiker oder nur Konstrukteure, sondern macht solche Leute, die beide Disziplinen ausreichend gut verstehen, um als Vermittler, als Übersetzer zu dienen, denn diese Personengruppe sehe ich derzeit am wenigsten, es mangelt an dieser Personengruppe, die einerseits verstehen, was der eine sagt, dem anderen dann sagen, was er für Konsequenzen zu ziehen hat. Denn die beiden können ja nicht direkt miteinander sprechen, weil sie sich nicht verstehen. Ich sehe als Konsequenz daraus für die Leute, die jetzt was entscheiden müssen, die jetzt was tun müssen, die nicht mehr neu anfangen können, jetzt noch mal die Schulbank zu drücken, daß sie jetzt einfach probieren müssen. Sie müssen ein paarmal auf den Bauch fallen, dann sind sie in der Lage, eine Spezifikation zu schreiben, was sie wirklich brauchen. Diese Erfahrungen muß man machen, das kann man nicht am grünen Tisch erledigen.

Lang-Lendorff, Kernforschungszentrum Karlsruhe, Sitzungsleiter:
In Karlsruhe gibt es seit einem halben Jahr einen Kurs, angeboten von der Volkshochschule: "CAD". Das ist ein Weg, den wir auch gehen müssen.

Niemierski, TU Berlin:
Wie weit würden Sie ein Zusammengehen mit den Universitäten sehen? Wie intensiv könnte eine Zusammenarbeit sein und wie könnte diese organisatorisch gestaltet werden?

Antl, MBB, München:
Da gibt es, glaube ich, Gremien, deren Hauptproblem es ist, diese Verbindung zwischen Industrie und Hochschule zu schaffen. Ich möchte mich in deren Arbeit nicht zu sehr einmischen.

Lang-Lendorff, Kernforschungszentrum Karlsruhe, Sitzungsleiter:
Darf ich Ihre Frage zunächst mal unbeantwortet so stehen lassen?

Niemierski, TU Berlin:
Ja.

Nagel, Dornier, Friedrichshafen:
Ich wollte noch etwas bemerken zu dem, was Herr Prof. Grabowski über das Nichtverstehen zwischen Konstrukteur und Entwickler oder Hochschule gesagt hat: Das liegt meines Erachtens daran, daß diese beiden Personengruppen verschiedene "Sprachen" sprechen, weil sie verschiedene Ziele verfolgen. Der Konstrukteur will ein Produkt gestalten, das herstellbar und verkaufbar ist. Das Ziel eines CAD-Herstellers ist es, ein Werkzeug zu schaffen. Und daß die beiden nicht zusammenkommen, liegt an dem gegenseitigen Unverständnis, daß der Andere etwas von ihm fordert, was er selbst nie bewußt durchdacht hat. Der Konstrukteur denkt nicht darüber nach, wie er etwas macht, er analysiert seine Tätigkeit nicht, das geschieht doch völlig unbewußt. Und etwa von ihm zu fordern, daß er seine Arbeitsweise den Fähigkeiten eines EDV-Systems anpaßt, würde dazu führen, wenn ich das mal auf das Autofahren übertrage, daß alle zwei Jahre Kupplung, Bremse und Gaspedal vertauscht würden, und er mit seinem Handwerk, das er eigentlich betreibt, völlig durcheinander käme. Den Konstrukteur interessiert sein Produkt, aber nicht die interne Arbeitsweise seines Handwerkszeuges. Der CAD-Systementwickler dagegen beschäftigt sich fast ausschließlich mit der "Architektur" des CAD-Systems und verwendet für dessen Beschreibung Begriffe, die dem Konstrukteur völlig fremd sind.

EINSATZ VON CAD-OBERFLÄCHENSYSTEMEN BEI AUTOMOBILEN

W. Dankwort, S.Alber

Bayerische Motoren Werke AG, München

Zusammenfassung

Es wird der Einsatz und der Verbund von CAD-Oberflächensystemen im Karosseriebereich vorgestellt. Vorgehensweisen in der Einführungsphase werden erläutert. Schwerpunkte bilden die heutigen Anwendungen mit einigen Beispielen für die prinzipiellen Möglichkeiten. Daraus leiten sich Forderungen und Entwicklungstrends auf technischem und organisatorischem Gebiet ab.

1. Aufgaben der Karosserie-Datenverarbeitung

Mit dem Einzug der CAD-Technik in der Automobilindustrie wurden die Methoden zur Behandlung von Oberflächen für die Unterstützung der Karosserieentwicklung verfügbar gemacht. Der Ablauf für die Entstehung einer Karosserie umfaßt eine Vielzahl von Aktionen:

- Styling-Entwurf
- Modellherstellung
- Datenerfassung und Verwaltung (Digitalisieren)
- Zeichnen der erfaßten Daten (DV-Zeichnen)
- Glätten ('straken')
- Konstruieren
- Modellerstellung (NC-Fräsen)
- Werkzeugkonstruktion
- Werkzeugerstellung (Kopierfräsen)
- Kontrollieren

Entsprechend sind die verschiedenen Bereiche aus Entwicklung und Produktion beteiligt. Darüber hinaus müssen auch Dienstleistungsfunktionen erbracht werden, wozu als wesentlicher Anteil die Datenverarbeitung gehört.

Im Vergleich zu dem klassischen Entwicklungsablauf gehen wir davon aus, daß die Einführung der CAD-Technik im Karosseriebereich wesentliche Vorteile bringt:

- Ausnutzung der zur Verfügung stehenden Entwicklungszeit für mehr Varianten,
- höhere Qualität der Produkte und damit Verringerung der Abstimmungs- und Änderungsumfänge.

Voraussetzung hierfür ist die sinnvolle Integration der CAD-Datenflüsse in die Entwicklung: ohne größeren organisatorischen overhead muß die fehlerfreie termingerechte Datenübergabe zwischen den verschiedenen Fachbereichen sichergestellt werden. Die Verknüpfung von klassischen und DV-technischen Zeichnungen mit den rechnerinternen Datenstrukturen ist dabei Voraussetzung.

Für die CAD-Systeme in der Karosserieentwicklung gibt es zusätzliche Schwerpunkte:

- Unterstützung des Strak-Prozesses,
- schnelle und reproduzierbare Manipulation von Flächen für Änderungsaufgaben sowie
- Unterstützung von Zeichnungs- und Modellerstellung.

2. Vorgehensweisen bei der Systemeinführung

Systemverbund: Karosserie-Datenverwaltung - Oberflächen-CAD

Bei der Einführung von CAD in der Karosserieentwicklung hat man sich zuerst darauf konzentriert, die Vielzahl der digitalisierten Punkte zu verwalten. Bei BMW wurde im einzelnen so vorgegangen:

- Einführung des Systems GILDAS für Karosseriedatenverwaltung und für graphische Darstellungen (Eigenentwicklung, da firmeninterne Strukturen widergespiegelt werden müssen)
- Kauf des Oberflächensystems SYSTRID (Battelle-Institut, Genf)
- Implementierung eines Flächenfrässystems MEFISTO (Eigenentwicklung)

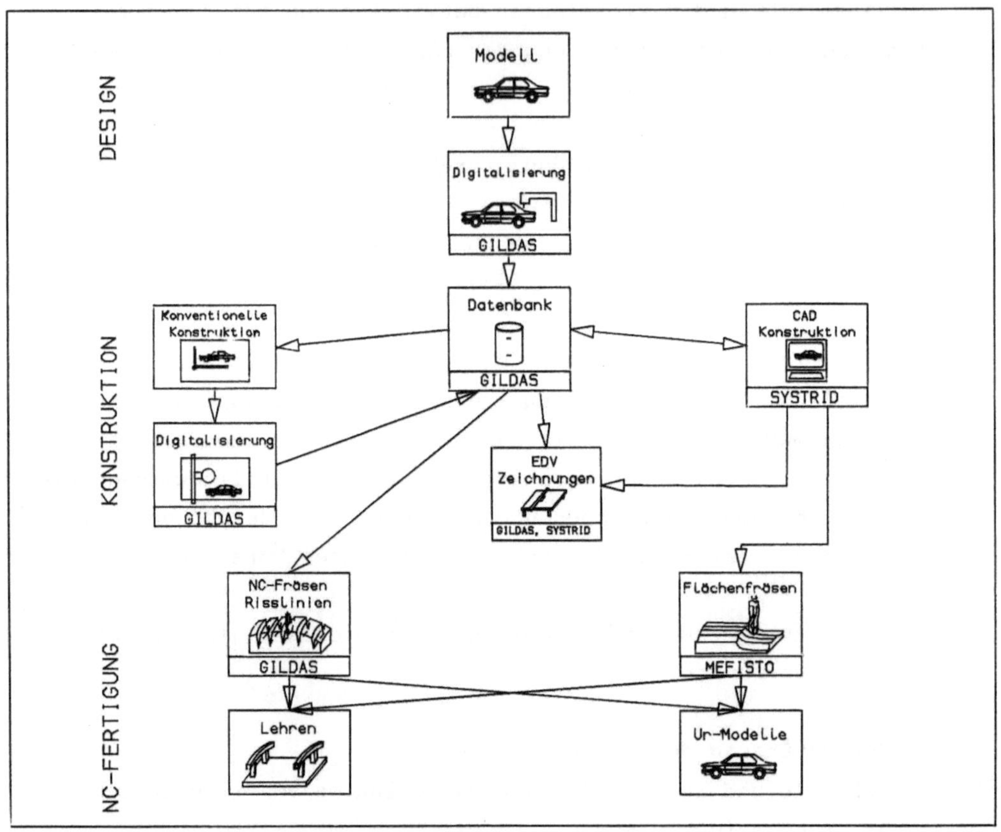

Bild 1: Systemverbund bei der Karosserieentwicklung

In Bild 1 ist der Verbund der Systeme wiedergegeben. Hervorzuheben ist die enge Kopplung der Systeme GILDAS und SYSTRID.

DV-technische Schwerpunkte

Die Vorgehensweise für die Auswahl von Software und Hardware für CAD ist schon oft diskutiert worden. Lange Bewertungskataloge sind nur eine mögliche Entscheidungshilfe für eine Systemauswahl. Einige allgemeine Aspekte sollen hier hervorgehoben werden:

- Stabilität und hohe Verfügbarkeit des Systems; Datensicherheit.
- Transparenz und Flexibilität für Anpassungen an die Bedürfnisse der Firma (insbesondere bzgl. Datenschnittstellen, Datenschutz, räumliche Trennung der Fachabteilungen, spezielle Anwendungen).
- Der Anwender sollte möglichst von DV-technischen Problemen entlastet sein.
- Hardware-Unabhängigkeit (wenn auch meist nicht gegeben, muß jedoch die Option vorhanden sein).
- Bildschirme und Möglichkeiten für Zeichnungserstellung müssen vor Ort angebracht werden.

3. Einsatz in der Karosserieentwicklung

Vorbereitungen für produktive Anwendungen

Der längerfristige Erfolg der CAD-Anwendungen hängt sicher von der Wirtschaftlichkeit ab, die aber in der Anfangszeit nur schwer nachweisbar sein wird. Darüber hinaus kann der Erfolg eines CAD-Systems in der Einführungsphase wesentlich beeinflußt werden durch:

- Einbeziehung der Anwender in der Auswahlphase,
- ständiger Dialog für die Systemanpassung an die Benutzerwünsche und an die firmeninternen Abläufe,
- Schulung der Pilot- und später der End-Anwender; Benutzerführung im System und Dokumentation auf Deutsch,
- permanente Beratung der Anwender vor Ort; Systemgruppe innerhalb der Firma sowie
- Abbildung der systeminternen Datenstrukturen und Datenflüsse auf die gewohnten Begriffe und Arbeitsweisen

Methoden, Anwendungen und Beispiele

Ein wichtiges Ziel bei der Karosserieentwicklung ist die Bildung einer ästhetisch schönen Fläche in einer geschlossenen Beschreibung, die die Weiterverwendung in der Konstruktion, für Zeichnungen und für die Fertigung gestattet. Für die anstehenden Glättungsprozesse gibt es zwei Vorgehensweisen: Approximation von vorgegebenen Punkten mit der Möglichkeit der freien Gestaltung und dem Wunsch, große Bereiche zusammenhängend zu glätten; dagegen steht die Aufgabe, vorgegebene Punkte möglichst genau anzupassen, im Extremfall zu interpolieren. Der erste Ansatz wird durch Bézierähnliche Darstellungen unterstützt und hat eine große Bedeutung für die Fahrzeugaußenhaut. Das bei BMW verwendete Oberflächensystem SYSTRID benutzt eine äquivalente Methode. Für den zweiten Fall einer möglichst genauen Anpassung sind oft Splines oder verwandte Darstellungen vorteilhafter, wie man sie häufiger in der Flugzeugindustrie findet, wo Daten aus aerodynamischen Berechnungen wiedergegeben werden müssen.

Die Praxis - auch bei der Karosseriekonstruktion - bewegt sich zwischen den beiden Extrema. Bei den Anwendungen bei BMW zeigte sich, daß große Flächen am besten durch Polynome niedriger Ordnung beschrieben werden. Auf diese Weise werden Welligkeiten vermieden. Nachdem die globalen Flächen erstellt worden sind, wird der Grad der Polynome oft erhöht, um Anpassungen der Flächen an Ränder vornehmen zu können.

Eine Besonderheit bei den Karosserien besteht darin, daß bei Profilen und bei den Übergangsteilen zu Innenblechen Flächen auftreten, die in einer Ausdehnung freie Formen haben, in der anderen aber einer regelmäßigen Geometrie entsprechen. Hier kann sich die Frage stellen, ob ein Übergang zu einem System für klassische Maschinenbauelemte für die praktische Arbeit Vorteile bietet. Bei BMW hat sich gezeigt, daß die Konstruktion von Innenteilen, die sich an die Außenhaut anschmiegen, am schnellsten innerhalb des Oberflächensystems durchgeführt wird. Neben den rechnerinternen Flächen wird zum Abschluß einer Konstruktion i.a. eine komplett bemaßte und beschriftete Einzelteilzeichnung benötigt. Das wird in einem getrennten Zeichensystem gemacht, in welches die Geometrie übertragen werden muß.

An einigen Beispielen sollen die Arbeitsweisen in der Karosserie-Konstruktion erläutert werden.

- Verschiedene Vorgehensweisen zum Erstellen einer glatten Karosseriefläche (Straken): In Bild 2 wird als Beispiel eine Heckklappe dargestellt, die einmal aus Randkurven (Formlinien) und zum anderen aus Scharen von Schnittkurven erstellt wurde.

- Kombination von Außenhaut und inneren Teilen am Beispiel Heckleuchten-Ausschnitt (Bild 3).

- Verschiedene Möglichkeiten der Erstellung einer ergänzenden Meßfläche als tangentiale Fortsetzung einer Fläche.
  In Bild 4 werden von vielen Möglichkeiten drei gezeigt: Tangentiale Verlängerung der Parameter-Linien und tangentiale Fortsetzung der Fläche einmal in Richtung der Hauptkrümmung und zum anderen senkrecht zur Begrenzungskurve.

- Bewegung von Teilen: Tankklappe mit Einfüllstutzen (Bild 5). Die einfüllende Fläche eines bewegten Teiles kann erstellt werden und auf Kollisionen durch Schnittberechnung überprüft werden.

- Sichtuntersuchungen: In Bild 6 werden die Sichteinschränkungen des Fahrers durch die Säulen gezeigt.

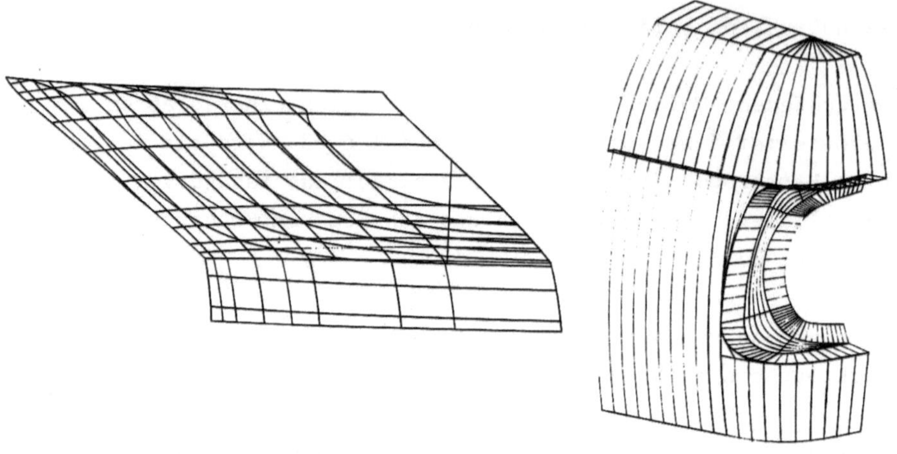

Bild 2: Glättung am Beispiel einer Heckklappe

Bild 3: Kombination von Außenhaut und Innenteilen

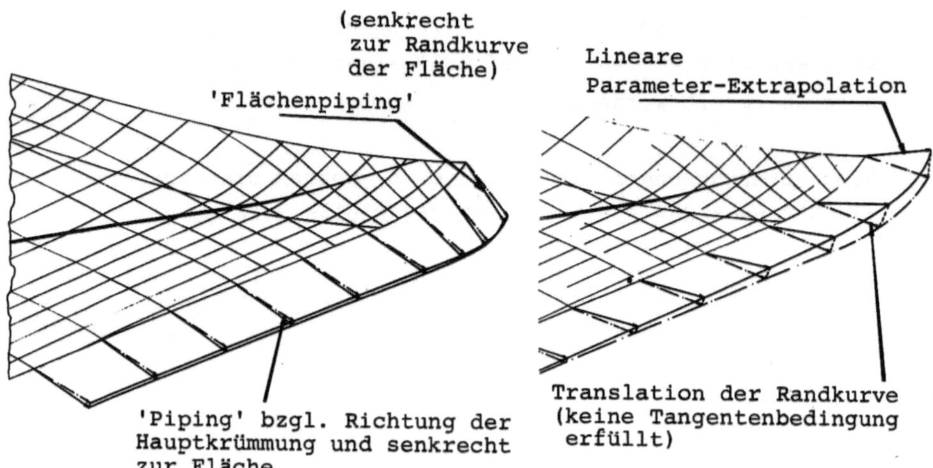

Bild 4: Möglichkeiten von Tangentialflächen

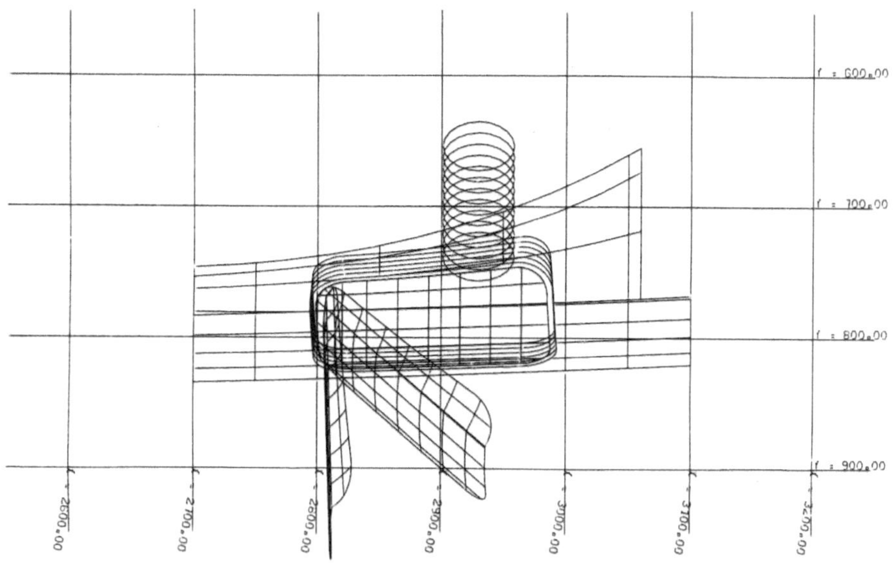

Bild 5: Bewegungsanalyse am Beispiel einer Tankklappe

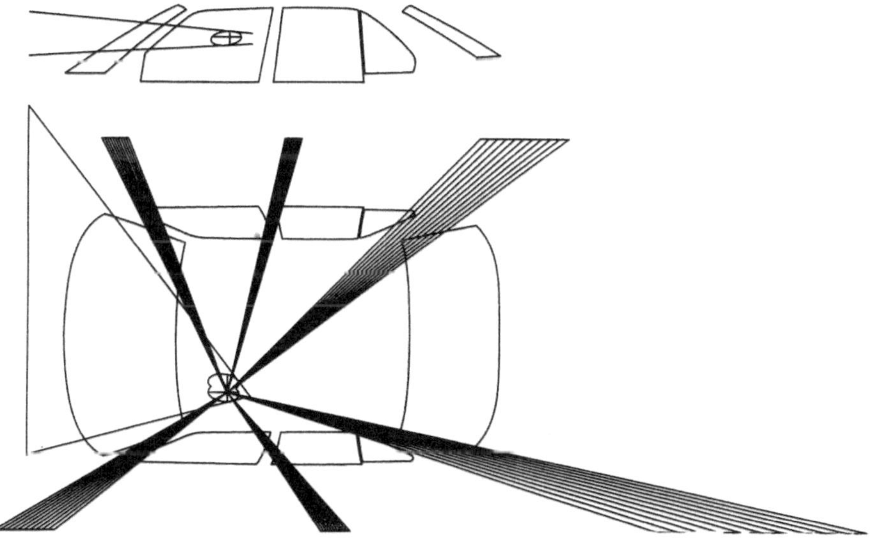

Bild 6: Beispiel für Sichtuntersuchungen

4. Erfahrungen, Forderungen, Konsequenzen

Die Akzeptanz eines CAD-Systems in der Anfangszeit ist entscheidend für den langfristigen Erfolg. Notwendig hierfür ist ein konstruktiver Dialog zwischen Systembetreuern und Anwendern. Das sollte sich äußern in einer sichtbaren Einflußmöglichkeit des Anwenders auf die Entwicklung des Systems. Eine hohe Verfügbarkeit und ein stabiles, für den Anwender verständliches Verhalten des Systems ist ebenfalls wesentlich. Wenn für jedes Problem mehrere Lösungswege zur Verfügung stehen, ist auch die Forderung nach ästetischen Formen für den Konstrukteur leichter erfüllbar als durch vorgeschriebene Standardabläufe.

Bei echtem Produktiveinsatz gewinnen die organisatorischen Punkte an Bedeutung: Die Organisation bei sehr großen Anwenderzahlen und sehr großen Umfängen von Anwenderdaten und eine wirtschaftliche Belegung der Bildschirme.

Bei den bisherigen Abläufen in der Automobilentwicklung haben die Zeichnungen eine entscheidende Rolle gespielt für die Weitergabe von Informationen. Mit der Einführung der CAD-Anwendungen werden in zunehmendem Maße EDV-Daten zwischen den Abteilungen und auch zu den Zulieferer-Firmen weitergegeben. Bei den jetzigen Anwendungen in der Karosserie-Entwicklung bei BMW haben wir noch recht einfache Strukturen:
Die digitalisierten Punkte werden in Kurven zusammengefaßt, die nach eingeführten Suchbegriffen durch die GILDAS-Datenbank in allen Bereichen zur Verfügung stehen; rechnerintern dargestellte Flächen werden über das beschriebene Teil mit den GILDAS-Daten in Bezug gebracht. Darüber hinaus gibt es standardisierte Plot-Dateien, die genau einer DV-Zeichnung entsprechen.
Die Frage der Datenflüsse gewinnt zunehmend an Bedeutung. Technische Lösungen müssen gefunden werden für den Austausch zwischen den verschiedenen CAD-Systemen in einer Firma und zwischen den verschiedenen Rechnern und Standorten. Da eine firmenweite Konstruktionsdatenbank in nächster Zeit nicht verfügbar sein wird, müssen neue Vorgehensweisen gefunden werden, die aus Anwendersicht einen kontinuierlichen Übergang darstellen zwischen einfachem Datentransfer zwischen je zwei Systemen und einem allgemeinen Datenverbund.

Hierbei müssen die eingeführten Freigabe-Formalitäten übernommen und erweitert werden. Auch die Schnittstellen zur Zuliefererindustrie gehört in diesen Problemkreis: neben einer international genormten Datenschnittstelle (z.B. IGES), die momentan in der deutschen Automobilindustrie diskutiert wird, können auch überbetriebliche Absprachen innerhalb der deutschen Firmen eine Lösung bringen. Hierbei ist zu erwarten, daß mindestens die Bézier-ähnlichen Flächen und die den kubischen Splines verwandten Darstellungen gleichberechtigt nebeneinander stehen. Ein Übergang zwischen diesen Darstellungen ist nur in der Richtung zu den Splines problemlos machbar. Die Annäherung eines Splines durch einige Bézierkurven höherer Ordnung ist nicht ohne Problem, da auch hier Toleranzen bzgl. Krümmungsverhalten berücksichtigt werden müssen. Eine Arbeitsgemeinschaft des VDA beschäftigt sich gerade mit dieser für die Zukunft sehr wichtigen Frage.

Auf methodischem Gebiet gibt es noch Verbesserungsmöglichkeiten für die Behandlung von Flächen:

- verbesserte Glättungsmechanismen und Modelliermethoden (z.B. Randbedingungen bzgl. Krümmungsverhalten oder Glättung statistischer Punkte),
- Simulation von Schattierungen, Ausblenden verdeckter Konturen zur anschaulicheren Beurteilung von Karosserien
- Freiform-Volumenelemente für Innenteile,
- NC-Systeme für komplexe Topologie und automatischer Kollisionskontrolle für Modell- und Werkzeugherstellung von Außenhaut und Innenteilen für 3 bis 5 Achsensteuerungen.

Für den Hardware-Bereich muß neben der Forderung nach neuen, besseren Bildschirmen (Raster, Farbe, 3D) die Frage nach optimaler Aufteilung von zentraler und dezentraler Intelligenz gestellt werden.

DISKUSSION

Nehab, Waldrich, Coburg:

Vielleicht noch eine kurze Ergänzung zu ihren Anmerkungen über die NC-Module: Speziell beim fünfachsigen Fräsen versagen sogar die meisten NC-Module, die "sogar" schon Parameterfräsen können. Das reicht gerade für den Einsatz von Kugelfräsern, aber es reicht nicht für ein wirtschaftliches Produzieren mit Standardwerkzeugen.

Frank, Univ. Dortmund:

Was mich interessierte beim Flächenmodellieren: Sie sagten, es wäre günstig, ein Bezugssystem einzuführen, wobei die Flächennormale die eine Hauptrichtung des Koordinatensystems gibt, und man möge in der zweiten Richtung entlang einer Krümmungslinie der Fläche gehen. Ist dies eine Wunschvorstellung oder hatten Sie bereits eine Realisierung?

Dankwort, BMW, München:

Ja, das ist vorhanden.

Grabowski, Univ. Karlsruhe, Sitzungsleiter:

Vielleicht darf ich noch auf Ihre Bemerkung eingehen, diese Systeme sollen flexibler werden, um mehrere Möglichkeiten des Konstruktionsweges zu eröffnen, d. h. daß man also nicht einen Weg vorschreiben kann. Dann kann man doch fragen, wenn es zwei Wege gibt, dann muß der eine doch sicherlich besser sein als der andere, denn zwei absolut gleich gute Wege dürfte es ja nicht geben, und es gibt ja gerade für die Fertigung eine sehr große Abteilung, nämlich die ganze Arbeitsplanung, die im wesentlichen vorzudenken hat, wie man eigentlich auf optimale Art und Weise die Fertigung betreibt. Wäre es da nicht sinnvoll, auch in der Konstruktion so etwas zu machen, nicht als Arbeitsvorbereitung, aber doch per Schulung, die Leute dahin zu bringen, daß sie nach Möglichkeit den optimalen Weg gehen und nicht einen beliebigen?

Dankwort, BMW, München:

Da muß ich sagen, es gibt sicher für eine bestimmte Aufgabe, nicht zwei, sondern sehr viele Möglichkeiten, von denen mehrere vernünftige Ergebnisse liefern. Welcher Weg jetzt der beste ist, hängt sicher von der Erfahrung des einzelnen Mannes ab, die er in der Vergangenheit gemacht hat. Aber in einem Punkt haben Sie völlig recht, die Erfahrungen, die vorliegen auf diesem Gebiet, müssen durch Schulung weitergegeben werden. Aber es ist sicher falsch zu sagen, wenn eine Fläche eine bestimmte Aufgabe zu erfüllen hat, soll genau eine spezielle Vorgehensweise eingeschlagen werden.

Antl, MBB, München:
Ich glaube, daß es fast gefährlich ist, wenn man es dem System gestattet, den Menschen in einen festen Weg reinzuzwingen. Der Mensch muß sogar die Möglichkeit haben, auch einen umständlicheren Weg gehen zu dürfen, einfach wenn ihm der leichter von der Hand geht.

Pasemann, VW, Wolfsburg:
Mir scheint ein erhebliches Defizit in Form von fehlenden Arbeitsverfahren mit CAD vorzuliegen. Wir wissen, wie wir die Benutzer-Schnittstelle benutzen können und wie die Anwendung im Endeffekt aussehen kann, wir wissen aber nicht, welchen Weg wir eigentlich den Konstrukteuren vorschlagen sollen.

Nehab, Waldrich, Coburg:
Da möchte ich eine Gegenantwort geben. Wenn man jetzt versucht, die Kreativität in das System reinzuzwingen, dann wird man auch sämtliche Produktinnovation abschreiben können.

Groth, T-Programm, Reutlingen:
Können Sie die Rückverformung der Bleche durch das Teilverformen mittlerweile berücksichtigen oder wird das experimentell gemacht?

Dankwort, BMW, München:
Im Moment wird es bei uns noch nicht berücksichtigt. Wir sind dabei. Es ist an sich vom Verfahren her keine größere Schwierigkeit, empirische Werte mit zu berücksichtigen, aber rechnerisch vorzugehen, da sehe ich im Moment noch keinen Weg.

Nowacki, TU Berlin:
Welche Hoffnungen verbinden Sie mit der IGES-Schnittstelle, Sie erwähnten sie ja im schriftlichen Text, und da klingt es so, als ob hauptsächlich der Kontakt zu den Zulieferern darüber bewältigt oder verbessert werden soll? Brauchen Sie eine solche Schnittstelle nicht auch firmenintern, um zwischen verschiedenen Geometriedarstellungen kompatibel zu werden?

Dankwort, BMW, München:

Die Entscheidung in dieser Richtung ist noch nicht gefallen. Die IGES-Schnittstelle, wie sie im Moment vorliegt, genügt unseren Anforderungen mit Sicherheit nicht, das haben auch die Untersuchungen, die vor kurzem bei Herrn Encarnação gelaufen sind, gezeigt. Ich glaube, daß firmenintern die IGES-Schnittstelle für unsere Aufgaben zu viel Overhead bedeutet, aber das muß man wirklich späteren Untersuchungen überlassen.

FLÄCHENORIENTIERTES MODELLIEREN MIT DEN SYSTEMEN CD/2000 UND DUCT UND IHRE ANWENDUNG

Dipl.-Math. F. Krämer
Dipl.-Math. T. Weißbarth
Control Data GmbH, Frankfurt/Main

1. Einleitung und Zusammenfassung

In der Industrie werden seit langem bestimmte Flächentypen zur flächenorientierten Modellierung benutzt. Dabei geht man davon aus, daß Punkte und Kurven mit Hilfe von gewissen Funktionen verknüpft werden. Dieser Prozeß wird als "blending" bezeichnet. Die dabei errechneten Kontrollpunkte (Polygonpunkte) sind individuell veränderbar, um die Kurven bzw. Flächen gegebenen Randbedingungen anzupassen. Bézierfunktionen, aber auch B-Splinefunktionen haben sich hierbei sehr gut bewährt.

Die folgenden Abschnitte zeigen die methodischen Grundlagen dieser Funktionen und ihre Realisierung in CD/2000 und DUCT. Zum Abschluß wird an einem Beispiel mit doppelt gekrümmten Oberflächen die Konstruktion und Fertigung mit CD/2000 und DUCT beschrieben.

2. Möglichkeiten der Modellierung mit Bézier-Kurven und Bézier-Flächen

Am Anfang des Modellierprozesses steht meist eine gegebene Punktfolge, die - möglichst glatt - durch eine Kurve zu approximieren ist. Die so entstehenden Kurven sind vom Typ

$$\vec{K}(t) := \sum_{i=0}^{n} \vec{a}_i \; f_i^n \; (t) \;, \qquad (1)$$

wobei t zwischen 0 und 1 variiert und die $\vec{a}_i$ gewisse Raumpunkte sind.

Die Funktionen f_i^n (t) heißen "Blendfunktionen". Sie sind zunächst frei wählbar, wenn sie nur gewisse Eigenschaften besitzen. So lassen sich die Funktionen

$$1,\ t,\ t^2,\ \ldots,\ t^n \tag{2}$$

(sogenannte natürliche Basis) oder auch die Funktionen

$$f_i^n\ (t)\ :=\binom{n}{i}\ t^i\ (1-t)^{n-i}\quad,\ i=0,\ldots,n \tag{3}$$

(sogenannte Bernsteinbasis) wählen.

Kurven mit Bernsteinbasis werden auch als Bézierkurven bezeichnet.

Wie zuvor Kurven lassen sich auch Flächen definieren:

$$F(u,v)=\sum_{i=0}^{n}\ \sum_{j=0}^{m}\ \vec{b}_{ij}\ f_i^n\ (u)\ f_j^m\ (v) \tag{4}$$

Zwischen der natürlichen Basis und der Bernsteinbasis besteht eine eindeutige Beziehung, d.h. es existiert eine Transformation T, die die Umwandlung von einer Darstellung in die andere erlaubt. Die Transformation besitzt eine Zerlegung der Form

$$T = D \cdot A\ , \tag{5}$$

wobei D und A Matrizen sind von der Form

$$D = (d_{kk}) = \binom{n}{k}\ ,\ k=0,\ldots,n$$

$$A = (a_{ik}) = (-1)^{k-i}\binom{k}{i}\ ,\ \begin{array}{l} i=0,\ldots,k \\ k=0,\ldots,n \end{array}$$

Die Existenz einer solchen Transformation bedeutet nichts anderes, als daß beide Basen sich zur Darstellung eignen, wobei allerdings die Bernsteinbasis Vorteile hat. Zum einen verhält sie sich bei numerischen Verfahren stabiler, zum anderen haben die Koeffizienten in dieser Darstellung eine für den Benutzer faßbare Bedeutung.

Im ersten Schritt der Modellierung werden gegebene Punktmengen mit Hilfe eines geeigneten Verfahrens "geglättet", d.h. approximiert, oder durch Splinedefinition interpoliert. Im ersten Fall bedeutet dies, daß die Punktmengen so approximiert werden, daß zusätzliche Randbedingungen (wie z.B. exakte Datentreue für ausgewählte Punkte, strakender Verlauf der Kurven, Tangentenbedingung für ausgewählte Punkte, Glattheit der Fläche) erfüllt werden.

Die Funktionen werden zumeist einem "Least-Square-Fit"-Verfahren unterworfen. Dabei wird ein Ausdruck der Form

$$\left(\sum_{j=0}^{l}\left(\vec{p}_j - \sum_{i=0}^{n}\vec{a}_i\, f_i^n\,(t_j)\right)^2\right)^{1/2} \qquad l \geqslant n \tag{6}$$

nach den $\vec{a}_i$ minimiert. Betrachtet man den Parametervektor $\vec{t} = (t_0,\ldots,t_j,\ldots,t_l)$ als fest, so läßt sich die Lösung von (6) auffassen als beste Approximierende in einem linearen Raum mit diskreter Norm. Das Gesagte gilt analog für Flächen.

Ein Interpolationsverfahren führt auf einen Ansatz mit stückweisen Polynomfunktionen. Dabei sind oft Stetigkeitsbedingungen höherer Ordnung an den Segmentgrenzen verlangt. Dieser Ansatz erlaubt aber auch, pro Segmentpunkt (jedoch kein Anfangs- oder Endpunkt) zwei verschiedene Tangenten vorzugeben. Sind die Tangenten in der Richtung verschieden, so besitzt die zusammengesetzte Gesamtfunktion dort einen "Knick". Zeigen die Tangenten in die gleiche Richtung (oder besser, sind sie linear abhängig), und sind nur der Länge nach verschieden, so existiert zumindest eine Parametrisierung der benachbarten Polynomfunktionen, so daß die Zusammensetzung dort differenzierbar ist.

Eine "hybride" Methode ist dadurch gegeben, daß beide Methoden (Glättung und stückweise polynomale Interpol.) miteinander verknüpft werden. Dabei werden feste Punkte aus der gegebenen Punktmenge als Segmentgrenzen für das Ende einer Polynomfunktion und den Beginn der anschließenden Polynomfunktion festgelegt, der Grad des Polynoms pro Segment definiert und verlangt, daß Punkte innerhalb eines Segments approximativ anzunähern sind. Tangentenstetigkeit, Krümmungsstetigkeit etc. an Segmentgrenzen sind oft zusätzliche Bedingungen.

Sind im ersten Schritt der Modellierung Kurven und Flächen nach obigen Verfahren definiert, werden im zweiten Schritt gezielte Modifikationen der Kurven und Flächen vorgenommen, um zusätzliche Bedingungen (wie z.B. tangentialen Anschluß) zu erfüllen.

Bézierkurven und -flächen lassen sich modifizieren, indem man die Koeffizienten (d.h. die Polygonpunkte) direkt ändert. Das hat im allgemeinen eine Veränderung der gesamten Kurven bzw. Fläche zur Folge. Um eine lokale Modifikation durchführen zu können, muß die Kurve oder Fläche vorher segmentiert werden, d.h. der Parameter t wird der linearen Transformation

$$t \longmapsto t_0 + t(t_1 - t_0) \qquad t \in [0,1] \tag{7}$$

mit $t_0 < t_1$, unterworfen. Gilt $t_0, t_1 \in (0,1)$, so wird der Parameter eingeschränkt, gilt $t_0 \notin [0,1]$ bzw. $t_1 \notin [0,1]$, so wird die Kurve ausgedehnt (extrapoliert).

Zusätzliche Möglichkeiten gewinnt man durch Erhöhung der Ordnung der Polynome. Das ist nichts anderes als eine Transformation der Form

$$\sum_{i=0}^{n} \vec{a}_i\, t^i \longmapsto \sum_{i=0}^{n} \vec{a}_i t^i + \sum_{j=n+1}^{k} \vec{b}_j t^j , \tag{8}$$

wobei die $\vec{b}_j$ das Nullelement sind.

Der Definition eines Anschlusses einer Bézierkurve K(t) an eine andere Kurve mit gewissen Stetigkeitsbedingungen liegen die Gleichungen

$$\vec{K}\,'(0) = \lambda\, \vec{p}\,'(1) \tag{9a}$$

$$\vec{K}''(0) = \mu\, \vec{p}''(1) \tag{9b}$$

zugrunde, dabei ist $\vec{p}(t)$ eine beliebige parametrische Kurve und $\vec{p}(1)$ der Endpunkt, wo die Bézierkurve beginnt. Die Konstanten λ, μ sind geeignet zu bestimmen. Setzt man $\mu = \lambda^2$, so erfüllt die Bézierkurve die Stetigkeitsbedingung der Tangentenrichtung und der Krümmung.

Eine kurze Rechnung zeigt (siehe [1])

$$\vec{a}_0 = \vec{p}(1) \tag{10}$$

$$\vec{a}_1 = \vec{p}(1) + (\lambda/n)\vec{p}\,'(1)$$

$$\vec{a}_2 = \vec{p}(1) + 2(\lambda/n)\vec{p}\,'(1) + (\lambda^2/n(n-1))\vec{p}\,''(1)$$

wobei n die Ordnung der zu definierenden Kurve ist.

Verbindet $\vec{K}(t)$ zwei beliebige Kurven $\vec{p}(t), \vec{q}(t)$ mit $\vec{K}(1)=\vec{q}(0)$, dann läßt sich

$$\lambda = (n/(n-1)) \; \| \vec{p}(1)-\vec{q}(0) \| / \| \vec{p}\,'(1) \| \tag{11}$$

wählen, wobei das Nichtverschwinden von $\vec{p}\,'(1)$ vorausgesetzt wird. Eine analoge Bedingung gilt für den anderen Endpunkt.

Liegt eine Stetigkeitsbedingung zweier Bézierkurven der Form

$$\vec{K}_1(1) = \vec{K}_2(0) \tag{12}$$

vor, so lassen sich Stetigkeitsbedingungen höherer Ordnung dadurch erreichen, daß man entweder entsprechende Polygonpunkte direkt umsetzt oder geeignete Polynome addiert. Dabei bleibt entweder eine Kurve fest oder beide werden verändert. Ein ähnlicher Fall liegt vor, wenn man zwei planare Kurven mit der Bedingung (12) "verrunden" will (Fillet). Seien etwa $\vec{p}_1, \vec{p}_2$ zwei Punkte auf den jeweiligen Kurven mit folgenden Eigenschaften

a) das Dreieck, gebildet von den Tangenten in $\vec{p}_1, \vec{p}_2$ und der Basis $\vec{p}_1-\vec{p}_2$ ist gleichschenkelig.

b) für den gegebenen Radius R gilt
$R = \| \vec{p}_1-\vec{p}_2 \| / (2 \sin\alpha)$
wobei α der Winkel zwischen der Tangente und $\vec{p}_1-\vec{p}_2$ ist.

Dann läßt sich eine kubische Bézierkurve definieren mit $\vec{a}_0 = \vec{p}_1$, $\vec{a}_3 = \vec{p}_2$ und folgenden Eigenschaften für $\vec{a}_1$ bzw. $\vec{a}_2$:

a) $\vec{a}_1$ bzw. $\vec{a}_2$ liegen auf den jeweiligen Tangenten

b) $$\| \vec{a}_0-\vec{a}_1 \| = \| \vec{a}_3-\vec{a}_2 \| = \frac{2}{3} \frac{\| \vec{p}_1-\vec{p}_2 \|}{(1+\cos\alpha)} \tag{13}$$

Formel (13) wird in [2] erwähnt und erlaubt eine sehr gute Approximation des Kreisbogens. Der relative Fehler ist ungefähr 2.7×10^{-4} für $0 < \alpha < 90^\circ$.

Die Ausgangskurven müssen dann an den Punkten $\vec{p}_1$ bzw. $\vec{p}_2$ abgeschnitten werden, was mit einer geeigneten Segmentierung möglich ist (trimming). Die errechnete Verbindungskurve erfüllt dann die in Formel (9a) erwähnte Bedingung.

Eine analoge Vorgehensweise ist möglich für Bézierflächen. Dabei wird die Fläche entweder den einzelnen Modifikationen direkt unterworfen oder Bézierkurven, die die Fläche definieren, werden gezielt modifiziert und die Fläche wird mit Hilfe dieser veränderten Kurven neu aufgebaut.

3. Bézierkurven und Bézierflächen in CD/2000 und DUCT

Das System CD/2000 erlaubt die Definition und Handhabung der Bézierkurven und -flächen, wie sie oben erörtert wurden. Dabei stehen Definition der Kurven mit Hilfe von Punktmengen (Glättung) und der Aufbau der Flächen aus diesen Kurven im Vordergrund. Die erwähnten Möglichkeiten der Modifikationen sind bis auf die Verrundung enthalten. Darüber hinaus existieren noch weitere Features.

Das DUCT-System (2) soll hier nur allgemein in Bezug auf die Definition von Kurven und Flächen erläutert werden. Ausgangspunkt ist eine sogenannte "Spine"-Kurve, die aus stückweisen kubischen Bézierkurven zusammengesetzt ist. An den Knoten liegt zumeist Tangentenstetigkeit vor. Es ist möglich, dort auch Tangentenunstetigkeit zu verlangen, um einen "Knick" zu erzeugen. In den Ebenen normal zur Tangente an den Knotenpunkten werden planare Kurven, bestehend aus stückweisen kubischen Bézierkurven, "angeheftet", wobei die Anzahl der planaren Kurven für jede Ebene identisch ist. Auf diese Weise werden "Sections" in jedem Knotenpunkt des "Spine" beschrieben. Entsprechende Knotenpunkte der einzelnen Sections werden geeignet verbunden. Ein entsprechendes Netz von Kurven entsteht. Die Maschen des Netzes werden ausgefüllt durch Bézierpatches der Ordnung 4x4.

4. Modellieren mit CD/2000 und DUCT

Einer der wichtigsten Anwendungsbereiche der oben beschriebenen Bézierfunktionen ist, neben der Beschreibung von Karosserieoberflächen im Fahrzeugbau, der Modellbau oder Formbau. Die Konstruktionen in diesem Bereich zeichnen sich häufig durch doppelt gekrümmte Oberflächen aus. Von besonderer Bedeutung sind dabei die Übergangs- oder Ausrundungsflächen zwischen einzelnen Oberflächen. Diese häufig als "Blenden" bezeichneten Flächen stellen einen "stetigen" Übergang mit kontinuierlich sich ändernden Radien her.

Das folgende einfache Beispiel soll den im Abschnitt 3 beschriebenen Konstruktionsprozeß illustrieren. Der im Bild 1 dargestellte Fön besteht zunächst aus nur zwei Elementen: Griff und Gehäuse. Die definierenden Kurven (Spine und Sections) werden in CD/2000 konstruiert (Bild 2). Die Gestaltung der Oberflächen erfolgt anschließend in DUCT. Dieser Gestaltungsvorgang verläuft auf der Basis der in CD/2000 konstruierten Ausgangsdaten ohne weitere Vorgaben vom Benutzer.

Für das Modellieren der Übergangsfläche zwischen Griff und Gehäuse sind nur wenige Eingaben vom Benutzer erforderlich: Neben der Angabe der beiden bestimmenden Flächen (Griff und Gehäuse) müssen nur noch einige Randbedingungen berücksichtigt werden. Diese Randbedingungen betreffen hauptsächlich das Festlegen der Anschluß-Section am Griff und eventuell eine Einschränkung der Blende auf einen Teilbereich der Gehäuseoberfläche. Mit diesen Vorgaben werden die definierenden Bézierkurven und die dadurch aufgespannte Bézierfläche errechnet. Dabei ergeben sich, anders als bei einer Fillet-Oberfläche, die eine Ausrundung zwischen zwei Oberflächen mit konstantem Radius darstellt, im Verlauf dieser "Blending"-Fläche kontinuierlich sich ändernde Übergangsradien. Der Spine und die Sections dieser Fläche werden von DUCT festgelegt: Der Spine orientiert sich hier an der ausgewählten Section der Griffoberfläche, während die Sections entsprechend der vorangegangenen Erklärung Kreisbögen mit unterschiedlichen Radien und stetigen Übergängen zu den beiden bestimmenden Oberflächen (Griff und Gehäuse) darstellen.

Eine ähnliche Konstruktion wird im Bereich des Verbindungszapfens im Griff des Föns durchgeführt (Bild 1).

Im Anschluß an die Modellierung der Oberflächen kann durch Übernahme der Oberflächendaten eine Fertigungszeichnung mit CD/2000 erstellt werden. Außerdem können Berechnungen, Detailkonstruktionen und Fertigung (3- und 5-Achsenbearbeitung) mit CD/2000 durchgeführt werden. Für eine direkte NC-Fertigung kann aber auch in DUCT ein CL-File generiert werden. Die Berechnung der Bearbeitungswege und deren Kontrolle erfolgen am Bildschirm. Auch die technologischen Daten werden vom Benutzer im Dialog erfragt. Die NC-Bearbeitung mit DUCT bietet gerade im Modellbau zwei weitere, bedeutende Vorteile: Bei der Berechnung der Bearbeitungswege werden automatisch die Benutzervorgaben für Abzugsschrägen berücksichtigt. Außerdem erleichtert DUCT durch unterstützende Berechnungen und Kontrolldarstellungen den nicht immer einfachen Prozeß der Trennfugenermittlung.

Eine ausführliche Beschreibung über das Modellieren mit CD/2000 und DUCT ist in [3] gegeben.

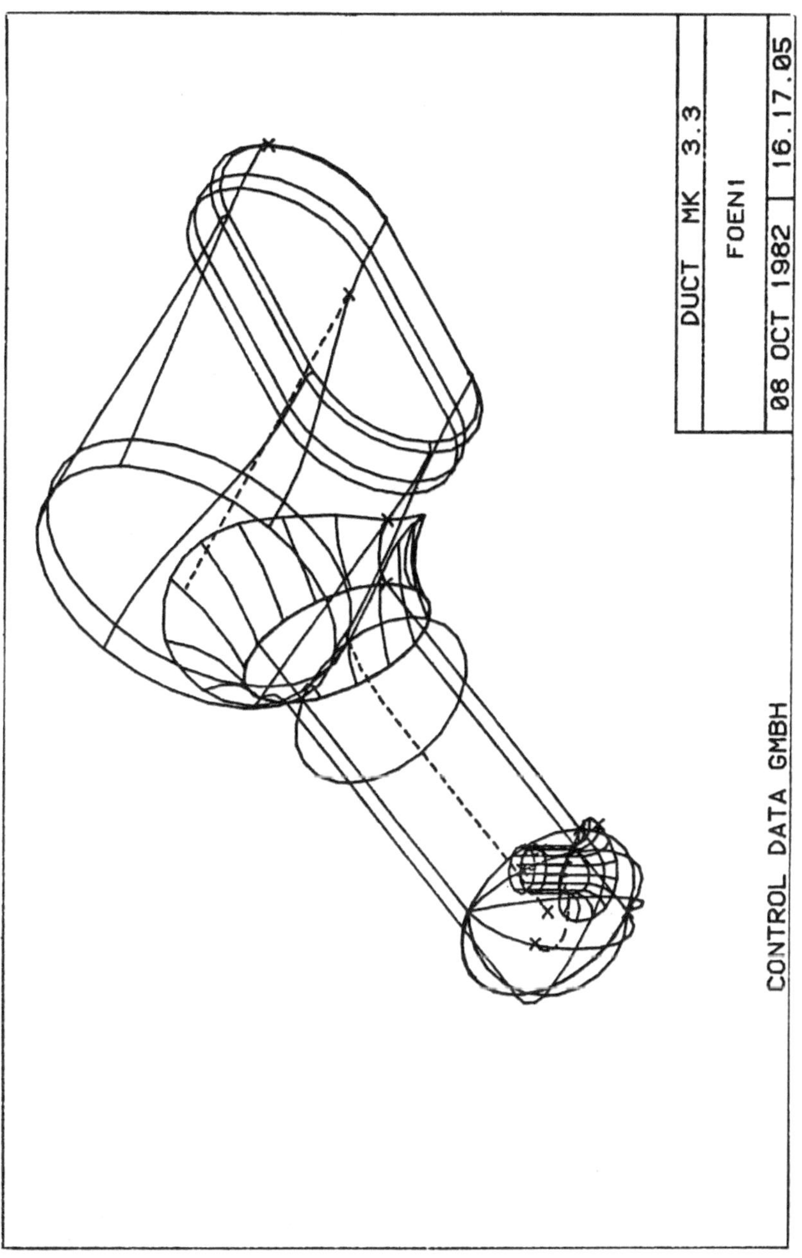

Bild 1: Gehäusekonstruktion mit CD/2000 und DUCT

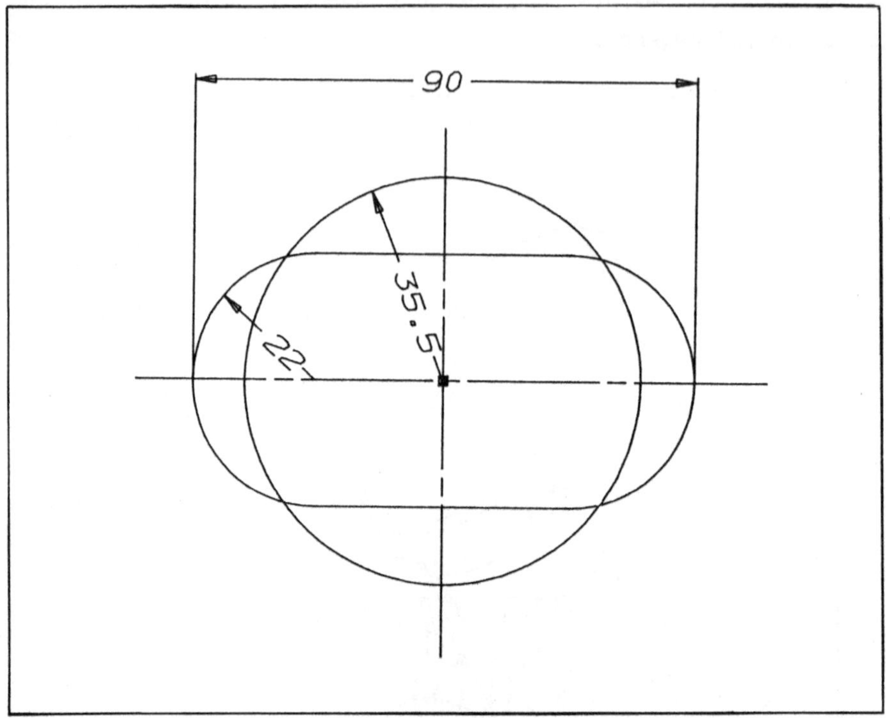

Bild 2: Section Design mit CD/2000

Literatur:

[1] Forrest, A.R., Interactive Interpolation and Approximation by Bézier Polynomials, Computer Journal, Vol.15, Nr. 1 (1972)

[2] Gossling, T.H., The DUCT System of Design for Practical Objects, Proceedings World Congress on the Theory of Machines and Mechanisms, Milan (1976)

[3] Galwelat, M., Sturge, D.P., und Welbourn, D.B., Blenden, Durchdringungslinie und Abwicklungen, das Verbinden von doppelt gekrümmten Flächenelementen im DUCT-System, erschienen in: Konstruktion,Heft 6 (1980)

D I S K U S S I O N

Renz, Daimler-Benz, Sindelfingen:
Um eine DUCT-Fläche zu berechnen, geben Sie als erstes einen SPINE vor, das Rückgrat, als zweites eine Folge von Sections, die sich aus kubischen Bézier-Segmenten zusammensetzen - was auch der Grund ist, daß der Anwender nicht über die Ordnung Bescheid wissen muß - und dann heißt es aber im dritten Schritt, um zur Fläche zu gelangen, werden diese Sections "geeignet" verbunden. Was heißt dabei "geeignet"?

Krämer, Control Data, Frankfurt:
Die kubischen Segmente sind planar. Das folgt aus der Konstruktionsvorschrift. Sie bestehen aus einer Kollektion von kubischen Polynomkurven, so daß die Gesamtkurve stetig ist. Anfangs- und Endpunkte der einzelnen Polynomkurven bilden eine geordnete Punktmenge.

Die planaren Segmente werden in Ebenen transformiert, die normal zur Tangente des "Spines" sind. Das geschieht an ausgewählten Punkten des Spines. Die geordneten Punktmengen werden dann in "Längsrichtung" mit kubischen Polynomen verbunden, so daß wiederum die Gesamtkurve stetig ist. Das entstehende Netz von Kurven wird dann durch (4 x 4)-dimensionale Patches ausgefüllt und zwar so, daß Stetigkeit der Normalen der Gesamtfläche existiert, falls die jeweiligen Kurven ebenfalls einmal stetig differenzierbar sind. Dies ist möglicherweise dann nicht der Fall, wenn an einem Punkt verschiedene Tangenten innerhalb eines Segments vom Benutzer definiert wurden; die gleiche Aussage gilt für die Kurven in "Längsrichtung" (d. h. entlang des Spines).

Grabowski, Univ. Karlsruhe, Sitzungsleiter:
Wie schätzen Sie denn die Entwicklung ab? Wir wissen, daß es schon viel gibt, aber wir wissen auch, daß die Dinge, die wir gern hätten, heute noch nicht zu erhalten sind. Lohnt es sich zu warten? Oder sollen wir anfangen mit CAD? Und hier kann man eigentlich ein Gleichnis aus der Fertigungstechnik heranziehen, so oft auch Gleichnisse hinken mögen, aber ich glaube, es gibt hier viele Parallelen. Die Aufgabe der Fertigung ist es ja, Bauteile herzustellen, die man sich vorstellt, in Zeichnungen dokumentiert, und die dann in einer Reihe von Arbeitsschritten verwirklicht werden. Und solche Bauteile sahen vor 100 Jahren genauso aus wie heute, aber die Verfahren, diese Bauteile herzustellen und die Maschinen dazu, haben sich erheblich geändert. Wenn Sie an das Konstruieren und Entwickeln denken, war das Ziel, etwas zu entwickeln,

vor 100 Jahren genau das gleiche wie heute. Man hat eine Idee, irgendeine technische Lösung zu kreieren, und man wendet bestimmte Verfahren an, um dann schrittweise diese Lösung zu realisieren. Und CAD machen wir noch nicht lange. Manchmal hat man den Eindruck, daß man sehr an traditionellen Verfahrensweisen hängt, ähnlich wie wenn man heute auch noch ein Auto aus dem Vollen schmieden wollte, mit Hammer und Amboß, wie zur Zeit handwerklicher Fertigungstechnik. Das geht eben nicht mehr, und es ist eben die Energie der Entwickler von CAD-Systemen darauf zu verwenden, auch die traditionellen Verfahren oder gerade die traditionellen Verfahren des Konstruierens in Frage zu stellen, um auf neue Ideen, auf neue Erfindungen zu kommen, wie man eben das gleiche Ziel wie vor 100 Jahren verfolgen kann. In dem Sinne kann man sagen, die Fertigungstechnik war damals unvollständig, sie ist es heute noch, oder sie war vor hundert Jahren zufriedenstellend genauso wie heute. Das gleiche gilt für CAD-Systeme. Jemand, der zeichnen will, der wird natürlich auch in zwanzig oder in dreißig Jahren noch zeichnen können, jemand der modellieren will, der wird eben dann modellieren können. Dieser Gedanke drängt sich mir einfach auf, weil doch aus der Praxis der Wunsch kam, hier viele Verbesserungen durchführen zu können. Man wird nie am Ende dieser Verbesserungen sein.

BERECHNUNG DER INTEGRALEN GEOMETRIEGRÖSSEN IM DIFFERENTIALGEOMETRISCHEN VOLUMENMODELL

A. Bigelmaier

Technische Software Dr. Bigelmaier GmbH, Wetzlar

Zusammenfassung: Die Berechnung der integralen Geometriegrößen wie Oberfläche, Volumen usw. muß in der Regel näherungsweise durchgeführt werden. Durch konsequente Anwendung des Integralsatzes von Gauß und der Greenschen Integralformel lassen sich Volumenintegrale über Flächenintegrale auf Kurvenintegrale zurückführen. Diese Methodik wird am Beispiel der Oberflächen- und Volumenberechnung an einem Kugelflächenstück ausführlich dargestellt. Die Berechnung von Schwerpunkten und Trägheitsmomenten wird skizziert. Die Voraussetzungen für die Anwendbarkeit der Methodik werden zusammengestellt.

1. Einleitung

Unter integralen Geometriegrößen sind die Längen von Kanten, die Oberfläche und das Volumen von Körpern sowie deren Schwerpunkte und Trägheitsmomente zu verstehen.

Ein erster und für einfache Aufgabenstellungen ausreichender Weg besteht in der Zerlegung in Elementarkörper, für die Volumenberechnungsformeln bekannt sind. Das Aufaddieren dieser Teilvolumina ergibt das Gesamtvolumen. Dieser Weg ist im Rahmen der Finite-Elemente-Technik zu einer leistungsfähigen Methode entwickelt worden. Gleichsam nebenbei ergeben sich Möglichkeiten zur Berechnung der integralen Geometriegrößen /1/.

Ein bei der Körpermodellierung verbreitetes Verfahren approximiert gekrümmte Flächen durch Polyederflächen und reduziert damit die Berechnung der integralen Geometriegrößen auf den streng lösbaren Fall der Planfläche /2/.

Die Integralrechnung stellt als allgemeinen Ansatzpunkt Flächen- und Volumenintegrale bereit /3/. Die anstehenden Integrationen lassen sich dann nur noch mit numerischen Methoden z.B. einer Würfelzerlegung /4/ durchführen.

Alle diese Verfahren sind Approximationsverfahren, weil sie den Gesamtkörper in verfahrensabhängige Elementarkörper zerlegen, für die eine Berechnung durchgeführt werden kann. Unbefriedigend ist, daß neben den nicht vermeidbaren Rundungsfehlern zusätzlich ein Approximationsfehler auftritt. Eine in der Vektoranalysis bekannte Methode /3/ hat diesen Nachteil nicht und ist daher für die Berechnung der integralen Geometriegrößen gut geeignet.

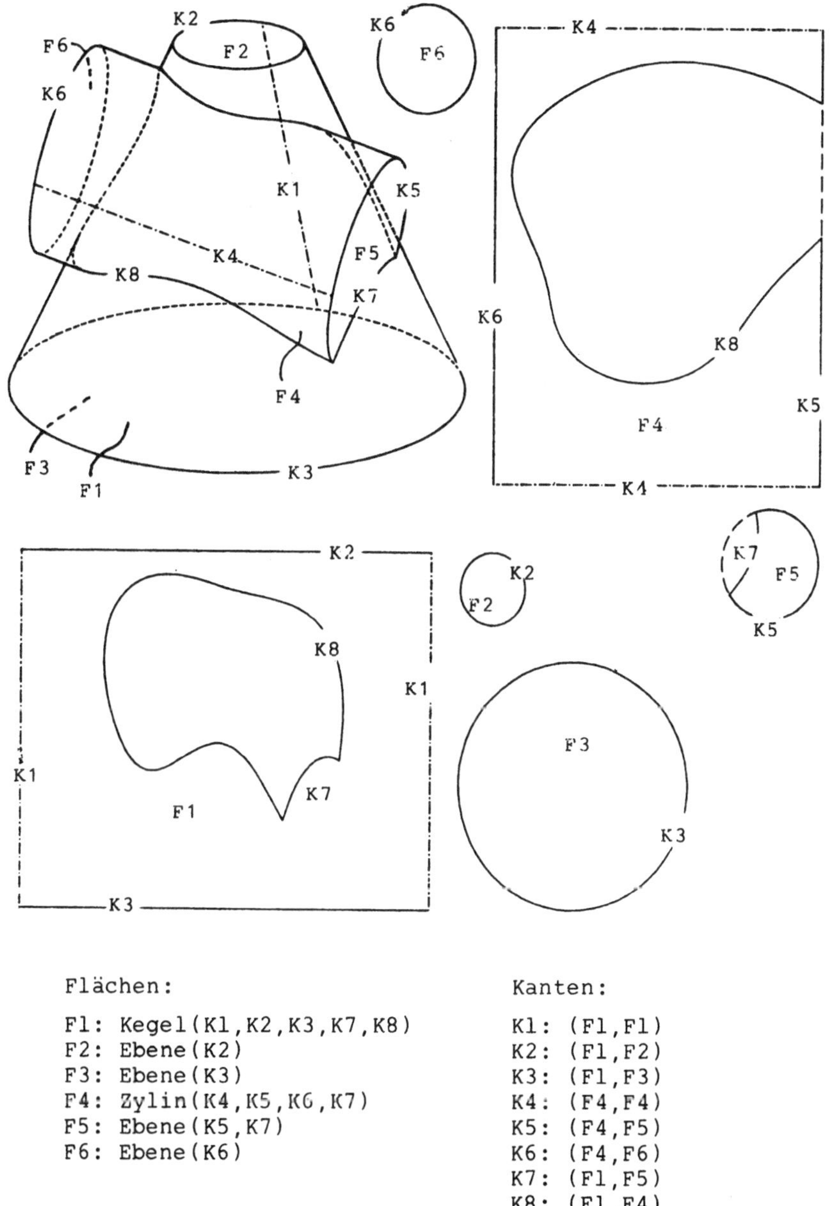

Bild 1: Körper mit Abwicklung der erzeugenden Flächen und Darstellung seiner Datenstruktur im differentialgeometrischen Volumenmodell.

2. Differentialgeometrisches Volumenmodell

Wesentliche Voraussetzung für die Beschreibung eines Körpers im differentialgeometrischen Volumenmodell ist die Zusammensetzung seiner Oberfläche aus volumenbegrenzenden Flächenstücken, die durch Kanten miteinander verbunden sind. Jede Kante umfaßt zwei Begrenzungskurven, deren eine als Flächenkurve auf der ersten Fläche und deren andere als Flächenkurve auf der zweiten Fläche definiert ist.

Zur Fixierung der Vorstellung wird dieser Sachverhalt in Bild 1 gezeigt. Der Vereinigungskörper aus Kegelstumpf und Zylinderstück umfaßt die sechs Flächen F1 bis F6 und die Kanten K1 bis K8. Zusätzlich sind die Flächen und Kanten in "Abwicklung" dargestellt und ihre Verknüpfungsstruktur ist in einer Flächen- und einer Knotentabelle aufgelistet.

Als mathematische Beschreibung wird für die Flächen und die Flächenkurven eine Parameterdarstellung gewählt, wie es in der Differentialgeometrie aus guten Gründen üblich ist. Formelmäßig wird eine Fläche durch

$$x_i = x_i(u,v), \quad i = 1..3 \qquad (2.1)$$

und eine Flächenkurve durch

$$u = u(t), \quad v = v(t) \qquad (2.2)$$

beschrieben. Für die Ableitung der Flächen nach den Flächenkoordinaten wird die Notation x_{iu} und x_{iv} benutzt und für die Ableitung der Flächenkurven nach der Kurvenkoordinate die Notation u_t und v_t.

3. Längenberechnung

Eine grundlegende integrale Größe ist die Kurvenlänge. Sie wird durch das Kurvenintegral

$$L = \int_C \mathrm{sqrt}(\, E\, u_t^2 + 2\, F\, u_t\, v_t + G\, v_t^2\,)\, dt \qquad (3.1)$$

berechnet, wobei die Größen

$$E = \textstyle\sum_i x_{iu}\, x_{iu}\,, \quad F = \sum_i x_{iu}\, x_{iv}\,, \quad G = \sum_i x_{iv}\, x_{iv} \qquad (3.2)$$

die Koeffizienten der sog. ersten Normalform sind. Diese beschreiben bekanntlich die metrischen Eigenschaften einer Fläche. Das Kurvenintegral (3.1) ist als Einfachintegral durch Anwendung z.B. der Romberg-formel unmittelbar auswertbar, falls die differentialgeometrischen Voraussetzungen erfüllt sind.

4. Flächenberechnung

Für die Berechnung des Flächeninhalts ist das Flächenintegral

$$F = \iint_S \mathrm{sqrt}(\, E\, G - F^2\,)\, du dv \tag{4.1}$$

zu benutzen, das jedoch als Doppelintegral für eine unmittelbare numerische Auswertung ungünstig ist.

Durch Anwendung der Greenschen Integralformel

$$\iint_S (\, N_u - M_v\,)\, du dv = \int_C (\, M\, du + N\, dv\,) \tag{4.2}$$

kann das Flächenintegral (4.1) in ein Umlaufintegral über den Flächenrand umgewandelt werden, so daß für die Endauswertung Einfachintegrale übrig bleiben. Diese Integralumwandlung soll am Fall der Kugelfläche dargestellt werden. Ausgehend von der Parameterdarstellung der Kugelfläche, die durch

$$f_1(u,v) = r \cos(v) \cos(u) \tag{4.31}$$

$$f_2(u,v) = r \cos(v) \sin(u) \tag{4.32}$$

$$f_3(u,v) = r \sin(v) \tag{4.33}$$

gegeben sei, ergibt sich für das Flächenintegral (4.1) die aus der Differentialgeometrie bekannte Formel

$$F_{Kugel} = \iint_S r^2 \cos(v)\, du dv\,. \tag{4.4}$$

Die Gleichsetzung mit dem Flächenintegranden der Greenschen Formel führt zu der Differentialgleichung

$$r^2 \cos(v) = N_u - M_v\,, \tag{4.5}$$

die durch die Funktionen

$$(\, M, N\,) = r^2/2\,(\, -\sin(v),\, u \cos(v)\,) \tag{4.6}$$

gelöst wird. Durch Einsetzen der Funktionen M und N in die rechte Seite von (4.2) entsteht unmittelbar das gesuchte Kurvenintegral

$$F_{Kugel} = r^2/2 \int_C (\, u \cos(v)\, dv - \sin(v)\, du\,)\,. \tag{4.7}$$

Die Flächenrandkurve wird im allgemeinen Fall aus Kurvenstücken unterschiedlichen Typs bestehen. Dann ist das Integral (4.7) durch eine Summe von Teilintegralen zu ersetzen. Für ein Teilintegral erhalten wir schließlich die unmittelbar für Programmierung geeignete Darstellung

$$F_{Kugel} = r^2/2 \int_a^e (u(t) \cos(v(t)) v_t(t) - \sin(v(t)) u_t(t)) dt , \qquad (4.8)$$

wobei pro Teilkurve über das Intervall t = a..e zu integrieren ist.

Formeln der Art (4.8) sind für die Flächen Ebene, Zylinder, Kegel, Kugel und Torus hergeleitet worden. Für die Ebene ergibt sich erwartungsgemäß das bekannte Umlaufintegral

$$F_{Ebene} = 1/2 \int_C (u\,dv - v\,du) , \qquad (4.9)$$

das für eine Reihe von Plankurven, darunter auch Splinekurven, analytisch integriert werden kann.

5. Volumenberechnung

Die Berechnung des Körpervolumens erfolgt in bekannter Weise durch das Volumenintegral

$$V = \iiint_B dB \qquad (5.1)$$

das jedoch als Dreifachintegral ähnlich wie ein Doppelintegral nur in einfachen Sonderfällen für eine unmittelbare Auswertung geeignet ist.

In einem ersten Schritt kann durch Anwendung des Integralsatzes von Gauß das Volumenintegral in ein Flächenintegral umgewandelt werden

$$V = \iiint_B dB = 1/3 \iiint_B \mathrm{div}(x_1,x_2,x_3)\, dB$$
$$= 1/3 \iint_S (x_1\, dS_1 + x_2\, dS_2 + x_3\, dS_3) . \qquad (5.2)$$

Der Integralsatz von Gauß läßt sich anwenden, wenn der Integrand des Volumenintegrals als Divergenz eines "Feldvektors" dargestellt werden kann.

Die Einführung von Flächenkoordinaten entsprechend (2.1) ergibt für die Flächendifferentiale aus (5.2)

$$dS_i = dx_j dx_k = (x_{ju}\, x_{kv} - x_{jv}\, x_{ku})\, dudv =: X_i\, dudv \qquad (5.3)$$

mit i = 1..3, j = (i+1) mod 3 und k = (i+2) mod 3. Für die Volumenberechnung folgt damit die auf Flächenkoordinaten zurückgeführte Formel

$$3\,V = \iint_S \sum_i x_i\, X_i\, dudv \qquad (5.4)$$

Im Gegensatz zur Längen- und Flächenberechnung ist bei der Volumenberechnung ein Bezug auf den Koordinatenursprung des Körpers gegeben; es ist daher die räumliche Lage einer Fläche

$$x_i = e_{i0} + \sum_l e_{il} f_l(u,v) \tag{5.5}$$

mit i,l = 1..3 zu berücksichtigen. Die Größen e_{i0} beschreiben die Ursprungslage und die Größen e_{il} die Achsenlagen des Hauptachsensystems der Fläche $f_l(u,v)$. Mit (5.5) und den Ableitungen hieraus ergibt sich für die Größen X_i die Beziehung

$$X_i = \sum (e_{jm} e_{kn} - e_{jn} e_{km}) (f_{mu} f_{nv} - f_{mv} f_{nu})$$

$$=: \sum_l E_{il} F_l \ , \tag{5.6}$$

wobei m = (l+1) mod3 und n = (l+2) mod 3 ist. Durch Einsetzen von (5.5) und (5.6) in (5.4) ergibt sich nach einer Zwischenrechnung

$$3\,V = \sum_l (\sum_i e_{i0} E_{il} \iint_S F_l \, dudv + \iint_S F_l f_l \, dudv) \tag{5.7}$$

Diese Formel zeigt, daß eine Zerlegung in Lagekoeffizienten für die Beschreibung der Anordnung einer Fläche im Raum und in Flächenintegrale für die Berechnung der gestaltabhängigen Volumenanteile möglich ist. Die Flächenintegrale unterscheiden sich durch die Integranden, die eine der Funktionen $F_l(u,v)$ und evtl. eine Flächenkoordinate $f_l(u,v)$ als Faktoren enthalten.

Für den Fall der Kugelfläche lauten z.B. das erste und letzte der sechs Flächenintegrale aus Formel (5.7)

$$\iint_S F_1 \, dudv = r^2 \iint_S \cos^2(v) \cos(u) \, dudv \tag{5.81}$$

...

$$\iint_S F_3 f_3 \, dudv = r^3 \iint_S \cos(v) \sin^2(v) \, dudv \ . \tag{5.82}$$

Analog zur Vorgehensweise bei der Flächenberechnung können diese Flächenintegrale durch Anwendung der Greenschen Integralformel (4.2) in Kurvenintegrale über den Flächenrand umgewandelt werden. Die Auswertung aller sechs Flächenintegrale führt zu einer unmittelbar für Programmierung geeigneten Formel für die Berechnung des Pyramidalvolumens eines Kugelflächenstücks

$$3\,V = r^2/2 \sum_i e_{i0} E_{i1} \int_C (\cos^2(v) \sin(u) \, dv$$

$$- (v + \sin(v) \cos(v)) \cos(u) \, du) +$$

$$+ r^2/2 \sum_i e_{i0} E_{i2} \int_C (\cos^2(v)(1 - \cos(u))\, dv$$

$$- (v + \sin(v)\cos(v))\sin(u)\, du)$$

$$+ r^2/2 \sum_i e_{i0} E_{i3} \int_C (\cos(v)\sin(v)\, u\, dv - \sin^2(v)\, du)$$

$$+ r^3 \int_C (\cos(v)\, u\, dv - \sin(v)\, du) \ . \tag{5.9}$$

Formeln der Art (5.9) sind für die Flächen Ebene, Zylinder, Kegel, Kugel und Torus hergeleitet und programmiert worden.

6. Schwerpunktsberechnung

Die Koordinaten des Schwerpunkts eines Körpers sind durch die Formel

$$s_i = 1/V \iiint_B x_i \, dB \tag{6.1}$$

definiert. Die Belegungsfunktionen x_i können als Divergenzen der Vektoren $s_1' = (x_1^2/2,0,0)$, $s_2' = (0,x_2^2,0)$ und $s_3' = (0,0,x_3^2)$ dargestellt werden. Die Anwendung des Integralsatzes von Gauß ergibt dann

$$V s_i = \iiint_B x_i \, dB = \iiint_B \operatorname{div}(s_i')\, dB$$

$$= 1/2 \iint_S x_i^2 \, dS_i \tag{6.2}$$

und nach Berücksichtigung der Flächendifferentiale (5.3)

$$2 V s_i = \iint_S x_i^2 X_i \, du dv \tag{6.3}$$

als Formeln für die Schwerpunktsberechnung.

Entsprechend zur Vorgehensweise bei der Volumenberechnung kann durch Einsetzen von (5.5) und (5.6) in (6.3) eine Trennung der lageabhängigen Größen von den Flächenintegralen erreicht werden. Die Formel lautet

$$2 V s_i = \sum_l E_{il} (e_{i0} \iint_S F_l \, du dv + \sum_p e_{ip} (2 e_{i0} \iint_S F_l f_p \, du dv$$

$$+ \sum_q e_{iq} \iint_S F_l f_p f_q \, du dv)) \ . \tag{6.4}$$

In einem zweiten Schritt werden die Flächenintegrale der Formel (6.4) durch Anwendung der Greenschen Integralformel in Kurvenintegrale umgewandelt, so daß in der Endauswertung nur Einfachintegrale zu berechnen sind. Der nicht unbeträchtliche Integrationsaufwand bei der Anwendung der Greenschen Integralformel läßt sich durch Ausnutzung von Symmetriebeziehungen erheblich vermindern, so daß nicht allzu umfangreiche Endformelsätze entstehen.

7. Berechnung der Trägheitsgrößen

Die Komponenten des Trägheitstensors sind die Trägheitsmomente und Deviationsmomente. Diese lassen sich aus den äquivalenten Größen

$$T_i = \iiint_B x_i^2 \, dB \qquad (7.1)$$

und

$$D_i = \iiint_B x_j \, x_k \, dB \qquad (7.2)$$

mit i = 1..3, j = (i+1) mod 3 und k = (i+2) mod 3 herleiten.

Analog zum Integrationsschema für die Volumen- und Schwerpunktsberechnung lassen sich die hier auftretenden Belegungsfunktionen x_i^2 und $x_j\,x_k$ als Divergenzen von Vektoren darstellen, so daß wieder mit Hilfe des Integralsatzes von Gauß die Umwandlung der Volumenintegrale in Flächenintegrale allgemein möglich ist. Für die T_i- und D_i-Größen lassen sich Endformeln herleiten, die neben Lagekoeffizienten und bereits bekannten Flächenintegralen noch solche der Form

$$\iint_S F_l \, f_p \, f_q \, f_r \, dS_i \qquad (7.3)$$

enthalten. Die Umwandlung aller auftretenden Flächenintegrale in Kurvenintegrale ist mit der dargestellten Methode möglich. Auch hier bringt die Berücksichtigung der bestehenden Symmetriebeziehungen eine erhebliche Reduzierung des Integrationsaufwandes.

8. Implementierung der Flächen- und Volumenberechnung

Die in den Abschnitten 4 und 5 vorgestellten Methoden der Flächen- und Volumenberechnung sind als Berechnungsfunktionen der interaktiv arbeitenden CAD-Programmiersprache CADLAN /5/ implementiert worden. Für die Berechnung der Schwerpunkte und Trägheitsgrößen ist eine Implementierung vorgesehen.

In den Bildern 2 und 3 sind einfache Körper in Kantendarstellung wiedergegeben. Es sind genau die Kanten dargestellt, über die bei der Flächen- und Volumenberechnung zu integrieren ist; Umrißlinien fehlen daher. Die Tabelle zeigt Ergebnisse der Flächen- und Volumenberechnung und zugehörige mittlere Antwortzeiten. Die erreichte Genauigkeit liegt bei 0,01% und besser. Während des Programmtests hat sich gezeigt, daß die vorgestellte Methode sehr empfindlich auf die Qualität der rechnerinternen Darstellung reagiert und daher Anlaß für Verbesserungen war.

Körper	Fläche mm²	Fläche sek	Volumen mm³	Volumen sek
Bild 1	60427.8	3.1	921004.7	3.7
Bild 2A	49740.6	2.2	653676.4	2.3
Bild 2B	39211.7	1.7	399207.3	2.0
Bild 3A	59364.1	3.6	384112.5	3.7
Bild 3B	33127.1	3.3	192030.6	3.5

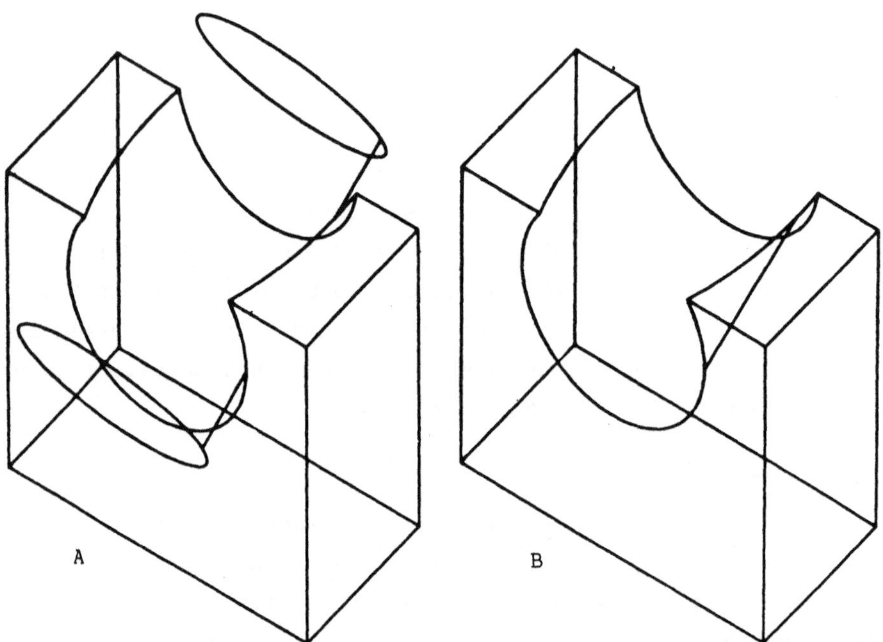

Bild 2: Vereinigungs- und Differenzkörper eines Quaders und eines Zylinderstücks in Kantendarstellung.

9. Folgerungen für die Körperdarstellung

Die Analyse der Berechnungsformeln zeigt, daß das zur Körperbeschreibung herangezogene Modell folgende Eigenschaften haben muß:

- Ein Körper wird durch seine Oberfläche beschrieben, die aus volumenbegrenzenden Flächenstücken besteht.
- Alle im Beschreibungsmodell zugelassenen Flächen müssen in Parameterform darstellbar sein.
- Flächenstücke sind durch Kanten miteinander verbunden, deren jede aus zwei begrenzenden Flächenkurven besteht.
- Jede begrenzende Flächenkurve muß als Durchdringung zweier Flächen berechenbar sein und als Funktion in Abhängigkeit von einem Kurvenparameter dargestellt werden können.

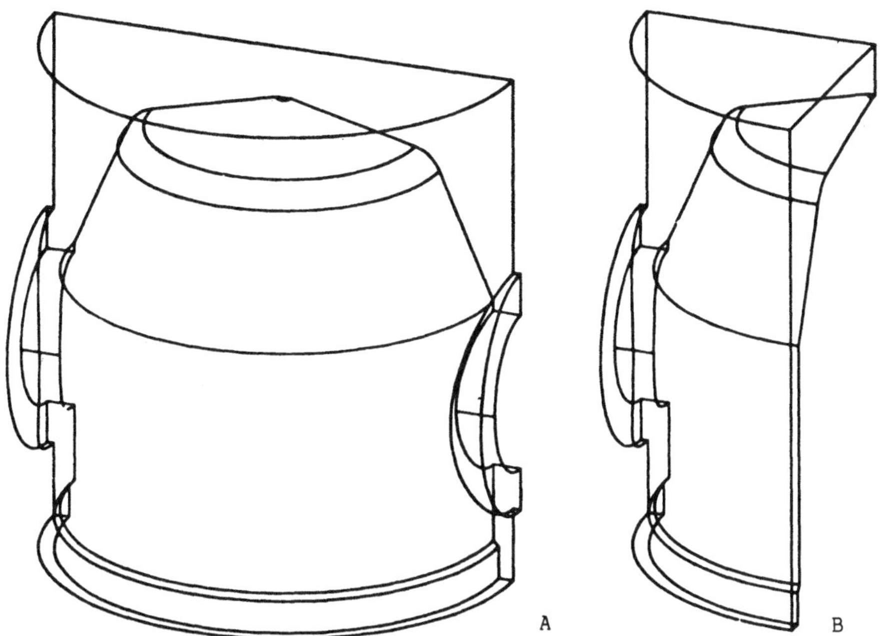

Bild 3: Halb- und Viertelschnitt eines einfachen Kolbenmodells in Kantendarstellung.

- Die aus der Durchdringungsrechnung erhaltenen Flächenkurven müssen nach ihren Kurvenparametern <u>stetig</u> differenzierbar sein.
- Die in der Greenschen Integralformel verlangten Integrationen müssen analytisch durchgeführt werden können.
- Nicht begrenzende Flächenkurven wie z.B. Umrißkurven sind aus Konsistenzgründen ebenfalls in Parameterform darzustellen.

Wenn eine Körperdarstellung diese Eigenschaften hat, sprechen wir von einer Körperbeschreibung im differentialgeometrischen Volumenmodell.

Der wesentliche Vorteil der hier vorgestellten Methode zur Berechnung der integralen Geometriegrößen ist eine erhebliche Reduktion des numerischen Rechenaufwands und damit eine starke Verkürzung der Rechenzeit. Bei Anwendung der Rombergformel für die Auswertung der Kurvenintegrale kann der Approximationsfehler gegenüber den Rundungsfehlern vernachlässigt werden. Die Forderung nach der stetigen Differenzierbarkeit der Flächenkurven nach ihren Kurvenparametern ist für die Wahl der möglichen Kurvendarstellungen ziemlich einschränkend. Ideal und wünschenswert sind Kurvendarstellungen mit der Bogenlänge als Parameter. Für die in CADLAN benötigten Durchdringungen konnten geeignete Kurvendarstellungen gefunden werden.

10. Nachwort

Der Verfasser dankt seinen Mitarbeitern für hilfreiche Diskussionen und die Nachrechnung der Ergebnisse und insbesondere Herrn Helmut Strack für die Durchführung der Programmierung und des Programmtests.

Literaturverzeichnis:

/1/ Mayr, R.: Automatisierte Netzgenerierung für Finite-Elemente-Verfahren, S.210-215, Carl Hanser Verlag, München Wien, 1981

/2/ Wesley, M.A.: Construction and Use of Geometric Models, p.79-135, in Computer Aided Design Modelling, Systems Engineering, CAD-Systems, ed. J. Encarnação, Springer-Verlag, Berlin Heidelberg New York, 1980

/3/ Bronstein-Semendjajew: Taschenbuch der Mathematik, 12. Auflage, Verlag Harri Deutsch, Frankfurt/Main und Zürich

/4/ Okino,N.,et al.: TIPS-1 Technical Information Processing System, Hokkaido University, Institute of Precision Engineering, Sapporo 060, Japan, 1978

/5/ Bigelmaier, A.; Brunner, H.; Strack, H.: Computer Aided Design Language 'CADLAN', p.191-203, in Eurographics'81, ed. J. Encarnação, North-Holland Publishing Company, 1981

D I S K U S S I O N

Gnatz, TU München:

Herr Seybold hat in seiner Einführung darauf hingewiesen, daß Sie viel Mathematik in Ihre Software investieren, und der Vortrag hat das natürlich bestätigt. Meine Frage: Welche Auswirkungen hat dieses Faktum auf den Umfang der Software? Sie haben uns ein paar Rechenzeitzahlen gegeben. Mich würde interessieren, wie umfangreich ist die dazu gehörige Software?

Bigelmaier, TSB, Wetzlar:

Sie ist natürlich umfangreicher, als wenn man alles auf eine Fläche zurückführt, z. B. auf eine Ebene. Pro Fläche hat man ein Unterprogramm zu erstellen, das diese Integrationsformeln enthält, und über alle Flächen noch einen Steuerrahmen. Der Umfang wird also anwachsen, je mehr Flächen wir im System berücksichtigen. Aber wir würden sagen, das ist ein tragbarer Aufwand, wenn man auf der anderen Seite in Betracht zieht, was man dabei gewinnt, denn die Rechenzeitverkürzung und die Genauigkeitssteigerung sind ganz erheblich.

Hoschek, TH Darmstadt:
Ich habe zwei Fragen: Sie haben im wesentlichen vorausgesetzt, einmal, daß Sie diese Schnittkurven parametrisiert haben plus deren Ableitungen, das bemerken Sie selbst, dann zum anderen: die Differentialgleichung $N_u - M_v$ muß lösbar sein. Ich meine eigentlich, in den meisten Fällen wird man die Voraussetzungen nicht erfüllen können, gut, wenn es abwickelbare Flächen sind, geht es natürlich, das ist klar, bei der Kugel geht es auch, aber wenn Sie Ihre Methode, Sie sagten es ja am Schluß, auf Spline-Flächen ausdehnen, sehe ich kaum eine Chance, daß Sie da wirklich ableitbare Schnittkurven bekommen und dann noch diese partielle Differentialgleichung integrieren können. Oder Sie müssen das vorab gewissermaßen zu Fuß rechnen!

Bigelmaier, TSB, Wetzlar:
Ich glaube schon, daß man Schnittkurven von Splineflächen ableiten kann. Diese Flächen sind ja letzten Endes als Spline-Flächen in UV-Koordinaten gegeben, und Sie können diese Flächen explizit mit den Koeffizienten der entsprechenden Polynomdarstellung hinschreiben. Dafür existieren dann die Ableitungen. Die Schnittkurven sind ein anderes Problem. Wenn ich Schnittkurven bestimme, heißt das nicht, daß ich die nur analytisch erstelle, sondern die kann ich sehr wohl approximieren. Ich muß nur dafür sorgen, daß diese Approximationsform eben genau das erfüllt, was z.B. die Spline-Kurven in Bernstein-Darstellung auch erfüllen. Dann sind sie mit entsprechender Genauigkeit differenzierbar, so haben es jedenfalls gestern Herr Prof. Böhm und insbesondere Frau Schmidt bestätigt. Insofern dürfte die Methode außerordentlich allgemein anwendbar sein. Auf den anderen Punkt, wo Sie meinten, daß die Differentialgleichungen vielleicht nicht immer zu lösen sind, möchte ich sehr pragmatisch antworten: Für die Flächenklassen, die in der Technik eine Rolle spielen, dürften sie im allgemeinen lösbar sein. Von den bisher untersuchten Flächen - dabei wurden keine exotischen, sondern in der Technik vorkommenden Flächen betrachtet - konnten die aus der Greenschen Integralformel separierten Differentialgleichungen immer analytisch integriert werden.

Frank, Univ. Dortmund:
Ich darf also zunächst sagen, daß ich mich gefreut habe, ein bißchen Differentialgeometrie hier zu sehen, weil ich mit Ihnen eigentlich ei-

ner Meinung bin, daß Einsatz von etwas mehr Mathematik an der einen oder anderen Stelle gewisse Vorteile haben dürfte. Aber an einer Stelle möchte ich doch eine Bemerkung machen, und zwar zu Ihrem Punkt 2, bei der Oberflächenapproximation durch Polyeder. Da sollte man also ernsthaft davor warnen. Sie können eine Fläche polyedrisch annähern, so daß sie beliebig großen Oberflächeninhalt bekommt. Denken Sie an einen Zylinder, ein recht einfaches Beispiel schon, dort können Sie einen Facettenschliff hineinlegen, der muß nur tief genug ausgefallen sein, dann bekommen Sie jede Oberflächenzahl heraus, die Sie nur wünschen. Also mit Approximation und Fehlerberechnung ist an dieser Stelle nichts zu machen, während die Approximation natürlich bei Kurven und bei Volumina in entsprechender Weise geht. Aber bei Oberflächen möchte ich Sie also doch warnen, da so einfach mit Polyedern zu approximieren.

Bigelmaier, TSB, Wetzlar:
Da fühle ich mich nicht betroffen, denn das habe ich nur als in der Literatur beschriebenes Verfahren angeführt.

Hoschek, TH Darmstadt:
Sie sagten, beim Romberg-Verfahren kann man gewissermaßen unabhängig von der Intervallänge darauflosrechnen. Da muß ich auch davor warnen, denn es kann passieren, wenn das Intervall zu groß ist, daß man es zum Schluß nur noch mit Rundungsfehlern zu tun hat. Also da sollte man auch nicht so frei weg integrieren.

Eckert, MBB, München:
Eine Frage, sind Ihre Algorithmen kommerziell erwerbbar?

Bigelmaier, TSB, Wetzlar:
Das 2D-System, in dem diese Dinge für die Planfläche enthalten sind, können Sie erwerben. Das 2D-System ist integraler Bestandteil eines 3D-Systems, das wir noch nicht marktreif haben. Es fehlt noch die Interaktivität im 3D, aber der Rest, also die Oberflächen- und Volumenberechnung, sind tatsächlich vorhanden.

Seybold, TU München, Sitzungsleiter:
Es wäre schön, wenn außer Herrn Eckert noch jemand, der nicht von einer Universität kommt, eine Frage stellen würde. - Das scheint nicht der Fall zu sein. -

Ich darf vielleicht noch einmal sagen, worauf am Anfang schon hingewiesen wurde, obwohl das eigentlich ja alle wissen: Es ist vernünftig, die

Mathematik so lange streng zu machen, wie das möglich ist, und erst dann auf den Rechner zu gehen, wenn man muß. Sicher ist es gut, das den Ingenieuren auch später immer wieder mal zu sagen. Wenn sie in ihrem Beruf zu arbeiten anfangen, liegt ihre letzte Beschäftigung mit der Mathematik meist schon so lange zurück, daß sie gar nicht mehr wissen, wie weit sie mit exakter Mathematik kommen könnten. Die Versuchung ist groß, gleich in Näherungsverfahren einzutreten.

ANWENDUNGEN UND DATENTECHNISCHE GRUNDLAGEN DES CAD/CAM-SYSTEMS WMISURF

Dieter Otto
Westfälische Metallindustrie KG Hueck & Co.

Zusammenfassung

Aufgrund der Aufgabenstellung in der Konstruktion wurde WMISURF entwickelt, ein CAD/CAM-System für freie Kurven und Flächen im Raum. Es werden die Gründe dargestellt, die zur Konzentration auf diesen CAD-Teilbereich, zur Übernahme einer Basis-Software und zur Eigenentwicklung der Dialogführung und der Datenstrukturen geführt haben. Die Anwendungen und Möglichkeiten der mathematischen Verfahren führten zu einer speziellen rechnerinternen Darstellung, deren Erweiterung mit einem geeigneten Datenbankverwaltungssystem realisiert wurde. Abschließend wird die Bedeutung des Datenaustausches zwischen Zulieferfirmen und Auftraggebern hervorgehoben.

1. Entwicklung des CAD/CAM-Systems WMISURF

Die Firma WMI (Westfälische Metall Industrie KG Hueck & Co.), besser bekannt unter ihrem Markennamen HELLA, entwickelt und produziert Erstausstattungs- und Zubehörteile für Automobile, Wasserfahrzeuge und Flugzeuge. Zur Produktpalette gehören im wesentlichen die Gruppen Licht (Scheinwerfer, Leuchten, Signale) und Elektrik/Elektronik (Blinkgeber, Relais, Geschwindigkeitsregelung usw.).

Bei der WMI fing man schon sehr frühzeitig an, sich um eine Rechnerunterstützung im Entwicklungsprozeß zu bemühen. Ausgehend von einigen lichttechnischen Berechnungsprogrammen analysierte man die Möglichkeiten für einen CAD-Einsatz. 1971 wurde beim Institut von Prof. Opitz eine Studie in Auftrag gegeben, die nach Aufnahme des Iststandes die Schwerpunkte für eine weitere Vorgehensweise herauskristallisieren sollte.

Diese Studie wurde im Bereich der Leuchtenkonstruktion durchgeführt, und als Ergebnis wurde festgestellt, daß nicht die Zeichnungserstellung das Hauptproblem war, sondern die räumliche Geometrie der Kurven und freien Flächen, insbesondere die Transformationen.

Die Flächen der Leuchten und Scheinwerfer werden durch stylistische und aerodynamische Anforderung immer mehr der Karosserie angepaßt. Dadurch wird bei der Entwicklung unserer Geräte ein Großteil der Konstruktionskapazität durch Arbeiten an freien Flächen gebunden. Deshalb setzten wir uns den Schwerpunkt, durch ein Programmpaket diese Tätigkeiten zu unterstützen. Für den Start suchten wir auf dem Markt ein geeignetes Software-System. Die Recherchen im europäischen Raum ergaben, daß die damals vorhandenen Systeme unverkäuflich waren oder unseren Anforderungen nicht entsprachen. Wir entschlossen uns damals, ein Basispaket für die mathematischen Grundlagen zu erwerben und die Anwendungsseite mit Dialog, Graphik und Datenstruktur selbst zu entwickeln (s. /1/).

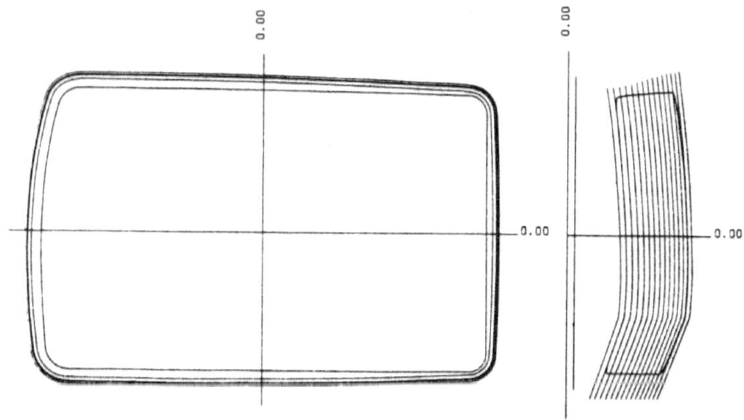

Bild 1: Streuscheibe mit Schnittkurven

Die Grundaufgaben bestanden u.a. in folgenden Funktionsanforderungen:

- Erzeugung von Kurven aus Meßdaten
- Generierung von Flächen aus Kurven
- ebene Schnitte durch Flächen
- äquidistante Kurven und Flächen
- Extrapolation von Kurven und Flächen
- beliebige Punktraster auf Flächen
- Projektionen von Kurven auf Flächen
- Modifikationen von Punkten in Kurven und Flächen

Die Basisprogramme wurden von MBB gekauft und auf dem vorhandenen Rechner implementiert. Für den Dialog erwarb man einen Tektronix-4002A Bildschirm, unseres Wissens der erste in Europa, der an eine IBM angeschlossen wurde.

Damit begann die Entwicklung des CAD/CAM-Systems WMISURF. Es wurden Konstrukteure hinzugezogen, um ein möglichst anwendernahes System bereitzustellen. Der grafisch-interaktive Dialog sollte sich der Sprache der potentiellen Anwender bedienen und sie nicht mit "theoretischer Mathematik" und nicht zu verstehenden Fremdworten belasten. Die Darstellungen auf dem Bildschirm und die Zeichnungsausgabe mußten den gewohnten Techniken entsprechen. Die Abläufe sollten, bedingt durch die Vielfältigkeit der Entwicklungsarbeiten, steuerbar sein, der Benutzer mußte über alle Verknüpfungsmöglichkeiten verfügen können (s. /2/).

Man entschied sich für eine Kommandosprache, die in ihrer Syntax an APT angelehnt ist. Es werden deutsche Kommandoworte verwendet, die mit den Anwendern abgesprochen sind.

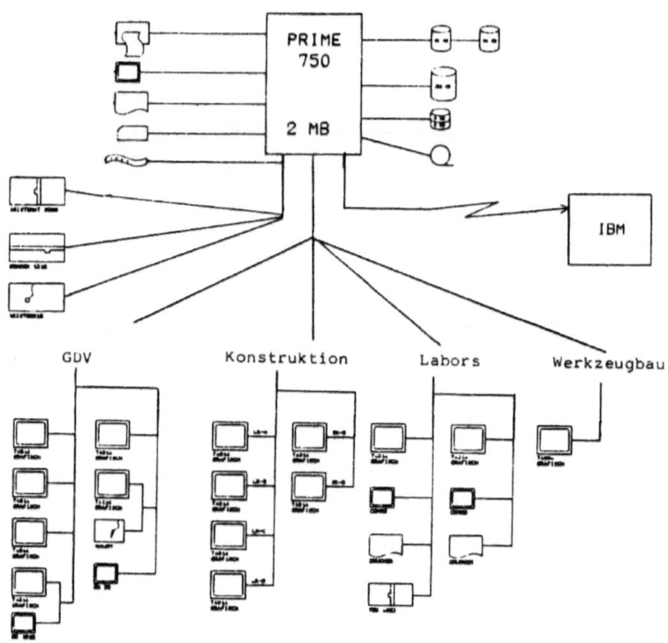

Bild 2: CAD-Rechner-Konfiguration

Nachdem es in der Pilotphase zu Problemen mit der konkurrierenden kaufmännischen Anwendung kam, beschloß man, einen Minirechner in der Nähe der Konstruktion zu installieren und das System dort anzuwenden und weiterzuentwickeln. 1976 entschied man sich für eine PRIME-Anlage, die dann im Laufe der Jahre zu ihrem heutigen Stand ausgebaut wurde (s. Bild 2).

Heute sind in unserer Firma weitere CAD-Systeme in der Werkzeugkonstruktion und in der Elektronik-Entwicklung im Einsatz. Daneben stehen FEM-Programme, Schaltungsanalysen und auch grafisch-interaktive Berechnungsprogramme für die Labors zur Verfügung. Im Rahmen dieses Beitrags soll jedoch speziell auf WMISURF als CAD/CAM-System für Kurven und freie Flächen eingegangen werden.

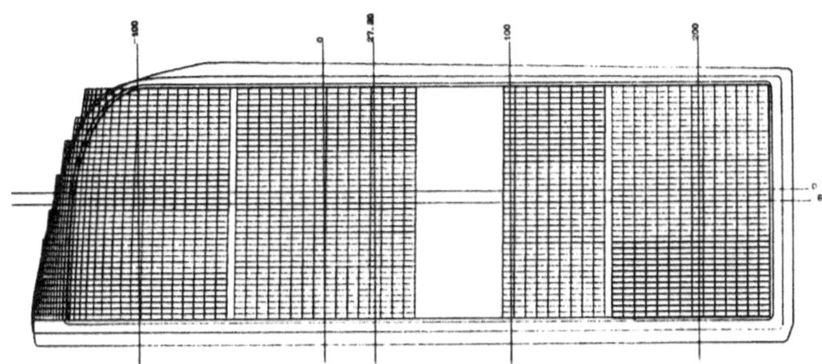

Bild 3: Optikraster auf einer Lichtscheibe

2. Anwendungsstand

Nachdem in der Anfangsphase die Projekte in einer speziellen Abteilung durchgeführt wurden, stehen heute in allen Konstruktionsgruppen der Scheinwerfer- und Leuchtenkonstruktion CAD-Bildschirm-Arbeitsplätze. In Zusammenarbeit mit dem Betriebsrat bemühten wir uns dabei um ergonomische Randbedingungen. Die Verantwortung für die Anwendung liegt in den Konstruktionsgruppen, mit den Möglichkeiten sind aber auch die Anforderungen gewachsen.

Der Konstruktionsablauf mit Unterstützung von WMISURF läßt sich wie folgt skizzieren (s. Bild 4) :

Entwicklung eines Gerätes

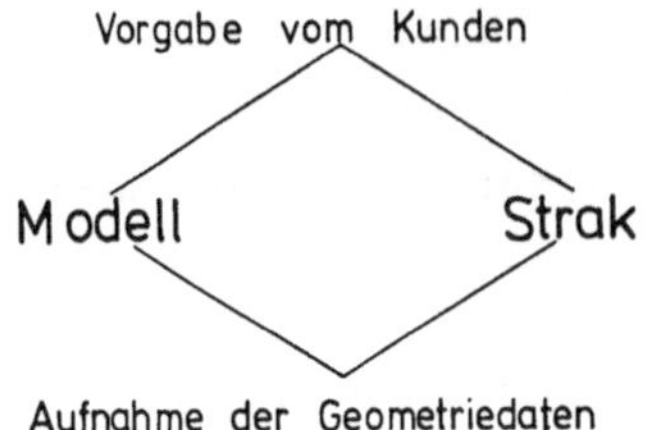

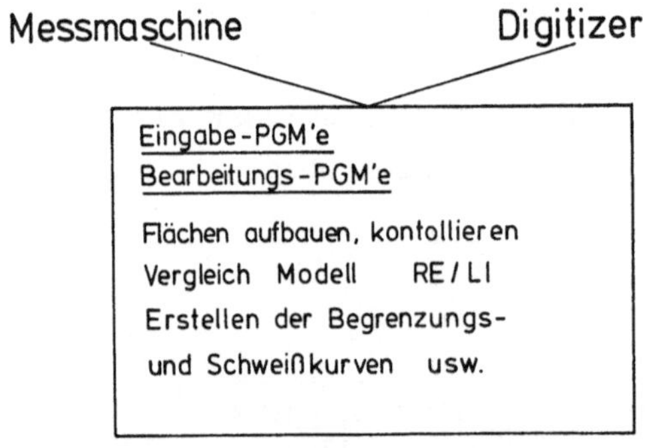

Bild 4: Konstruktionsablauf mit WMISURF

Vorgabe für unsere Entwicklung sind Modelle oder Strakpläne. Die Modelle werden vom Konstrukteur angerissen und auf der 3D-Meßmaschine vermessen. Strakpläne werden digitalisiert und zu Raumkurven umgerechnet. Diese Daten werden in das System geladen und können in den verschiedenen Ansichten dargestellt werden. Meßfehler oder Modellungenauigkeiten müssen durch Glättungseingriff ausgeglichen werden. Da die Modelle zumeist sehr gut sind, gibt es nur einzelne Ausreißer, die auf Kontrollzeichnungen erkannt und direkt korrigiert werden können. Viel wichtiger ist die Rekonstruktion konstruktiv erforderlicher theoretischer Kurven, wie z.B. Kammkanten, die am Modell bereits abgerundet sind. Die geglätteten Daten werden als Basisgeometrien zur Weiterverarbeitung gespeichert.

Da wir häufig mit Änderungswünschen unserer Kunden konfrontiert werden, sind Vergleichsprogramme entstanden, die Rechts- mit Linksmodellen und neue Modelle mit ihren Vorgängern vergleichen.

Durch die Bearbeitungsmodule werden die konstruktiven und fertigungstechnischen Details festgelegt, so z.B. Aufteilung in Funktionsflächen, Konstruktion der hinterliegenden Reflektorkammern, Festlegung der Formtrennungskurven und der Schieberrichtungen, der Schweißflächen, der Optikfeldaufteilung und vieles mehr.

Ausgabe sind Kontrollzeichnungen, Vorlagen für Schablonen des Versuchsbaus, Koordinatentabellen umgerechnet in spezielle Werkzeug-Koordinatensysteme mit Schwundberücksichtigung sowie nach weiterer Bearbeitung NC-Steuerlochstreifen für Modelle, Werkzeuge, Einsätze oder Erodierpfaffen. Für die Inspektion werden schließlich Lehren erstellt und für die Qualitätssicherung werden Ist/Soll-Vergleiche durchgeführt.

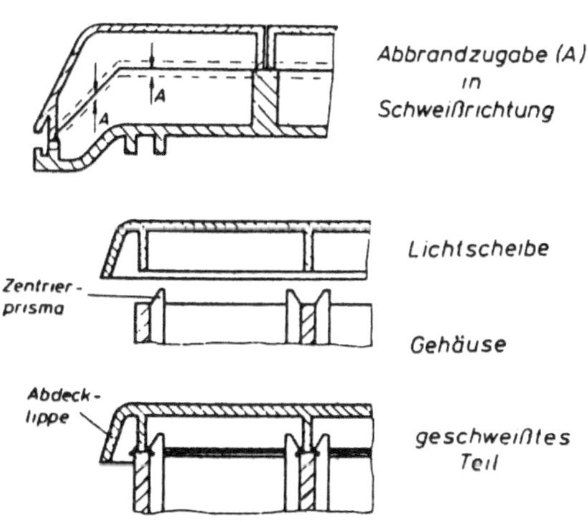

Bild 5: Heizelementschweißen

Die Anforderungen an die Konstruktion haben zugenommen. Viele Arbeiten, die bisher in der Fertigungsplanung oder nachgeschalteten Abteilungen durchgeführt wurden, werden in die CAD-Arbeit der Konstruktion verlagert, die mit der Zeichnungsfreigabe viel genauere und detailliertere Daten als zuvor liefern muß. So wurde früher die Formtrennung im Werkzeugbau festgelegt, heute werden diese Daten NC-gerecht von der Konstruktion bereitgestellt.

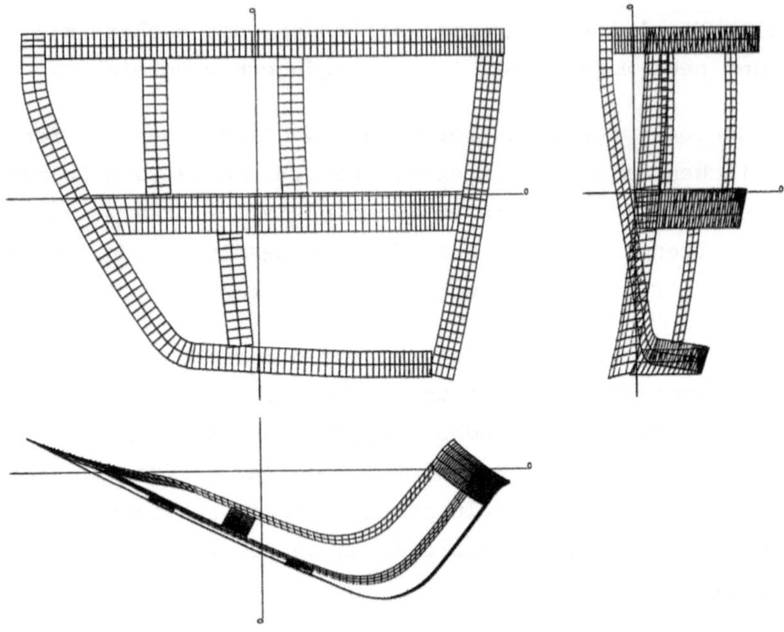

Bild 6: Heißspiegelflächen in Werkzeuglage

Als weiteres Beispiel sei das Heizelementschweißen aufgeführt (Bild 5-7). Bei diesem Verfahren wird in der Fertigung paßgerecht zwischen Gehäuse und Lichtscheibe eine Platte gestellt und aufgeheizt. Dieses Heizelement wird dann entfernt und Gehäuse und Lichtscheibe werden zusammengepreßt, "zusammengeschweißt". Früher konnten die Heizelemente erst nach Vorhandensein der Teile mit vielen Anpaßarbeiten hergestellt werden. Heute werden sie mit NC-Unterstützung parallel mit den Werkzeugen für die Teile gefertigt, wobei die Genauigkeit viel höher ist und die Nacharbeiten erheblich reduziert werden konnten.

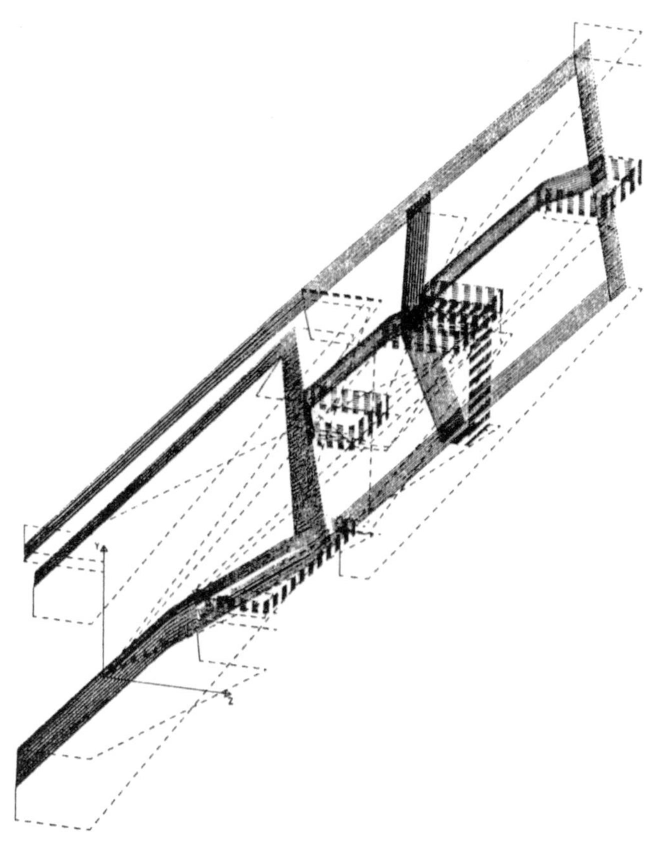

Bild 7: NC-Werkzeugwege für ein Heizelement

3. Mathematische Grundlagen und Datenstrukturen

Wie zuvor erwähnt, sind die Grundroutinen von MBB erworben. Nach der Umstellung auf die PRIME wurde auch der Source-Code hinzugekauft; dies ermöglichte uns, Anpassungen an Anwenderforderungen vorzunehmen. Die Programme wurden im Laufe der Zeit so modifiziert, daß heute nur noch die mathematische Basis auf den Ursprung hindeutet.

Wie alle frühen Systeme basiert auch WMISURF auf den Coonsschen Verfahren. Die Kurven werden durch kubische Splines dargestellt, die die Stützpunkte interpolieren. Wenn wie im Normalfall die Tangenten nicht vorgegeben sind, werden diese nach dem Verfahren von Walter (s. /3/,/4/) berechnet. Für den Flächenaufbau gilt das gleiche bezüglich der Tangenten- und Twistvektoren.

Es sind in unserem Hause Untersuchungen durchgeführt worden, die diese Verfahren mit neueren Methoden (Bézier, s. /4/) verglichen haben. Für unsere Arbeitsvorgabe, die Modelle im Rechner möglichst genau zu reproduzieren, erwies sich das Coonssche Verfahren als geeigneter. Für manche Aufgaben bietet die Bézierdarstellung bessere Möglichkeiten. Vielleicht sind hier in der Zukunft Mischverfahren eine sinnvolle Erweiterung.

Alle Kurven und Flächen erhalten in unserem System einen Namen. Dies wird einerseits durch die benutzte Kommandosprache erforderlich, andererseits ermöglicht es, Prozeduren und Batchauswertungen zu fahren sowie Zeichnungen und Drucke gemäß der Werksnorm zu beschriften.
Die alte Speicherstruktur bestand aus Listen, deren Elemente im direkten Zugriff waren. Die erste Liste enthielt die Namen und ein Kennzeichen, ob es sich um eine Kurve oder Fläche handelte. Die zweite Liste enthielt die organisatorischen Daten, auf die bei diesem System viel Wert gelegt wurde. Neben den Maximalwerten und der Anzahl der Stützpunkte, wurden u.a. das Erstelldatum, der Erzeugungsbefehl und die Zugehörigkeit zur Baugruppe gespeichert. Die dritte Liste schließlich enthielt Stützpunkte, Tangenten- und Twistvektoren.

Gerade die geometrische Baugruppenstruktur ist für unsere Konstruktion sehr wichtig. Die Vorgabe erfolgt im Fahrzeugnetz (Nullpunkt zumeist Mitte Vorderachse). In diesem Netz sind auch die Konstruktionszeichnungen zu erstellen. Ein Gerät, z.B. eine Heckleuchte, hat etwa die Koordinaten (3600,500,400), bezogen auf das SAE-Koordinatensystem. Das Gerät unterteilt sich in Gehäuse und Lichtscheibe, letztere wiederum in die Lichtscheiben für Bremslicht, Blinklicht, Rückfahrleuchte usw. Für die Detailzeichnungen müssen alle Einzelteile mit separatem Nullpunkt dargestellt werden. Es ist sehr vorteilhaft für den Anwender, wenn die Umrechnungen durch eine Zuordnung zum Teil/Einzelteil automatisch erfolgen können. Hinzu kommt noch, daß für die Spritzgußwerkzeugerstellung aufgrund der Auszugsrichtungen völlig andere Koordinatensysteme, die sogar Schwund berücksichtigen sollten, definiert werden müssen.

Daneben war der Wunsch geäußert worden, den Änderungsdienst komfortabler zu gestalten. Die Information, die bisher durch Speicherung des Erzeugungstextes gegeben war, sollte zur Möglichkeit erweitert werden, die Abhängigkeiten der Flächen und Kurven untereinander automatisch zu verfolgen.

Dies und weitere Anforderungen zielten auf den Einsatz eines Datenbankverwaltungs-Systems. Nach eingehender Analyse entschieden wir uns für den Einsatz von PHIDAS (s./5/,/6/). Dieses System ist besonders geeignet für den Einsatz auf Minirechnern in einem interaktiven Rahmen. Es basiert auf dem CODASYL-Konzept mit einigen dynamischen Erweiterungsmöglichkeiten. Eine weitere Besonderheit ist der "TEMPORARY DATA BASE KEY", der es erlaubt, zur Laufzeit die Daten direkt anzusprechen, wobei er gleichzeitig als Identifizierungsname für den grafisch-interaktiven Dialog dient.

Unsere Datenbankschnittstelle greift heute auf PHIDAS zu (s.Bild 8), dadurch sind neue Dialogmöglichkeiten hinzugekommen, die von den Anwendern gern aufgeriffen worden sind.

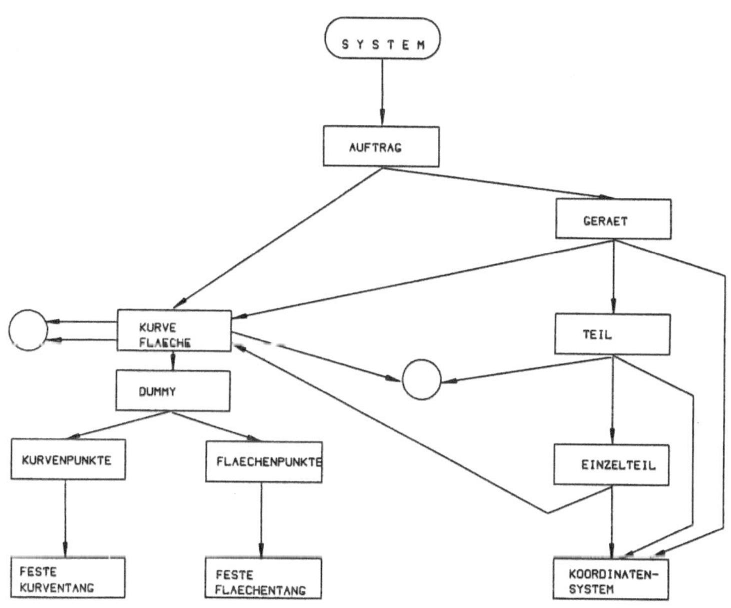

Bild 8: Datenbankschema

Besonders wichtig war und ist für unsere Anwendung eine direkte Eingriffsmöglichkeit in die Dialogprogramme und in die Datenstrukturen. Damit können wir das System sehr eng an die Anwendungsbedürfnisse anpassen und spezielle Weiterverarbeitungen ermöglichen. Es werden z.B. die Scheinwerferflächen für lichttechnische Berechnungen oder die Optikraster von Lichtscheiben für spezielle NC-Fräsprogramme ausgewertet.

4. Sicherungsprobleme

Der produktive Einsatz eines CAD-Systems erfordert besondere Sicherungsmaßnahmen. Gerade in unserem Fall, wo auf die Zeichnung nur noch der Name und das Abbild der Kurve bzw. Fläche auftaucht, ist dies besonders wichtig.
Als Zulieferer und Erstausstatter sind wir zur Ersatzteillieferung lange nach dem Auslauf der Modelle verpflichtet, und solange noch Ersatzteile hergestellt werden, müssen auch die Daten bereitgehalten werden, z.B. um neue Werkzeuge zu erstellen.
Wir haben in WMISURF ein dreistufiges Sicherungskonzept eingeführt.

Stufe 1: Arbeitsdatei
Dies sind die Daten, die z.Zt. bearbeitet werden. Sie liegen im direkten Zugriff auf den Magnetplatten des Systems und werden täglich gesichert.

Stufe 2: Projektdatei
"Zwischenparkdatei", für abgeschlossene Entwürfe, die noch auf Auftragserstellung warten, oder für die Zeiträume zwischen Konstruktion, Fertigungsplanung, Inspektion. Diese Daten liegen auf Wechselplatten und können auf Zuruf sehr schnell bereitgestellt werden.

Stufe 3: Langzeitsicherung

Die abgeschlossenen Projekte werden auf Bändern nach Kunden sortiert langzeitgesichert. Bei Reaktualisierung können sie wieder in die Arbeitsdatei eingestellt werden.

Trotz der stetigen Weiterentwicklung des WMISURF-Systems garantieren wir, daß alle Daten wieder weiterverwendbar eingespielt werden können.

Wenn wir, wie jüngst geschehen, 6 Jahre alte Daten wieder benutzen müssen, so sieht man besonders deutlich den Entwicklungsfortschritt. Während im Anfang die Möglichkeiten der Darstellungen von Transformationen an sich schon zufriedenstellten, haben aufgrund der NC-anforderungen und der erweiterten Möglichkeiten des Systems die Daten heute eine ganz andere Qualität. Diesen heutigen Ansprüchen genügten die "alten"Daten natürlich nicht, aber sie konnten eingelesen werden und bildeten eine gute Basis für die aktuellen Aufgaben.

5. Zukunftsaspekt Datentransfer

Wir erhalten heute Strakpläne und Modelle als Vorgaben für unsere Entwicklungen. Die Automobilfirmen sind auf dem CAD-Gebiet ebenfalls aktiv geworden, so daß wir hoffen, in Zukunft parallel zu den Modellen rechnerinterne Daten zu erhalten.

Dazu sind noch mehrere Schwierigkeiten zu überwinden. Wir sind damit konfrontiert, daß nicht nur die verschiedenen Automobilfirmen ebenso verschiedene CAD-Systeme einsetzen, auch innerhalb der einzelnen Firmen sind verschiedene Systeme im Einsatz. Hier sind standardisiertere Schnittstellen sehr wünschenswert. Wir beobachten die internationalen Entwicklungen auf diesem Sektor sehr sorgfältig, Stichwort IGES bzw. ANSI Y 14.26 /7/, und wir arbeiten mit den entsprechenden Arbeitskreisen der CEFE (CAD/CAM Entwicklungsgesellschaft /8/) und des VDA, wobei unser Schwerpunkt naturgemäß auf dem Austausch der Daten von freien Flächen liegt.

Es sind auch schon einige bilaterale Tests mit recht gutem Erfolg gelaufen. Es mußten zwar jeweils individuelle Anpaß- bzw. Umsetzprogramme geschrieben werden, aber die mathematische Konvertierung ist das kleinere Übel. Hier kann man mathematisch exakt umsetzen oder hinreichend genau approximieren.

Das viel größere Problem ist die Organisation der Daten und die Aussage über die Verbindlichkeit. Datenorganisation bedeutet:
der Zusammenhang der Flächen, die Stetigkeit der Übergänge, die Fehlertoleranz bei redundanten Daten, die Definition von Meß- bzw. Kontrollpunkten und vieles mehr. Die Daten sind unbrauchbar, wenn nachher ein verbindliches Modell kommt, das mit den Daten nicht übereinstimmt. Erst wenn alle Änderungen auch über das CAD-System laufen und die Zulieferer nach Freigabe auch die geänderten Daten erhalten und die aus diesen Daten z.B. NC-erzeugten Modelle nur als "Anschauungsmaterial" mitgeliefert werden, erst dann kann von einer Verbindlichkeit und damit von einer Verwendbarkeit der übergebenen Daten gesprochen werden.

Wir sind bereit, in den erwähnten Arbeitskreisen aktiv mitzuwirken, um diesen Zielen näher zu kommen.

Literatur

/1/ Roth, F.-K., Menke, H. : Entwerfen und Gestalten am Bildschirm, VDI-Ber. Nr. 261, 1976

/2/ Roth, F.-K., Menke, H. : Entwerfen von Einzelteilen, KfK-CAD 30 "Praxis der CAD/CAM-Anwendungen", Mai 1977

/3/ Walter, H. : Numerische Darstellung von Oberflächen unter Verwendung eines Optimalprinzips, Diss. TU München, 1971

/4/ Klein, E. : Mathematische Darstellung von Flächen für rechnergestütztes Konstruieren, Fortschr.-Ber. VDI-Z, Reihe 1 Nr. 78, 1981

/5/ Blume, P., Fischer, W.E.: Datenbanksystem für CAD-Anwendung KfK-CAD 111, August 1978

/6/ Fischer, W.E.: Einführung in die "Technische Datenbank", KfK-CAD 128, März 1979

/7/ Digital Representation For Communication of Product Definition Data, ANSI Y 14.26 M 1981

/8/ Firnig, F. CEFE CAD/CAM-Entwicklungsgesellschaft, Eine Übersicht, Sonderdruck 1981

D I S K U S S I O N

Nagel, Dornier, Friedrichshafen:
Ich habe eine Frage zu dem Problem der Arbeitsverlagerung in die Konstruktion: Arbeitsverlagerung heißt ja, daß mehr Arbeit geleistet werden muß, daß dafür auch die Verantwortung übernommen werden muß und daß Mehrkosten in der Konstruktion entstehen. Ist es so, daß bei Ihnen im Zuge der Arbeitsverlagerung auch eine Budgetverlagerung vorgenommen wird? Das ist die erste Frage und zweitens: Wird erkannt, daß die höhere Qualität Ihrer Arbeitsergebnisse (Bauunterlagen) auch wirklich gebraucht wird, oder wird das nur hingenommen, aber nicht honoriert?

Otto, WMI, Lippstadt:
Vielleicht darf ich mit der zweiten Frage beginnen, da gibt es wieder die verschiedenen Ebenen des Management. Es wird gefordert, wird immer mehr gefordert sogar, daß wir stärker in Richtung NC-Arbeiten marschieren, und man weiß also, daß man dazu die Geometrie vernünftig aufbereitet haben muß. Insofern ist dort ein Druck, daß immer mehr damit gemacht wird; es gilt aber, wie üblich, Hindernisse zu überwinden, daß man eben in den nachgeschalteten Abteilungen nicht sieht, daß dort weniger Arbeit überbleibt. Das andere Thema ist die Verantwortung. Es kann schon teilweise in der Konstruktion zu einigen Schwierigkeiten führen, daß die Leute ihre Daten nicht mehr herausgeben, weil sie eben das letzte bißchen auch noch machen wollen, daß sie es erst dann herausgeben wollen, wenn sie hundertprozentig sicher sind. Und bei den heutigen Systemen können sie höchstens irgendwas in den neunzig erreichen. Das führt jetzt auch zu gewissen menschlichen Problemen der Verantwortung. Zur Budgetverlagerung: wir sind also keine Großfirma, die dort große Schwierigkeiten macht. Die Rechner, die Abteilung, die das unterstützt, die gehören eben zu den Gemeinkosten, die dann also im Ganzen gesehen werden. Es ist aber so, daß die Konstruktion deshalb nicht mehr Leute bekommen hat, und man wirft ihr eher vor, daß die Zeichnungsabgabetermine eben nicht früher sind.

Nagel, Dornier, Friedrichshafen:
Haben Sie echte Zeiteinsparungen?

Otto, WMI, Lippstadt:
Im gesamten Ablauf ja. Dieses Beispiel des Heizspiegels war früher erst dann möglich zu machen, wenn die ersten Teile aus dem Werkzeug kamen, und dann war es ein langwieriger Iterationsprozeß, in dem man dann die

Teile annähern mußte. Das kann heute parallel gemacht werden mit einer viel höheren Genauigkeit.

Schlechtendahl, Kernforschungszentrum Karlsruhe:
Könnten Sie etwas dazu sagen, wie der Aufwand an Betreuung und Weiterentwicklung sich verhält zu der Anzahl der Anwender in der Konstruktion?

Otto, WMI, Lippstadt:
Ja, wir haben in der Konstruktion diese Arbeitsplätze stehen. Wir haben im Moment insgesamt 11 Arbeitsplätze, die den Anwendern zur Verfügung stehen, einige, die in den Labors stehen, und einige, die für die Weiterentwicklung zur Verfügung stehen. Das System ist seit 1971 entwikkelt worden, seit 1975 sind wir aus der Pilotphase heraus und gehen in die Anwendung. Bis dahin war die Anwendung in einer Extragruppe, danach ging sie also in die Konstruktionsgruppen hinein. Es ist so, daß wir heute eine Mitarbeiterin haben, die die Schulung übernimmt und die Betreuung der Anwender, und wir haben 1 1/2 Mitarbeiter, die die Weiterentwicklung des Systems betreiben auf Grund von Forderungen der Anwender. Ein etwas größerer Aufwand wird getrieben für die produktspezifischen Sachen, wo wir also die Daten der freien Flächen z. B. für lichttechnische Berechnungen benutzen wollen, für Optikauslegungen. Das sind also Probleme, bei denen wir nicht erwarten, daß wir Lösungen auf dem Markt kaufen können. Das sind eben Themen, in denen unser firmenspezifisches Know-how drinsteckt. Zur Zeit sind bei uns etwa 30 geschulte Anwender. Da ist auch ein Problem mit den Anwendern, auf das man auch noch einmal hinweisen muß. Wir haben hier kein System, das hundertprozentig alle Arbeiten übernimmt, sondern nur einen großen Teil der Arbeit mit freien Flächen. Die Konstrukteure können also nicht pausenlos damit arbeiten, und einige Edelanwender reißen die Arbeit an sich. Wenn jemand eine Weile nicht damit gearbeitet hat, bedeutet das immer wieder eine Anlaufzeit, um hineinzukommen, was sicher auch zusätzliche Hemmnisse mitaufbaut.

Antl, MBB, München:
Sie haben uns an dem Beispiel mit dem Heizschweißkolben gezeigt, daß der Konstrukteur eigentlich nicht das Teil modellieren muß, sondern einen Zwischenzustand, da sich aus dem letzten Schritt erst das Endteil ergibt. Solche Teileklassen gibt es ja mehrere, ich könnte Ihnen auch bei uns eine Reihe aufzählen. Ist nicht für diese Teile die Methode der "Klötzchen", d. h. der Booleschen Volumen-Modelle,ein bißchen in Frage gestellt, wenn ich als einzige Methode dieses Verfahren habe und nicht

mehr auf die zugehörigen Flächen zugreifen kann, um die z. B. jetzt modifizieren zu können.

Otto, WMI, Lippstadt:

Ich muß Ihnen rechtgeben, ja. Wir beschreiben die Werkzeuggeometrie, die nötig ist, um die Werkzeuge herzustellen, ein Beispiel sind ja diese Kammkanten, die ich vorhin erwähnt habe. Sie sind am Fertigteil abgerundet. Man braucht aber für die NC-Herstellung die theoretischen Flächen, oder, es war ja auch hier bei dem Vortrag von BMW der Fall, wo man die Extrapolation brauchte, um die Tiefziehfläche messen zu können. Die werden bei uns in der Konstruktion erstellt, solche Daten, theoretische Daten, die eben nachher am Teil nicht mehr vorhanden sind. Insofern muß man sich fragen, was man beschreiben will: die Nennmaßgeometrie oder Nominalgeometrie, das, was nachher herauskommt als fertiges Produkt, oder das, was benötigt wird, um das Teil zu fertigen.

Renz, Daimler-Benz, Sindelfingen:

Sie erwähnten so in einem Nebensatz, man stößt immer wieder an die Grenzen der Software. Wo drückt Sie da der Schuh?

Otto, WMI, Lippstadt:

Ich glaube, das war ein Nebensatz, der von Herrn Antl kam. Sie wollen jetzt spezielle Probleme wissen?

Renz, Daimler-Benz, Sindelfingen:

Nun, man könnte die klassifizieren, man könnte sagen, es sind geometrische Operationen, siehe meinetwegen auch das Modellieren von Körpern als weitere Funktion, die es zunächst einmal in Flächensystemen nicht gibt. Oder es könnten auch einfache Verbesserungen am Dialog oder so ähnliche Kleinigkeiten sein.

Otto, WMI, Lippstadt:

Eine Klasse ist sicherlich mit dem Wort Komfort zusammenzufassen, daß man eben mit Sachen, die man an sich mit dem System machen kann über Hintertüren oder über Umwege, daß man versucht, dafür mächtigere Funktionen zur Verfügung zu stellen. An sich ist das der Hauptgesichtspunkt.

Die Grundmathematik ist vorhanden, damit kann man mit entsprechendem Aufwand mehr oder weniger alles tun. Das andere Problem ist eben die Aufbereitung der Daten für spezielle Weiterentwicklungen. Ich habe vorhin diese Optikraster zunächst erwähnt oder auch gezeigt. Da haben wir angefangen, in den Flächen diese kleinen Tori hier anzulegen, die gefräst werden müssen, um nachher diese Optiken herzustellen. Wir möchten jetzt das Programm in der Hinsicht erweitern, daß wir die Optikauslegung unterstützen, die Formen sind ja nicht alle schön netzparallel, das sind eben keine Klötzchen, sondern das sind Kurven auf den Flächen, die noch gewissen ästhetischen Eigenschaften genügen und nebenbei auch noch optische Bedingungen erfüllen sollen. Dafür sind eben ganz spezielle Programme zu erstellen.

Seybold, TU München, Sitzungsleiter:
Ich möchte noch eine Bemerkung machen: Ich habe gespürt, wie Herr Otto zu mir herübergeschielt hat, als er sagte, daß die "mathematische Glattheit" nicht das ist, was der Anwender braucht. Das ist auch den Mathematikern klar. Soviel ich weiß, wird z. B. in Darmstadt an einem Mathematischen Institut in dieser Richtung gearbeitet. Es gibt allerdings für die Hochschulmathematiker, die sich für CAD interessieren, eine prinzipielle Schwierigkeit: Mit Problemen aus den Anwendungen läßt sich oft - wenn man nicht bewußt "hochstapeln" möchte - keine "hohe" und "große" Mathematik machen. Für die Mehrzahl der Fälle genügt relativ einfaches mathematisches Werkzeug, sobald man eine geeignete Formulierung des Problems gefunden hat. Damit kann man die Lösung aber an der Universität nicht "verkaufen", was nicht heißt, daß die Probleme einfach sind. An der Universität muß man jedoch in "sehr endlicher" Zeit - "endlich" wegen des i.a. befristeten Dienstvertrages, und dann meist in der Freizeit, weil man hauptberuflich mit Studenten und Verwaltungsaufgaben beschäftigt ist - Dinge machen, die man an der Universität "verkaufen" kann, wenn der Aufenthalt dort überhaupt einen Sinn haben soll. Dabei hat sich nicht erst einmal gezeigt: Vieles, was man an der Universität nicht "verkaufen" kann, würde anderswo teuer bezahlt, allerdings auch umgekehrt: Die meisten Ergebnisse der Hochschulforschung - ich muß mich auf die Mathematik beschränken, die Verhältnisse bei den Ingenieurwissenschaften kenne ich nicht - sind für irgendwelche Anwendungen irrelevant. Das ist das Dilemma der Leute an den Universitäten, die vielleicht etwas mit CAD im Sinn haben, weil sie ja i.a. nicht an den entscheidenden Schaltknöpfen stehen, wenigstens nicht im Bereich der Mathematik. Dieses Problem ist "von unten her" sicher nur ganz langsam zu lösen. Aber vielleicht können die Ingenieure und die Anwender helfen, daß es in weiteren Mathematikerkreisen allmählich zu einem Stimmungsumschwung kommt. Viele Mathematiker wären darüber sehr glücklich, ich auch. Vielen Dank!

ISOLINIEN UND SCHNITTE IN COONSSCHEN FLÄCHEN

R. Hartwig,

IBM Wissenschaftliches Zentrum Heidelberg

H. Nowacki,

Technische Universität Berlin

Übersicht

Im Bereich der Modellierung räumlicher geometrischer Objekte ist es üblich, deren Oberflächen in analytisch anspruchsvoller Weise, z.B. in Parameterdarstellungen nach Coons oder Bézier, zu beschreiben. Gleichzeitig besteht aber auch ein Bedarf, innerhalb solcher Flächen detaillierte Analysen von geometrischen bzw. differentialgeometrischen Sachverhalten vorzunehmen. Dabei spielen Höhenlinien, Schnitte und Linien konstanter Differentialparameterwerte eine wichtige Rolle für die Veranschaulichung.

Die direkte Bestimmung solcher Isolinien und Schnitte ist numerisch bei Coonsschen Flächen höheren Polynomgrades oft recht aufwendig. Auf Nowackis Vorschlag wurde ein neuer Näherungsansatz erprobt, der von Hartwig (s. z.B. IBM-Nachrichten, H. 255, 1981) unter dem Oberbegriff "Schnelle Interaktive Graphische Datenanalyse" zunächst für allgemeine Zwecke graphischer Datenanalyse und -darstellung entwickelt worden war. Die Näherung läuft hierbei darauf hinaus, die gegebene Fläche in genügend kleine Rasterfelder zu unterteilen und dort lokal durch bilineare Ausdrücke anzunähern. Dann lassen sich die gesuchten Linien sehr schnell bestimmen.

In der durchgeführten Untersuchung wurde dieser Ansatz nun mit der Coonsschen Darstellung zu dem Zwecke in Verbindung gebracht, einen schnellen Algorithmus zur näherungsweisen Bestimmung von Isolinien und ebenen sowie gekrümmten Schnitten in Coons-Flächen zu entwickeln. Das Verfahren wurde anhand konkreter Beispiele erprobt. Dabei wurde die erzielbare Genauigkeit und der erforderliche Rechenaufwand untersucht. Die gewonnenen Erfahrungen sind bisher sehr zufriedenstellend. Durch ein "Verfeinern" der gewonnenen Approximationen konnte das numerische Ergebnis sowie der optische Eindruck der Darstellung noch verbessert werden.

Die Ergebnisse sind insgesamt sehr positiv und lassen erkennen, daß der Lösungsansatz für vielfältige Anwendungen im Bereich des Geometrischen Modellierens nützlich sein kann.

1. Zum Stand der Technik

In Anwendungen des Geometrischen Modellierens tritt häufig die Aufgabe auf, in der Oberfläche eines geometrischen Objekts Höhenlinien, ebene und gekrümmt geführte Schnitte, Linien konstanter Steigung und Krümmung u.ä. zu berechnen und graphisch darzustellen. Diese Aufgaben lassen sich nach einer einheitlichen Systematik behandeln, denn sie laufen grundsätzlich alle auf die Bestimmung der Durchdringung der gegebenen

Oberfläche des Objektes bzw. ihrer Ableitungen mit einer anderen, ebenen oder gekrümmten Raumfläche hinaus.

Dabei besteht bei anspruchsvolleren Formen die mathematische Darstellung der Oberfläche des Objekts nicht selten aus vielgliedrigen Ausdrücken, z.B. bei Coons-, Bézier- oder B-Spline-Flächen, so daß es für die Begrenzung des Rechenaufwandes darauf ankommt, die Zahl der direkten Funktionsberechnungen aus der gegebenen Flächengleichung bei der Höhenlinienbestimmung möglichst gering zu halten.

So ergibt sich der Gedanke, auf solche Näherungsverfahren zur Höhenlinienbestimmung zurückzugreifen, die mit Funktionswerten an relativ wenigen Stellen der Fläche auskommen: dabei darf der Aufwand zur Flächeninterpolation durch die Stützstellen und zur Höhenlinienberechnung aber im Vergleich zur direkten Verwendung der Flächengleichung nicht zu groß werden.

Die Aufgabe, Höhenlinien in einer nur durch Funktionswerte an bestimmten Stützstellen gegebenen Fläche zu berechnen, kommt in vielen Anwendungen vor, z.B. in der Kartographie und der Meßdatendarstellung, und es gibt eine große Vielfalt hierfür in Frage kommender mathematischer Verfahren, die sogenannten Contouring-Verfahren. Systematische Literaturübersichten finden sich in [1], [2], [3], [4], [5]. Eine Grobeinteilung bekannter Verfahren läßt sich u.a. nach folgenden Gesichtspunkten vornehmen:

a) Stützstellenanordnung:

Die Abszissen der gegebenen Funktionswerte sind:

- Beliebig gestreut (scattered) oder
- auf regelmäßigem Maschennetz angeordnet (konstante Maschenweite in x- und y-Richtung) oder
- auf unregelmäßigem Maschennetz verteilt.

Beliebig gestreute und über unregelmäßige Maschen verteilte Daten können auf Dreiecks- oder Vierecksnetz-Topologien zurückgeführt werden, so daß die meisten Verfahren auf diese Grundfälle zugeschnitten sind.

b) Interpolationsansatz

Als Funktionstyp für die Funktionsbasis des Interpolationsansatzes können sehr unterschiedliche Funktionen angesetzt werden [5]. Wichtige Merkmale sind:

- Der erreichte Stetigkeitsgrad der interpolierten Flächen, z.B. C1, C2, ..., d.h. stetig bis zu den ersten oder zweiten Ableitungen usw.
- Globales oder lokales Interpolationsprinzip

c) Höhenliniensuchansatz

- Analytisch aus interpolierter Flächengleichung
- approximierend, z.B. durch Bahnverfolgung der Höhenlinie

d) Ansatz zur Höhenliniendarstellung

- Analytisch (Geraden, Kurven)
- interpolierend (durch Punktfolge)
- glättend

Im vorliegenden Zusammenhang, der aus CAD-Anwendungen hervorgegangen ist, wird eine biquintische Coonssche Fläche als Beispiel für eine komplexe Formdarstellung untersucht, um hierin mit einem möglichst einfachen Verfahren vom Contouring-Typ Höhenlinien, Schnitte usw. zu bestimmen. Dafür wurde das von Hartwig entwickelte Verfahren "Schnelle Interaktive Graphische Datenanalyse" [6], [7], ausgewählt. Dieses Verfahren geht von einer C0-stetigen, lokalen Interpolation des im regelmäßigen Vierecksnetz gegebenen Funktionswertesatzes aus, wodurch es gelingt, die Höhenlinienabschnitte in jedem Rasterfeld analytisch schnell zu bestimmen und als krummlinige Kurvensegmente einfach auszugeben. Das Verfahren wurde deshalb ausgewählt, weil es verspricht, die oben gestellten Anforderungen zu erfüllen, aus wenigen Stützstellen mit relativ geringem Aufwand Höhenlinien und Schnitte zu ermitteln. Seine Eignung und Genauigkeit wurde inzwischen an verschiedenen Testbeispielen geprüft, worüber im folgenden berichtet wird.

2. Das Verfahren

Das Verfahren "Schnelle Interaktive Graphische Datenanalyse" umfaßt zwei Methoden, die voneinander unabhängig mit getrennten Zielsetzungen an der Lösung beteiligt werden: Daten-Verfeinerung und Daten-Analyse.

Daten-Verfeinerung: Sie hat den Zweck, zwischen den vorgegebenen Stützstellen eine beliebige Anzahl weiterer Stützstellen zu erzeugen. Dies geschieht nach einem schnellen spline-ähnlichen Interpolationsverfahren, bei dem ursprünglich lineare Verbindungen zwischen zwei Original-Stützstellen in den einzelnen Verfeinerungsschritten nacheinander in 2, 4, 8, ... in sich lineare Subsegmente umgewandelt werden. D.h. zwischen den vorgegebenen Stützstellen liegen nach der Verfeinerung - je nach Verfeinerungsgrad 1, 2, 3, ... - schließlich 2, 4, 8, lineare Verbindungssegmente, die insgesamt eine Kurve bilden.
Dieses Verfahren ist schnell und einfach. Die Schnelligkeit ist Vorbedingung für eine interaktive Arbeitsweise; die Einfachheit ist eine gute Voraussetzung, diese Methode auch auf höhere Dimensionen zu erweitern. Bisher wurde dieses Verfahren [8] noch nicht extern publiziert, wohl aber in einer Reihe von Arbeiten angewendet und erprobt [7], [9], [10]. Speziell die Verfeinerung von Punkten und die Erweiterung auf die dritte Dimension wurde in [9] erprobt, während in [12] Erweiterungen und verallgemeinerte Darstellungen untersucht wurden.
In den nachfolgenden Beispielen wird die Erweiterung auf die zweite Dimension gezeigt: Jedes Original-Flächensegment wird je nach Verfeinerungsgrad (1, 2, 3) in 4, 16, 64 Flächen-Subsegmente unterteilt. Die Abb. 2 und 3 zeigen Isolinien zu den in Abb. 1 dargestellten Flächen bei verschiedenen Verfeinerungsgraden. Die gegebenen (9x9) Stützstellen sind durch Punkte markiert. Man erkennt, daß optisch schon beim Verfeinerungsgrad 2 eine gute Näherung erreicht wird.

Daten-Analyse: Sie hat den Zweck, innerhalb der vorgegebenen Segmente oder innerhalb der durch Verfeinerung erzeugten Subsegmente analytische Größen (Isolinien, Gradienten, Steigungen, Schnitte, etc.) zu ermitteln. Dies geschieht auf der Basis eines bilinearen Ansatzes, wie bereits in der Einleitung erwähnt. Dabei wird durch die vier gegebenen Eckpunkte eines jeden Rasterfeldes eine in Parameterdarstellung bilineare Fläche gelegt. Die hieraus entstehende Gesamtfläche approximiert die Coonssche Fläche und ist an den Rändern der Rasterfelder C0-stetig.
In [6], [7] sind die Grundlagen für die hier vorliegenden Fälle (Fläche) dargestellt. In [11] sind diese Verfahren - allerdings ohne Verfeinerung - für Coonssche Flächen untersucht worden.
In Abb. 4 sind auf dieser Basis erzeugte Schnitte dargestellt, wobei übrigens die Schnittkurven in der Grundebene (z=0) selbst durch Verfeinerungen zwischen den vorgegebenen (8 bzw. 9) Stützpunkten erzeugt wurden. In Abb. 5 sind die Abwicklungen dieser Schnitte dargestellt.

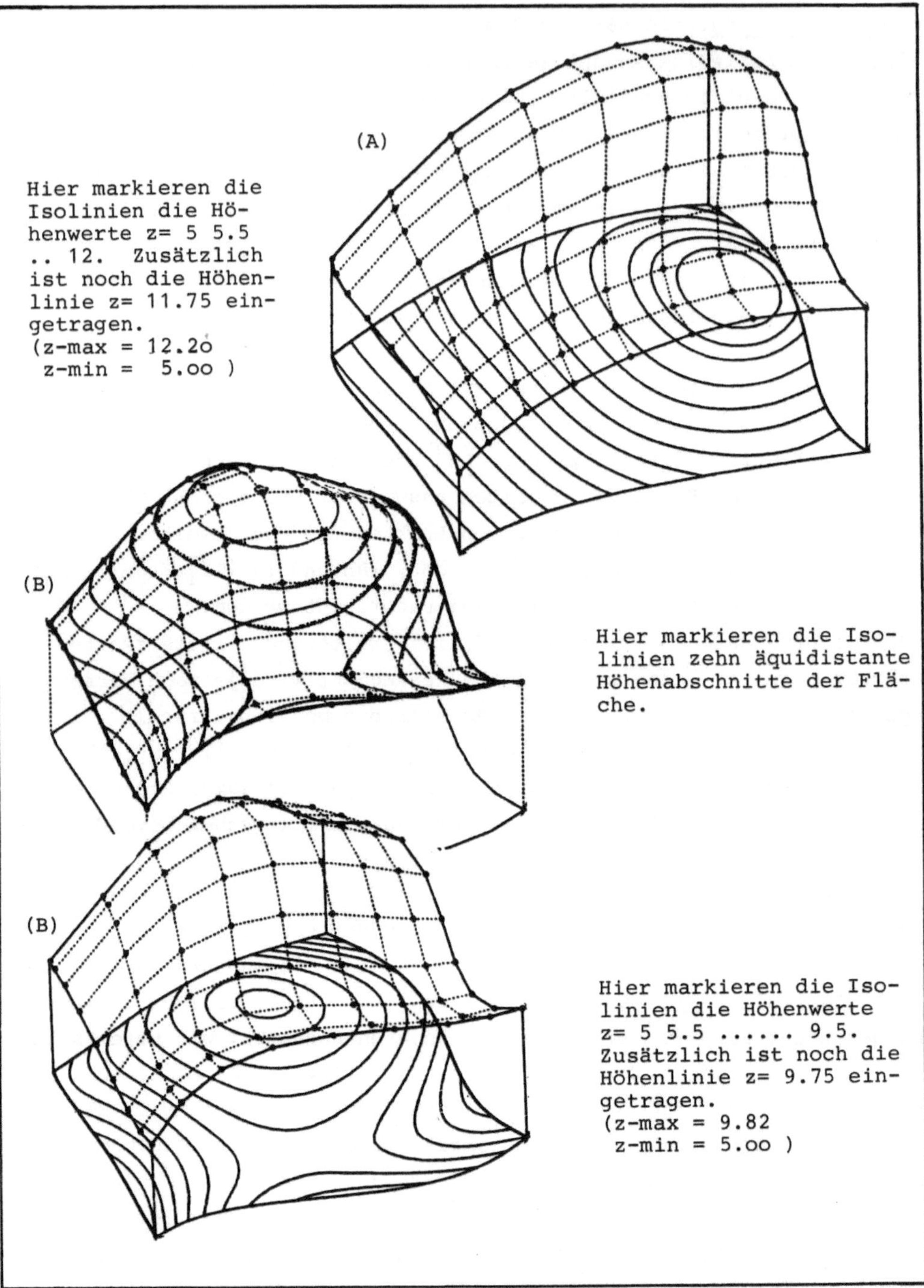

Abb.1 Zwei Coons-Flächen-Segmente. An diesen Segmenten ohne (A) und mit (B) Sattelpunkt werden in den folgenden Abbildungen die beschriebenen Möglichkeiten für Isolinien und Schnitte veranschaulicht. Je 9x9 Werte z(x,y) sind vorgegeben (Knoten im Flächennetz).

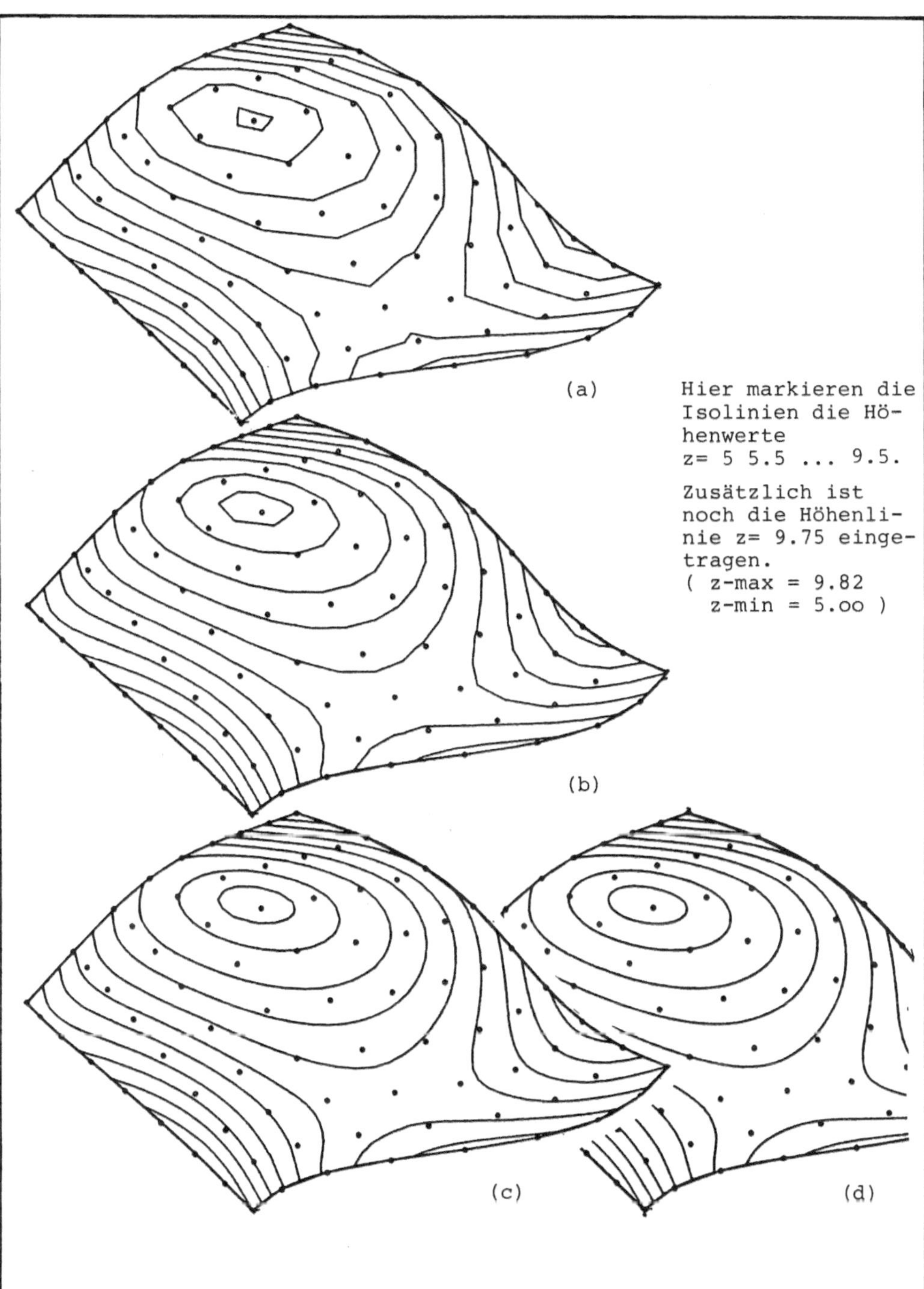

Abb. 2 Isolinien zu dem Coons-Flächen-Segment (B) (s. Abb. 1).
Die Isolinien sind in verschiedenen 'Verfeinerungsgraden' dargestellt, die Betrachtungsrichtung ist vertikal von oben.
(a): unverfeinert, (b): 1mal verfeinert .... (d): 3mal verfeinert.

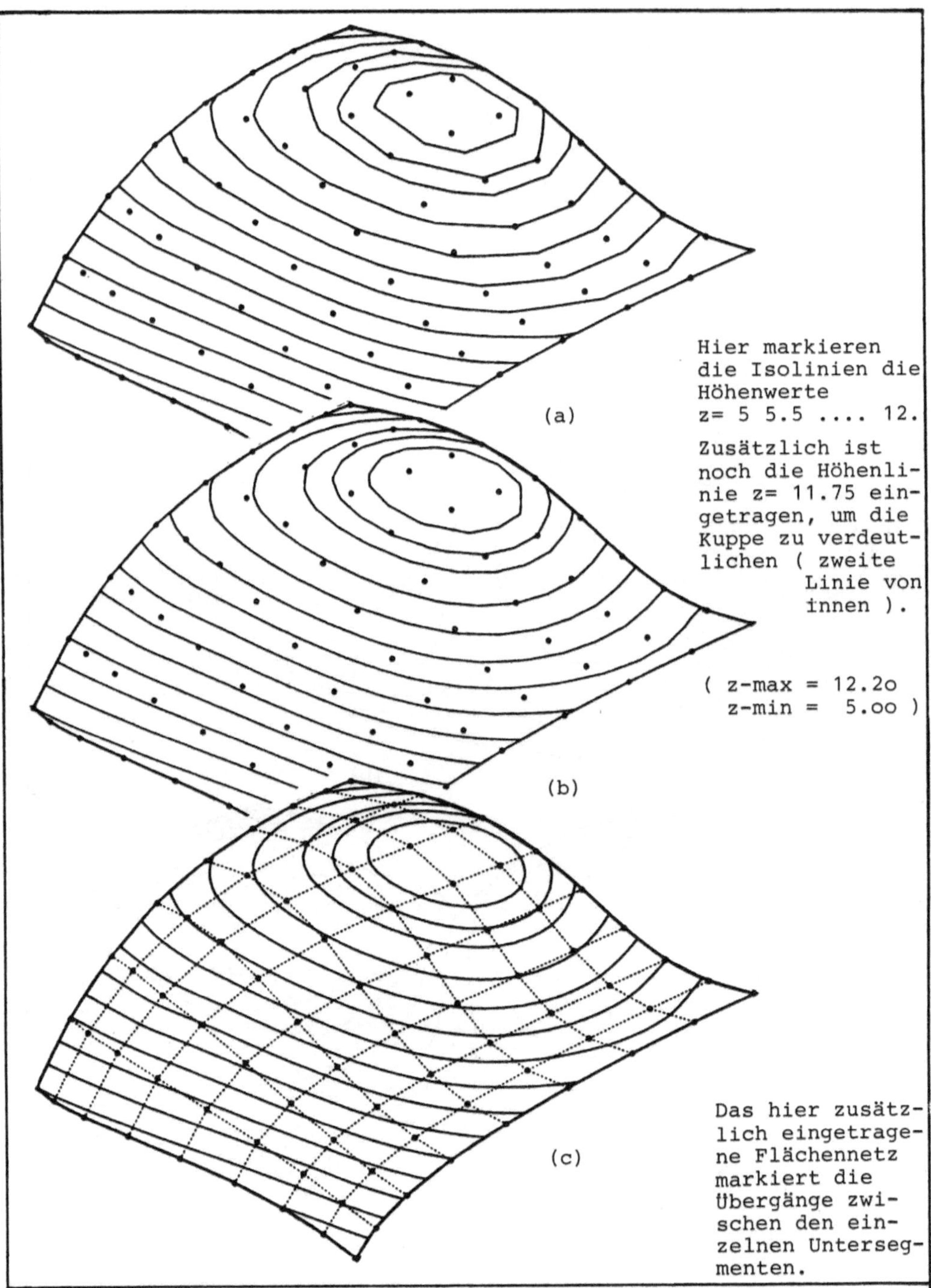

Abb.3 Isolinien zu dem Coons-Flächen-Segment (A) (s. Abb.1).
Die Isolinien sind in verschiedenen 'Verfeinerungsgraden' dargestellt, die Betrachtungsrichtung ist vertikal von oben. (a): unverfeinert, (b): 1mal verfeinert, (c): 2mal verfeinert.

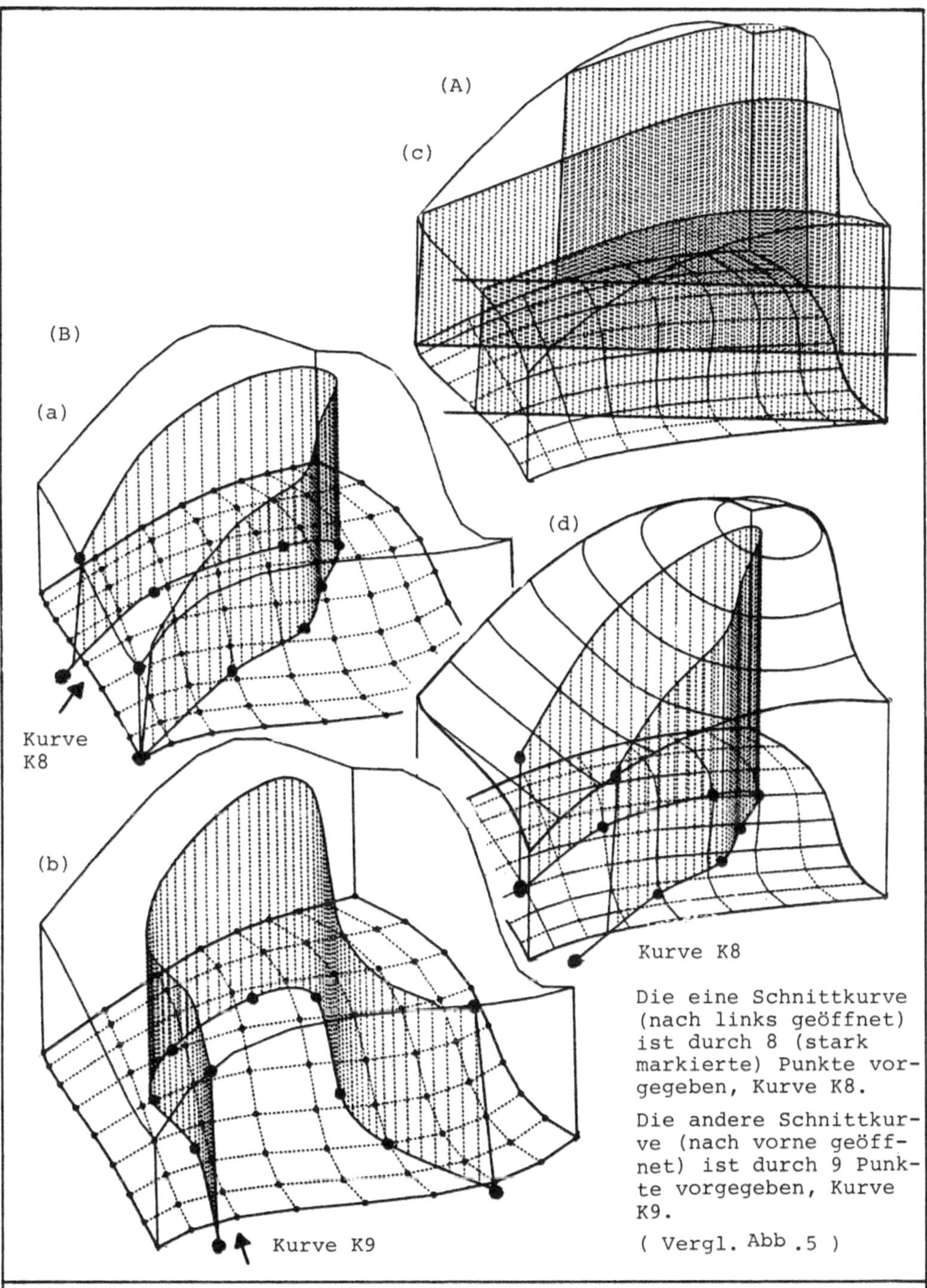

Abb.4 Schnitte in den Coons-Flächen-Segmenten (A) und (B) (s.Abb.1). Für den Sonderfall der geradlinigen Schnitte, hier Schnitte y= Const (c). Für den allgemeinen Fall der (Kurven-) Schnitte hier Schnitte entlang zweier vorgegebener Kurven durch die Segmente (B) (a,b) und (A) (d). Die Schnittkurven sind durch Punkte vorgegeben.

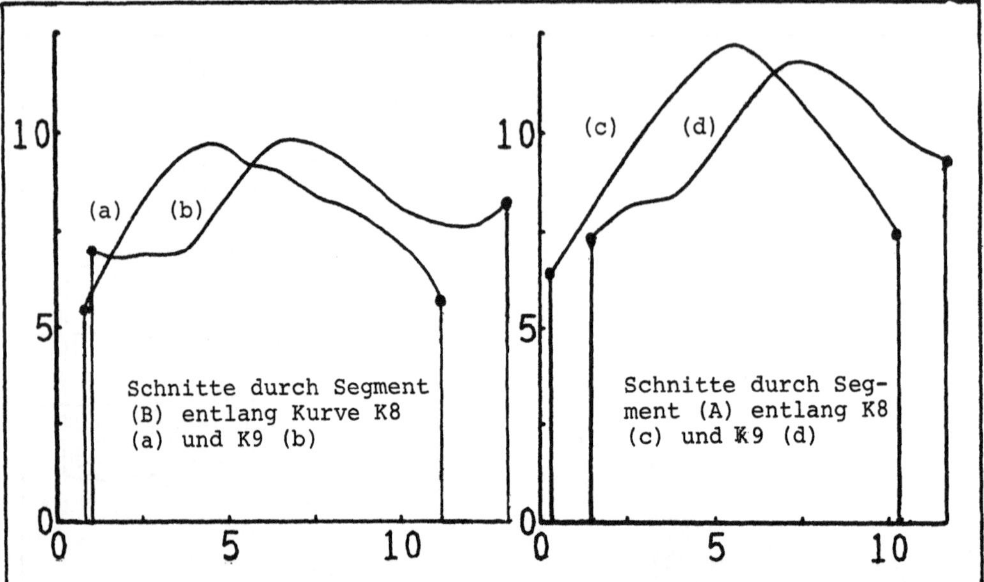

Abb.5 Die Abwicklung der Schnitte durch die Flächen-Segmente (A) und (B) (s. Abb.4). Links: Schnitte durch (B); (a) entlang Kurve K8, (b) entlang K9. Rechts: Schnitte durch (A); (c) entlang K8, (d) entlang K9. Die Welle in (B) und auch die Ausbuchtung der Kurve K9 (nach links) werden (durch nochmaliges Absinken) in (b,d) deutlich.

3. Zusammenfassung

Es wurde die Eignung eines Näherungsverfahrens von Hartwig, das für Zwecke allgemeiner, graphischer Datenanalyse entwickelt worden war, zur Bestimmung von Höhenlinien und Schnitten in Coonsschen Flächen und damit in geometrischen Modellen auch von technischen Objekten untersucht. Das Verfahren liefert mit gut beherrschbarem Aufwand graphisch sehr ansprechende Darstellungen für Höhenlinien und Schnitte, deren Genauigkeit sich durch die Wahl von Rasterteilung und Verfeinerung ohne Schwierigkeiten an die Anforderungen einzelner Anwendungen anpassen läßt.

4. Dankwort

Die Verfasser danken Herrn Dipl.-Ing. V. Nadarajah für seine Anregungen und Hinweise, die hauptsächlich auf die in seiner Diplomarbeit [11] durchgeführten grundlegenden Voruntersuchungen zurückgehen. Sie möchten ferner den Herren Dipl.-Ing. H. Joos, Dipl.-Ing. J. Redmer und cand.-aer. N. Gross danken, die durch ihre Arbeiten die hier benutzten Verfahren ebenfalls erprobt und untermauert haben. Herrn P. Lönz sei für die Durchführung einiger vorbereitender Flächenaufmaßberechnungen gedankt.

5. Literatur

1. Barnhill, R.E.
"Representation and Approximation of Surfaces", in Mathematical Software III, Hrsgb. J.R. Rice, Acad. Press, N.Y., 1977.

2. Schumaker, L.L.
"Fitting Surfaces to Scattered Data", in Approximation Theory II, Hrsgb. G.G. Lorentz, C.K. Chui, L.L. Schumaker, Acad. Press, N.Y., 1976.

3. Sutcliffe, D.C.
"Contouring over Rectangular and Skewed Rectangular Grids - An Introduction", in Mathematical Methods in Comp. Graphics and Design, Hrsgb. K.W. Brodlie, Acad. Press, N.Y., 1980.

4. Sabin, M.A.
"Contouring - A Review of Methods for Scattered Data", in Mathematical Methods for Comp. Graphics and Design, Hrsgb. K.W. Brodlie, Acad. Press, N.Y., 1980.

5. Franke, R.
"Scattered Data Interpolation: Tests of Some Methods", Journal of the American Math. Soc., 1982.

6. Hartwig, R.
"Hyperbolic Data Representation and Analysis", Proceedings of the Eurographics, Bologna, 1979.

7. Hartwig, R.
"Interactive Graphic Analysis of Three-Dimensional Data", Proceedings of the Seventh International Codata Conference, Kyoto, 1980.

8. Hartwig, R.
"SPLIKE, Spline-like Interpolation", Vorlesung Universität Stuttgart, 1978. Noch nicht extern publiziert, sondern zunächst nur in Studienarbeiten und Diplomarbeiten [9] , [11] erprobt.

9. Joos, H.
"Untersuchungen von Verfahren zur dreidimensionalen Interpolation in kartesischen Koordinatengittern", Diplomarbeit, Universität Stuttgart, IRA, 1980.

10. Redmer, J.
"Erprobung des experimentellen Daten-Analyse- und Management-Systems IDAMS für die Interaktive Entwurfsoptimierung eines Raumtransporters mit Kombinationsantrieb", Diplomarbeit, Universität Stuttgart, IRA, 1980.

11. Nadarajah, V.
"Bestimmung von Höhenlinien in Coonsschen Flächen", Diplomarbeit, Techn. Universität Berlin, 1981.

12. Gross, N.
"Untersuchungen zur Erzeugung von Zwischenpunkten nach dem SPLIKE-Verfahren", Studienarbeit, Universität Stuttgart, IRA, 1982.

D I S K U S S I O N

Nehab, Waldrich, Coburg:
Haben Sie bei diesem Verfahren auch schon mal daran gedacht, es für die NC-Programmierung einzusetzen, speziell für den Fall, für irgendwelche vorgegebenen willkürlich gekrümmten Flächen in vernünftiger Weise NC-Bahnen zu generieren?

Hartwig, IBM, Heidelberg:
Nein, haben wir nicht, ganz bewußt nicht, und zwar weil wir ursprünglich und auch heute noch nicht die Absicht haben, dem geometrisch strengen CAD Konkurrenz zu machen. Wir wollten hier den Menschen bedienen, der mit Daten zu tun hat, die, sagen wir mal, meteorologisch-naturwissenschaftlicher Art sind, bei denen es überhaupt nicht darauf ankommt, ob die Wetterkarte mit C1- oder C2-Stetigkeit dargestellt wird, nur um das kontrastreich auszudrücken.

Nehab, Waldrich, Coburg:
Dann muß ich aber sagen, daß in dem Bereich leider Gottes überhaupt noch keine Konkurrenz existiert. Wenn Sie nämlich das Verfahren des fünfachsigen Fräsens anwenden wollen, gibt es noch keine vernünftigen NC-Programmierverfahren, die die ganzen geometrischen Kollisionsmöglichkeiten, die Sie letztlich erst unten an der Maschine antreffen, vorher ausblenden können.

Hartwig, IBM, Heidelberg:
Ich wollte auf keinen Fall mit meiner Antwort den Eindruck erwecken, als wollten wir uns da irgendwo reindrängen. Ich bin mir auch klar darüber, daß es im Zusammenhang mit dreidimensionaler Bewegung, mit Robotern, mit Werkzeugmaschinen, z. B. bei Kollisionsfragen, Werkzeugwegfragen usw., auch Teilaufgaben geben wird, die mit relativ ungenauer, wohl aber schneller und interaktiver Kooperation zwischen Mensch und Maschine zu beherrschen sein werden. Ich bin durchaus Ihrer Meinung, daß da eine offene Frage ist.

Nowacki, TU Berlin:
Ich glaube, daß man Ihre Frage etwas verallgemeinern sollte und vielleicht ruhig mal die Motivierung erläutern sollte, die unsere Berliner Seite veranlaßt hat, dieses Verfahren mitzuentwickeln. Wir benutzen Coonssche Flächen zur Darstellung von Schiffsoberflächen, und zwar befassen wir uns mit dem Glätten solcher Flächen. Dabei definieren wir

Glätten nicht nur als das Gewährleisten von Differenzierbarkeit, sondern im Sinne der Minimierung von Formänderungsenergie in Flächenelementen, und wir verwenden die Coonsschen Flächenelemente als elastische Elemente in einem gewissen Sinne. Es ist nun bekannt, daß z. B. bei MBB im Geolan-System, von Dr. Walter herrührend, ganz ähnliche Ansätze verwendet worden sind und daß dort bikubische Coonssche Flächen auf diese Weise geglättet wurden. In unserem Zusammenhang, auf die Schiffe angewendet, wählen wir einen biquintischen Coonsschen Flächenansatz und zwar deshalb, weil wir dann auch die Krümmungsstetigkeit an den Patch-Rändern in die Hand bekommen und die Krümmung an den Rändern sogar unabhängig von den anderen Randeigenschaften beeinflussen und steuern können. Dieser biquintische Ansatz hat aber die Eigenschaft, daß ein hoher Rechenaufwand notwendig ist, um einzelne Funktionswerte in der Fläche zu bestimmen. Wenn man daher dann Höhenlinien braucht, um sich die Fläche zu veranschaulichen, sind Geradeausverfahren, die auf die Flächendarstellung direkt zugreifen, infolge der Vielzahl der Glieder in der Coonsschen Flächendarstellung recht aufwendig. Wir haben ja auch in der Einleitung zu dem Beitrag eine ganze Reihe von Möglichkeiten aufgezeigt, es gibt ja eine große Zahl von sogenannten Contouringverfahren, um die Höhenlinien zu bekommen, z. B. diejenigen, die den einzelnen Höhenlinien direkt folgen im Sinne eines Tracking-Ansatzes, die brauchen alle recht viele Funktionsberechnungen. Wir haben uns daher auf eine vereinfachte Darstellung einer unterrasterten Coons-Fläche begeben, so daß die Unterfelder durch bilineare Ausdrücke approximiert werden können, und es gelingt durch einfache Matrixoperationen nach dem Verfahren von Hartwig, innerhalb dieser Unterfelder die Höhenlinien abschnittweise zu bestimmen und zusammenzufügen. Der Aufwand dafür ist also relativ gering, der Preis dafür ist, daß wir in jedem Rasterfeld nur eine Näherung der eigentlichen Fläche zur Verfügung haben, aber bei der Gesamtbetrachtung, vor allen Dingen bei dem optischen Glättetest für das Gesamtverfahren, kommt es uns hier in erster Linie darauf an, große Beulen, große Unregelmäßigkeiten in der Fläche festzustellen. In der Schublade befindet sich auch noch der Gedanke, das gleiche Verfahren auch auf die Ableitungen und die Krümmungen der Fläche anzusetzen, womit man dann an verfeinerte Informationen herankommt, aber vermutlich eine feinere Rasterunterteilung wählen muß. Das, was Sie vorschlagen, um damit den Kreis zu schließen, wäre ja die Verwendung dieses näherungsweisen Bestimmens von Schnitten und Höhenlinien zur Vorprüfung von NC-Vorgängen. Soweit dabei eine grobe Rasterung ausreicht, ist ein entsprechender Ansatz hier wohl vorstellbar. Wenn es aber auf stark verfeinerte und damit genaue Erfassung der Flächen und der Bearbeitungsvorgänge ankommt, ist unsere Approximation wohl weniger geeignet.

Seybold, TU München, Sitzungsleiter:
Ich habe noch eine Frage. Sie haben erzählt, was Sie gemacht haben. Den Geometer würde interessieren, wie Sie es gemacht haben. In erster Linie haben Sie gesagt, Sie verdichten das Gitter, welche Informationen verwenden Sie, um das Gitter zu verdichten und woher haben Sie die?

Hartwig, IBM, Heidelberg:
Ich habe das bewußt nur mal erwähnt; in den Unterlagen, die Sie haben, ist Literatur zu den Anwendungen angegeben, es sind die beiden Aufsätze Bologna 1979 und Kyoto 1980. Im wesentlichen ist es so, wir gehen in zwei voneinander unabhängigen Arbeitsteilen vor: Im ersten Arbeitsteil werden Zwischenpunkte erzeugt, d.h. wir verfeinern oder verdichten, wie Sie sagen. Im zweiten Arbeitsteil nehmen wir dann eine lokale differentialgeometrische Analyse vor, die allein auf den vier Eckwerten des jeweiligen Subsegments basiert. Sie fragen jetzt, auf welche Art wir verfeinern. Hierfür gehen wir wahlweise zwei verschiedene Wege. Im ersten Fall erzeugen wir auf der Basis von jeweils vier linienförmig benachbarten Punkten einen Zwischenpunkt, dessen Lage zwischen den inneren beiden Punkten ist und dessen Wert sich kubisch aus allen vier Werten ergibt. Im nächsten Verfeinerungsschritt werden alle Werte, also die Urpunkte und die bis dahin erzeugten Zwischenpunkte, gleichberechtigt dem gleichen Verfahren unterworfen usw. Auf diesem Wege entstehen zwischen zwei ursprünglich benachbarten Urpunkten schrittweise 1, 3, 7 ... Zwischenpunkte. Das gleiche Verfahren wird, sinngemäß erweitert, auf die Flächendaten angewendet, die hier als Beispiele gezeigt wurden. Im zweiten Fall erzeugen wir alle Zwischenpunkte auf der Basis von vier linienförmig benachbarten bzw. 4x4 flächenförmig benachbarten Punkten in einer Operation. Damit erhalten wir für ein Ur-Segment z.B. 8x8 Subsegmente. Diese Operation ist natürlich mächtiger und wir gewinnen die Möglichkeit, Randbedingungen für die Segmente einbringen zu können, d.h. hier C1-stetige Übergänge an den Segmentgrenzen. Wir verlieren aber die Einfachheit des Verfahrens und auch die Möglichkeit, den Verfeinerungsgrad von Fall zu Fall interaktiv zu bestimmen und damit wiederum ggf. unnötig großen Rechenaufwand zugunsten von Geschwindigkeit zu sparen. In beiden Fällen erhalten wir erfreulich glatte Flächennetze, die zwingend durch alle beliebig vorgegebenen Punkte und auch durch alle Zwischenpunkte gehen. Damit ist der erste Arbeitsteil, die Verfeinerung, beendet. Der zweite Arbeitsteil ist dann die bilineare Behandlung der Subsegmente, die ausführlich in dem Bologna-Aufsatz beschrieben ist. Das ist alles.

Seybold, TU München, Sitzungsleiter:

Auf die Gefahr hin, daß ich, ein Mathematiker, als schlechter Mensch angesehen werde, möchte ich dazu sagen: Sie kriegen da natürlich wunderbar schöne, glatte Flächen. Was die allerdings dann noch mit den Punkten zu tun haben, die vielleicht zwischendrin bei Messungen herauskämen, die Sie bloß nicht gemacht haben, das ist eine andere Frage! Vielleicht war das aber nicht Ihr Ziel.

Hartwig, IBM, Heidelberg:

Ich möchte Ihre Frage gerne aufgreifen. Wenn es Werte zwischen den Punkten gibt, die Sie nicht vermessen und angegeben haben, dann haben Sie schon etwas verletzt, was gar nicht in diesen Bereich gehört. Dann haben Sie nämlich das Shannonsche Abtasttheorem verletzt. Wir gehen immer davon aus, daß genügend Punkte da sind und daß zwischendurch nichts Besonderes passiert.

Aber jetzt haben Sie mich natürlich durch Ihre Frage auf einen sehr wichtigen Punkt gebracht. Sie denken sicher an unkontrolliertes und unerwünschtes Überschwingen der Kurven und Flächen. Das ist für uns ein sehr wichtiger Punkt, denn wir haben in den Anwendungen, für die wir dieses Verfahren ursprünglich entwickelt haben, häufig die Situation, daß wir eine Kurve bzw. Fläche erzeugen müssen, die zwingend durch vorgegebene Punkte gehen soll, wobei die Punkte aber grundsätzlich verschiedenen Zuständen angehören. Zustand 1 mag eine Fläche auf niedrigem Niveau sein und Zustand 2 eine auf hohem. Jeder Zustand ist durch eine geringe Anzahl von Punkten gegeben und wir müssen ruckartig von einem in den anderen Zustand schalten. Bei stumpfsinniger Anwendung dieses Verfahrens würden wir in diesem Falle natürlich Überschwingungen und ähnliche nicht-plausible Erscheinungen erhalten. Für diese Fälle haben wir eine Variante in dem Verfahren, die sicherstellt, daß die Kurven bzw. Flächen stets monoton verlaufen. Damit erzeugen wir Übergänge zwischen verschiedenen Zuständen, die physikalisch plausibel und auch analytisch widerspruchsfrei sind. Im Rückblick auf Ihre vorherige Frage kann ich sagen, daß die hier soeben erwähnten Möglichkeiten nur auf der Basis der zuerst beschriebenen Art der schrittweisen Verfeinerung angewendet werden können.

Groth, T-Programm, Reutlingen:

Eine ganz andere Frage, aber schnell zu beantworten: Herr Prof. Hartwig, wie heißt die Typenbezeichnung, IBM-Typenbezeichnung, von dem angesprochenen Programm-Paket?

Hartwig, IBM, Heidelberg:
Die gibt es nicht. Es ist gut, daß Sie mich das fragen, sonst hätte hier vielleicht irgend etwas im Raum gestanden. Es ist ein experimenteller Ansatz, den wir gemacht haben zwischen IBM und dem Institut für Raumfahrtantriebe der Univ. Stuttgart, und dieser existiert zwar in der Beschreibung als öffentliche Information. Es gibt aber kein öffentliches Programmpaket dazu.

Seybold, TU München, Sitzungsleiter:
Ich hätte noch eine Frage. Es steht hier drauf, daß es schnell interaktiv ist. Wie schnell ist es? Welche Wartezeiten haben Sie da?

Hartwig, IBM, Heidelberg:
Ja, dann müßte ich sagen, auf welchem Rechner. Auf unserem Rechner ist es etwa so schnell, wie ich die Bilder umgeblättert habe.

Zwischenruf:
Das war aber sehr langsam.

Hartwig, IBM, Heidelberg:
Das ist natürlich relativ. Manchmal bin ich auch viel besser in Form mit dem Umblättern. Aber im Ernst: Vom Ansatz her gesehen und wegen der Nutzung innerer struktureller Vorteile bei der Verarbeitung kann ich mir im Moment kein Verfahren vorstellen, das diese Schnelligkeit ohne weiteres übertrifft.

GEOMETRIEPROBLEME BEI DER RECHNERUNTERSTÜTZTEN GESTALTUNG VON GLASSCHLIFFMUSTERN

H. Metzler, G. Reinauer
Technische Universität Wien

1. Kurzfassung

Anhand der Entwicklung eines Programmsystems zum Modellieren von Schliffbildern werden besonders die geometrischen Probleme beim Aufbau des rechnerinternen Modells und der Datenstruktur beschrieben.

2. Aufgabenstellung und Ziel

Aus einem Werkzeugkatalog - Schleifscheiben bestimmten Durchmessers mit unterschiedlichen Meridianprofilen - sind mit einer gewählten Scheibe gerade Schliffe wählbarer Breite ins Volle darzustellen. Die Schleifscheibe wird parallel zur Werkstückoberfläche und normal zur Rotationsachse geführt. Aus vordefinierten oder beliebig vorgegebenen Schliffstrecken ist segmentweise ein Bild aufzubauen, das durch weiteres Designing rasch zu verändern ist.

Ziele des Programms

- Errechnete Verschneidungslinien mit gleichbleibend genauer Darstellung.
- Rasche Veränderung eines erzeugten Teilbildes.
- Generierte Gebilde dauerhaft zu verspeichern und schnell wiederzuverwenden.
- Durch Verknüpfung verschiedener Schliffe Aufbau eines wirklichkeitsnahen Bildes.
- Durch Variation erstellter Segmente neue Kombinationen und Muster bilden.

3. Lösungsansatz

Für die fortlaufende Verknüpfung der Einzelschliffe müssen die räumlichen Verschneidungslinien ermittelt werden. Zur Lösung dieses Problems ist daher ein dreidimensionales Modell notwendig. Das abgetragene Material eines Schliffs wird als Körper angesehen.

Ein mit dem Programmsystem erstelltes Glasschliffmuster zeigt Abbildung 1.

Abb. 1: Glasschliffmuster

Die Meridianprofile der Schleifscheiben haben die in Abbildung 2 dargestellten 3 Grundformen:
Keilförmig - gerade - Kreisbogen mit dem Kreismittelpunkt im Scheibenmittelpunkt.

Abb. 2: Scheibenprofile

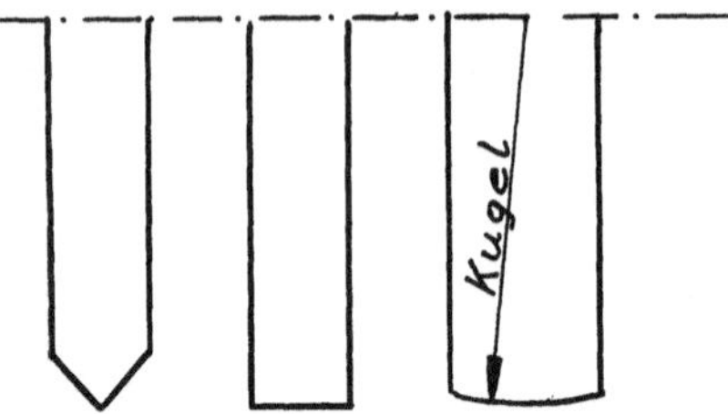

Die geometrische Betrachtung eines geraden Schliffs ergibt:

Der Mittelteil eines Schliffs ist ein Prisma oder Zylinder; der Auslauf ist der Teil eines Kegels, eines Zylinders oder einer Kugel für den kreisförmigen Meridian. Für den allgemeinen Fall eines konkaven Meridians zweiter Ordnung würde sich eine Drehfläche vierter Ordnung ergeben. Die Spuren der Schliffe mit einer ebenen Oberfläche des Werkstücks sind damit für den Mittelteil Geraden, ansonsten algebraische Kurven zweiter Ordnung.

Durch den komplexen allgemeinen Aufbau eines Teilbildes ist es nicht möglich das Verfahren durch Ausnützen von Symmetrien abzukürzen. Bei der Berechnung der Durchdringungen werden für ein Teilbild viele Flächen und deren Berandungen zu verspeichern sein. In Hinblick auf eine rasche Manipulation wurde eine Teilung in einen Dialogteil und den eigentlichen Berechnungsteil festgelegt.

Der Dialogteil übernimmt
- Kommunikation mit dem Anwender
- Manipulation der Schliffstrecken
- Variation und Anpassung von vorgegebenen Standardschliffen

Im Berechnungsteil werden dann aus diesen Angaben
- rechnerinterne Darstellungen generiert (3D-2D)
- boolesche Verknüpfungen zu komplexeren Strukturen durchgeführt
- das Bild erstellt

4. Auswahl eines Modells

Von den heute üblichen Verfahren (Volumen-, Flächen- und Kantenmodell) fiel nach einem Vergleich die Entscheidung zugunsten des Kantenmodells.

Bei der Flächenstruktur werden die Begrenzungsflächen als zentrale Größen des Datenhaushaltes gewählt. Dabei wird die Fläche durch ihre analytische Gleichung dargestellt und die Koeffizienten dieser Gleichung gespeichert. Alle anderen Größen sind durch ihre Zugehörigkeit zu der jeweiligen Fläche erfaßt. Die Flächenkoeffizienten sind die einzige analytische Information, in der Dimensionierungsgrößen verspeichert sind. Die Körperkanten sind in der Flächenstruktur entsprechend der mathematischen Definition als Schnitte zweier Flächen notiert, Punkte als Schnitte dreier Flächen. Die Ermittlung der analytischen Form einer Kante oder eines Punktes erfolgt auf dem Umweg der mathematischen Schnittbildung und ist daher rechenzeitintensiv. Der Definitionsbereich eines Körpers wird durch die Summe der umhüllenden Flächen gekennzeichnet.

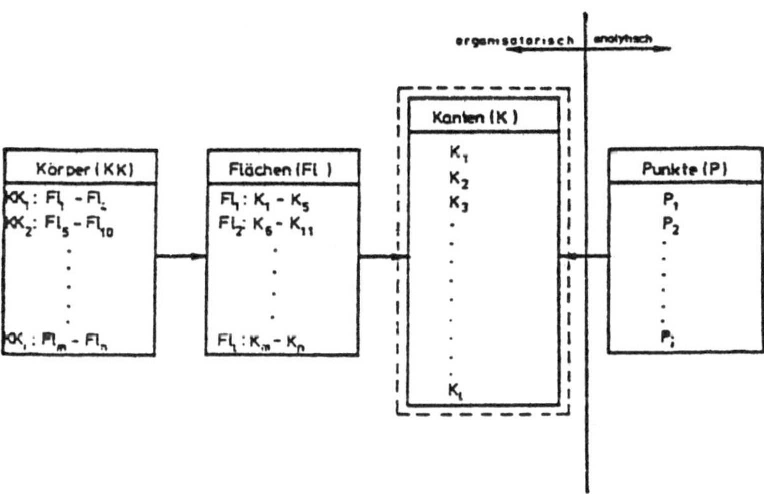

Abb. 3: Kantenstruktur

Bei der Kantenstruktur ist die Körperkante zentraler Informationsträger. Dabei ist die gerade Körperkante als Verbindung zweier Punkte und der Kegelschnitt als Verbindung von fünf Punkten gespeichert. Da die Punkte Träger der analytischen Information sind, ist aufgrund der Zugehörigkeit der Punkte zu Körperkanten jederzeit die analytische

Form der Körperkanten verfügbar. Flächen sind mittels Zeiger als Summe der Körperkanten und Körper als Summe der Flächen, durch die sie begrenzt werden, gekennzeichnet.

Die Speicherung der Kegelschnitte durch fünf Punkte ist aber sehr aufwendig, da diese fünf Punkte keine natürlichen Körperpunkte sind und unnötigen Speicherplatz benötigen.

Für die gestellte Aufgabe ließ sich das Problem folgendermaßen kennzeichnen:

- meistens werden keilförmige Schleifscheiben verwendet, daher ist der größte Teil der Schliffoberflächen eben
- für die Darstellung am Plotter ist sowieso eine Auflösung in Strecken erforderlich
- die Rechenzeit soll sich in Grenzen halten
- der schnellen graphischen Auswertung eines anschaulichen Bildes wurde von der Anwenderseite der Vorzug gegenüber einer exakten Schnittdarstellung gegeben.

Der Grundkörper eines Schliffs wird daher in Form eines Skelettmodells rechnerintern abgebildet. Es sind dadurch zwar nur Ebenen zu erfassen, aber das Speichermodell ist mathematisch einfacher zu handhaben. Diese Form der Datenspeicherung hat auch den Vorteil, mit begrenzten Strecken und Flächen zu operieren, wodurch der Rechenzeitbedarf bei gleichem Speicherplatzbedarf gegenüber der Flächenstruktur niedriger anzusetzen ist.

5. Generieren eines dreidimensionalen Schliffs

Wie bereits beschrieben wurde, besteht im allgemeinen jeder Schliff aus einem Mittelstück und zwei Ausläufen und ist aufgrund des Werkzeugkatalogs zu zwei Achsen symmetrisch. Maßgebend für das dreidimensionale Modell eines Schliffs ist die Darstellung seiner Spur mit der Werkstückoberfläche.

Für die Lösung des Problems der Näherung des Auslaufes durch Ebenen waren folgende Gedanken ausschlaggebend:

Die Ersatzpyramide eines Kegels wie auch das Ersatzprisma eines Zylinders werden durch eine diskrete Folge von Ebenen gebildet, die durch einen (eigentlichen bzw. uneigentlichen) Punkt gehen. Eine beliebige Folge von Ebenen ohne eigentlichen Punkt bildet einen sogenannten Torsenpolyeder, dessen Kanten als Schnitte aufeinanderfolgender Ebenen entstehen.

Die Näherung der Auslaufflächen wurde der Aufgabe gleichgestellt, zu zwei gegebenen Randlinien ein abwickelbares Verbindungsstück zu finden. Die eine Randlinie ist dabei die algebraische Kurve zweiter Ordnung als Spur an der Werkstückoberfläche, die andere Randlinie bildet der Meridian der Schleifscheibe zu Beginn des Auslaufs. Die Lösung läßt sich grundsätzlich so finden, daß man eine Schar gemeinsamer Tangentialebenen der beiden Randlinien aufsucht und die zusammengehörigen Berührungspunkte verbindet. Dies sind die Erzeugenden der Verbindungstorse. Zu deren Darstellung als Skelettmodell wird jeweils das von benachbarten Erzeugenden und den zugehörigen Randsehnen gebildete Viereck durch eine Diagonale in zwei Dreiecke zerlegt und das so entstehende Dreieckspolyeder verspeichert.

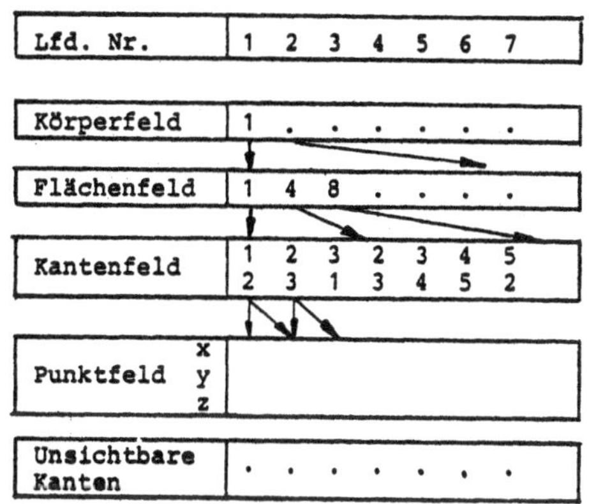

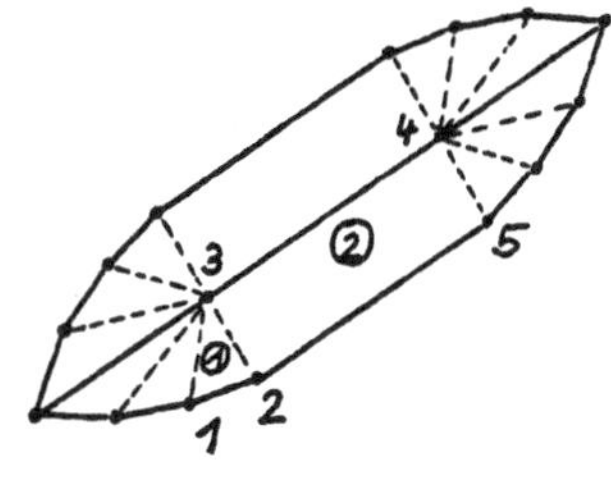

Abb. 4: Aufbau des Skelettmodells

Zur Erstellung des Skelettmodells wird die Spur des Körpers mit der Werkstückoberfläche durch Randsehnen ersetzt. Die Anzahl der Sehnen wird so gewählt, daß die Abweichung der ersten Sehne von der Scheiteltangente nicht größer als 10° ist. Die Punkte des Auslaufes liegen für keilförmige Scheiben auf Hyperbeln, für das kreisförmige Meridianprofil auf Kreisen. Da der Schliffauslauf flach ist, wird der Kreisbogen des Gürtelkreises (z.B. die Bahn der Spitze eines keilförmigen Profils) zwischen Schliffgrund und Werkstückoberfläche durch die Sehne ersetzt. Die Näherung des Auslaufs für die Kugelkalotte ist der Abbildung 5 zu entnehmen.

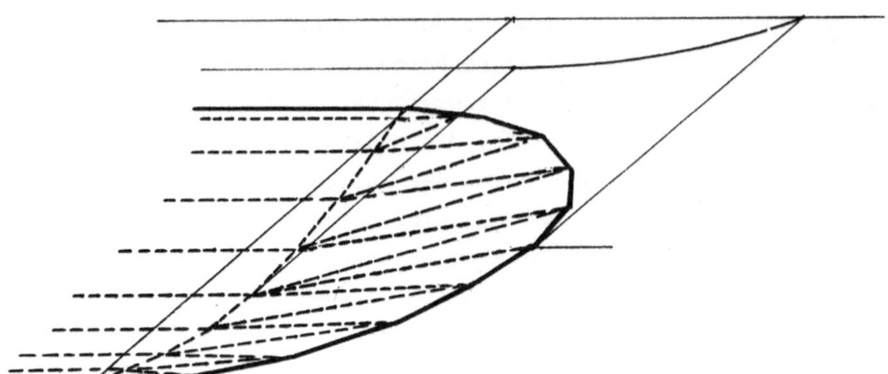

Abb. 5: Modell des Schliffauslaufs

6. Geometrische Verknüpfung zu Teilbildern

Für die Sichtbarkeit der Schliffe gilt:
Bei der angenommenen Schliffführung - Rotationsachse parallel zur Oberfläche, ebene, gerade Bewegung normal zur Rotationsachse - treten keine Hinterschliffe auf. Aufgrund dieses Gestaltungsmerkmales sind daher für das dreidimensionale Modell eines Schliffs die Kanten der Berandung des Schliffs an der Oberfläche und die Bahn einer eventuellen Spitze des Scheibenprofils sichtbar. Da oberhalb einer Schlifffläche Material abgetragen wird, müssen darüberliegende Kanten, zumindest stückweise, wegfallen. Bei der Durchdringung selbst bleiben, von Sonderfällen abgesehen, die Flächen der Körper erhalten, es ändern sich nur deren Berandungen. Damit steigt die Anzahl der zu verspeichernden Kanten.

Die Durchdringung zweier Körpermodelle eines Schliffs wird durch sequentielles Schneiden der Ebenen eines Körpers mit den Ebenen des anderen durchgeführt:

Aus den Definitionsbereichen wird ermittelt, ob der Schnitt zweier Ebenen möglich ist, anschließend,ob eine Kante die Ebene überhaupt durchstoßen kann. Für die Kanten je zweier Ebenen wird die grade Anzahl von Spurpunkten, die stets sichtbar sein müssen, ermittelt und für den Sichtbarkeitsalgorithmus sortiert. Da im allgemeinen jeweils eine sichtbare von einer unsichtbaren Kante gefolgt wird, wurde versucht,den Algorithmus so aufzubauen, daß man möglichst selten mittels Testpunkt auf einer Kante die Sichtbarkeit testen muß. In einem Hilfsfeld werden die Nummern der neuen Spurpunkte und die zugehörigen Kanten notiert. Nach der Berechnung der Spurpunkte werden Punkte oberhalb einer anderen Fläche als unsichtbare Punkte notiert.

Punkte,die innerhalb einer vorgegebenen Schranke gleiche Koordinaten haben, werden als gleich bezeichnet. Kanten, die gleichen Anfangs- und Endpunkt haben, werden gelöscht; bleibt nicht mindestens ein Dreieck über, wird die Fläche gelöscht. Bei dem beschriebenen Vorgehen ist zu beachten, daß bei der Durchdringung häufig auftretende Doppelpunkte nur einmal gespeichert werden und die Zuordnung richtig erfolgt. Die Abfrage, ob ein Punkt im Definitonsbereich einer Ebene liegt, geschieht nach dem Verfahren von Herold. Zuletzt werden die alten Kanten und die unsichtbaren Punkte gelöscht und die Daten überarbeitet.

Durch das gewählte Modell ist es auch möglich, einen Körper nur als eine Fläche mit vielen Kanten zu definieren. Legt man diese Fläche nur knapp unter die Werkstückoberfläche, so liefert derselbe Algorithmus die in Abbildung 6 dargestellte Lösung. Sie entsteht zum Beispiel beim Ritzen der Glasoberfläche nach einem sogenannten Silberschliff und anschließendem Überschleifen.

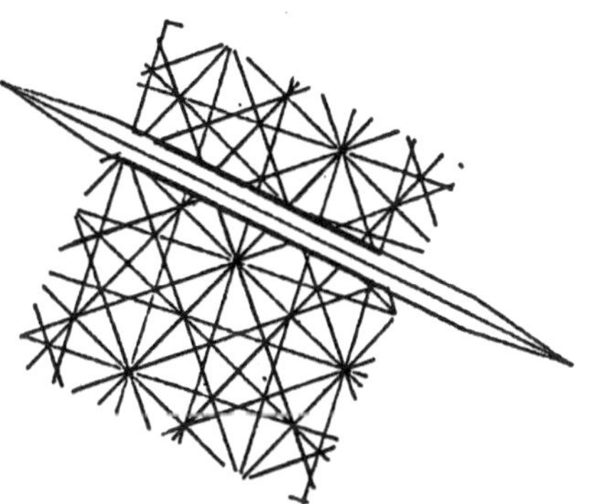

Abb. 6: Überschliffener Silberschliff

7. Struktur der rechnerinternen Darstellung, Boolesche Verknüpfung zu komplexen Mustern

Wie man aus dem Aufbau des Körpermodells entnehmen kann, entstehen schon bei Mustern, die nur aus wenigen Schliffen gebildet werden, sehr viele Kanten, da zu zwei Flächen gehörende Strecken den zweifachen Speicherplatz erfordern. Ein neuerlicher Körperaufbau nach jedem Modellieren ist deshalb zu rechenzeitintensiv. Andererseits kommt aber die Manipulation der bereits gebildeten Körpermodelle und das wiederholte Erstellen des zugehörigen Bildes wegen des größeren Speicherbedarfes und der beschränkten Rechnerkapazität nicht in Frage. Der Benutzer (Designer) kann erste Entscheidungen schon anhand der Werkzeugbahnen oder aus der Manipulation eines Bildes treffen. Zum Beispiel: falsch positioniert, transformieren oder löschen.

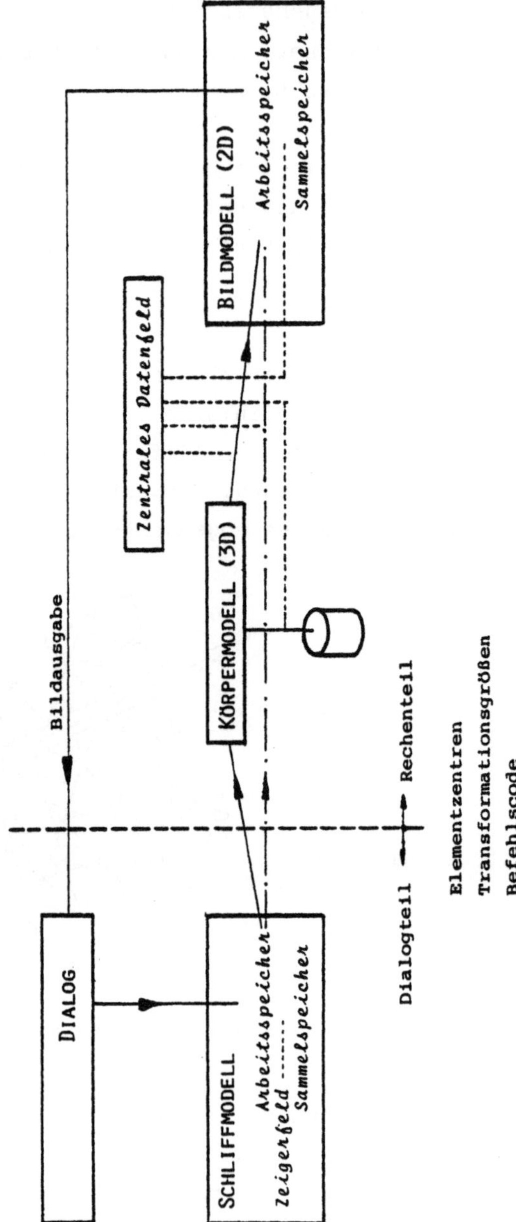

Abb. 7: Datenstruktur

Aus diesen Überlegungen wird die rechnerinterne Darstellung eines Teilbildes in drei zueinander parallelen Modellen realisiert:

- 2D - Schliffstreckenmodell (geringer Speicherbedarf, schnelle Handhabung)
- 3D - Körpermodell (aufwendig, nur zur Durchdringung)
- 2D - Bildmodell (geforderte Information bei geringem Aufwand).

Das Programm unterscheidet zwischen allgemeinen Befehlen und sogenannten Element- und Designbefehlen.
Bei den Elementbefehlen wird jeweils ein neues Teilbild und damit ein neuer Körper gebildet. Zu jedem neuen Element wird ein Zentrum graphisch angegeben, um das Element später und in allen Programmteilen eindeutig identifizieren zu können. Auf die Variationsmöglichkeiten bei der Bildung eines Elementes möchte ich nicht eingehen. Die Erstellung des Teilbildes aus dem Schliffstreckenmodell veranschaulicht Abbildung 8.

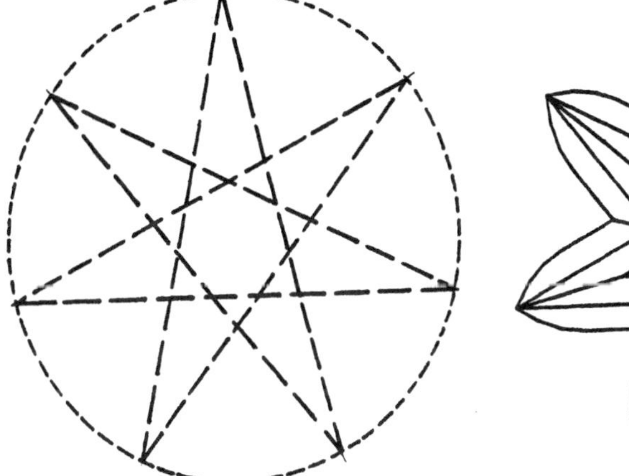

Abb.8: Schliffstreckenmodell

Abb.9: Bildmodell

Die Designbefehle ermöglichen es, die in der vorher beschriebenen Weise generierten Elemente zu verzerren, zu vergrößern, in ihrer Lage zu ändern, zu spiegeln oder zu löschen. Da häufig eine Folge von Designbefehlen überwiegt und die wiederholte Manipulation desselben Segmentes (Teilbild) und zugehörigen Modelle rasch durchgeführt werden soll, sind die zweidimensionalen Modelle in einen Arbeitsspeicher, der sich im Vordergrund befindet, und einen Sammelspeicher geteilt.
Mit einem Designbefehl ist es auch möglich, mehrere Elemente zu einem neuen zusammenzufassen und dieses wie ein einziges weiterzumanipulieren:

Für den Anwender wird das Element des Arbeitsspeichers mit dem ausgesuchten Element des Sammelspeichers zusammengefaßt. Das neue Element wird mit dem Elementzentrum des Vordergrundspeichers in den Sammelspeicher kopiert, während das alte Element im Sammelspeicher erhalten bleibt. Um den Bildvordergrund klein zu halten (Größenordnung eines Elementes), wird im Zentralen Datenfeld für jedes Teilbild ein Zeiger notiert und durch Kennungen ein logischer Zusammenhang aufgebaut. Für zusammengefaßte Teilbilder wird dann ein Befehl sequentiell abgearbeitet. Die logische Struktur des Zentralen Datenfeldes ist so aufgebaut, daß keine Einschränkungen in der Befehlsfolge entstehen können. Der Bildspeicher enthält jeweils das gesamte Bild, so daß nach dem Ändern und Löschen von Elementen die wiederholte Ausgabe rasch möglich ist.

8. Zusammenfassung und Ausblick

Anhand der Entwicklung eines Programmsystems wurden vor allem die geometrischen Probleme beschrieben, die beim Modellieren von Schliffgebilden auftreten. Zur Lösung waren besonders die graphischen Gesichtspunkte zur Wiedergabe und das Verhältnis von Rechenzeit zu Speicherkapazität ausschlaggebend.
Da das Programm parallel zu einer Reihe neuer Forderungen der Anwender entstand, ließe es sich aus der Sicht des Informatikers bestimmt noch optimieren, es wurde aber versucht, das Programmsystem so aufzubauen und zu gliedern, daß zukünftigen Anforderungen, wie Optimierung der Speicherbereichsverteilung je nach Einsatz oder Schleifen in Materialien mit gekrümmter Oberfläche, möglichst rasch entsprochen werden kann.

9. Literatur

[1] Bargele, N.: Proren 2 - Eine Graphik-Software zur dreidimensionalen rechnerinternen Darstellung von Bauteilgeometrien, Bochum 1978.

[2] Huttar, E.; Weiß, J.: Austrographics 82 - Graphische Datenverarbeitung, Anwendung und Normung Graphischer Systeme, R. Oldenbourg, Wien-München 1982.

[3] Reinauer, G.: Der Aufbau von anwendergerechten CAD-Systemen, (OCG - Schriftenreihe Band 13), R. Oldenbourg, Wien-München 1982.

[4] Wunderlich, W.: Darstellende Geometrie I-B.I. Hochschultaschenbücher, Band 96.

Abb. 10: Schliffmuster

DISKUSSION

Nowacki, TU Berlin:

Herr Metzler, mich interessiert auch die Darstellung Ihres sogenannten Werkstücks. Sie haben ja sicher Schalen, Vasen oder dergleichen und wollen die räumliche Durchdringung Ihres Schleifwerkzeuges mit solchen Objekten errechnen. Mich interessiert, wie Sie die Form dieser Werkstücke erfassen, wo Sie die herkriegen, es sind doch vermutlich künstlerisch gestaltete und entworfene Gegenstände.

Metzler, TU Wien:

Das Programmsystem ist aus der Forderung entstanden, daß in der ersten Ausführung, in der es eigentlich noch läuft, nur einmal ebene Glasschliffe erzeugt werden, nämlich deshalb, weil die Gebilde, die dann tatsächlich auf gekrümmte Flächen eingeschliffen werden, eher klein sind. Wir haben versucht, was auch eine Möglichkeit ist, nur bei der Bildausgabe entsprechend zu verzerren. Also nicht bei der Berechnung über das Körpermodell die Oberfläche zu berücksichtigen, sondern, so die Bilder klein genug sind, erst bei der Ausgabe entsprechend zu verzerren. Das Programm ist aber doch wohl so geschrieben, daß es weiteren Anwendungen offen steht, also z. B. auch die Oberfläche durch eine gewisse Anzahl von ebenen Elementen an eine gekrümmte Fläche anzunähern und dann halt entsprechende Durchdringungen durchzuführen, also statt einer ebenen Oberfläche verschiedene aneinandergefügte Ebenen. Das funktioniert sicher genauso, ist halt nur mehr Rechenaufwand, wird sich aber wahrscheinlich bei den schmalen Schliffen im Endbild nur sehr wenig auswirken. Es wurde auch vorerst darauf verzichtet, um Rechenzeit und Speicherplatz zu sparen. Ich wollte auch abschließend noch sagen, daß sich das System sicher noch von der Seite des Informatikers und auch des Anwenders wesentlich verbessern läßt, weil das Programmsystem parallel zu neuen Forderungen entstanden ist. Es läßt sich sicher auch noch optimieren hinsichtlich Speicherbereichsverteilung, also wie groß müssen die Speicher für welche vorwiegenden Anwendungsfälle sein, je nachdem, ob es mehr um das Verändern bestehender Muster oder um das Generieren neuer Gebilde geht.

Gnatz, TU München:

Ich möchte noch eine Frage zum Umfeld dieses Anwendungsgebiets nachschieben. Was wird mit den Dingen gemacht, die Sie hier rechnerunterstützt entwerfen?

Metzler, TU Wien:

Die Grundforderung war vorerst, daß es rein einmal ein Design-, also ein Zeichenprogramm, d. h. Graphik wird. Es ist leider so, daß ich nicht weiß, ob sich das Unternehmen entschlossen hat, einen entsprechenden Rechner zu kaufen, um später eventuell auch aus den Schliffstrecken Werkzeuge anzusteuern. Aber die wesentliche Forderung war eigentlich die Graphik, damit begründet, daß es auf das Design, also auf das Entwerfen von neuen Mustern durch Kombinationen ankommt und bei der Glasschliffindustrie, wie Sie wissen, der Wert darin liegt, daß alles handgeschliffen ist und freigeformt gewünscht wird. Das Programm sollte eigentlich ein Anstoß sein, um neue Muster zu generieren, und vielleicht erst in späterer Sicht, um einfache Sachen durch numerische Steuerung zu schleifen, aber sicher nicht die wertvollen Gebilde, die man heute kennt.

Bigelmaier, TSB, Wetzlar:

Ich möchte aus Ihrem Vortrag eine Folgerung für andere Anwendungsgebiete herleiten. Wenn man Ihr Schliffstreckenmodell anschaut, dann ist mit ganz wenigen Angaben ein sehr eindrucksvolles Bild erzeugt worden. Es entsteht offensichtlich aus der Kombination dieses einfachen Schliffstreckenmodells mit dem Werkzeug, d. h. die Geometrie des Werkzeugs ist letzten Endes mit Strichen irgendwie verknüpft. Das legt doch nahe, daß man in der Körpermodellierung entsprechend Werkzeugformen und Werkzeugbahnen benutzt, um Werkstücke zu beschreiben. Die Werkzeugbahnen können dann auch im Raum benutzt werden, und das dürfte zu sehr effizienten Beschreibungsmethoden führen, wie Sie es hier an dem einfachen Fall der Ebene sehr deutlich demonstriert haben.

Schiffskörpermodelle

U. Rabien
Germanischer Lloyd
Hamburg

1. Schiffskörpermodelle

Ein Schiffskörpermodell im Sinne dieser Arbeit beschreibt die äußere Form des Schiffskörpers ohne die Geometrie der Stahlkonstruktion. Im engeren Sinne ist es als eine Menge von Punkt- bzw. Knotendaten mit Interpolationsvorschrift anzusehen. Die direkte rechnergestützte Modellierung solcher Flächen genügte bisher nicht den Anforderungen. Die rechnerunterstützte Verarbeitung des Schiffskörpers nach gegebenen Rissen ist jedoch verbreitet. Unterschiedliche Anwendungsziele haben dabei zu verschiedenartigen Modellen der Schiffskörperoberfläche geführt.

2. Modelle zur Berechnung integraler Formparameter

Da integrale Formparameter i. a. relativ unempfindlich gegen lokale Ungenauigkeiten des Körperoberflächenmodells sind, wird hierfür die Fläche meist stückweise ohne stetig differenzierbare Übergänge interpoliert.

2.1 Linienhafte Modelle

2.1.1 Erfassung der Körperform in Spantschnitten

Praktisch stellt sich die Aufgabe, lediglich ausgehend von in parallelen Schnitten mit der Fläche (den sog. Spantebenen quer zur Schiffslängsachse) angeordneten Aufmaßpunkten geeignet zu interpolieren und integrieren. Die Schar der Spantkonturen bildet von alters her beim Entwurf wie in der Fertigung das primäre Werkzeug der Formgebung. Das ist dadurch bedingt, daß bei langgestreckten Schiffskörperoberflächen i. a. die Werte für Krümmung und Krümmungsänderung in Spantkonturrichtung um einiges größer als in Längsrichtung sind. Diese Spantkurven werden ausreichend genau durch Stützpunktkoordinaten und Nebenbedingungen (z. B. Knick) mit Segmenten von Polynomen zweiten Grades beschrieben,[1], [2].

Teilweise werden durch Spline-Algorithmen zunächst zusätzliche Stützpunkte für dann im internen Modell verwendete einfache Parabelabschnitte bestimmt, [2]. Die Erfassung der Körperform in Schiffslängsrichtung bleibt dabei unvollständig. Diesem Problem kann auf folgenden Wegen begegnet werden:

2.1.2 Erfassung der Form in Längsrichtung

2.1.2.1 Stützpunkte von Spantkonturen erhalten Namen. Bei der Berechnung des internen Modells werden durch gleichnamige Stützpunkte auf verschiedenen Spantkurven Leitlinien in Längsrichtung interpoliert, [2]. Solche Leitlinien sind an Knicken und anderen Bereichsgrenzen der Oberfläche anzuordnen, Bild 1. So lassen sich integrale Parameter berechnen für Teilräume des Schiffskörpers, die innerhalb desselben i. a. durch Ebenen begrenzt sind; liegen diese Ebenen in Querschiffsrichtung zwischen den gegebenen Spanten, werden die Durchstoßpunkte der Längslinien in diesen Ebenen als Stützpunkte neuer Spantkonturen aufgefaßt.

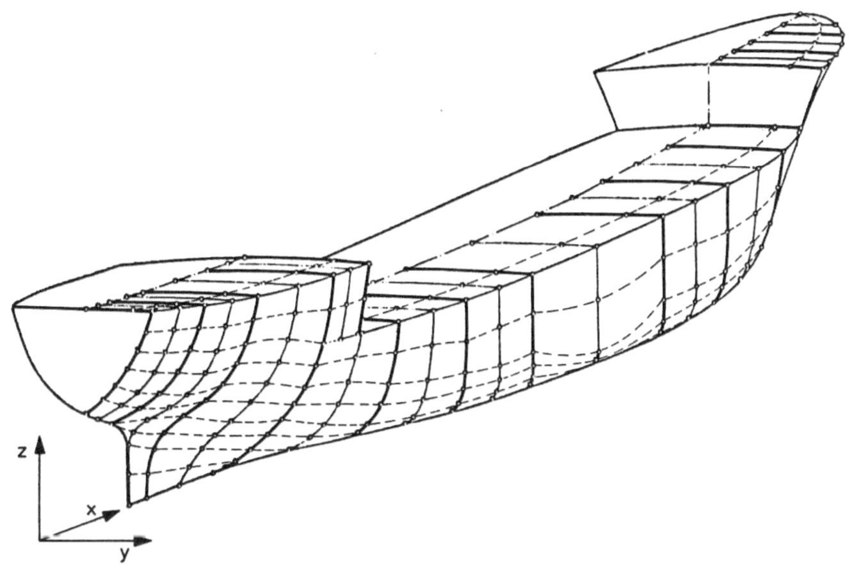

Bild 1: Linienschema eines einfachen Schiffskörpermodells

2.1.2.2 Es werden keine Längslinien interpoliert. Dafür werden in den Spantflächen integrale Teilparameter, (Linienlängen, Flächeninhalte, Linien-, Flächenmomente etc.) bestimmt und gespeichert. Diese werden zur Bestimmung der sonstigen Flächen, Volumen, Flächen- und Volumenmomente etc. in Längsrichtung interpoliert. Man kann sagen, daß hier das geometrische Modell intern durch bestimmte integrale Teilparameter hinreichend vervollständigt wird, [1]. Dieser Weg hat den rechentechnischen Vorteil, daß bei der häufig vorkommenden iterativen Bestimmung integraler Formparameter (z. B. zur Erfüllung von Gleichgewichtsbedingungen für den schwimmenden Körper) weniger integriert werden muß.

Beide Wege sind ungenau in Bereichen der Oberfläche, wo die Spantkonturen ihren Formcharakter stark ändern (Körperenden) und wenn Integrationsgrenzen für integrale Formparameter ungünstig verlaufen (z. B. bedingt durch die betrachtete Schwimmlage des Schiffes). Dieser Mangel läßt sich erst durch eine flächenhafte Beschreibung des Schiffskörpers beheben.

2.2 Einfaches flächenhaftes Modell

Beim Modell nach [4] werden Aufmaßdaten so angeordnet, daß sich eine Mascheneinteilung zur Definition einer Splinefläche ergibt.

Die Flächenbeschreibung wird nach [3] aus Flächenstücken aufgebaut, die i.a. durch vier kubische Randkurven und zusätzliche Größen an den Ecken (Knoten) definiert werden. Abhängig von zwei Parametern u und v wird das Flächenstück definiert durch:

$$\vec{p}(u,v) = \begin{bmatrix} F(u) \\ F(1-u) \\ G(u) \\ -G(1-u) \end{bmatrix}^T \begin{bmatrix} \vec{p}(0,0) & \vec{p}(0,1) & \vec{p}_v(0,0) & \vec{p}_v(0,1) \\ \vec{p}(1,0) & \vec{p}(1,1) & \vec{p}_v(1,0) & \vec{p}_v(1,1) \\ \vec{p}_u(0,0) & \vec{p}_u(0,1) & \vec{p}_{uv}(0,0) & \vec{p}_{uv}(0,1) \\ \vec{p}_u(1,0) & \vec{p}_u(1,1) & \vec{p}_{uv}(1,0) & \vec{p}_{uv}(1,1) \end{bmatrix} \begin{bmatrix} F(v) \\ F(1-v) \\ G(v) \\ -G(1-v) \end{bmatrix} \qquad (1)$$

mit:

$$\vec{p}(u,v) = \begin{bmatrix} x(u,v \\ y(u,v) \\ z(u,v) \\ h(u,v) \end{bmatrix} \qquad \vec{p}_u(u,v) = \frac{\partial}{\partial u} \begin{bmatrix} x(u,v) \\ y(u,v) \\ z(u,v) \\ h(u,v) \end{bmatrix}$$

$$\vec{p}_v(u,v) = \frac{\partial}{\partial v} \begin{bmatrix} x(u,v) \\ y(u,v) \\ z(u,v) \\ h(u,v) \end{bmatrix} \qquad \vec{p}_{uv}(u,v) = \frac{\partial^2}{\partial u\, \partial v} \begin{bmatrix} x(u,v) \\ y(u,v) \\ z(u,v) \\ h(u,v) \end{bmatrix} \qquad (2)$$

und den Hermiteschen Polynomen (für u angegeben):

$$F(u) = 2u^3 - 3u^2 + 1 \; ; \; G(u) = u^3 - 2u^2 + u \qquad (3)$$

x, y, z und h sind homogene Koordinaten, die den kartesischen Koordinaten X, Y und Z zugeordnet sind durch:

$$\begin{bmatrix} X(u) \\ Y(u) \\ Z(u) \end{bmatrix} = \frac{1}{h(u)} \begin{bmatrix} x(u) \\ y(u) \\ z(u) \end{bmatrix} \qquad (4)$$

u und v laufen von 0 bis 1, s. Bild 2, nehmen diese Werte also auf den Randkurven des Flächenstückes an.

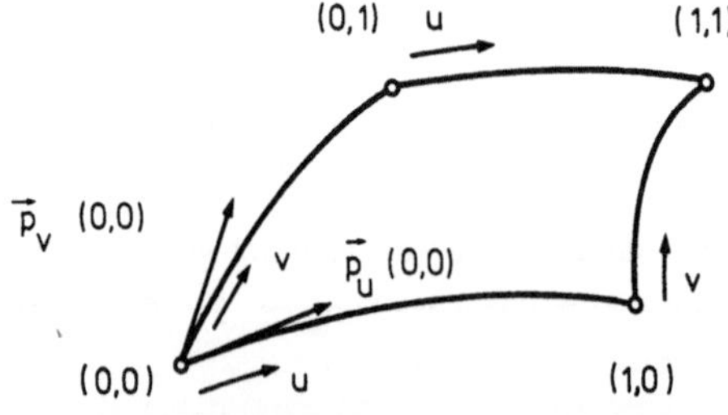

Bild 2: Randkurven, Flächenstück

Der 4x4x4 Tensor wird demnach aus Koordinaten und Ableitungen in den Knotenpunkten der Randkurvenmaschen bestimmt. Dabei ergeben sich allerdings gewisse Schwierigkeiten, die abhängig vom Anwendungsziel unterschiedlich gelöst werden können. Hier können rationale kubische Randkurven wie folgt angesetzt werden:

$$\vec{p}(u) = \begin{bmatrix} F(u) \\ F(1-u) \\ G(u) \\ -G(1-u) \end{bmatrix}^T \begin{bmatrix} \vec{p}(0) \\ \vec{p}(1) \\ \vec{p}_u(0) \\ \vec{p}_u(1) \end{bmatrix} = \begin{bmatrix} F(u) \\ F(1-u) \\ G(u) \\ -G(1-u) \end{bmatrix}^T \begin{bmatrix} x(0) & y(0) & z(0) & h(0) \\ x(1) & y(1) & z(1) & h(1) \\ x_u(0) & y_u(0) & z_u(0) & h_u(0) \\ x_u(1) & y_u(1) & z_u(1) & h_u(1) \end{bmatrix} \tag{5}$$

Durch Setzen von $h(0) = h(1)$ werden die Flächeneigenschaften nicht unzulässig beschränkt. Liegen Randkurven in Spantebenen, wo i. a. genügend geometrische Information vorhanden ist, so lassen sich $h_u(0)$ und $h_u(1)$ durch Vorgabe von zwei Koordinaten eines Zwischenpunktes bestimmen. Verlaufen Randkurven in Schiffslängsrichtung, wird $h(0) = h(1) = 1$ und $h_u(0) = h_u(1) = 0$ gesetzt. Nicht bestimmt sind nur noch die Längen der Tangentenvektoren, wofür Standardwerte gesetzt werden. Mit den für eine Randkurve aus den verfügbaren Daten ermittelbaren Ableitungen wie

$$z_x = \frac{z_u}{x_u}$$

lassen sich nur Verhältniswerte für die Parameterableitungen gewinnen. Die Länge des Vektors der Parameterableitungen

$$T = \sqrt{x_u^2 + y_u^2 + z_u^2} = z_u \sqrt{x_z^2 + y_z^2 + 1}, \tag{6}$$

die den Kurvencharakter beeinflußt, wird hier durch eine geeignete Setzung festgelegt:

$$T = S = \sqrt{(x(0) - x(1))^2 + (y(0) - y(1))^2 + (z(0) - z(1))^2} \tag{7}$$

Folglich ist

$$z_u = \frac{S}{\sqrt{x_z^2 + y_z^2 + 1}} \tag{8}$$

Damit werden die übrigen Parameterableitungen ermittelt aus:

$$y_u = y_z \cdot z_u \quad ; \quad x_u = x_z \cdot z_u \tag{9}$$

Die gemischten Ableitungen $\vec{p}_{uv}$ in Gleichung (1) bestimmen die Gestalt der Fläche innerhalb der Randkurven. Durch Nullsetzen dieses Teils (twist partition) des Tensors ergibt sich eine "beulenarme" Fläche, die dem Zweck genügt. Die Ableitungen nach den Koordinaten werden für Spanten aus den zu Segmenten quadratischer Parabeln aufbereiteten Eingabedaten gewonnen. In Längsrichtung werden sie gebietsweise durch einen kubischen Splinealgorithmus bestimmt. Die Parameterableitungen werden hierbei wie oben behandelt. Durch Setzen von $h(0) = h(1) = 1$ und $h_u(0) = h_u(1) = 0$ werden hier gewöhnliche kubische Raumkurven erzeugt, die aber mit Rücksicht auf die programmtechnische Realisierung formal den rationalen kubischen Kurven entsprechen.

Nach [3] wird aus der zu (5) äquivalenten Kurvengleichung:

$$\vec{p}(u) = \begin{bmatrix} h(0) \\ h(1) \\ h_u(0) \\ h_u(1) \end{bmatrix}^T \begin{bmatrix} F(u) & 0 & G(u) & 0 \\ 0 & F(1-u) & 0 & -G(1-u) \\ G(u) & 0 & 0 & 0 \\ 0 & -G(1-u) & 0 & 0 \end{bmatrix} \begin{bmatrix} X(0) & Y(0) & Z(0) & 1 \\ X(1) & Y(1) & Z(1) & 1 \\ X_u(0) & Y_u(0) & Z_u(0) & 0 \\ X_u(1) & Y_u(1) & Z_u(1) & 0 \end{bmatrix} \tag{10}$$

durch Setzen von $h(0) = h(1)$ für einen Zwischenpunkt $[X_c, Y_c, Z_c, 1]$ der Kurve mit $h(u_c) = 1$ folgende Gleichung gewonnen:

$$\begin{bmatrix} X_c \\ Y_c \\ 1 \end{bmatrix} = \begin{bmatrix} h(0) \\ h_u(0) \\ h_u(1) \end{bmatrix}^T \begin{bmatrix} F(u) & F(1-u_c) & G(u_c) & -G(1-u) \\ G(u) & 0 & 0 & 0 \\ 0 & -G(1-u_c) & 0 & 0 \end{bmatrix} \begin{bmatrix} X(0) & Y(0) & 1 \\ X(1) & Y(1) & 1 \\ X_u(0) & Y_u(0) & 0 \\ X_u(1) & Y_u(1) & 0 \end{bmatrix} \tag{11}$$

Hieraus können $h(0)$, $h_u(0)$ und $h_u(1)$ bestimmt werden. Der Parameterwert u_c wird mit Hilfe der entsprechenden Sehnenlängen zwischen Endpunkten und Zwischenpunkt abgeschätzt. Damit ist die Interpolationsmatrix der Kurve festgelegt. Ein Beispiel eines so gewonnen Schiffskörpermodells zeigt Bild 3. Alle sichtbaren Kurven sind Randkurven. Die hier nicht ganz glücklich gewählten Gebietsgrenzen zeichnen sich besonders in Längsrichtung durch Unstetigkeiten in den Randkurven ab.

Integrale Formkennwerte werden (nun maschenweise) bestimmt und als erweiterte Modellinformation intern gespeichert. Aktuell zu berechnen sind danach nur noch entsprechende Kennwertanteile für solche Maschen, die von Integrationsgrenzen geschnitten werden. Eine solche Grenze ist die Ebene der Schwimmwasserlinie, deren Spur wieder als rationale kubische Raumkurve näherungsweise aus den entsprechenden Werten an den Schnittpunkten mit den Maschenrändern u.U. mit einem Zwischenpunkt in der Masche, bestimmt wird. Die integralen Kennwerte werden nach Gauß z.B. durch

$$\int_{u=0}^{1} \int_{v=u}^{1} f(u,v)\, du\, dv \simeq \sum_{i=1}^{3} \sum_{j=1}^{3} f(\eta_i, \zeta_j)\, w_i\, w_j \tag{12}$$

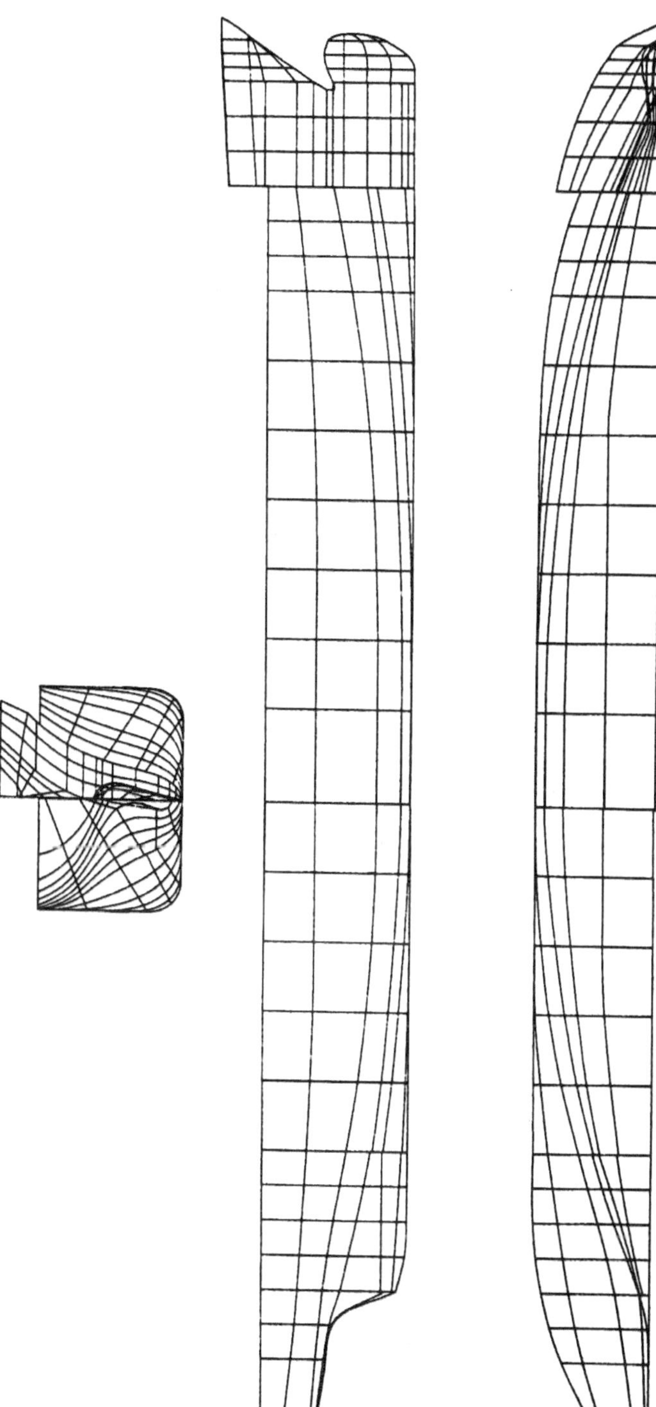

Bild 3: Beispiel einer Mascheneinteilung nach [4]; in Längsrichtung willkürlich durch Angabe von Schnittebenen.

angenähert, wobei η_i, ζ_i vorgeschriebene Stützstellenwerte und w_i, w_j vorgegebene Gewichte sind [5].

3. Geometrisch genaue Schiffskörpermodelle

Als Modelle, die Fertigungsanforderungen entsprechen, dienen fast ausschließlich Spline-Flächen, die durch Netze aus jeweils zwei Scharen von Spline-Kurven definiert werden.

Solche Netze sind schwieriger zu definieren, da auch Ableitungen beeinflußt bzw. beherrscht werden müssen. Fragen der globalen Glätte spielen eine wichtige Rolle.

3.1 Flächenhaftes Modell mit nur einer Interpolationskurvenschar innerhalb der Masche (Lofting)

Spant- und Längskurven werden wechselnd in sinnvoller Reihenfolge definiert und liefern so zunehmend mehr Stützpunkte für die nachfolgenden Kurvendefinitionen, Bild 4. Die Kurvendefinitionen können Punktkoordinaten, Tangentenangaben und Krümmungsbedingungen enthalten. Mit Hilfe kubischer Splinefunktionen in Parameterdarstellung wird eine Maschendarstellung der gesamten Oberfläche erzeugt [6]. An allen Knotenpunkten werden dabei außer den Koordinaten und Tangenten auch gemischte Ableitungen bestimmt. Diese Ableitungen werden durch Interpolation der Spantsteigungswinkel (gegen die z-Achse) über den räumlichen Stützpunktabständen l_i der Längslinien mit kubischen Splines gewonnen, Bild 5.

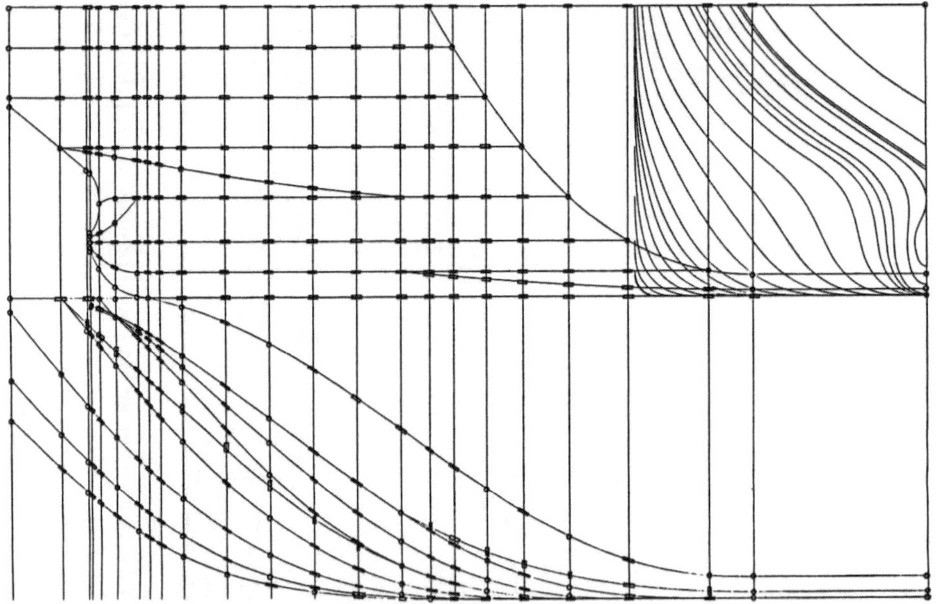

Bild 4: Randkurven, Stützpunkte der externen (O), internen Repräsentation (O,▭, ▯).

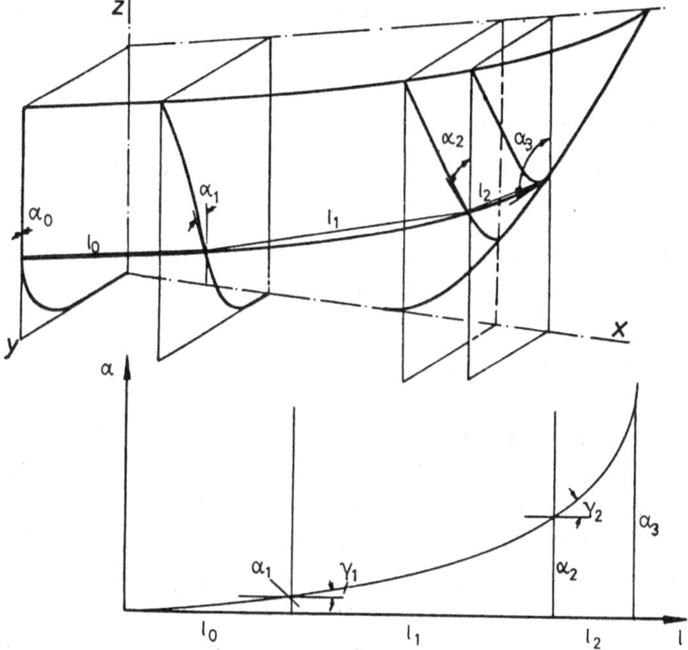

Bild 5: Internes Straken der Spantsteigungswinkel zur Ermittlung der "Drehwinkel" γ_i.

Sie beschreiben also die Änderung der Spantsteigungen in Richtung der Längslinien an den Stützpunkten. Hiermit kann man in beliebigen, senkrecht zur x-Achse verlaufenden Ebenen Spantsteigungswinkel auf den Rändern einer Masche des definierten Netzes interpolieren und damit Punkte innerhalb der Masche über eine entsprechende kubische Spantkurve.

Besonderheiten der Spline-Interpolation sollen hier kurz erwähnt werden. Bei der Interpolation über $n+1$ Stützstellen durch n Polynome dritten Grades mit jeweils vier Koeffizienten ergeben sich zur Bestimmung der insgesamt 4n Koeffizienten 2n Bedingungen durch Einsetzen der Stützpunktkoordinaten. Weitere 2n-2 Bedingungen liefert die Forderung nach stetigem Tangenten- und Krümmungsverlauf an den n-1 "inneren" Stützpunkten. Die zwei fehlenden Bedingungen werden dadurch gewonnen, daß am Ende der Splinefunktion die Tangentenrichtung oder die Krümmung (=0) oder die dritte Ableitung (=0, d.h. etwa konstante Krümmung im Endintervall) vorgegeben wird. Die Bestimmung einer Ordinate zu gegebener Abszisse erfordert durch die Parameterdarstellung die Lösung einer kubischen Gleichunq. Viele Konturen können nur bereichsweise mit Splinefunktionen dieser Art dargestellt werden. Bei einer Kontur aus zwei Geraden, die einen gekrümmten Kurventeil einschließen, die also einen unstetigen Krümmungsverlauf aufweist, ist eine Dreiteilung nötig. Die geraden Teile (übergeordnete Interpolationsbereiche) liefern dabei Tangentenbedingungen für den dazwischenliegenden gekrümmten Teil (untergeordneter Interpolationsbereich). Solche Sachverhalte werden bei Liniendefinitionen zusätzlich angegeben. Das Interpolieren der Netzkurven erstreckt sich also i.a. nur über gewisse Stützpunktbereiche, d.h. nicht immer über den ganzen Kurvenzug. An den

Grenzen solcher Strakbereiche ist dann die Krümmung nicht mehr stetig, was jedoch z.B. im Schiffbau beim Übergang in ebene Oberflächenbereiche meist erwünscht ist. Bei manchen Körperformen resultieren aus der Voraussetzung ebener Spantkurven gewisse Schwierigkeiten. Das gilt besonders für die Schiffsenden.

3.2 Allgemeineres Loftingmodell

Bei diesem noch in der Entwicklung befindlichen Modell (s. [8], [7]) werden wie in 2.2 die Randkurven der Maschen nach Gleichung (5) bestimmt. Zur Berechnung der Elemente der Interpolationsmatrix wird wieder $h(0) = h(1) = 1$ gesetzt, womit die beiden ersten Zeilen bekannt sind. Zur Bestimmung der übrigen Elemente werden Einheitsvektoren in Tangentenrichtung (im kartesischen Koordinaten-System) an den Endpunkten $\vec{t}(0)$ und $\vec{t}(1)$ sowie vier weitere Parameter A, B, C, D benötigt. Dabei gilt mit der Sehnenlänge $l = |\vec{q}(1) - \vec{q}(0)|$:

$$\vec{q}_u(0) = A\ l\ \vec{t}(0)\ ;\quad \vec{q}_u(1) = B\ l\ \vec{t}(1) \tag{13}$$

$$h_u(0) = C\left(\frac{|\vec{q}_u(0) + \vec{q}_u(1)|}{l} - 2\right)\ ;\quad h_u(1) = -D\left(\frac{|\vec{q}_u(0) + \vec{q}_u(1)|}{l} - 2\right).$$

Wegen $h(0) = h(1) = 1$ gilt (i.a. nur) an den Knoten

$$\begin{aligned} X_u &= \frac{x_u h - x h_u}{h^2} = x_u - x h_u = x_u - X h_u \\ Y_u &= y_u - y h_u = y_u - Y h_u \\ Z_u &= z_u - z h_u = z_u - Z h_u \end{aligned} \tag{14}$$

Aus den Gleichungen (13) und (14) ergibt sich ein nichtlineares Gleichungssystem für die $x_u(0)$, $x_u(1)$, ..., $h_u(0)$, $h_u(1)$. Damit ist eine Kurvendefinition durch $\vec{q}(0)$, $\vec{q}(1)$, $\vec{q}_u(0)$, $\vec{q}_u(1)$, C und D gegeben, die durch folgenden Ausdruck bezeichnet werden soll:

$$\vec{q}(u) = F\left[\vec{q}(0), \vec{q}(1), \vec{q}_u(0), \vec{q}_u(1); u\right] = \left[X(u), Y(u), Z(u)\right]^T \tag{15}$$

Von der Wirkung der Größen A und B bei festgehaltenen C und D gibt Bild 6 einen Eindruck. Für $A = B = C = D = 1$ ergibt sich z.B. bei entsprechenden Endtangenten exakt ein Kreis. Die benötigten Endtangenten werden durch Spline-Interpolation über gewisse Stützpunktbereiche wie in 3.1 mit der Bedingung stetiger Krümmung ermittelt.

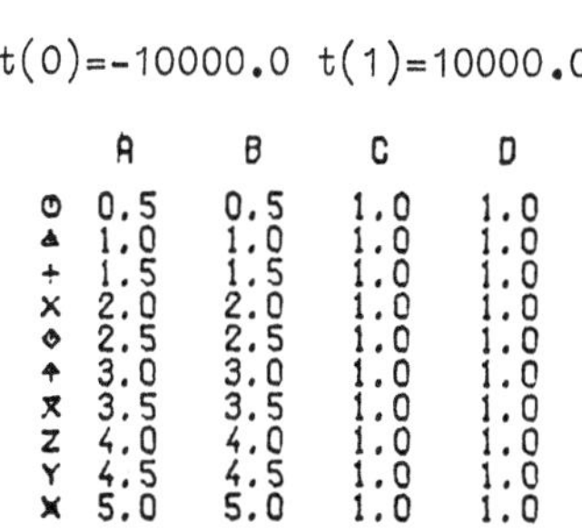

t(0)=-10000.0 t(1)=10000.0

	A	B	C	D
⊖	0.5	0.5	1.0	1.0
△	1.0	1.0	1.0	1.0
+	1.5	1.5	1.0	1.0
×	2.0	2.0	1.0	1.0
◇	2.5	2.5	1.0	1.0
↑	3.0	3.0	1.0	1.0
X	3.5	3.5	1.0	1.0
Z	4.0	4.0	1.0	1.0
Y	4.5	4.5	1.0	1.0
✕	5.0	5.0	1.0	1.0

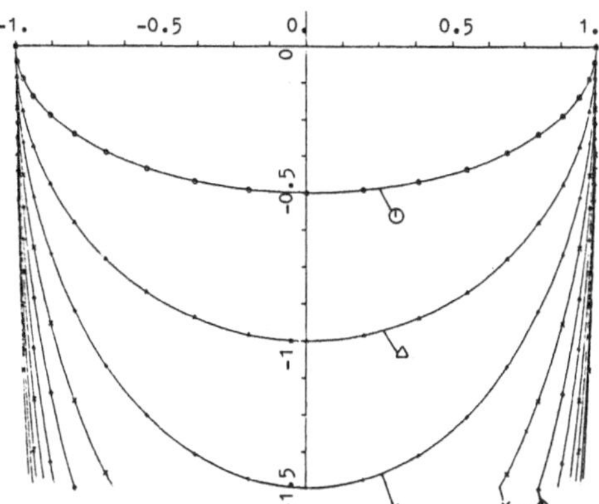

Bild 6: Einfluß von A und B

Der Übergang zur Flächeninterpolation erfolgt (in der Schreibweise von Gleichung (15)) durch:

$$\vec{q}(u,v) = F\left[\vec{q}(u,0), \vec{q}(u,1), \vec{q}_v(u,0), \vec{q}_v(u,1); v\right] \tag{16}$$

mit:

$$\begin{aligned} \vec{q}(u,0) &= F\left[\vec{q}(0,0), \vec{q}(1,0), \vec{q}_u(0,0), \vec{q}_u(1,0); u\right] \\ \vec{q}(u,1) &= F\left[\vec{q}(0,1), \vec{q}(1,1), \vec{q}_u(0,1), \vec{q}_u(1,1); u\right] \\ \vec{q}_v(u,0) &= F\left[\vec{q}_v(0,0), \vec{q}_v(1,0), \vec{q}_{vu}(0,0), \vec{q}_{vu}(1,0); u\right] \\ \vec{q}_v(u,1) &= F\left[\vec{q}_v(0,1), \vec{q}_v(1,1), \vec{q}_{vu}(0,1), \vec{q}_{vu}(1,1); u\right] \end{aligned} \tag{17}$$

Hier tritt das Problem der Ermittlung der gemischten Ableitungen q_{vu} an den Eckpunkten (twists) hinzu.

Zur Bestimmung dieser Größen werden folgende Beziehungen zwischen Tangentenvektoren und Normaleinheitsvektor der Tangentialebene nach u differenziert, Bild 7.

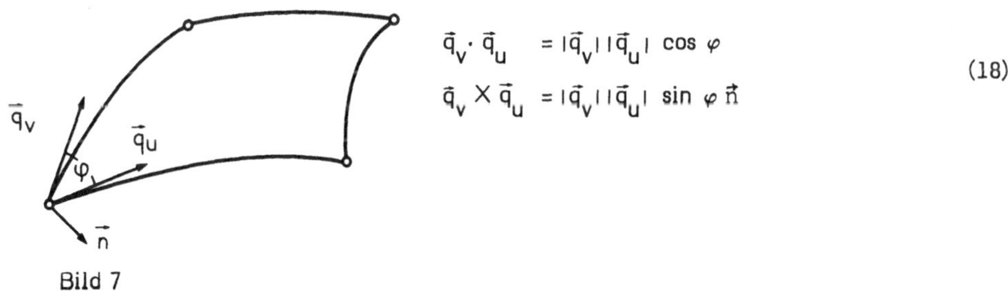

$$\begin{aligned} \vec{q}_v \cdot \vec{q}_u &= |\vec{q}_v|\,|\vec{q}_u| \cos\varphi \\ \vec{q}_v \times \vec{q}_u &= |\vec{q}_v|\,|\vec{q}_u| \sin\varphi\, \vec{n} \end{aligned} \tag{18}$$

Bild 7

Zur Auswertung des daraus gewonnenen Ausdrucks für $\vec{q}_{vu}$ müssen insbesondere $|\vec{q}_u|_u$, $|\vec{q}_v|_u$, φ_u und $\vec{n}_u$ ermittelt werden.

Während

$$|\vec{q}_u|_u = \frac{X_u X_{uu} + Y_u Y_{uu} + Z_u Z_{uu}}{\sqrt{X_u^2 + Y_u^2 + Z_u^2}} \tag{19}$$

durch die entsprechenden Randkurvenwerte gegeben ist, wird $|\vec{q}_v|_u$ aus:

$$|\vec{q}_v|_u = \frac{\partial |\vec{q}_v|}{\partial s} \frac{\partial s}{\partial u} \tag{20}$$

ermittelt, indem eine Spline-Interpolation von q_v über der Bogenlänge s in einem Gebiet mehrerer Maschen durchgeführt wird. Daraus ergibt sich als Ableitung dieser Interpolationskurve der erste Quotient der rechten Seite von (20). Der zweite Quotient ist bekannt:

$$\frac{\partial s}{\partial u} = |\vec{q}_u|$$

Die Winkeldifferentiation φ_u wird nach der gleichen Methode als Steigung der Interpolationskurve für φ gewonnen, wobei an deren Stützpunkten gilt:

$$\varphi = \cos^{-1} \left(\frac{\vec{q}_v \cdot \vec{q}_u}{|\vec{q}_v| \, |\vec{q}_u|} \right) . \tag{21}$$

In ähnlicher Weise wird schließlich auch $\vec{n}_u$ aus einer entsprechenden Interpolationskurve gewonnen. Als Ordinate dient dabei der Winkel zwischen $\vec{n}$ und der Projektion einer für das Interpolationsgebiet geeignet festgelegten Richtung auf die Normalebene von $\vec{q}_u$. Dieses Interpolieren der Winkel entlang der Randkurven kann bei räumlich stark gekrümmten Maschen zu unregelmäßigem Verlauf der v-Linien innerhalb der Maschen führen, was jedoch nicht unregelmäßigen Flächenverlauf bedeuten muß. Ein Beispiel eines so beschriebenen Oberflächenbereichs zeigt Bild 8.

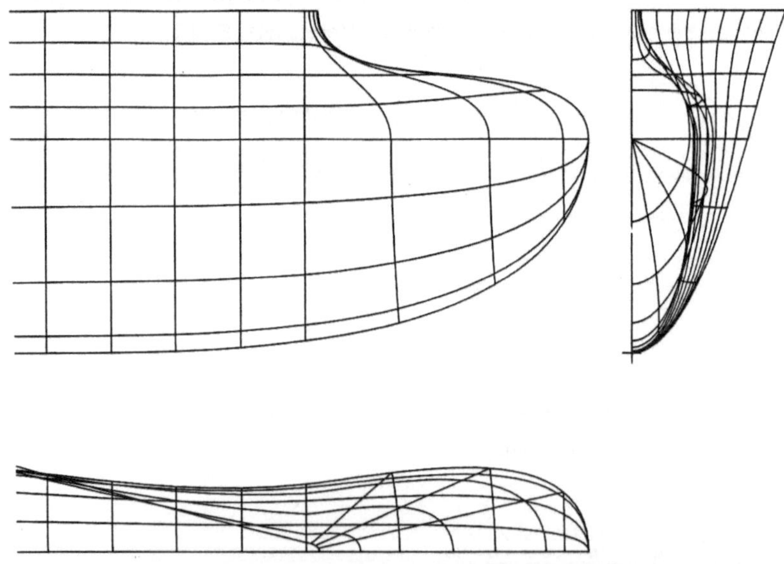

Bild 8: Teil eines Schiffskörpermodells nach [8] , vorläufiges Ergebnis. Jede vierte Linie ist Maschenrand.

Am Maschenrand (u = 0 bzw. u = 1) zwischen den Knoten noch bestehende Probleme mit der Tangentenstetigkeit von u-Linien, die nur punktweise aus v-Kurven ermittelt werden, soll durch entsprechende Anpassung der Größen A bzw. B der v-Kurven innerhalb der Maschen in Längsrichtung erreicht werden.

Dreieckmaschen lassen sich durch nahes Zusammenlegen zweier Knoten gut realisieren, ohne daß Knicke in der Nähe solcher "Mehrfachknoten" auftreten. Auch kugelige Körper sind mit wenigen Maschen gut zu erfassen.

3.3 Flächenmodell mit biquintischen Coons-Maschen und Glättungsansatz

Wie 3.2 in der Entwicklung befindet sich auch ein aufwendigeres, allgemeiner formuliertes Flächenmodell [10]. Hier wird wie in 2.2 ein Ansatz nach Coons gemacht, jedoch in kartesischen Koordinaten und mit Polynomen fünften Grades:

$$\vec{q}(u,v) = \begin{bmatrix} F_1(u) \\ F_2(u) \\ F_3(u) \\ F_4(u) \\ F_5(u) \\ F_6(u) \end{bmatrix}^T \begin{bmatrix} \vec{q}(0,0) & \vec{q}(0,1) & \vec{q}_v(0,0) & \vec{q}_v(0,1) & \vec{q}_{vv}(0,0) & \vec{q}_{vv}(0,1) \\ \vec{q}(1,0) & \vec{q}(1,1) & \vec{q}_v(1,0) & \vec{q}_v(1,1) & \vec{q}_{vv}(1,0) & \vec{q}_{vv}(1,1) \\ \vec{q}_u(0,0) & \vec{q}_u(0,1) & \vec{q}_{uv}(0,0) & \vec{q}_{uv}(0,1) & \vec{q}_{uvv}(0,0) & \vec{q}_{uvv}(0,1) \\ \vec{q}_u(1,0) & \vec{q}_u(1,1) & \vec{q}_{uv}(1,0) & \vec{q}_{uv}(1,1) & \vec{q}_{uvv}(1,0) & \vec{q}_{uvv}(1,1) \\ \vec{q}_{uu}(0,0) & \vec{q}_{uu}(0,1) & \vec{q}_{uuv}(0,0) & \vec{q}_{uuv}(0,1) & \vec{q}_{uuvv}(0,0) & \vec{q}_{uuvv}(1,0) \\ \vec{q}_{uu}(1,0) & \vec{q}_{uu}(1,1) & \vec{q}_{uuv}(1,0) & \vec{q}_{uuv}(1,1) & \vec{q}_{uuvv}(1,0) & \vec{q}_{uuvv}(1,1) \end{bmatrix} \begin{bmatrix} F_1(v) \\ F_2(v) \\ F_3(v) \\ F_4(v) \\ F_5(v) \\ F_6(v) \end{bmatrix} \quad (22)$$

Die entsprechenden Hermiteschen Polynome sind für u angegeben:

$$\begin{aligned} F_1(u) &= -6u^5 + 15\,u^4 - 10\,u^3 \qquad + u \\ F_2(u) &= 6u^5 - 15\,u^4 + 10\,u^3 \\ F_3(u) &= -3u^5 + 8\,u^4 - 6\,u^3 + u^2 \\ F_4(u) &= -3u^5 + 7u^4 - 4u^3 \\ F_5(u) &= -\frac{1}{2}u^5 + \frac{3}{2}u^4 - \frac{3}{2}u^3 + \frac{1}{2}u^2 \\ F_6(u) &= \frac{1}{2}u^5 - u^4 + \frac{1}{2}u^3 \end{aligned} \quad (23)$$

So wird insbesondere stetiger Krümmungsverlauf ermöglicht.

Alle Randkurvengrößen des 6x6x3 Tensors, die nicht gemischte Ableitungen sind, werden aus primären B-Spline-Kurven gewonnen, deren Definition meist wie folgt formuliert wird, [11]:

$$Q(t) = \sum_{i=1}^{m} B_i N_{i,k}(t) \tag{24}$$

mit den Rekursionsformeln:

$$N_{i,1}(t) = \begin{cases} 1 \text{ für } x_i \leq t < x_{i+1} \\ 0 \quad \text{sonst} \end{cases}$$

$$N_{i,k}(t) = \frac{(t-x_i)N_{i,k-1}(t)}{x_{i+k-1}-x_i} + \frac{(x_{i+k}-t)N_{i+1,k-1}(t)}{x_{i+k}-x_{i+1}} \quad ; k > 1$$

x_i wird "Knotenvektor" genannt, B_i sind die Polygonstützpunkte, k bezeichnet die Ordnung der B-Splines in t-Richtung (hier 1 bis 4) und m ist die Anzahl der Polygonstützpunkte in t-Richtung.

Es werden also jeweils B-Splinekurven in u- und v-Richtung aus einer linienhaften B-Spline-Parameterisierung gewonnen. An Kreuzungspunkten wird die Eindeutigkeit näherungsweise durch Einhalten gegebener Genauigkeiten gewährleistet.

Eine B-Spline-Fläche selbst wäre ungeeignet als Flächenmodell, wenn örtlich und in u- bzw. v-Richtung stark unterschiedliche Krümmungsverläufe vorliegen, da die Kurvensegmentzahlen aus formalen Gründen jeweils gleich sein müssen. Das führt zu unerwünscht feiner Einteilung, die dem Glättungsziel zuwiderläuft. Für das sekundäre Modell nach Coons wird daher eine geeignetere Netzeinteilung gewählt. Nachteilig ist, daß diese sekundären Randkurvendaten dem weniger geeigneten B-Spline-Netz entstammen und auch durch die nachfolgende Glättung nicht erfaßt werden.

Das Problem der Bestimmung der gemischten Ableitungen und gleichzeitig das der Glättung - allerdings ohne Änderung der Randkurven - wird hier nach [12] durch eine mechanische Analogie gelöst. Ein Indikator für die Formänderungsenergie kleiner Durchbiegungen f(x,y) einer elastischen Rechteckplatte, die näherungsweise ausgedrückt wird durch:

$$U \approx C \int\int (f_{xx}^2 + 2 f_{xy}^2 + f_{yy}^2)\, dxdy \tag{25}$$

ist: $$U^* = \int_0^1 \int_0^1 (k_1^2 + k_2^2)\, dudv \tag{26}$$

k_1 und k_2 sind die Hauptkrümmungswerte in einem durch u und v definierten Flächenpunkt. Die Minimierung eines solchen Ausdrucks (Zielfunktion), der hier näherungsweise nach Simpson über 121 Stützstellen berechnet wird, liefert dann Werte für - anfangs zu Null gesetzte - gemischte Ableitungen in (22). Die Wirkung dieses Prinzips zeigt Bild 9 für ein einzelnes Flächenstück. Für die beiden Knoten links und oben im Bild wurden in der z-Matrix des Interpolationstensors von Null verschiedene gemischte Ableitungen vorgegeben und durch Glättung 6% Reduktion von U* erreicht.

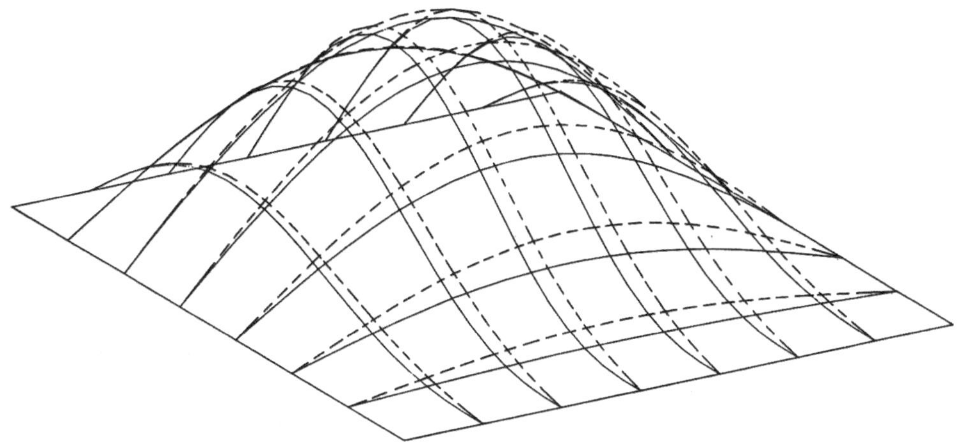

Bild 9: u- und v-Kurven vor (-) und nach (---) der Glättung

4. Transformation von Schiffskörpermodellen

Beschrieben wird eine Transformationsmethode, die für die in 2.1 bzw. 3.1 behandelten Schiffskörpermodelle benutzt wird [9].

Die Vorschrift zur Transformation eines Punktes (x, y, z) des gegebenen Modells (in kartesischen Koordinaten) in einen entsprechenden Punkt (xn, yn, zn) des neuen Modells hat die allgemeine Form:

$$(xn, yn, zn) = F(x, y, z) \tag{27}$$

Um eine solche Transformation entsprechend den gewünschten Formänderungen einfach angeben zu können, wird (27) ersetzt durch:

$$\begin{aligned} xn &= R_x(\{F_1(x)\}, \{F_2(y)\}, \{F_3(z)\}) \\ yn &= R_y(\{F_4(x)\}, \{F_5(y)\}, \{F_6(z)\}) \\ zn &= R_z(\{F_7(x)\}, \{F_8(y)\}, \{F_9(z)\}) \end{aligned} \tag{28}$$

Hierin bedeuten:

$$\{F_i(x)\} = \{f_{i1}(x), \dots, f_{in_i}(x)\}$$
$$\{F_j(y)\} = \{f_{j1}(y), \dots, f_{jn_j}(y)\} \qquad (29)$$
$$\{F_k(z)\} = \{f_{k1}(z), \dots, f_{kn_k}(z)\}$$

R_x, R_y, R_z sind Funktionen, die aus den Elementen f durch Verknüpfung mit Hilfe der vier Grundrechenarten gebildet werden. Solche Funktionen f, die nur von einer Koordinate abhängen, lassen sich sehr viel leichter angeben. Der Transformationsvorgang läßt sich beliebig oft mit jeweils anderen Transformationsfunktionen wiederholen. Es ist also möglich, das Transformationsergebnis ebenso weiter zu verarbeiten wie das Ausgangsmodell. Änderungen, die sich nur über mehr oder weniger große Teilbereiche der Körperoberfläche erstrecken sollen, lassen sich unabhängig voneinander durchführen.

Formale Bedingungen des Modells - hier die der ebenen Spantkurven - dürfen dabei durch die Transformation nicht verletzt werden. Dann darf R_x in (28) nur von x abhängen. Oft werden für (28) folgende Ausdrücke benutzt:

$$xn = x + f_1(x)$$
$$yn = y + f_4(x) \cdot f_5(y) \cdot f_6(z) \qquad (30)$$
$$zn = z + f_7(x) \cdot f_8(y) \cdot f_9(z)$$

Die Bestimmung der neuen Tangenten erfolgt durch Transformation von Nachbarpunkten, die jeweils auf der entsprechenden Raumkurve liegen. Bezeichnet man die ersten Ableitungen der Längslinienprojektionen auf die Ebene y = 0 bzw. z = 0 nach x im Punkt $\vec{q}_i$ mit t_{yxi} bzw. t_{zxi}, so läßt sich ein geeigneter Nachbarpunkt $\vec{q}_1 = (x_1, y_1, z_1)$ zum Punkt $\vec{q}_0$ auf der Längslinie näherungsweise bestimmen nach:

$$x_1 = x_0 + \frac{\Delta x}{(|t_{yx0}| + 1)(|t_{zx0}| + 1)}$$

$$y_1 = y_0 + \frac{t_{yx0}\ \Delta x}{(|t_{yx0}| + 1)(|t_{zx0}| + 1)}$$

$$z_1 = z_0 + \frac{t_{zx0}\ \Delta x}{(|t_{yx0}| + 1)(|t_{zx0}| + 1)}$$

Mit der entsprechenden Bezeichnung t_{yzi} für die ersten Ableitungen der Spantkurven nach z, erhält man einen geeigneten Nachbarpunkt $\vec{q}_2 = (x_2, y_2, z_2)$ auf der Spantkurve aus:

$$x_2 = x_0; \quad y_2 = y_0 + \frac{t_{yz0}\ \Delta z}{|t_{yz0}| + 1} \quad ; \quad z_2 = z_0 + \frac{\Delta z}{|t_{zy0}| + 1}$$

Dabei sind Δx und Δz feste kleine Zahlen, die auf den zu transformierenden Koordinatenbereich und die Genauigkeit des benutzten Rechners abgestimmt sind.

Als neue Tangenten tn_{yx0}, tn_{zx0}, tn_{yz0} erhält man:

$$tn_{yx0} = \frac{yn_1 - yn_0}{xn_1 - xn_0} \quad ; \quad tn_{zx0} = \frac{zn_1 - zn_0}{xn_1 - xn_0} \quad ; \quad tn_{yz0} = \frac{yn_2 - yn_0}{zn_2 - zn_0}$$

Die gemischten Ableitungen werden daraus wie in 3.1 über eine Spline-Interpolation bestimmt.

Durch Variation von Maßstabsfaktoren für gewisse Transformationsfunktionen können auch Zielwerte für integrale Parameter des neuen Modells eingestellt werden. Das Transformationsverfahren läßt sich auch auf andere Schiffskörpermodelle anwenden. Beim Modell nach 3.3 müßte man auf das primäre B-Spline-Modell zurückgehen, da die sonst nötige Transformation der q_{uu}, q_{vv} problematisch wäre.

5. Modelldatenbank

Zur bloßen Archivierung werden i.a. "externe", d.h. vom Anwender fast unmittelbar (z.B. über ein grafisches Tablett) angegebene Daten sequentiell gespeichert. Für den Einsatz in Entwurf und Konstruktion werden dagegen meist die internen Modelldaten (alle Knotendaten incl. gemischter Ableitungen) in einer Datenbank gehalten [13], [14]. Für das Modell nach 3.2 geschieht das in der aus Bild 10 ersichtlichen Weise [15]. Diese Datenstruktur dient als Basis beim wiederholten Abrufen von Aufmaßen Konturen, integralen Kennwerten etc. und beim Formentwurf mit dem in 4. beschriebenen Verfahren.

Die Datenbankorganisation entspricht den durch die Systemsoftware DINAS [14] vorgegebenen Konventionen. In diesem Fall besteht die eigentliche Datenbank aus einer Datei, die unter FORTRAN in unformatierten Sätzen von jeweils 100 Worten mit direktem Zugriff verwaltet wird. Bis zu 12 Schiffskörpermodelle können dabei in sog. Projekten zusammengefaßt werden.

Beim Schiffskörpermodell nach 3.3 werden darüber hinaus DINAS-Eigenschaften ausgenutzt, die als dynamische Speicherverwaltung bezeichnet werden. Dadurch läßt sich dieses datenmäßig relativ umfangreiche Schiffskörpermodell rechentechnisch gut beherrschen.

6. Schlußbemerkung

Es wurde versucht, einige Schiffskörpermodelle aus Praxis und Entwicklung des deutschen Schiffbaus möglichst konkret zu beschreiben. Die Reihenfolge kennzeichnet den nötigen Aufwand. Erkennbar ist eine Konkurrenz von Ingenieurmethodik mit "rigoroser" Mathematik. Weiterführende Vorschläge sind erwünscht.

Für die bereitwillige Erläuterung ihrer Arbeiten danke ich Herrn J.-S. Kouh sowie den Herren D. Reese, R. Lang und M. Riedger.

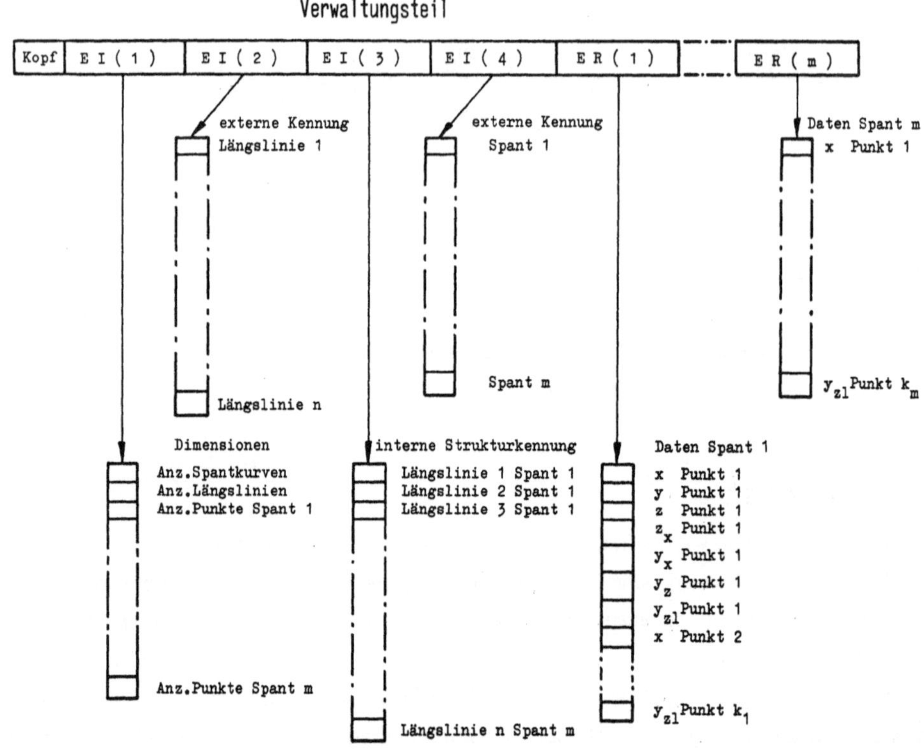

Bild 10: Datenstruktur des Schiffskörpermodells nach 3.2

7. Literatur

[1] Germanischer Lloyd, Hydrostatik-Programmsystem GLE 111, Programmbeschreibung, Hamburg, 1982.

[2] Söding, H.: Die Programmierung schiffbaulicher Berechnungen an der T.H. Hannover, Schiffstechnik 13, 1966.

[3] Coons, S.A.: Surfaces, in: Computer Graphics for Designers, Engineering Summer Conference der University of Michigan, 1972.

[4] Döhrn, C.: Beschreibung der Oberfläche von Schiffskörpern, Diplomarbeit, Fachhochschule Wedel, Hamburg, März 1982.

[5] Döhrn, C.: Berechnung der Hydrostatik-Größen bei einem durch Flächenstücke beschriebenen Schiffskörper, Arbeitsbericht, Germanischer Lloyd, Hamburg, Jan. 1982.

[6] Söding, H.: Das Straken von Schiffslinien mit Digitalrechnern, Hansa, S. 1386, 1967.

[7] Kouh, J.-S.: Ein Verfahren zur Interpolation 2- und 3-dimensionaler Spline-Kurven, Diplomarbeit, Institut für Schiffbau der Unversität Hamburg, März 1979.

[8] Sonderforschungsbereich 98 Schiffstechnik und Schiffbau, Jahresbericht 1981, S. 107, Hamburg-Hannover, 1982.

[9] Rabien, U.: Rechnergestütztes Entwerfen von Schiffsformen durch Transformation von Grundformdarstellungen, Schiffstechnik 28, S. 25, 1981.

[10] Reese, D., Lang, R.: Flächenhaftes Glätten von Schiffsoberflächen, Zwischenbericht zum Forschungsvorhaben BMFT MTK 02435, Institut für Schiffs- und Meerestechnik der T.U. Berlin, Feb. 1982.

[11] Rogers, David F., Satterfield, S.G.: "Dynamic B-Spline Surfaces", Proceedings of the Fourth Conference on Computer Applications in the Automation of Shipyard Operation and Ship Design (ICCAS 82), Annapolis, June 1982.

[12] Walter, M.: Numerische Darstellung von Oberflächen unter Verwendung eines Optimalprinzips, Dissertation, T.U. München, Juli 1971.

[13] ISP - Integriertes Schiffbautechnisches Programmsystem, Definition und Konzeption eines Datenbanksystems, Bericht Nr. 1, Februar 1974.

[14] Beier, K.-P.: Systemsoftware für ein integriertes schiffbautechnisches Programmsystem, Technische Universität Berlin, Institut für Schiffstechnik, Januar 1975.

[15] Meyer, J.: Kleine Studienarbeit, Institut für Entwerfen von Schiffen und Schiffstheorie, T.U. Hannover, Aug. 1980.

D I S K U S S I O N

Böhm, TU Braunschweig, Sitzungsleiter:

Ich habe gleich selbst eine Frage, und zwar nehmen Sie ja für das biquintische Patch die Werte aus einer Spline-Interpolation. Bis zu welchem Grade gehen Sie da? Oder gehen Sie, Herr Nowacki?

Nowacki, TU Berlin:

Für die Randkurvenerfassung bis zum kubischen.

Böhm, TU Braunschweig, Sitzungsleiter:

Irgendwie will mir die Notwendigkeit des Überganges vom Kubischen zum Quintischen noch nicht recht einleuchten, aber ich werde darüber nachdenken, und dann werde ich Sie wieder befragen.

Eckert, MBB, München:

Kann man den Elementen des quintischen Ansatzes irgendeine handgreifliche Geometrie zuordnen, wie beispielsweise beim kubischen Ansatz, zwei Punkte und die assoziierten Tangenten?

Böhm, TU Braunschweig, Sitzungsleiter:

Ja, mit assoziierten Krümmungen an den Enden.

Eckert, MBB, München:

Ist das also direkt explizit in der Formel enthalten?

Böhm, TU Braunschweig, Sitzungsleiter:

Ja, im Prinzip ist das so.

Antl, MBB, München:

Gibt es bei Ihnen, oder vielleicht bei Herrn Böhm oder Herrn Nowacki, Aussagen über das Verhältnis der Rechenzeiten zwischen Polynomgrad 3 und Polynomgrad 5?

Nowacki, TU Berlin:

Wir haben wenig mit 3 gerechnet in diesem Vorhaben. Es dauert mit 5 schon erheblich länger. Die Zahl der Glieder ist für Kurven die doppelte, für Flächen die vierfache. Die Rechenzeit für eine Flächenauswertung schätze ich von der Operationszählung her auf das Zwei- bis Vierfache, wenn man berücksichtigt, daß nicht immer alle gemischten Ableitungen besetzt sind.

Rabien, Germanischer Lloyd, Hamburg:

Man muß vielleicht auch sagen, daß es noch nicht ganz zu Ende ist mit dieser Entwicklungsarbeit, und das Verfahren ist noch nicht für mehrere Schiffsformen eingesetzt worden. Vielleicht könnte man sonst schon besser auf Ihre Frage antworten. Es ist eben jetzt gerade so weit, daß dieser Glättungsalgorithmus global gemacht worden ist und jetzt wäre eigentlich erst der Punkt erreicht, wo wir das anwenden können.

Böhm, TU Braunschweig, Sitzungsleiter:

In dem Zusammenhang möchte ich noch erwähnen, daß in letzter Zeit Herr Schumaker von der Universität in Austin/Texas Rentabilitätsuntersuchungen zur Berechnung von Splines gemacht hat, d.h. wie man da am besten vorgeht usw. Das fehlte auch als Nachtrag zu dem Vortrag, den Herr Kahmann gehalten hat.

Groth, T-Programm, Reutlingen:

Wenn ich das richtig gesehen habe, und ich beziehe mich dabei auf Ihre Bilder 1, 5 und auf den Film, ist Ihr xyz-Koordinatensystem ein Linkssystem?

Rabien, Germanischer Lloyd, Hamburg:

Das ist so eine Schiffbaumarotte, das macht vielleicht manches schwieriger, das ist aber nicht wegzukriegen.

Grieger, Univ. Stuttgart:

Die fünfte Ordnung kann ich mir eigentlich nur wegen des Glättungsprozesses vorstellen, denn die Minimalisierung der Formänderungsenergie ist ja vom statischen Gesichtspunkt die Biegung einer dünnen elastischen Platte. Für diese Platte braucht man zur Stetigkeit der Momente diese Ordnung, da man zweimal differenzieren muß. Und zusätzlich eine Frage: Könnten Sie in diesem Zusammenhang auch auf Dreiecksmaschen übergehen und können Sie vielleicht ein nicht konstantes Netz verwenden?

Rabien, Germanischer Lloyd, Hamburg:

Ja, das wäre denkbar.

Nowacki, TU Berlin:

Vielleicht soll ich doch auf die Frage von Herrn Böhm und die von Herrn Grieger mit eingehen dürfen, Herr Rabien, wenn Sie erlauben.

Es ist richtig, daß der Informationsgehalt in dem kubischen Spline nur in dem Sinne ausreicht, ihn als quintischen Spline umschreiben zu können, da die kubischen Splines einen Spezialfall der quintischen darstellen. Man kann die notwendige Krümmungs- und Steigungsinformation schon aus dem kubischen Spline ablesen, und den kubischen Spline umsetzen auf einen quintischen Spline. Gebraucht wird der quintische Spline, wie Herr Grieger richtig vermutet, für den von uns verwendeten Glättungsvorgang, und zwar deshalb, wie auch in den Oberwolfacher Proceedings etwas näher ausgeführt, weil nur die biquintischen Coons-Flächen eine Krümmungsstetigkeit an den Rändern gewährleisten. Das bikubische Coons-Patch ist an den Rändern ja nur C1-stetig, und wir wollen beim Glätten der Fläche die Möglichkeit haben, auch Krümmungsvorgaben an den Rändern zu machen oder die Krümmung in gezielter Weise festzuhalten, wenn wir das Patch-Innere verändern. Und deshalb gibt uns das biquintische System etwas mehr Freiheitsgrade, allerdings für einen Preis, den Herr Antl angesprochen hatte.

Böhm, TU Braunschweig, Sitzungsleiter:
Meinen Sie nicht, daß man durch Rändern der bikubischen Fläche mit einem Rand, den man da drum herumgibt, diese Krümmung am Rand auch in den Griff bekommen kann?

Nowacki, TU Berlin:
Ja, aber dann kann man diese Krümmung nicht mehr unabhängig von den anderen Randeigenschaften und den anderen Rändern steuern.

Böhm, TU Braunschweig, Sitzungsleiter:
Sie wollen also den Rand fest einspannen mit fester Krümmung?

Nowacki, TU Berlin:
Nein, nicht unbedingt. Die Krümmung kann beim Glätten am Rand freigegeben oder festgehalten werden; in jedem Falle muß es möglich sein, Krümmungsstetigkeit auch quer zum Rand zu erreichen.

Rabien, Germanischer Lloyd, Hamburg:
Ich darf vielleicht noch etwas Ergänzendes sagen, ich finde ganz hübsch bei dieser Methode, daß man zwei Fliegen auf einmal schlägt, nämlich das Glätten und das Beschaffen der gemischten Ableitungen mit dem Energieminimierungsansatz.

Nadarajah, TU Berlin:
Sie haben erwähnt, daß Sie gemischte Ableitungen bestimmen. Wie machen Sie das?

Rabien, Germanischer Lloyd, Hamburg:

Das geschieht dadurch, daß diese Glieder als unabhängige Variable in den Optimierungsalgorithmus eingehen, der das Formänderungsenergie-Integral minimiert. Wenn diese Energie minimal ist, dann haben diese gemischten Ableitungen bestimmte Werte, und die werden beim Interpolieren der Oberfläche zu Hilfe genommen.

DIE ANWENDUNG BIPARAMETRISCHER FLÄCHEN IM NC-PROZESS

Dipl.-Ing. H. Eckert

1. Zusammenfassung

Geometrie

Die geometrischen Modellieraufgaben im Flugzeug- und Automobilbau sowie in der Konsumgüterindustrie werden heute mit Flächenmodellern gelöst, die auf dem zweiparametrisch beschriebenen Flächenstück (patch) als Geometriegrundelement aufbauen. Diese Modeller behandeln die sogenannten "nicht analytisch beschreibbaren Flächen", die in den meist auf analytischen Flächen (Ebene, Kugel, ...:Quadriken) aufbauenden Geometriemodellern zu wenig behandelt werden. Eine für alle Arten von zweiparametrischen Flächenstücken gemeinsame Speicher- und Verarbeitungsmethodik wird vorgestellt, womit die Beschränkungen heute bekannter Standards behoben werden können.

Topologie

Die Erfahrungen mit dem Freiformflächen verarbeitenden APT4-System mit Sculptured Surfaces (SS) zeigen die Notwendigkeit der Patch-verbindenden Topologie.

Im Gegensatz zu den meisten konstruktionsorientierten Flächenmodellern hat APT4 eine flächenverknüpfende Topologiebeschreibung (Grund: Eine Fräsmaschine kann nicht wie ein Plotter unzusammenhängend erzeugte Verschneidungen als geschlossene Fahrspur darstellen.)

Hardware-Modellierung

Allen rechnergestützten Flächenmodellern ist meist in Form des parametrischen Bearbeitens eine limitierte NC-Funktion angegliedert, womit das rechnerinterne Flächenmodell in ein Hardwaremodell umgesetzt werden kann. Dabei wird meist ignoriert, daß mit APT ein weltweit verbreiteter und funktionsmächtiger Standard existiert. Dieser Standard sowie die Modernisierung zum graphisch interaktiven Einzelschritt-NC-Programmiersystem (CODE & SHOW) wird vorgestellt.

2. Flächengeometrie Standard

Die Entwicklung, Konstruktion und Fertigung von Flugzeugen (Bild 1, Bild 4) wird seit Jahren von Flächen-verarbeitenden Systemen (Flächenmodellern) geprägt, die mit Rechnerhilfe den Teil der Geometriedefinition übernommen haben, der durch konventionelle Hilfsmittel, wie technische Zeichnung und Urmodell, nur unzureichend zu definieren war. In diesem Sinne wurden eine Anzahl von verschiedenen Flächenmodellern entwickelt wie folgende (unvollständige) Liste zeigt.

CADD	MC DONNELL AIRCRAFT
CALMA	GENERAL ELECTRIC (G.E.)
CATIA	DASSAULT
DBSURF	DAIMLER BENZ AG
EUCLID	MATRA DATAVISION
GEOLAN	MESSERSCHMITT-BÖLKOW-BLOHM (MBB)
GMDCS	GRUMMAN AEROSPACE CORPORATION
NCAD	NORTHROP CORPORATION
NGS	ROLLS-ROYCE LIMITED
NMG	BRITISH AEROSPACE
SIGMA	AEROSPACIALE (SNIAS)
SS	CAM/I
SYSTRID	AEROSPACIALE (SNIAS)

Es liegt nahe, die Vorteile dieser rechnergestützten Geometriedefinition auch auf anderen Gebieten einzusetzen:

Windkraftanlage	Bild 8
Automobil	Bild 13
Spülmittelflasche	Bild 9
Fernsprechgerät	Bild 10

Mit Hilfe dieser Geometriedefinitionen gelingt es, Bauteile wie Windkanalmodelle (Bild 2, Bild 3) und Kunststoffvorrichtungen (Bild 5, Bild 6, Bild 7), die mit konventionellen Zeichnungen nicht vollständig beschrieben werden können und daher konventionell kopiergefräst werden mußten, mittels numerisch gesteuerten Werkzeugmaschinen herzustellen. Das dazu bei MBB benutzte System ist eine moderne Version des altbewährten APT-Systems (Automatically Programmed Tool), das von CAM-I (Computer Aided Manufacturing-International) beziehbare APT 4.
Dem allgemeinen Einsatz dieses APT 4-Systems steht bisher die Vielfalt der von den Flächenmodellern benutzten Flächentypen entgegen, wie die folgende Aufstellung (unvollständig) zeigt.

° COONS
° RATIONAL COONS
° POLYNOMIAL
° BEZIER
° B-SPLINE

Die augenblickliche Lage auf diesem Flächenverarbeitungsgebiet ist dadurch gekennzeichnet, daß

- ° Geometrieaustausch zwischen den verschiedenen Flächenmodellern nur auf Kosten der Genauigkeit mittels teurer approximativer Umsetzung möglich ist oder durch Einschränkung der Geometrievielfalt bewirkt werden und
- ° die Fertigung uneinheitlich und in allen Fällen mit lückenhaften NC-Funktionen versorgt wird.

Die Einschränkung der Geometrievielfalt verschiedener Standardisierungsversuche (IGES, AECMA) bedeutet daher, daß entweder den Geometriesystembenutzern Beschränkungen auferlegt werden müssen (z.B. Polynomgrad) oder daß bei approximativer Weitergabe die von einem Modeller abgegebenen Geometrien von diesem nicht mehr verarbeitet werden können. Diesen Mangel behebt eine Standardisierungsform, die sich aus der im APT 4 benutzten SS-Methode (Sculptured Surface) ergibt. Alle Punkt-, Tangenten- und Krümmungsberechnungen bezüglich der Freiformflächen (SS) erfolgen im APT 4 in einer zentralen Evaluierungsroutine, sodaß es ohne großen Entwicklungsaufwand möglich ist, auch beliebige Flächenarten zu verarbeiten.

Flächensätze verschiedener Flächenmodeller (z.B. Bild 11, Bild 12, Bild 13) können einheitlich weiterverarbeitet werden, da sie alle einem einheitlichen biparametrischen Grundmuster (Bild 14) entsprechen. Da sich darüber hinaus alle Flächen biparametrisch darstellen lassen, kann die hier aufgezeigte Form zu einer allgemeinen Standardisierung der rechnerinternen Darstellung (RID) von Bauteilen führen.

Auch ohne diesen Verallgemeinerungsaspekt verhilft die biparametrische Standardisierungsform auf dem Gebiet der Freiformflächen (SS) zu einer seit langem gesuchten Systemverbindung der Flächenmodeller untereinander und eine Systemverknüpfung mit einer einheitlichen NC-Weiterverarbeitung.

In der biparametrischen Geometriedatenbank (Bild 15) sind die Flächendaten zusammen mit den dazugehörigen Evaluatoren abgelegt. Der Hauptvorteil besteht darin, daß es bei diesem Standard keine Beschränkung in der Vielfalt der biparametrischen Flächen gibt, jeder Modeller die ihm eigentümlichen Flächen ohne Einschränkung speichern kann und per Evaluator auch Fremdgeometrie benutzt werden kann.

3. Topologie

Die Topologie der Flächen, d.h. die Lage und Anordnung der Flächen zueinander, ist besonders bei der Weiterverarbeitung für die Programmie-

rung numerisch gesteuerter Werkzeugmaschinen (NC) eine zusätzliche Notwendigkeit.
Bild 16 zeigt für einen 2D-Fall den Vorteil und die Notwendigkeit der Topologie bei der Fräsbearbeitung einer Kontur. Das Beispiel zeigt wie hilfreich,d.h. zeitsparend,topologische Zusätze zur Geometrie bei einer weiterverarbeitenden Tätigkeit sind. Die eben gezeigte 2D-Topologie (Konturverknüpfung) muß zur 3D-Topologie weiterentwickelt werden.
Bild 17 zeigt den allgemeinen Fall von untereinander verschnittenen Flächengeometrien. Besonders für den NC-Programmierprozess ist der genaue topologische Zusammenhang der beste Ansatz für weitere Automatisierungsschritte der Programmierung.
Das Ziel dieser, die Topologie einschließenden Standardisierung ist eine einheitliche rechnerinterne Bauteilbeschreibung (RID) auf der Basis von definiert begrenzten biparametrischen Flächenstücken, die eine interpretationsfreie mathematische Darstellung aller Bauteiloberflächenpunkte bedeutet.
Dieser Standard erlaubt darüber hinaus Sondergeometrien wie Flächenbereiche (Bild 18) und Punktabgriffe (z.B. für finite Elemente)im Modell einzubetten.

4. Einzelschritt NC-Programmierung

Die Situation in der NC-Teileprogrammierung von Teilen, die Freiformflächengeometrien enthalten, ist dadurch gekennzeichnet, daß in den meisten Fällen nur ein Werkstück gefertigt werden muß (Windkanalmodellteile, Vorrichtungsteile).
Die konventionellen Sprachprogrammiermethoden zeigen in diesen Fällen empfindliche Grenzen bezüglich Programmiersicherheit und -geschwindigkeit.
Nur ein Kombination aus 3D-Graphic-Bildschirmen (refresh), kompletter Geometriebeschreibung (siehe Kapitel 2 und 3) und das umfangreiche Funktionsangebot von APT 4 ergeben eine erfolgsversprechende Lösung in Form des APT 4-CODE & SHOW (Bild 19).
Der wichtigste Aspekt ist dabei die schnelle und vollständige graphische Verifikation der im Einzelschritt erzeugten NC-Informationen und die laufende Ergebnisspeicherung im international genormten Standardformat (Bild 20).
Die notwendige Programmiersicherheit und -geschwindigkeit durch das graphisch interaktive Arbeiten wird bei MBB laufend durch NCG (Numerical Control Graphic System) verifiziert, mit dem beispielsweise der

im Bild 21 gezeigte Flugzeugspant in 70 Std. ohne Fahrgeometriefehler NC-programmiert wurde.
Das APT 4-System bietet das umfassendste Arsenal an Werkzeugbewegungsalgorithmen:
Neben der altbewährten ARELEM-Methode (Bewegung längs einer Teile- und einer Fahroberfläche bis zu einer Zieloberfläche), die auch voll für Freiformflächen (SS) eingesetzt werden kann (Bild 22), erlaubt das APT 4-System die regionale Bearbeitung mit Hilfe einer sogenannten Führungsfläche (Bild 23) und das parametrische Bearbeiten (Bild 24).

Ziel einer Weiterentwicklung dieser für alle Freiformflächen einsetzbaren Bearbeitungsmöglichkeiten muß die Verarbeitbarkeit komplexer und topologieverknüpfter Geometrien sein, deren Auswirkung auf dem Fräserweg aus Bild 25 ersichtlich ist.
Der zukünftige 3D-CODE & SHOW-Dialog ist aus den Bildern 26 und 27 zu ersehen.
Zum Abschluß werden die wichtigsten projektierten Eigenschaften des APT 4-CODE & SHOW zusammengefaßt.

- Einzelschrittprogrammierung (CODE) auf der Basis des APT 4-Prozessors mit SS
- Vollständige graphische Verifikation nach jedem Schritt (SHOW)
- Graphisch-interaktives Playback und Aufbereiten (EDIT)
- Ausgabe auf ein standardisiertes CLFILE (CODE + CLDATA)
- Verträglichkeit mit APT 4-Stapelverarbeitung
- Hochinteraktiver 3D-Graphik-Bildschirm (REFRESH)
- Leicht lernbare und merkfähige Kommunikation
- Dynamisches und erweiterbares Geometriemodell
- Vollständige Flächenverknüpfung (Topology)
- Verarbeitung aller biparametrischen Fläche ('NON NATIVE'-Eingabe)

Airbus A 300 Bild 1

Windkanalmodellteil von Airbus A 300 Bild 2

Modellflügel, NC-gefräst Bild 3

MBB-Hubschrauber Bild 4

Hubschrauberrotorblatt BK 117 Bild 5

Vorrichtungsteil für Rotorblattform Bild 6

Formgeometrie für Rotorblattform Bild 7

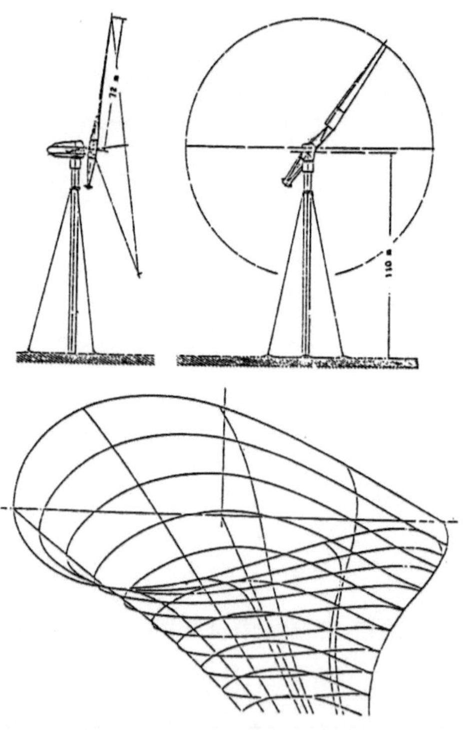

Windkraftanlage Bild 8

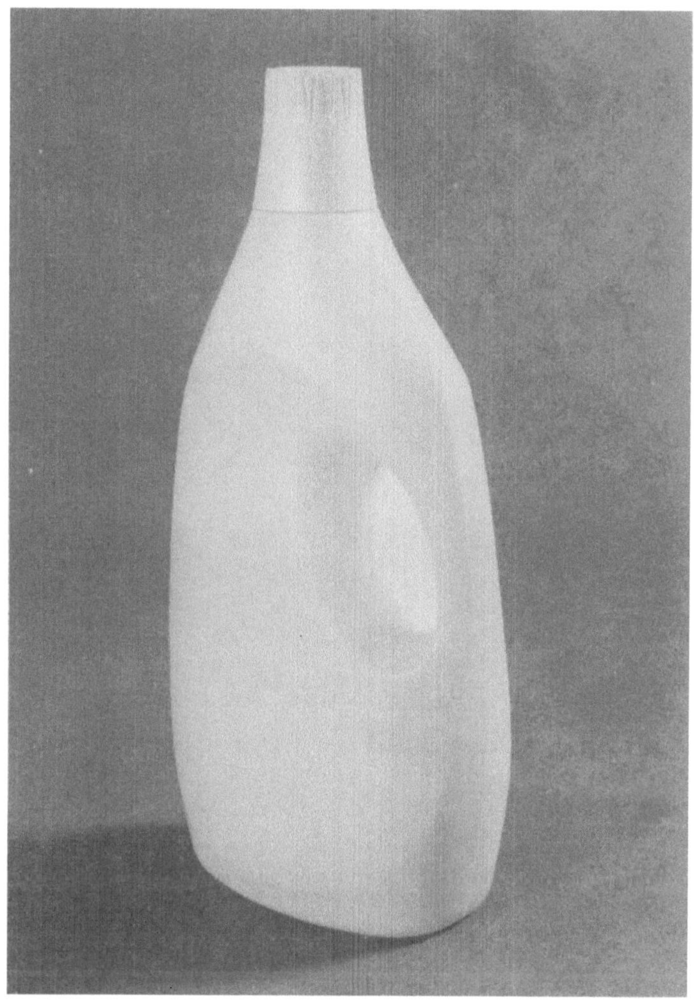

Flasche Bild 9

Fernsprechgerät Bild 10

Flugzeugoberflächensatz (NMG) Bild 11

Airbus Heck (GEOLAN) Bild 12

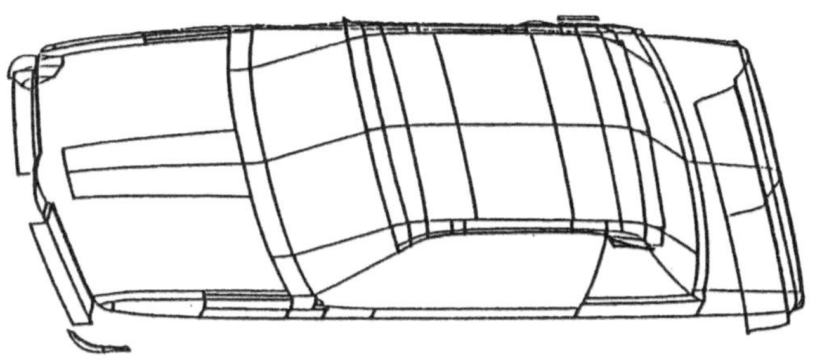

BMW-Oberflächen (SYSTRID) Bild 13

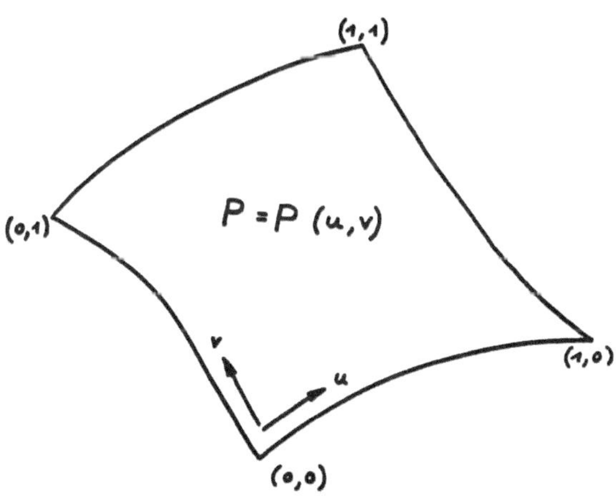

Standard-Flächen-Darstellung Bild 14

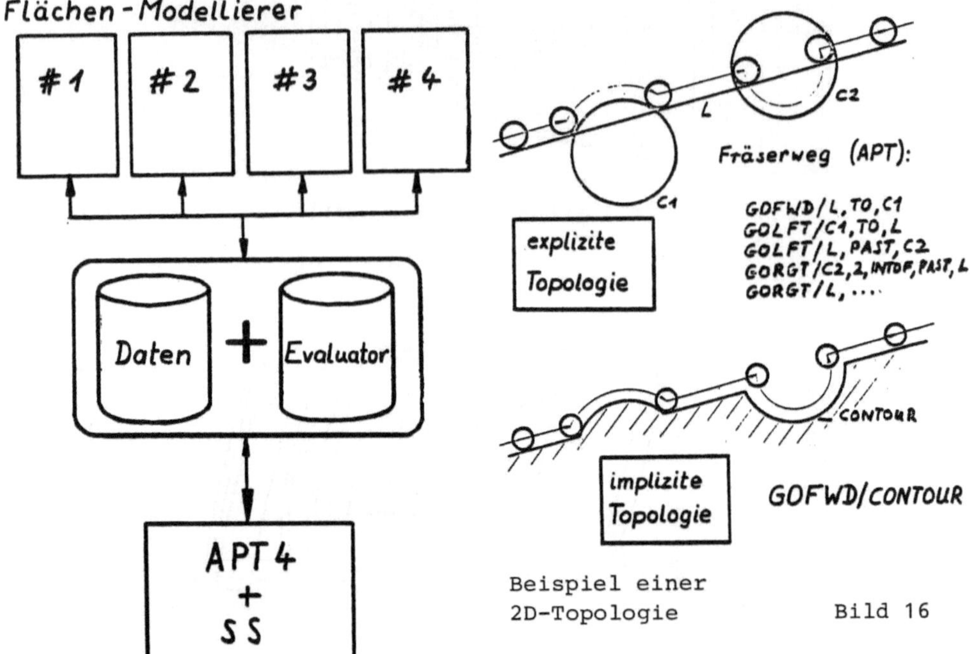

Beispiel einer 2D-Topologie Bild 16

Standard-Geometrie-Datenbank Bild 15

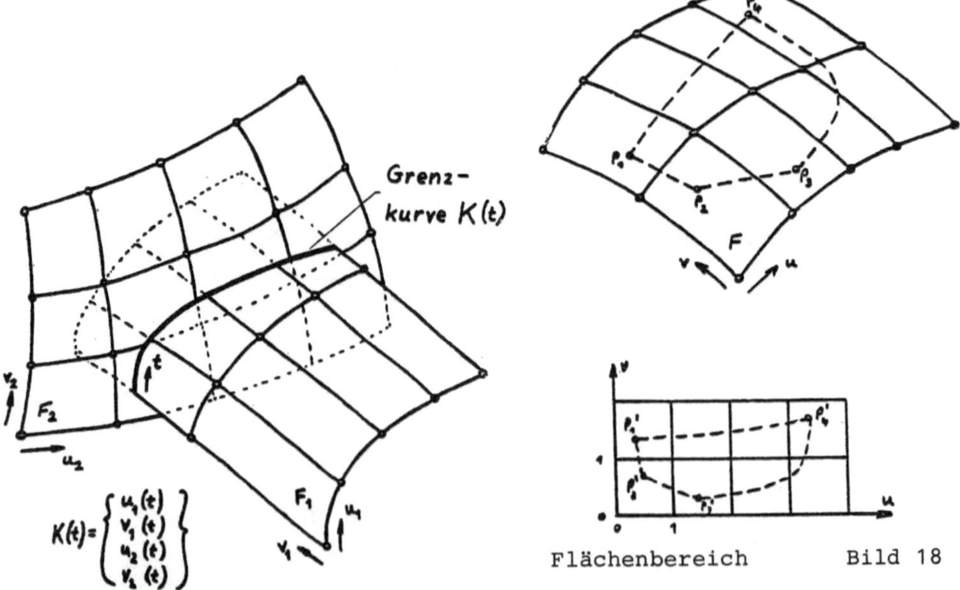

Flächenbereich Bild 18

Beispiel einer 3D-Topologie Bild 17

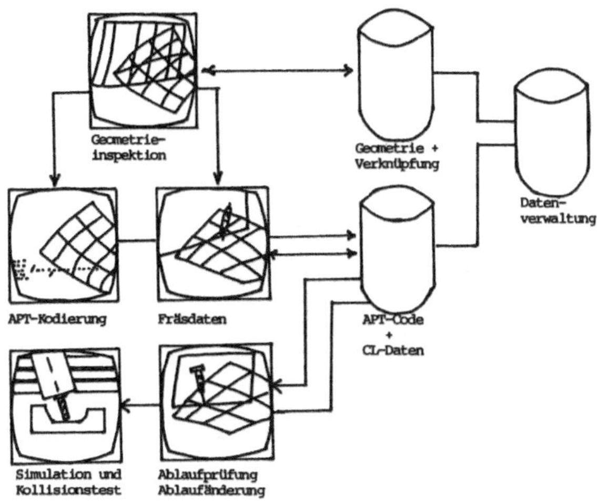

APT 4 CODE & SHOW Bild 19

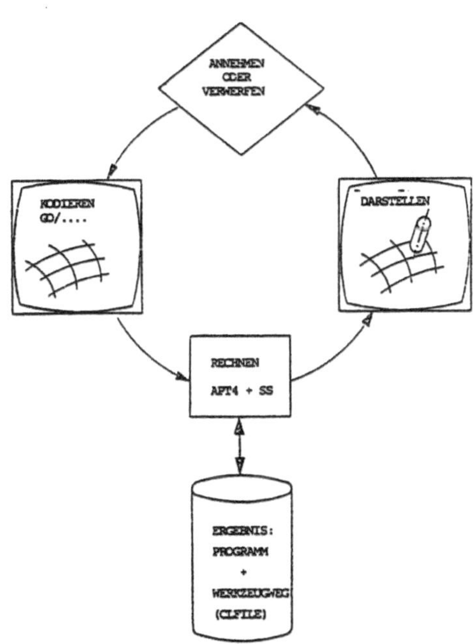

Einzelschritt-NC-Programmierung Bild 20

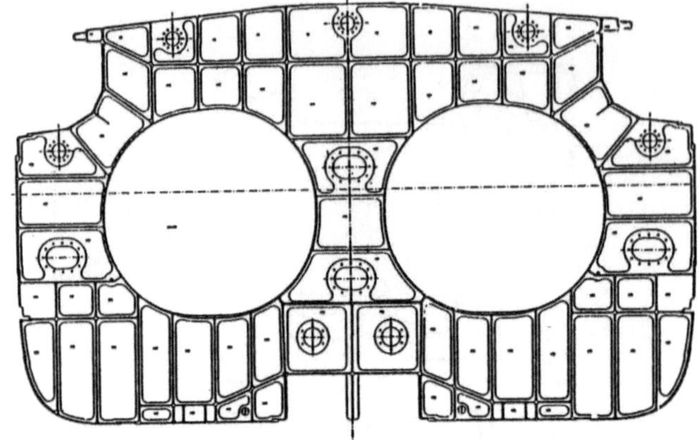

Gefräster Flugzeugspant Bild 21

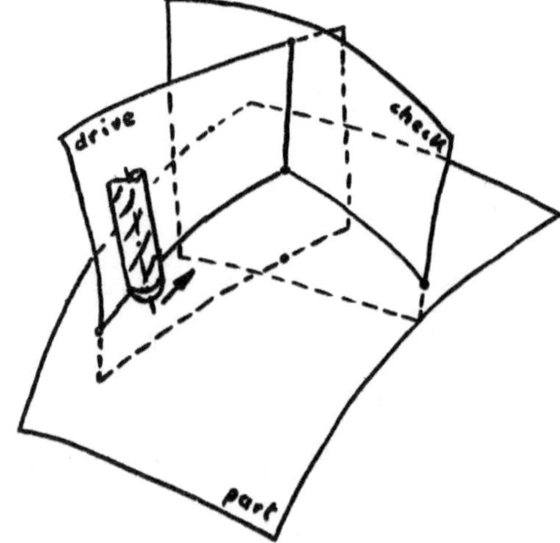

Arelem-Werkzeugführung

Bild 22

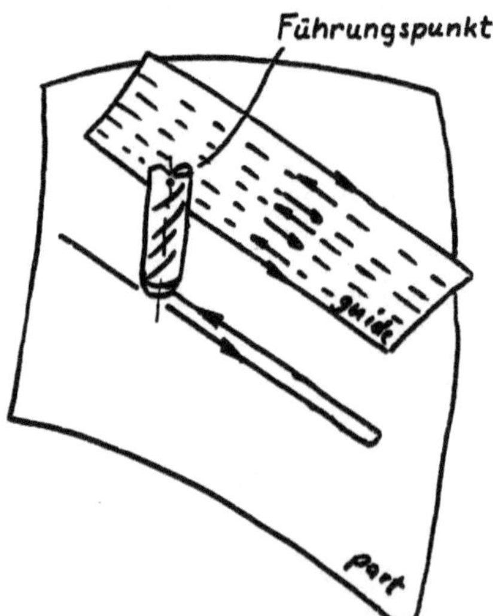

Regionale Bearbeitung

Bild 23

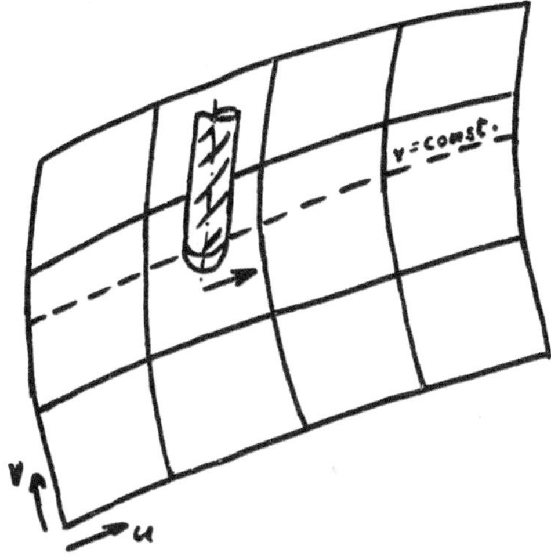

Parametrische Bearbeitung Bild 24

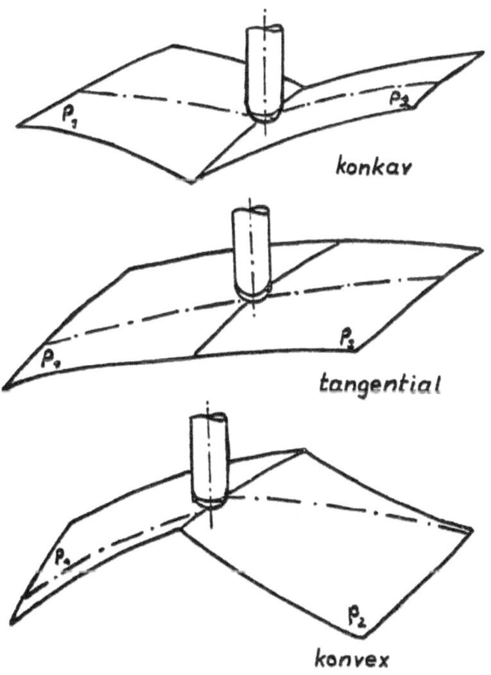

Einfluß der Patchverbindung
auf Fräserweg Bild 25

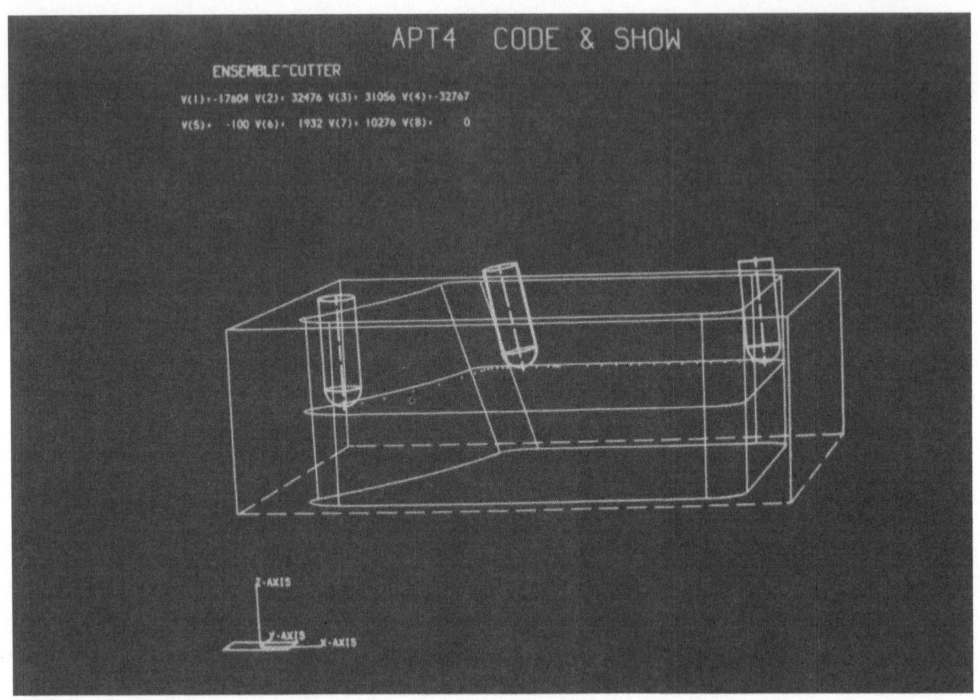

CODE & SHOW-Darstellung Beispiel 1 Bild 26

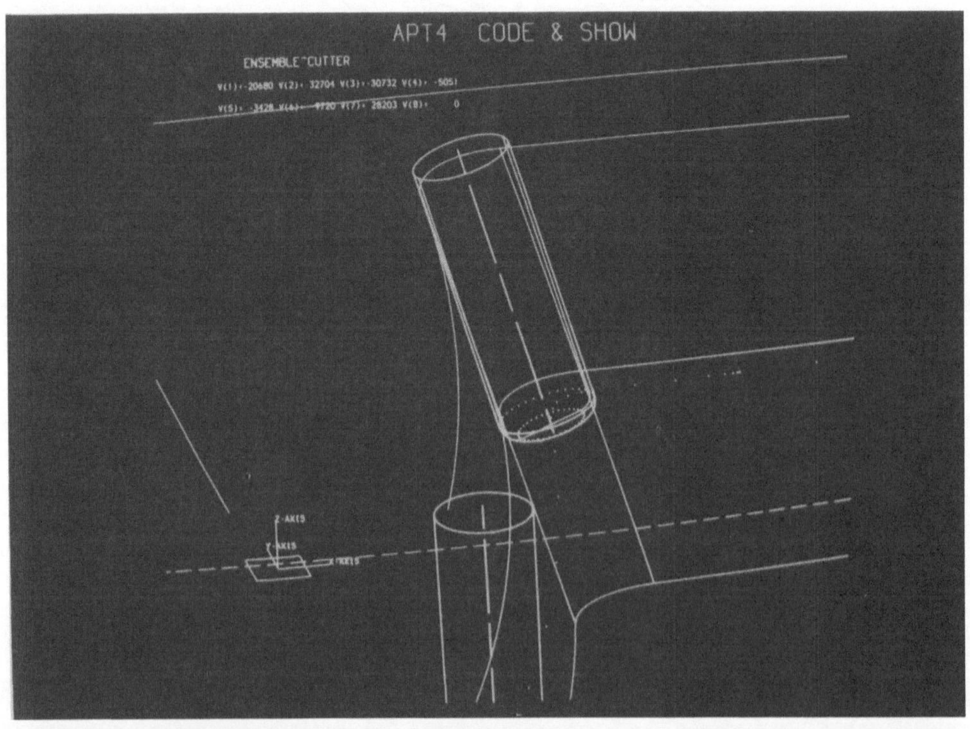

CODE & SHOW-Darstellung Beispiel 2 Bild 27

D I S K U S S I O N

Nagel, Dornier, Friedrichshafen:
Herr Eckert, ich habe Ihrem Vortrag nicht genau entnehmen können, was schon realisiert und was noch Vorschlag ist. Daher meine Frage: Haben Sie schon einen NC-Prozessor, der den Fräserweg berechnen kann, wenn Drive-, Part- und Check-Surface doppelt gekrümmte Flächen sind?

Eckert, MBB, München:
Das ist in APT 4 enthalten. Im APT 4 mit Sculptured Surfaces ist dieser Algorithmus voll enthalten, d.h. die Sculptured-Surface-Geometrie ist angeschlossen an den Algorithmus der Arithmetik-Element-Phase.

Nagel, Dornier, Friedrichshafen:
Eine weitere Frage: NC-programmieren Sie graphisch-interaktiv ohne Sprachhilfe, und wenn ja, wie halten Sie es dann mit der Repetierfähigkeit des Programms?

Eckert, MBB, München:
Unser Ziel ist es, graphisch-interaktiv am 3D-Refresh-Bildschirm zu programmieren. Die Werkzeugwegbefehle, d.h. die Startbefehle wollen wir in Sprachform machen mit Menütechnik, wobei die Geometrie, die wir dabei ansteuern, graphisch-interaktiv selektiert werden soll, mit dem Ergebnis, daß wir ein solches volles Sprachstatement im Ergebnisfile mitabspeichern, so daß wir also eine gute Beschreibung unserer Programmierung haben.

Otto, WMI, Lippstadt:
Wir sind ein paarmal direkt angesprochen worden, dazu vielleicht noch ein paar Bemerkungen. Wir müssen uns unsere Modelle nicht schicken lassen, die kriegen wir vorgeschrieben von unseren Kunden. Wir wären froh, wenn wir Daten erhalten würden, die verbindlich sind, denn das ist das Problem dabei. Das ist auch das Problem, wenn Sie NC-Verarbeitung machen, auch dann brauchen Sie verbindliche Daten. Ich möchte Ihnen nicht zustimmen, wenn Sie sagen, man soll die Approximation vergessen. Alle Flächenverfahren sind Approximationsverfahren, wenn man die Daten transferiert, und spätestens bei Ihrer NC-Verarbeitung geben Sie verschiedene Toleranzen vor, wo man dann eben auch nur die tatsächliche Fläche approximiert. Die mathematischen Verfahren sind garnicht die große Schwierigkeit, um das mal so in einem Nebensatz zu sagen, viel schwieriger sind eben die Probleme der Topologie, die Probleme des Zusammen-

hangs der Flächen und für uns eben auch die mehrmals erwähnten organisatorischen Daten. Ihre Aussagen finde ich also sehr gut. Die Frage dazu: Sie haben also quasi ein Datenbanksystem, das die Daten auch reproduzierbar hält, gefordert. Das bedeutet ja, wie Sie erwähnt haben, daß man den Evaluator mit in das Datenbanksystem packt oder als Software überträgt. Wie sehen Sie da die Ansätze?

Eckert, MBB, München:

Die Ansätze sind bei MBB schon Wirklichkeit. Wir haben mit unserem APT-Prozessor die Möglichkeit, "non-native"-Geometrie (aus APT-Sicht), z.B. kurvengenerierte Flächen von Grumman Aircraft oder Bézier-Geometrie von BMW, also Fremdgeometrie, die mit dem APT-Prozessor selbst nicht generiert werden kann, als Flächenpatches zu verarbeiten. Der hierzu notwendige Evaluator zur Berechnung der Oberflächenpunkte, Tangenten und höheren Ableitungen wird als Name in den Fremddatensatz eingebettet und kann so dem APT-Prozessor dynamisch hinzugeladen werden. Ein Evaluator kann nach unseren Erfahrungen innerhalb einiger Tage aus dem Geometrieliefersystem abgeleitet und ohne Veränderungen des APT-Basissystems der APT-Bibliothek beigefügt werden.

Schlechtendahl, Kernforschungszentrum Karlsruhe:

Ich möchte nur einen ergänzenden Hinweis machen. Diese Technik, die Sie angesprochen haben, Programme, Prozeduren oder Funktionen gemeinsam mit den Daten zu speichern oder bei Bedarf aufzurufen, ist in der Informatik in einem weiteren Sinne bekannt: Das ist die Technik der Methodenbanken. Auf diesem Gebiet ist schon einiges gearbeitet worden, und das ist eine sehr mächtige Technik, die sich in weiten Bereichen bewährt hat, und ganz sicher auch hier in diesem Bereich des geometrischen Modellierens ihre Anwendung finden kann.

Böhm, TU Braunschweig, Sitzungsleiter:

Damit möchte ich Herrn Eckert nochmals danken. Zum Schluß lassen Sie mich bitte auch im Namen aller Teilnehmer dieser Tagung Herrn Gnatz und insbesondere Herrn Nowacki für ihre Mühe danken, uns hier eingeladen zu haben und diese so erfolgreiche Tagung veranstaltet zu haben. Wir alle sind Ihnen beiden sehr dankbar dafür.

Band 44: Organisation informationstechnik-gestützter öffentlicher Verwaltungen. Fachtagung, Speyer, Oktober 1980. Herausgegeben von H. Reinermann, H. Fiedler, K. Grimmer und K. Lenk. 1981.

Band 45: R. Marty, PISA – A Programming System for Interactive Production of Application Software. VII, 297 Seiten. 1981.

Band 46: F. Wolf, Organisation und Betrieb von Rechenzentren. Fachgespräch der GI, Erlangen, März 1981. VII, 244 Seiten. 1981.

Band 47: GWAI – 81 German Workshop on Artificial Intelligence. Bad Honnef, January 1981. Herausgegeben von J. H. Siekmann. XII, 317 Seiten. 1981.

Band 48: W. Wahlster, Natürlichsprachliche Argumentation in Dialogsystemen. KI-Verfahren zur Rekonstruktion und Erklärung approximativer Inferenzprozesse. XI, 194 Seiten. 1981.

Band 49: Modelle und Strukturen. DAG 11 Symposium, Hamburg, Oktober 1981. Herausgegeben von B. Radig. XII, 404 Seiten. 1981.

Band 50: GI – 11. Jahrestagung. Herausgegeben von W. Brauer. XIV, 617 Seiten. 1981.

Band 51: G. Pfeiffer, Erzeugung interaktiver Bildverarbeitungssysteme im Dialog. X, 154 Seiten. 1982.

Band 52: Application and Theory of Petri Nets. Proceedings, Strasbourg 1980, Bad Honnef 1981. Edited by C. Girault and W. Reisig. X, 337 pages. 1982.

Band 53: Programmiersprachen und Programmentwicklung. Fachtagung der GI, München, März 1982. Herausgegeben von H. Wössner. VIII, 237 Seiten. 1982.

Band 54: Fehlertolerierende Rechnersysteme. GI-Fachtagung, München, März 1982. Herausgegeben von E. Nett und H. Schwärtzel. VII, 322 Seiten. 1982.

Band 55: W. Kowalk, Verkehrsanalyse in endlichen Zeiträumen. VI, 181 Seiten. 1982.

Band 56: Simulationstechnik. Proceedings, 1982. Herausgegeben von M. Goller. VIII, 544 Seiten. 1982.

Band 57: GI – 12. Jahrestagung. Proceedings, 1982. Herausgegeben von J. Nehmer. IX, 732 Seiten. 1982.

Band 58: GWAI-82. 6th German Workshop on Artificial Intelligence. Bad Honnef, September 1982. Edited by W. Wahlster. VI, 246 pages. 1982.

Band 59: Künstliche Intelligenz. Frühjahrsschule Teisendorf, März 1982. Herausgegeben von W. Bibel und J. H. Siekmann. XIII, 383 Seiten. 1982.

Band 60: Kommunikation in Verteilten Systemen. Anwendungen und Betrieb. Proceedings, 1983. Herausgegeben von Sigram Schindler und Otto Spaniol. IX, 738 Seiten. 1983.

Band 61: Messung, Modellierung und Bewertung von Rechensystemen. 2. GI/NTG-Fachtagung, Stuttgart, Februar 1983. Herausgegeben von P. J. Kühn und K. M. Schulz. VII, 421 Seiten. 1983.

Band 62: Ein inhaltsadressierbares Speichersystem zur Unterstützung zeitkritischer Prozesse der Informationswiedergewinnung in Datenbanksystemen. Michael Malms. XII, 228 Seiten. 1983.

Band 63: H. Bender, Korrekte Zugriffe zu Verteilten Daten. VIII, 203 Seiten. 1983.

Band 64: F. Hoßfeld, Parallele Algorithmen. VIII, 232 Seiten. 1983.

Band 65: Geometrisches Modellieren. Proceedings, 1982. Herausgegeben von H. Nowacki und R. Gnatz. VII, 399 Seiten. 1983.